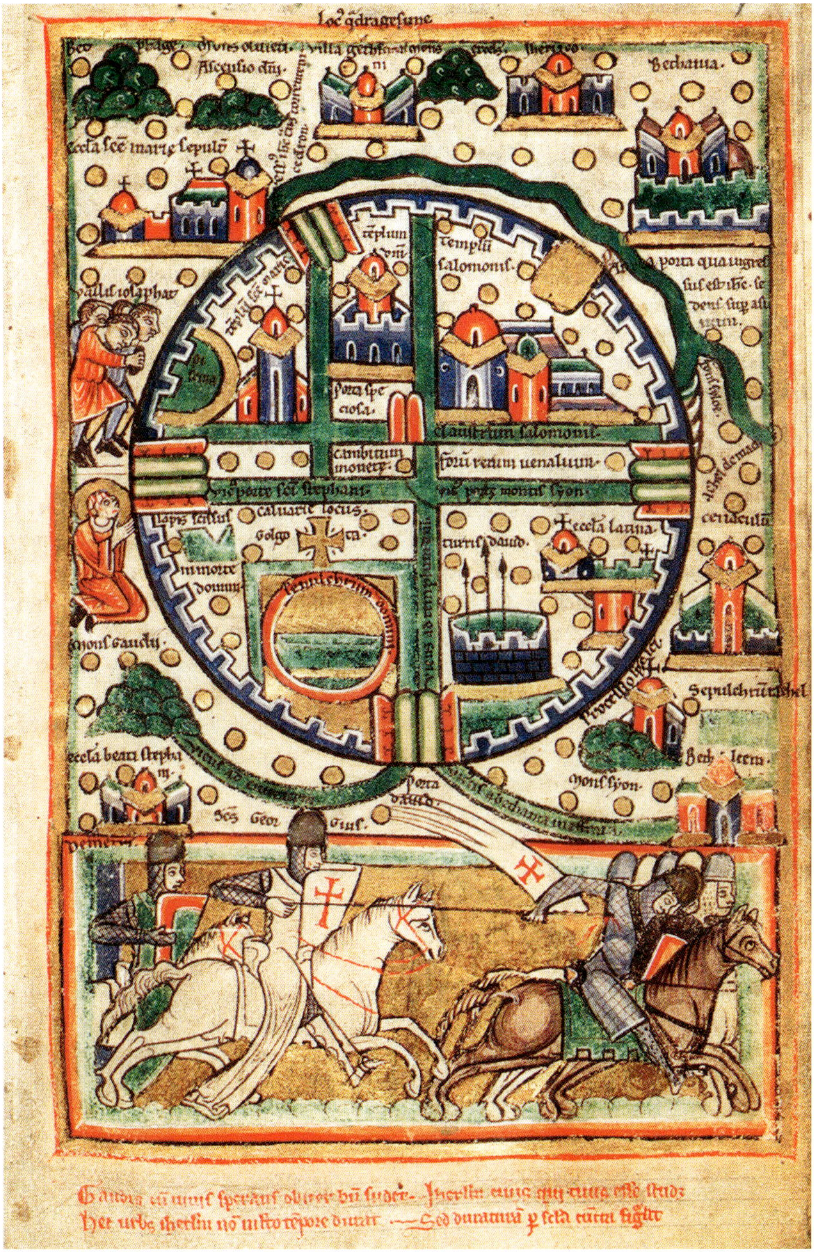

圖1　耶路撒冷是基督教朝聖者的世界中心，他們冒著生命危險要前去基督墳墓上建造的聖墓教堂祈禱。這張地圖的時間大約是一二〇〇年，在城牆右上角的是聖殿騎士的總部，所羅門聖殿。

圖2　位於聖殿山的阿克薩清真寺被統治耶路撒冷的基督徒稱為所羅門聖殿。它是由國王鮑德溫二世交給聖殿騎士團的，從一一一九至一一八七年是這個修會的世界總部。

圖3　熙篤會修道院院長克萊爾沃的聖伯納德是位孜孜不倦的作家，是教宗和國王的朋友，也是聖殿騎士團的熱情支持者。他協助制定了最初的《聖殿騎士會規》，並且在羅馬替他們奮鬥的目標喉舌。

圖4　當聖殿騎士團在收復失地運動中與穆斯林軍隊作戰時，位於亞拉岡的蒙桑城堡是該騎士團的強大基地，西班牙聖殿騎士於蒙桑將詹姆斯一世撫養成人直到他接任王位為止。

圖5　十三世紀的壁畫描繪了一名戰鬥中的敘利亞騎兵。他的輕型裝甲反映了敘利亞騎兵在閃電突襲中是快速而敏捷的佼佼者。聖殿騎士招募了稱為turcopole（輕裝騎馬弓兵）的敘利亞僱傭軍與他們並肩作戰。

圖6　一一四七年第二次十字軍東征，路易七世從巴黎出發，路上有許多聖殿騎士加入。當他的軍隊在小亞細亞遭到攻擊時，聖殿騎士們幫助他恢復了部隊紀律。聖殿騎士團在路易耗盡所有財富後借給了他一筆巨額款項，差點導致自己破產。

圖7　埃及和敘利亞的蘇丹薩拉丁，阿尤布王朝的創始人，把基督教國王逐出耶路撒冷，並且將聖殿騎士的住所變成了阿克薩清真寺。後世人所描繪的這幅薩拉丁肖像是一幅充滿幻想的描繪，但也反映了他在基督教和伊斯蘭歷史中留下的傳奇聲譽。

圖8　獅心王理查，這張照片是他的墳墓雕像，位於安茹的豐特夫羅拉拜修道院。獅心王領導了第三次十字軍東征，從薩拉丁手中收復阿卡和聖地的大部分地區，因此復興了聖殿騎士們的命運。

圖9　一一九一年的阿卡之圍是第三次十字軍東征的第一次重大勝利，聖殿騎士收復了他們在城市碼頭附近的要塞和補給站。獅心王理查和法國的腓力二世．奧古斯都領導了軍事行動，在這幅圖中可看到他們獲得了城市的鑰匙。

圖10　聖殿騎士團透過遍布歐洲的龐大財產網絡為十字軍東征的行動提供資金。他們的一些財產至今仍保存完好，包括位於埃塞克斯克里辛聖殿的宏偉穀倉，這些穀倉建在英格蘭女王瑪蒂妲於一一三七年授予他們的土地上。

圖11　在第五次十字軍東征中，聖殿騎士團被派去對付蘇丹卡米爾，這幅壁畫上是阿西西的聖方濟各。作為一個貧苦的傳教士，方濟各試圖使卡米爾皈依基督教，但沒有成功。

圖12　儘管遭到聖殿騎士團的痛斥，神聖羅馬帝國皇帝腓特烈二世．霍亨斯陶芬還是利用他與卡米爾之間惺惺相惜的關係，讓耶路撒冷從一二二九年開始對基督教朝聖者重新開放。

圖13　雷納德・德・維希爾斯是法國聖殿騎士團的團長和未來的大團長，他資助了一支艦隊將國王路易九世運送到埃及，並於一二四九年入侵達米埃塔。當路易被擒獲時，聖殿騎士團籌集了一筆緊急貸款來支付他的贖金。

圖14　從一二六〇年代開始，十字軍所建立的耶路撒冷王國受到來自埃及的馬穆魯克軍隊和蒙古人的無情攻擊。基督徒試圖與統治波斯伊兒汗國的旭烈兀可汗結成聯盟。但蒙古人不是可靠的盟友，聖殿騎士團在一三〇〇年對托爾托薩失敗的入侵中認識到了這一點。

圖15　這個十四世紀黃銅面盆的細節中描繪了一位地位顯赫的馬穆魯克戰士（最左），他有時被認為是偉大的蘇丹拜巴爾。拜巴爾在摧毀聖地各個十字軍國家的同時，還攻占了薩法德的聖殿騎士團城堡，並且斬首了全體守軍。

圖16　戈特的伯特蘭，曾任波爾多大主教，於一三〇五年成為教宗克雷芒五世。他從未在羅馬定居，並被嘲笑為法蘭西國王的傀儡。他在一三〇七年無法保護聖殿騎士團，而且在一三一一年的維埃訥公會議上放任法國的獵巫行動發展，最終使得聖殿騎士團被徹底解散。

圖17　聖殿騎士團的巴黎分部是座位於城市之中的堡壘，其獨特的塔樓高聳突出在城市的天際線上。它在聖殿騎士團滅亡後繼續存在，在法國大革命期間被用作囚禁王室成員的監獄。這幅畫的創作時間便大約是在法國大革命期間，從這張圖的描繪中可看出這座塔樓已經嚴重破損。塔樓於一八〇八年被拆毀。

圖18　聖伯納德認為聖殿騎士應當全心全意投入到他們的志業中，因此要避免諸如打獵、玩骰子和下棋這些瑣碎的事情。《聖殿騎士會規》則較為寬大，允許弟兄們用木釘賭博。在這裡可以看到兩個西班牙聖殿騎士下棋。（黑色一方似乎要被將軍了。）

圖19　一三〇七年十月十三日，星期五黎明時分，法國聖殿騎士在腓力四世政府精心策劃的突襲中被圍捕。

聖殿騎士團

以上帝之名戰鬥的
僧侶、戰士與銀行家

丹・瓊斯
陳建元 譯

DAN JONES

THE TEMPLARS

The Rise and Spectacular Fall of God's Holy Warriors

獻給喬治娜

目次

歐洲
與
聖地
約1119年
0 英里
0 公里
愛沙尼亞人
波羅的海
立陶宛人
普魯士人
羅斯
波蘭
布達佩斯
匈牙利
摩爾多瓦
羅馬尼亞
貝爾格勒
多瑙河
塞爾維亞人
保加利亞人
黑海
君士坦丁堡
拜占庭帝國
薩洛尼卡／
塞薩洛尼基
尼西亞
多里萊烏姆
林迪西
科孚島
士麥拿
以弗所
雅典
羅得島
克里特島
地中海
塞爾柱魯
姆蘇丹國
亞美尼亞人
埃德薩伯國
埃德薩
摩蘇爾
底格里斯河
幼發拉底河
塔爾蘇斯
安條克
安條克公國
塞爾柱帝國
巴格達
法馬古斯塔
的黎波里
的黎波里伯國
尼科西亞
賽普勒斯島
布魯特
西頓
大馬士革
泰爾
加利利海
阿卡
凱撒里亞
約旦河
雅法
阿什凱隆
耶路撒冷
加薩
死海
耶路撒冷王國
達米埃塔
亞歷山卓
開羅
法蒂瑪哈里發國
尼羅河
紅海

挪威
瑞典
蘇格蘭
北海
丹麥人
都柏林
約克
愛爾蘭
林肯
漢堡
威爾斯
英格蘭
波美拉尼亞
倫敦
泰晤士河
日耳曼
溫徹斯特
弗里西亞人
易北河
坎特伯雷
科隆
大西洋
諾曼地
盧昂
萊茵河
神聖
巴黎
沃姆斯
布拉格
塞納河
多瑙河
西托
特魯瓦
羅亞爾河
克萊爾沃
南特
羅馬
第戎
維也納
韋茲萊
克呂尼
日內瓦
法蘭西
帝國
米蘭
里昂
奧維耶多
隆河
亞爾
威尼斯
孔波斯特拉
加龍河
克羅埃西亞
萊昂
納瓦拉
熱那亞
達爾馬提亞
萊昂與卡斯提爾
布爾戈斯
亞維儂
潘普洛納
土魯斯
佛羅倫斯
葡萄牙
亞拉岡
亞得里亞海
厄波羅河
巴塞隆納伯國
義大利
薩拉曼卡
馬德里
薩拉哥薩
科西嘉島
萊里達
羅馬
里斯本
托雷多
塔古斯河
托爾托薩
阿普里亞
安達盧斯
那不勒斯
薩萊諾
薩丁尼亞島
哥多華
塞維爾
巴里阿利群島
地中海
巴勒摩
墨西拿
西西里島
非斯
穆拉比特帝國
馬爾他島
馬拉喀什

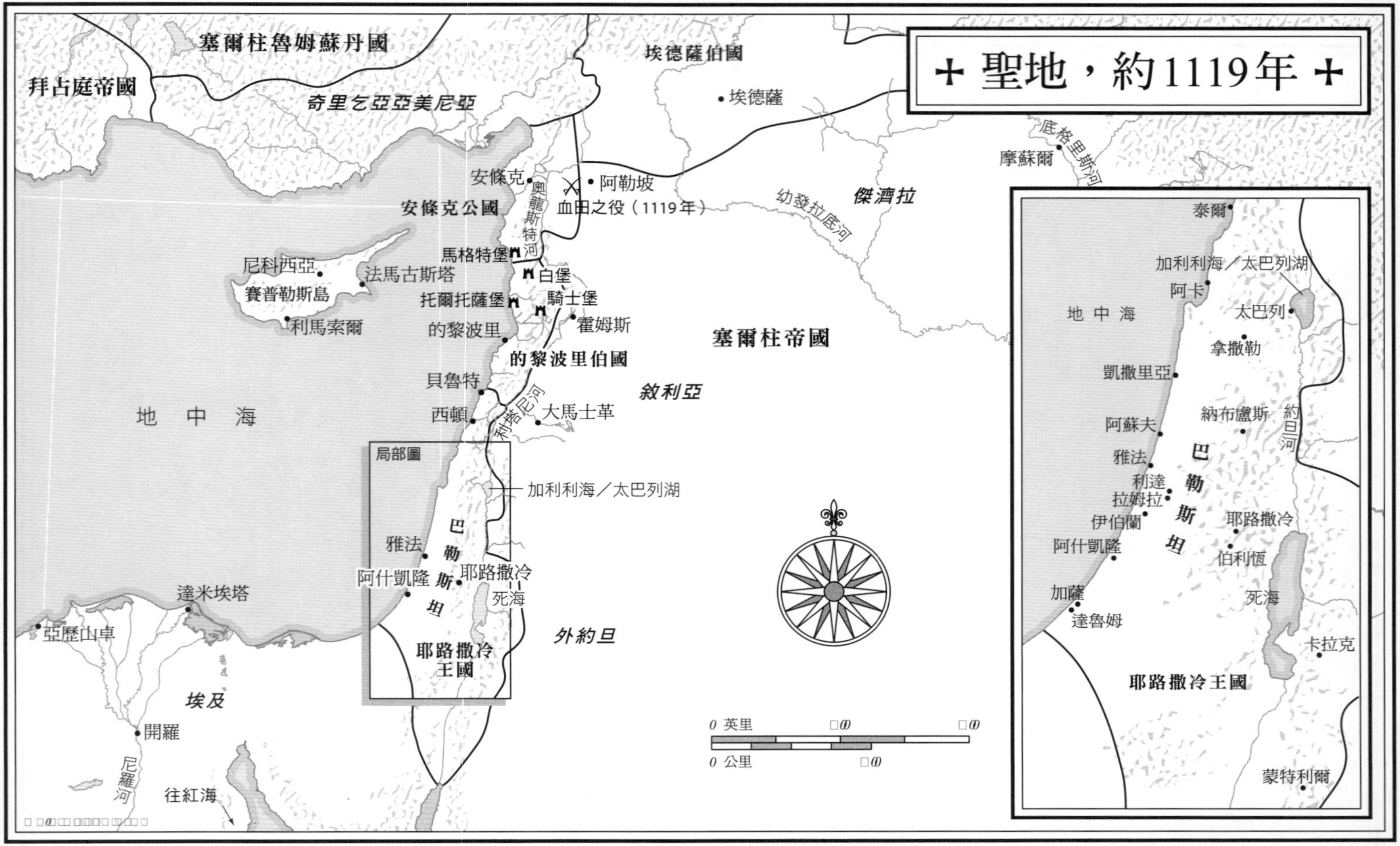
+ 聖地，約1119年 +
拜占庭帝國
塞爾柱魯姆蘇丹國
奇里乞亞亞美尼亞
埃德薩伯國
埃德薩
底格里斯河
摩蘇爾
傑濟拉
幼發拉底河
安條克
阿勒坡
血田之役（1119年）
奧龍特斯河
安條克公國
馬格特堡
白堡
騎士堡
托爾托薩堡
霍姆斯
尼科西亞
法馬古斯塔
賽普勒斯島
利馬索爾
的黎波里
的黎波里伯國
塞爾柱帝國
敘利亞
貝魯特
利塔尼河
大馬士革
西頓
地 中 海
局部圖
加利利海／太巴列湖
巴勒斯坦
雅法
阿什凱隆
耶路撒冷
死海
外約旦
耶路撒冷王國
達米埃塔
亞歷山卓
埃及
開羅
尼羅河
往紅海
0 英里
0 公里
泰爾
加利利海／太巴列湖
阿卡
太巴列
地 中 海
拿撒勒
凱撒里亞
納布盧斯
約旦河
阿蘇夫
雅法
利達
拉姆拉
伊伯蘭
耶路撒冷
阿什凱隆
伯利恆
加薩
達魯姆
死海
卡拉克
耶路撒冷王國
蒙特利爾

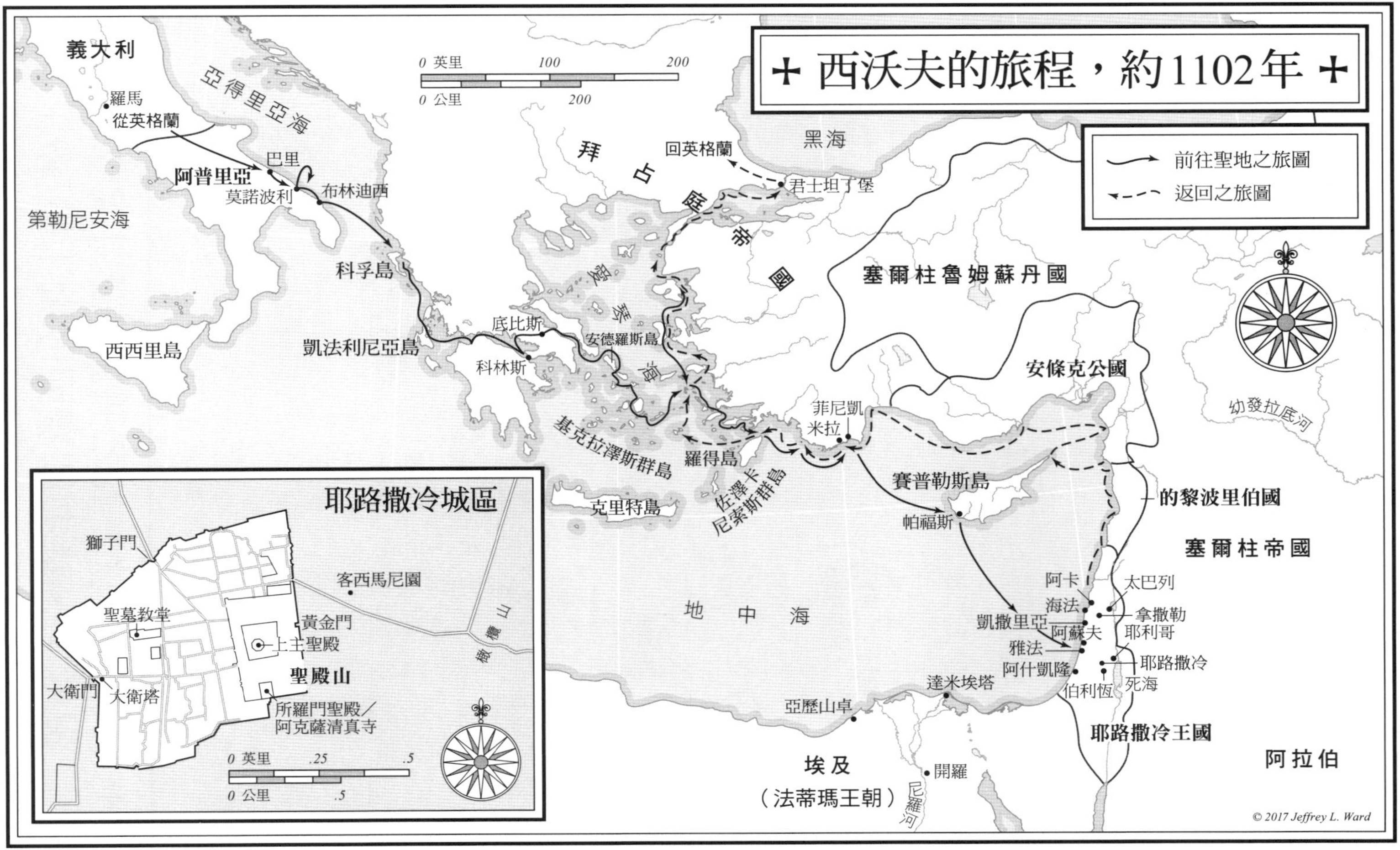

西沃夫的旅程，約1102年
前往聖地之旅圖
返回之旅圖
0 英里 100 200
0 公里 200
義大利
羅馬
從英格蘭
亞得里亞海
阿普里亞
巴里
莫諾波利
布林迪西
第勒尼安海
科孚島
西西里島
凱法利尼亞島
底比斯
科林斯
安德羅斯島
愛琴海
基克拉澤斯群島
羅得島
佐澤卡尼索斯群島
克里特島
拜占庭帝國
回英格蘭
君士坦丁堡
黑海
塞爾柱魯姆蘇丹國
安條克公國
菲尼凱米拉
賽普勒斯島
帕福斯
的黎波里伯國
塞爾柱帝國
幼發拉底河
地中海
阿卡
海法
凱撒里亞
阿蘇夫
雅法
阿什凱隆
太巴列
拿撒勒
耶利哥
耶路撒冷
伯利恆
死海
耶路撒冷王國
阿拉伯
達米埃塔
亞歷山卓
埃及
（法蒂瑪王朝）
開羅
尼羅河
耶路撒冷城區
獅子門
客西馬尼園
聖墓教堂
黃金門
上主聖殿
聖殿山
大衛門
大衛塔
所羅門聖殿／
阿克薩清真寺
橄欖山
0 英里 .25 .5
0 公里 .5

聖殿騎士團在西歐的產業，大約在
✚ 第二次十字軍東征之時（約1147年）✚

✚ 第二次十字軍東征（1148-1149年）✚

+ 拉丁東方的聖殿騎士團城堡 +

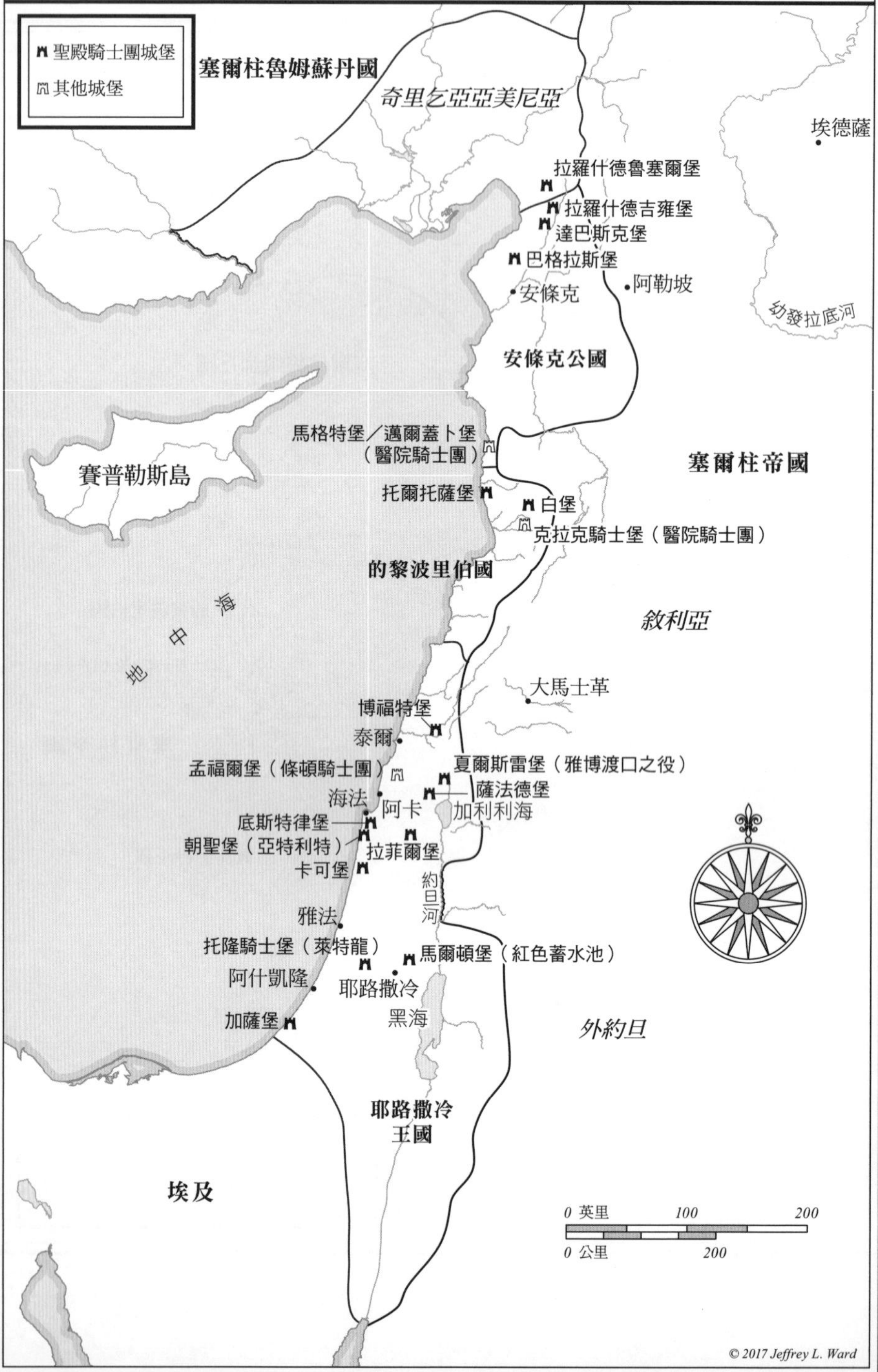

薩拉丁於1190年時的征服進展

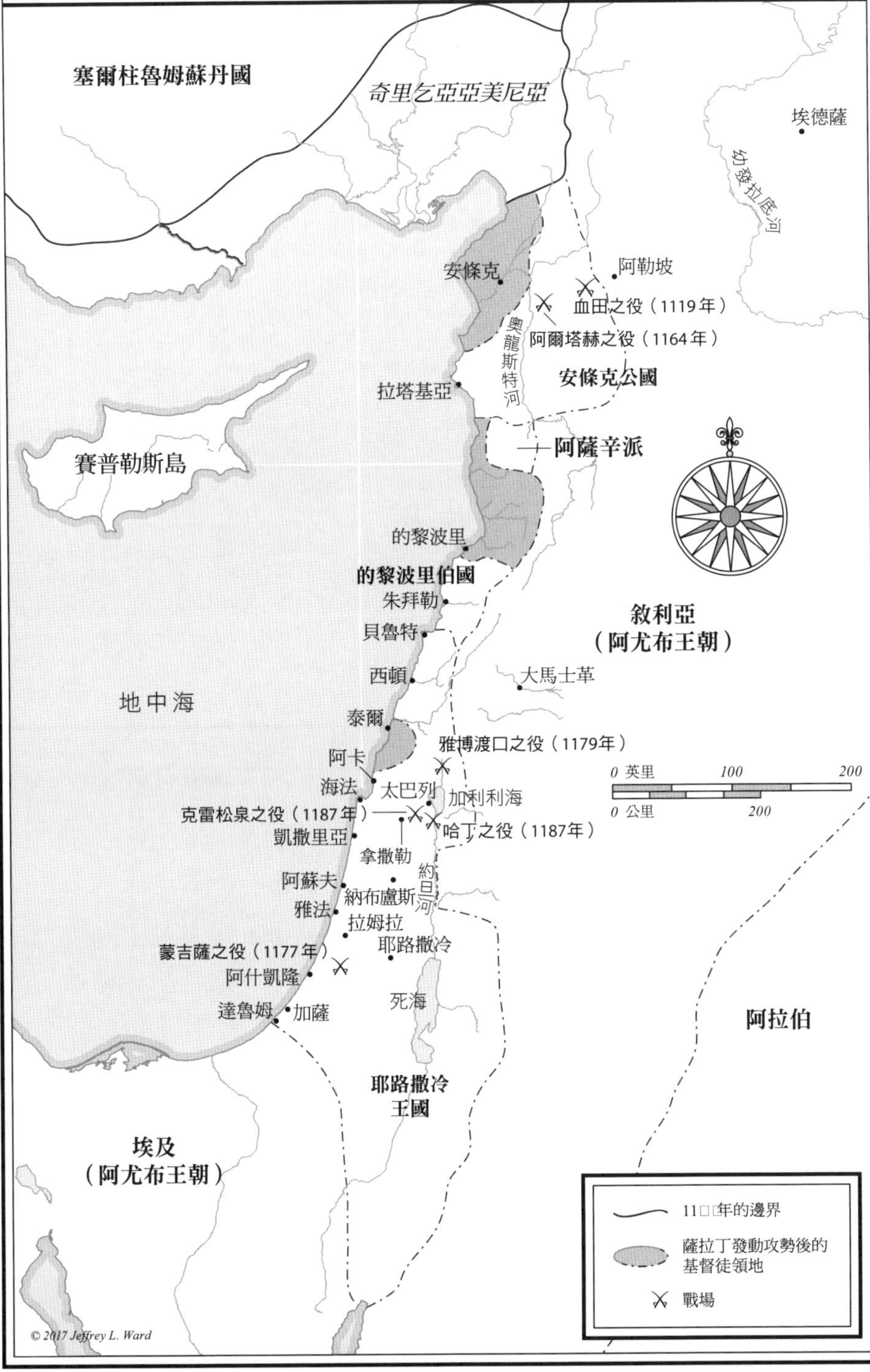

+ 達米埃塔與第五次十字軍東征 +

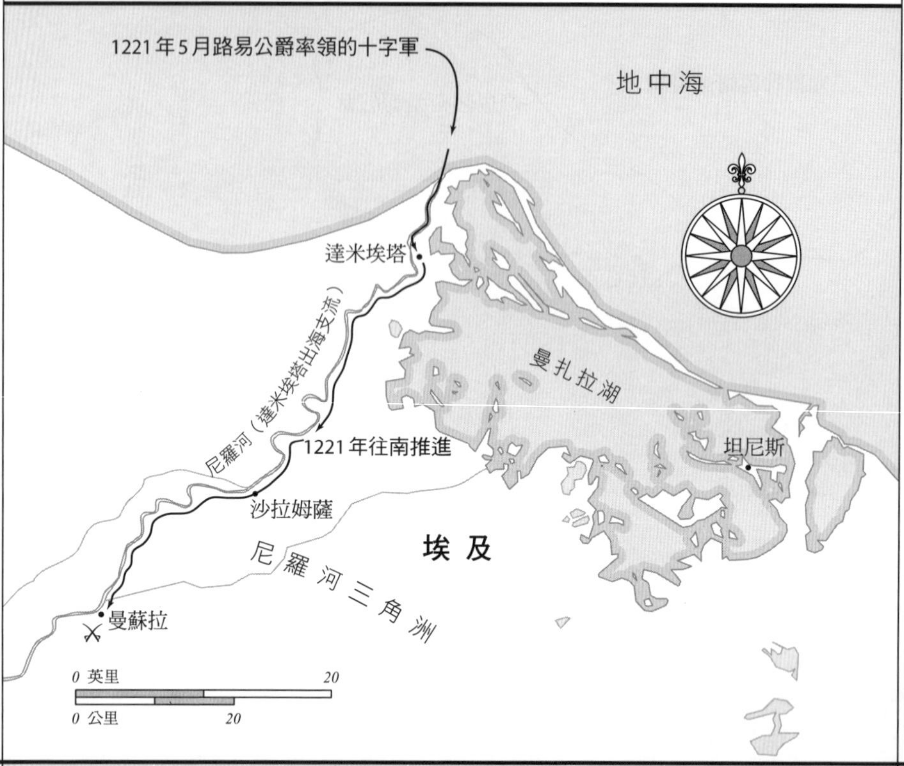

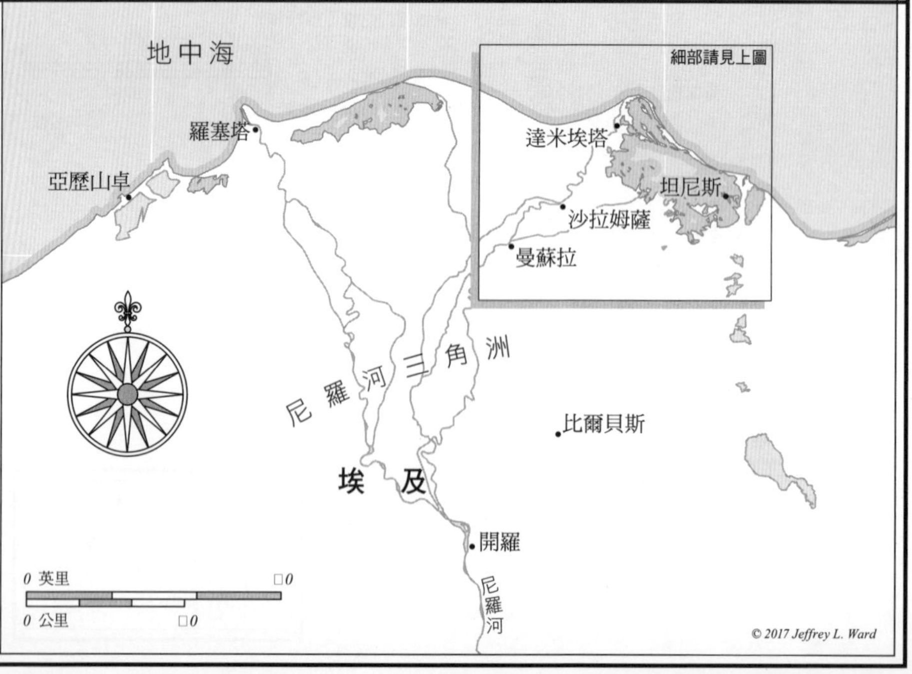

+ 蒙古人與馬穆魯克人，約1260-1291年 +

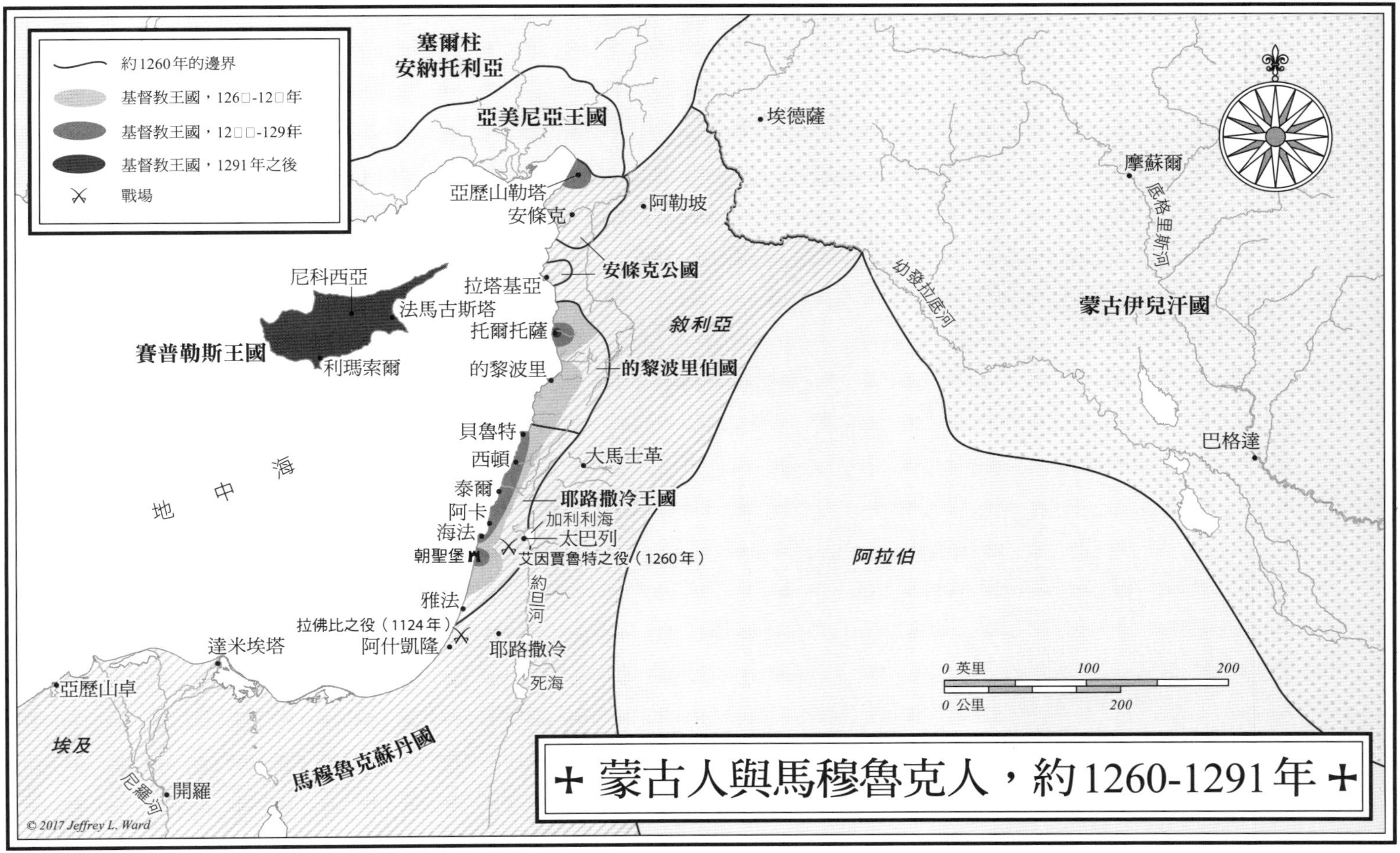

作者序

聖殿騎士團的故事帶領我們穿越了涵括範圍廣闊的眾多時代、地域和文化。其中一些是西方讀者熟悉的，另一些則不那麼熟悉。人名和地名的命名慣例在英語、法語、德語、西班牙語、義大利語、拉丁語、希臘語、阿拉伯語、土耳其語，以及本書所涵蓋的期間使用的所有其他語言之間都存在顯著差異，並且拼寫通常在原始來源中缺乏一致性。

把阿拉伯語和土耳其語的名字翻譯成英語是一項挑戰。這樣做沒有一個公認的公式，即使像穆罕默德這樣重要的名字，也沒有毫無爭議的英語拼寫協議，更不用說不那麼有名的人的名字了。在寫這本書的過程中，我發現自己不斷地做出選擇，且經常是武斷的。

例如，埃及和敘利亞偉大的庫德人蘇丹薩拉赫・丁・尤素福・伊本・阿尤布（Salah al-Din Yusuf ibn Ayyub）是聖殿騎士團的剋星。薩拉丁（Salah al-Din）這種縮寫在今日有時被認為有些敏感，但是若不採用這個縮寫會讓我所指稱的對象變得不夠清楚。所以我便是用薩拉丁來稱呼他。然而，我按照現代學術的慣例，而不是中世紀基督教編年史的慣例，稱呼他比較不著名的兄弟和繼承人為阿迪勒（al-Adil），而非薩法丁（Saphadin）。

但是，並非每種情況都這麼簡單。草原民族突厥人於一〇五五年騎馬進入巴格達，並在十字軍於幾十年後到來時占據了大部分的聖地，我們該如何呈現由他們所建立的帝國之名稱？我們可以根據阿拉伯語譯為「塞爾柱」（Saljuq），或者是根據土耳其語譯為「塞爾丘克」（Selcuk）。還有其他流行的變體，包括Seljuk和Seljuq。在這樣的情況下，雖然有許多可行的選擇，但顯然沒有最佳選擇，因此我尋求了《新伊斯蘭百科全書》（*The New Encyclopedia of Islam*）的指導，它上頭的寫法是Seljuq。早些時候，我曾請保羅・科布（Paul M. Cobb）教授針對這方面提供幫助。一如既往，他給了我明智的建議，對此我深表感謝。那些仍然出現的錯字文責完全在我身上。

至於其他選擇，例如我決定不使用用於將阿拉伯語音譯成羅馬字母的標記，因為這些標記在這本非學術著作中只會令讀者分心，而完全無法幫助讀者閱讀。我統一用標準英語形式翻譯本書中大多數人物的名字，因此在本書中我們會看到莫萊的詹姆斯（James of Molay）而不是雅克・德・莫萊（Jacques de Molay），因為這是關於這個歷史時期的大多數現代英語作品的標準做法。①為了清楚起見，在許多情況下，我已經對地名進行了現代化或至少加以更新。因此，在第一章中，喬帕（Joppa）變成了雅法（Jaffa），儘管我所描述的聚落位於今日的特拉維夫—雅弗（Tel Aviv-Yafo）。開羅取代了古老的十字軍術語巴比倫。然而，在許多情況下，現代化是不合適的，這就是為什麼我是用君士坦丁堡而不是伊斯坦堡。

就十字軍在聖地的聚落而言，有時同一個地方可能有三種或更多不同的名稱。阿卡南部的聖殿騎士大城堡被建造者稱為朝聖堡（Castel Pelerin）。今天，學者們稱之為亞特利特（Atlit或

Athlit）。但我選擇了將法語現代化，並且稱呼其為朝聖堡（Château Pèlerin），並且在首次提及時會在括號中寫出亞特利特，後面再次提及時則會在適當時附上。我選擇不將其完全翻譯成英語，而其直接翻譯成英語的話則是朝聖堡（Castle Pilgrim）。

所有這些做法都無法構成一個系統，我只是要說明自己追求的是可讀性而不是一致性。我有時可能兩者都沒有做到，我只能請求讀者您的耐心和理解。

---

① 編按：由於這位騎士團團長是法蘭西人，所以中譯本仍採用原法語姓名「雅克・德・莫萊」，而非經過英語轉譯的「莫萊的詹姆斯」。同理，包括首任團長于格・德・帕英（Hugues de Payns【法】、Hugh of Payns【英】）、第二任團長羅貝爾・德・克朗（Robert de Craon【法】、Robert of Craon【英】）在內的所有聖殿騎士團團長，本書皆採用法語或西語原名，而非英語譯名。可參見本書附錄「聖殿騎士團歷任大團長」。

莫以為，我來是要給人間帶平安，
我來不是要降平安，乃是要降刀劍。
——馬太福音第十章第三十四節

導言

聖殿騎士團是神的士兵。他們是信徒和劍士、朝聖者和戰士、乞丐和銀行家。他們的制服上印有紅色十字架，象徵著基督為人類流下的鮮血，也象徵著他們準備好為主揮灑自身熱血。雖然聖殿騎士只是在十一到十四世紀之間，於中世紀歐洲和聖地興起的眾多宗教修會之一，但是直至今日他們最廣為人知，也最具爭議性。

這個騎士團是十字軍東征的產物，所謂的東征是中世紀教會所發起的一系列戰爭，主要（但不完全）針對巴勒斯坦、敘利亞、小亞細亞、埃及、非洲西北部和西班牙南部的伊斯蘭統治者。因此，聖殿騎士團的蹤跡遍及在地中海及許多其他地區：在近東的戰場和整個歐洲的城鎮和村莊，他們擁有著大量的資產，並且以此來提供他們軍事行動的資金。「聖殿騎士團」一詞，是「聖殿的貧窮騎士」的縮寫，或是不太常見的「基督和所羅門聖殿的貧苦騎士團」的縮寫，後者以基督教最神聖城市的聖殿山來宣傳他們的起源。但是幾乎到處都可以感受到他們的存在。即使在他們還在世的時候，聖殿騎士們已經是半傳奇的人物，出現在民間故事、藝術品、民謠和歷史中。他們是十字軍東征精神面貌的一部分，直到今天他們仍然占據著這樣的位置。

聖殿騎士團建立於一一一九年，其宗旨是貞潔、順從和貧窮，最後一條原則也被呈現在大團長的官方印璽圖案上，該圖描繪了兩名武裝弟兄共享一匹馬。不過，聖殿騎士團很快變得富有且具有影響力。聖地和西歐的聖殿騎士團高階成員在他們的朋友和敵人、國王和君主、女王和女貴族、主教和教宗等人眼中都極具份量。聖殿騎士團資助戰爭支出、貸款支付國王的贖金、分包王家政府的財務管理、徵收稅款、建造城堡、經營城市、集結軍隊、斡旋貿易糾紛、參與對抗其他軍事修會的私戰、進行政治暗殺甚至幫助特定人士成為國王。他們從一開始的貧寒，後來成為了中世紀後期的強權機構。

然而，又或許奇怪的是，聖殿騎士團對於群眾深具吸引力。對於許多人而言，他們不是高高在上的精英，而是地方的英雄。與聖殿騎士團的騎士和軍士在戰場上所做的犧牲相比，騎士團的許多非戰鬥部隊在歐洲各地的宗教場所進行的祈禱也同等重要，而且兩者對於所有基督徒所尋求的上天救恩都至關重要。聖殿騎士團的部分財富來自虔誠貴族的資助，但來自普通男女的小額捐款之份額也不相上下，這些平民把自己的微薄財產（一件上衣或是一塊菜園），捐給了當地的騎士團分支，藉此資助聖殿騎士團在東方的軍事行動。

當然，也有持不同意見的人。對於一些觀察者來說，這種騎士團相當危險且莫名其妙，同時還腐蝕了基督教所應有的和平原則。聖殿騎士團有時會遭受猛烈攻擊，特別是來自學者和僧侶對其特權地位的質疑，諸如受到教宗權威的保護，並且被免除了其他宗教修會都要承擔的規範和稅金。克萊爾沃的伯納德（聖殿騎士團的教父），稱聖殿騎士團為「新騎士」，但一個世紀後，另一位學識淵博的法蘭西僧侶將他們視為「一種新的怪物」。

然而，聖殿騎士團在十四世紀初的突然解體，震驚了整個基督教世界，這其中牽涉到大規模逮捕、迫害、酷刑、公開審判、集體火刑，以及所有聖殿騎士團的財產被沒收。騎士團在幾年之內被關閉、終止和解散，其成員被刻意指控犯下一連串會引起憤怒和厭惡的罪行。如此突然而劇烈的結局，以至於增添了聖殿騎士的傳說色彩。如今，在聖殿騎士團滅亡七百多年後，他們仍然是人們著迷、模仿和痴迷的對象。

但究竟聖殿騎士是何方神聖？這有時候難以蓋棺定論。聖殿騎士團出現在許多小說、電視節目和電影中，他們在其中被塑造成英雄、殉道者、暴徒、惡霸、受害者、罪犯、變態、異端邪說者、墮落的顛覆者、聖杯守護者、基督祕密血脈的保護者，以及執行全球性陰謀的時空旅行情報員。在「通俗」歷史領域中有一種揭露「聖殿騎士團的祕密」的家庭手工業，認為聖殿騎士團在一些永恆的陰謀中扮演要角，藉此掩蓋基督教的骯髒祕密，同時暗示這支中世紀騎士團依然存在，而且躲在暗處操縱世界。這種說法有時候非常有趣。不過它們與聖殿騎士團本身是兩回事。

本書試圖講述聖殿騎士團的真實故事，而不是那些美化他們的傳說。我的目標不是要揭穿也不是要投入聖殿騎士團神話中，各種光怪陸離的主題，而是要向讀者表明，跟那些自騎士團衰亡以來始終圍繞著他們的傳奇故事、以假亂真的陳述，以及平行歷史相比起來，騎士團的真實故事更為非比尋常。我也相信聖殿騎士團故事的主題在今天會引起強烈的共鳴。這本書探討了以下眾多面向：其一，一場在巴勒斯坦、敘利亞和埃及似乎永無休止的戰爭，穆斯林的遜尼派和什葉派，與來自西方的基督教武裝入侵者在此發生衝突；其二，一個「全球性」的免納稅組織，它變得極為富有，甚至比一些政府更為強大；其三，關於國際金融與地緣政治之間的關係；其四，關於宣傳和製造神話的力量；最後，一段暴力、叛國、背叛和貪婪的故事。

閱讀過我討論英格蘭《金雀花王朝》一書的讀者，一定不會驚訝這本書同樣是本敘事史。它講述了聖殿騎士團從創造到解散的故事，探索了騎士團不斷變化的本質、它在近東和歐洲的傳播，以及它在基督徒軍隊和伊斯蘭勢力間的中世紀戰爭中，所扮演的角色。我在文末提供了詳細的注釋和參考書目，好讓讀者認識各式各樣的原始資料和學術研究，但我並沒有偏離自己一貫的目標，亦即寫一本既能提供資訊又能帶來娛樂的書。

為了帶領讀者經歷騎士團兩個世紀以來，從不起眼的誕生到引人入勝的殞滅，我將這本書分為四個部分。第一部分「朝聖者」描述了聖殿騎士團在十二世紀初期的起源，當時騎士團是由法蘭西騎士于格·德·帕英和他的八名同伴（根據後來的說法）建立的，這群人當時在第一次十字軍東征之後的動盪時期，便在耶路撒冷找尋志業。這支小團隊最初的目的是成立一個永久性的護衛組織，保護那些在聖地危險道路上跟隨耶穌腳步的西方朝聖者們。于格等人某種程度上是在模仿一群志願醫務人員，後者被稱為「聖約翰醫院騎士團」或「醫院騎士團」，他們在一〇八〇年左右在耶路撒冷建立了一所醫院。聖殿騎士團在得到耶路撒冷基督教國王的認可和羅馬教宗的祝福後，迅速制度化並且擴張。他們將總部設立在聖城聖殿山上的阿克薩清真寺（穆斯林稱為Haram al-Sharif），並且派遣使者到歐洲招募人力和籌集資金支持，尋找有名望的人提供資助。他們的精神導師是克萊爾沃的聖伯納德，他幫助制定了他們的《聖殿騎士會規》，而騎士團早期的支持者包括當時主要的十字軍領袖，例如金雀花王朝的祖先安茹伯爵富爾克，他也在聖殿騎士團的幫助下，成為耶路撒冷的國王。在幾十年的時間裡，聖殿騎士團不再是九名身無分文、追尋存在意義的騎士，他們成為了一個雄心勃勃的組織，具有明確目標和實現目標的手段。

本書的第二部分「戰士」展示了聖殿騎士如何將自己從一支道路救援隊，轉型為處於十字軍戰爭前線的精銳軍事部隊。這部分描述了聖殿騎士團在第二次十字軍東征中所扮演的重要角色。當時，聖殿騎士團不僅帶領少數朝聖者，還帶領法蘭西國王麾下的整支軍隊穿越小亞細亞山脈，將他們安全地送到聖地，還資助了他們破產的指揮官，並且在十字軍的大馬士革征服戰的前線殺敵。從此時開始，聖殿騎士團便成為了基督教十字軍國家（耶路撒冷王國、的黎波里伯國和安條克公國）政治和軍事歷史上的重要角色。第二部分緊接著追蹤聖殿騎士團如何發展出城堡網絡、一套軍事協定和執行任務所必需的機構專業知識。這部分還包括了十字軍東征歷史上一些最非凡的人物：虔誠但不幸的法蘭西路易七世；自掘墳墓般驕傲的聖殿騎士團大團長傑拉德，他曾在一一八七年帶領上帝的軍隊在哈丁展開一場末日之戰；耶路撒冷的痲瘋王鮑德溫四世；還有史上最著名的穆斯林蘇丹薩拉丁，他把將十字軍從地圖上抹去視為使命，並親自監督在一天內處決了數百名聖殿騎士。

第三部分題為「銀行家」，考察了聖殿騎士團如何從一個由西方捐款支持的十字軍輔助部隊，發展成為能將軍事能力與遍布基督教世界的財產和人員複雜網絡結合起來的機構，並且能夠在十字軍熱潮開始消退之際，維持基督教的西方與東方戰爭區域的聯繫。

薩拉丁幾乎消滅了聖殿騎士團作為一支戰鬥部隊的力量，他們是在一一九〇年代時藉由才華橫溢、殘酷無情的英格蘭著名國王獅心王理查的幫助下，才得以重建。而獅心王對聖殿騎士團主要官員的信任和依賴，也預示了聖殿騎士團在十三世紀的發展方向。聖殿騎士團得到了王室庇護，而且貴族與城市當局也很快就給予他們這種庇護，聖殿騎士團擁有的土地因此與日俱增，並且擴張了自己的財產組合，獲得豐厚的稅收優惠。他們變得極為富有，在財務管理上也變得十分老練，在適當時機，教宗和國王會求助他們管理簿記、守護寶藏、組織戰爭，並在危機時期籌集救難資金。

當然有很多這樣的危機時刻，第三部分則呈現聖殿騎士團仍然深深陷入對抗伊斯蘭教的戰爭中。聖殿騎士的金融專業知識讓兩次針對埃及三角洲城市達米埃塔的大規模攻擊，得以發動。這兩起襲擊都以混戰告終，騎士團的騎士和軍士們在尼羅河氾濫的沼澤地帶與敵人展開了殊死搏鬥。正如聖殿騎士所發現的，籌集和組織戰爭基金是一回事，在陌生的地形上與極度熟悉這種條件的敵人長時間作戰，則完全是另一回事。

第三部分也提到聖殿騎士對十字軍國家的安全負有愈來愈大的責任，這使得他們接觸到一些十三世紀最令人難忘的角色，像是德高望重的法蘭西國王路易九世便與騎士團交情甚篤，腓特烈二世．霍亨斯陶芬則是一位夸夸其談、思想不受拘束的神聖羅馬帝國皇帝，他自稱是耶路撒冷的國王，並且迅速與受命保衛耶路撒冷的人開戰。在這個時間點上，聖殿騎士團不得不對抗受到腓特烈庇護的「條頓騎士團」，他們是與聖殿騎士並行設置（有時也加以模仿）的諸多軍事修會之一。其他修會還包括聖拉撒路騎士團，它們負責照顧患有痲瘋病的朝聖者；在西班牙王國建立的卡拉特拉瓦、聖地牙哥和阿爾坎塔拉騎士團；在波羅的海向異教徒發動戰爭的立窩尼亞寶劍騎士團；還有醫院騎士團，聖殿騎士從一開始就和他們生活在一起，並與他們在一些最偉大的戰鬥中並肩而戰。軍事修會在聖地愈來愈重要，加上他們日益增加的多樣性加劇了派系衝突，聖殿騎士團便被捲入義大利商人和自私自利的貴族兩個集團之間的戰爭。最終，這嚴重破壞了十字軍國家的政治基礎，當一二六〇年代出現新的威脅時，聖殿騎士團和其他基督教騎士團都無力抵抗。

第四部分為「異端者」，它將聖殿騎士的崩壞根源追溯到一二六〇年代的事件，當時東方的聖殿騎士們站在戰場的最前線，對抗十字軍有史以來所面臨最危險的兩個敵人：蒙古人成吉思汗後裔的軍隊，以及被稱為馬穆魯克的穆斯林奴隸士兵。聖殿騎士被馬穆魯克打敗後所受到的批評比以往都還要更多，因為他們擁有豐富的資源，而且這場戰役與反伊斯蘭戰爭的成敗密切相關，現在這些都成為了打擊聖殿騎士的口實。

隨著聖殿騎士承受的壓力愈來愈大，他們也愈來愈容易受到政治攻擊。一三〇七年，虔誠但不擇手段的法蘭西國王腓力四世發動了一場突如其來的暴力襲擊。他在十月十三日星期五逮捕了法蘭西所有的聖殿騎士團成員，這是一項完全出於自身利益行動的開端，目的是終結聖殿騎士團並且沒收其資產。在持折衷立場的教宗克雷芒五世的鼓動和抵制下，腓力四世和他的官員們把對聖殿騎士團財產的突襲變成了對整個基督教世界的秩序的全面戰爭，他們採取的做法先前已曾被用於其他脆弱的目標上，包括法蘭西的猶太人。雖然法蘭西傳統上是聖殿騎士團獲得最大支持的地方，但腓力毫不動搖地將審判、拷打和殺害聖殿騎士團成員視為自己的使命，第一位受害者便是騎士團的最後一任大團長雅克·德·莫萊，他於一三一四年在巴黎被燒死，他的遺言是承諾上帝會為聖殿騎士團復仇。

腓力用司法調查和個人暴行的雙重懲罰來打擊聖殿騎士團，其動機與這些成員的真實性格或行為沒有多大關係，這些人要麼在反伊斯蘭戰爭的前線，要麼在法蘭西，而且他們的生活多半與僧侶無異。腓力的行為源自他對政治事務的執著，以及他那極端、殘酷、無情的個人病態，但是他選擇攻擊聖殿騎士團的時機，讓他比平時更容易受到攻擊和誹謗，而且在這個時期公眾對十字軍東征的興趣即使尚未消逝殆盡，也必然早已大不如前。雅克的死標誌著聖殿騎士團這個組織的終結，此時距離他們最初於耶路撒冷的卑微起源將近兩百年。然而，他們的傳奇才剛要開始。這本書的結語總結了聖殿騎士們進入大眾想像的過程，並且思考了聖殿騎士團被浪漫化甚至復活的歷程。

一位著名學者曾指出，用敘事史來描述聖殿騎士團會「誤導人，因為這意味著聖殿騎士團有興起亦有衰落、意味對騎士團的批評不斷增加，然後某些事件引發了後來的事件」。[1]這種批評部分為真、部分為假。當然，如果試圖用時間先後的框架內來全面敘述聖殿騎士團在耶路撒冷王國、伊比利半島、法蘭西、英格蘭、義大利、波蘭、日耳曼、匈牙利、賽普勒斯和其他地方活躍的這兩個世紀，那無疑是一項愚蠢的任務。在那些針對騎士最引人注目的幾次活動的連貫敘述中，不可能將成千上萬自稱為聖殿騎士或準會員的男女的經歷，都融入其中。儘管如此，聖殿的貧苦騎士團無可否認地曾經被建立、存在以及結束，而且這個過程發生在固定的時間段內，其中時間是以常見的方式推進。這個故事貫穿整個十字軍東征，並且將幾個戰區和數十世代的男男女女聯繫起來。這個故事過去常被以主題的方式講述，不過也經常容易離題，甚至沉悶枯燥。我選擇用傳統方式講述這個故事，但這不代表這是另一本充滿道德教訓，講述從榮譽到腐敗、從傲慢到毀滅的旅程，描寫聖殿騎士團的傳統長久以來就受這種想法的困擾，至少可以上溯到十七世紀。[2]相反地，我只是單純相信聖殿騎士的故事可以按時間順序講述，來滿足那些喜歡歷史被按年代先後講述的讀者。我希望自己這樣做時不至於深陷入目的論，也沒有歪曲那些胸前掛著紅十字的人們活著、戰鬥和死去的生命和經歷。我也希望這本書能夠鼓勵讀者探索有關軍事修會的整體圖像，以及聖殿騎士團個案研究的眾多學術著作，這些書的作者都是傑出的學者，像是Malcolm Barber、Helen Nicholson、Alan Forey、Joachim Burgtorf、Alain Demurger、Jonathan Riley-Smith、Judi Upton-Ward、Anthony Luttrel、Jonathan Phillips、Norman Housley、Jochen Schenk、Paul Crawford、Peter Edbury、Anne Gilmour-Bryson，以及許多其他學者，我在本書中帶著最大的敬意和感激之情引用他們的成果。

聖殿騎士團在一面黑白相間的旗幟下衝鋒陷陣，他們有時會一邊騎馬、一邊吟唱讚美詩來帶給自己力量。在我們即將要開始講述故事的這個時刻，引用下面這段話似乎格外切題：

> 耶和華啊，榮耀不要歸予我們，不要歸予我們；要因您的慈愛和誠實歸在您的名下。

請享受這場旅程。

第一部

朝聖者

Pilgrims

(c. 1102-1144)

我懇求你們，為了你們靈魂的救贖而戰！

——耶路撒冷國王，鮑德溫一世

第一章　一個盛滿蠍子的金盆

那是一個天氣惡劣的秋日早晨，在雅法（Jaffa）的朝聖者們正從教堂走出來。他們立即被衝向大海的人群的擁擠所吞沒，被一種可怕的嘈雜聲所吸引。那是被扭斷的木頭發出的尖銳聲音，在狂風和海浪的轟鳴聲和驚慌失措的男男女女為活命而戰的尖叫聲掩蓋下幾乎聽不見。昨天夜裡，一場猛烈的暴風雨颳了起來，停泊在雅法陡峭海岸上的三十多艘船被拋到宛如山一樣巨大的海浪上。其中最大、最結實的一艘船從錨上被扯了下來，撞進尖銳的岩石裡並被埋入沙洲之中，用一位旁觀者的話來說，直到整艘船「被暴風雨撕成碎片」。[1]

岸上的人群無助地看著水手和乘客被沖落甲板。有些人雖然試圖抓住斷裂的桅杆來讓自己浮在水面上，不過他們大多數人都死劫難逃。觀察者寫道：「有些抓著船不放的人被自己船隻的裂木切得血肉橫飛」；「有些會游泳的人主動跳入海浪當中，不過其中許多人也因此死去」。[2]屍體開始隨著海浪衝上岸來。最終死亡人數多達一千人，只有七艘船能夠在風暴中存活下來未沉船。朝聖者寫道：「沒有人看過在一天當中有如此大的悲劇發生。」那天的日期是一一〇二年十月十三日星期一。

為我們記載這個經過的朝聖者是英格蘭人，名叫西沃夫。①七月十三日，自從他離開阿普里亞海岸（Apulia，現代義大利的鞋跟處）的莫諾波利（Monopoli）後，已經旅行了好幾個月，他把這一天描述為「埃及時刻」，因為自法老時代起，人們根據占星術就相信若在這一天開始重要任務就會受到詛咒。[3]而且事後證明確實如此。西沃夫在從英格蘭前往地中海東部的途中曾遭遇過一次海難，但他幸運地活了下來。他的路線是從科孚島（Corfu）、凱法利尼亞島（Cephalonia）和科林斯島（Corinth），經底比斯走陸路到愛琴海，然後向東南穿過基克拉澤斯群島（Cyclades）和佐澤卡尼索斯群島（Dodecanese）到達羅得島（Rhodes）。他在海上又航行了幾天方抵達賽普勒斯的帕福斯港（Paphos）。在整整十三個星期的旅行中，他跋涉了大約兩千英里，最後抵達耶路撒冷基督教王國的主要港口雅法。他就在這場致命的暴風雨來臨前幾個小時甫抵達岸邊。

儘管航海生活有許多困難和可怕的風險，西沃夫在向東的旅途中看到了許多大事，因為他和他的旅伴每隔幾天就從船上下來，向島上的居民化緣，他通常稱他們為希臘人。他曾參觀過安德羅斯島（Andros）的絲綢作坊，也曾到過早已消失的羅得島太陽神銅像的遺址。他遊覽了古老的米拉城（Myra），那裡有美麗的半圓形劇院，而且還去過菲尼凱（Finike）這個腓尼基人建造位於迎風面的

①作者注：西沃夫（Saewulf）在他以拉丁文所寫的關於聖地的描述中，沒有提及自己的出生地，除了他的朝聖日記中包含的內容之外，我們對他的生平幾乎一無所知。我們可以合理假設他來自英格蘭，因為他參考了諾森伯蘭（Northumberland）聖人比德編纂的資料，而且其著作的一份中世紀抄本後來被收入十六世紀坎特伯雷大主教馬修・帕克（Matthew Parker）的圖書館。

貿易港口，由於海面風浪的波濤洶湧，當地人稱之為「六十槳」（sixy oars）。他曾在聖尼古拉的墓前祈禱，並且在賽普勒斯追尋聖彼得曾走過的路線。然而，他離要追尋的真正目的地還有一段距離。一旦風暴平息，他將前往世界上最重要的城市：東南方的耶路撒冷，他計畫對著上帝之子、全人類的救世主耶穌基督的墳墓祈禱。

對於像西沃夫這樣虔誠地認為自己「卑微、有罪」的基督徒而言，訪問耶路撒冷是一次通往世界中心的救贖之旅。[4]上帝曾告訴舊約先知以西結，祂將耶路撒冷置於「萬民之中」，而這說法被認為不僅僅是譬喻而已。[5]當時在歐洲製作的地圖將聖城描繪為人類所有王國（包括基督教和異教）茁壯的核心。②這一地理事實也是宇宙論的事實。耶路撒冷被認為是一個天堂在人間顯現之處，祈禱的力量會因為聖物和聖地的存在而被強化。遊客不僅能看到還能感覺到，遊客可以親身體驗聖經故事的神聖細節，從舊約國王的事跡到基督的生平和受難經歷。

西沃夫從雅法到達耶路撒冷，通過大衛門進城，這是耶路撒冷城厚厚的防禦牆上設防嚴密的城門，有一座高大的石頭要塞看守著城門，其建築在希律王所立的堡壘遺骸之上。希律王便是聖經中所記載，為了要殺死襁褓中的基督，把伯利恆的每一個嬰兒都殺害的那位國王。當他走在城市裡時，抬頭便可以看到占據了城市的東南部的聖殿山（Temple Mount），山頂上是閃閃發光的圓屋頂，基督徒們稱它為上帝的聖殿。旁邊是阿克薩清真寺（al-Aqsa mosque），這是一座又寬又矮的長方形建築，頂部也有一個圓頂，建於西元七世紀，後來被改建成基督徒居住的耶路撒冷國王的宮殿。國王是一位來自布洛涅（Boulogne）的富有貴族，名叫鮑德溫一世（Baldwin I）。

越過聖殿山，在耶路撒冷東牆的另一邊有一座墓地，而越過這墓地之後便是客西馬尼園

（Gethsemane），這裡就是基督和門徒一起祈禱的地方，也是他在被捕之夜被猶大背叛的地方。在更遠之處有一座橄欖山（Mount of Olives），耶穌曾在那裡教誨人好幾個星期，後來便從那裡升天。西沃夫在他的日記中寫道，他自己爬上橄欖山，俯視耶城，審視這座城市在羅馬人占領期間城牆和邊界的擴張情形。

世界上最神聖的地方，也是所有基督徒朝聖的終極目的地，就位在耶路撒冷當中。這便是聖墓教堂（Church of the Holy Sepulchre），西沃夫認為它「比任何其他教堂都更為著名，這樣的事實既貼切本質而且正確無誤，因為全世界關於我們救世主耶穌基督的所有預言都在那裡真正實現了」。[6]這是一座由相連的小禮拜堂和庭院組成的雙層建築群，其中有許多建物都是用來紀念的，也被認為正是在標誌耶穌受難過程中的中心事件。西沃夫列出了它們：耶穌遭背叛後被關押的監獄牢房、發現真十字架碎片的地方、耶穌被羅馬士兵鞭打時捆綁住他的柱子，和「他被戴上紫袍並加上荊棘冠冕的地方」，「先祖亞伯拉罕在那裡築了一座祭壇，並順從上帝，想要犧牲他的兒子以撒」的各各他山，這也是基督被釘在十字架上的地方。西沃夫在此察看了為了撐起十字架而在地上挖的那個洞，還有一塊被劈成兩半的岩石，正如馬太福音中所描述的。[7]還有一些專門供奉抹大拉的瑪利亞、使徒聖約翰、聖母瑪利亞和聖詹姆斯的教堂。然而，最重要和最令人印象深刻的是教堂西端的

---

② 作者注：一個極佳的例子是在英國赫里福德大教堂（Hereford Cathedral）所藏的世界地圖（Mappa Mundi）。這幅畫創作於一三〇〇年左右，但它完美地詮釋了西沃夫當時的中世紀世界觀，以及耶路撒冷在其中的中心地位。旅遊指南告訴遊客，他們可以在「各各他山以西十三英尺」的地方找到世界的中心。

圓形大廳，因為這裡是聖墓，即基督墳墓的所在處。這裡是耶穌被釘上十字架後，在他復活之前被埋葬的洞穴。神龕周圍是不斷燃燒的油燈，並且鋪有大理石板，一個用作祈禱和奉獻的安靜芳香之處。[8]這對基督徒來說是地球上或歷史上最神聖的地方。正如西沃夫在他的回憶錄的第一行所寫的：「我正在前往耶城的路上，要去主的墳墓裡祈禱。」為了站在墳墓前便是在冒險前往基督教的搖籃地，這也是為何像西沃夫這樣的朝聖者願意冒著生命危險前往那裡。

朝聖在十二世紀早期是基督徒生活的重要組成部分，並且已經持續了將近一千年。人們會不辭千里去參觀聖徒的聖祠和著名基督教事蹟的遺址。他們這樣做是為了自己的靈魂，有時是要尋求上帝來緩解病痛，有時則是為了贖罪。有些人認為，在某一特定聖殿中祈禱可以確保自己在通往來世的道路上會受聖人保護。所有人都相信上帝對朝聖者是仁慈的，一個男人或女人如果謙卑而忠誠地冒險來到世界的中心，他們在上帝眼中的地位將會因此提高。

然而，西沃夫這趟充滿危險的旅途不僅極為虔誠，在時機上也是恰到好處。至少從四世紀起就有基督徒開始到耶路撒冷朝聖，但耶路撒冷從來就不是完全友好的領土。在過去七百年的大部分時間裡，城市和周邊地區一直由羅馬皇帝、波斯國王、倭馬亞王朝（Umayyad）哈里發和名為貝伊（bey）或埃米爾（emir）的塞爾柱人（Seljuq）統治者控制著。從七世紀開始，當阿拉伯軍隊從拜占庭基督教統治下奪回耶路撒冷後，耶路撒冷直到十一世紀末都一直在穆斯林的掌握中。對於伊斯蘭教的追隨者來說，它是世界上第三神聖的城市，僅次於麥加和麥地那。穆斯林認為這是阿克薩清真寺的所在地，根據古蘭經，先知穆罕默德就是在這裡開始了他的「夜行登霄」，這指的是天使加百列將他從麥加帶到聖殿山，他們接著一起從那裡升入天堂。[9]

然而，就在這幾年之中情況發生了劇烈變化。在西沃夫的旅程之前的幾年當中，一場戲劇性的劇變席捲了城市和更廣泛的巴勒斯坦和敘利亞沿海地區，並且從根本上改變了朝聖對於西方十字軍國家男女信徒的吸引力和性質。在一〇九六至一〇九九年之間爆發了一場激烈的漫長戰爭後，聖地的大部分被後來所謂的第一次十字軍東征軍隊所攻克。

幾支大型的朝聖者軍事探險隊從西歐前往聖地（有時他們稱之為Outremer，若是直接翻譯成英文的意思是「海外」）。這些朝聖者被基督教作家統稱為「拉丁人」或「法蘭克人」，而這個名稱在穆斯林文本中的翻譯則是艾夫蘭（Ifranj）。[10]在教宗烏爾班二世（Urban II）熱情洋溢的佈道支持下，拜占庭皇帝阿歷克塞一世·科穆寧（Alexius Comenenus）發出了軍事援助的號召令，這些虔誠的男女為了回應皇帝的呼籲，先是前往君士坦丁堡，然後前往黎凡特海岸與在那裡掌權的那些穆斯林作戰。烏爾班誘人地許諾，參與十字軍東征可以取代教會要求個人去完成的所有贖罪聖事——理論上，一個人一生的罪惡可以透過這樣的旅程一筆勾消。最初，這些武裝朝聖者不過是一群沒有紀律、暴力的暴民，由法蘭西修士隱士彼得（Peter the Hermit）等煽動者所領導，他們煽動了追隨者們狂熱的獻身作為，但是既無法提供他們適當補給，也無力控制他們的暴力衝動。隨後的十字軍浪潮由來自法蘭西、諾曼地、英格蘭、法蘭德斯、巴伐利亞、倫巴底和西西里島的貴族們領導，驅使他們的是一種發自內心的正當性意識，即把聖地從穆斯林占領者手中解放出來是他們作為基督徒的職責，而伊斯蘭世界敵對的眾多派系在政治和軍事上分裂了耶城及其周邊地區，這個現實狀況也鼓舞了十字軍浪潮。

伊斯蘭世界的分歧是出自政治、王朝和宗派等因素。其中一派是來自中亞的塞爾柱人，他們建立了一個從小亞細亞到興都庫什山脈（Hindu Kush）的帝國，融合了突厥和波斯文化，並且虔誠信奉遜尼派伊斯蘭教的精神領袖巴格達的阿拔斯（Abbasid）哈里發。塞爾柱帝國在一〇九二年之前的二十年當中是由蘇丹馬利克沙阿一世（Malikshah I）統治，但是塞爾柱帝國在他死後分裂，他的四個兒子陷入了激烈的爭執之中。

與塞爾柱人相對的是法蒂瑪（Fatimid）哈里發的殘餘勢力，其核心地帶在埃及，其領導人聲稱自己是穆罕默德的女兒法蒂瑪的後裔。從十世紀中葉開始，法蒂瑪人統治了北非、敘利亞、巴勒斯坦、漢志（Hijaz）甚至西西里島的大部分地區，並且效忠於他們自己位於開羅的什葉派哈里發。法蒂瑪帝國在十一世紀晚期也陷入分裂，失去了領土和影響力，並且收縮回中心區域埃及。塞爾柱人和法蒂瑪人之間在宗派和政治上的競爭，以及塞爾柱帝國的內部競爭，造就了在伊斯蘭世界內部一段異常不團結的時期。正如他們自己的一位編年史家所言，各個統治者之間「彼此都有矛盾」。[11]

因此，第一次十字軍東征的基督徒取得了一系列驚人的勝利。耶路撒冷於一〇九九年七月十五日陷落，這是一場令人震驚的軍事政變，隨之而來的是對該城猶太和穆斯林居民可恥的掠奪和屠殺，他們身首異處的屍體成堆地躺在街上，許多人被開腹剖肚，基督教征服者藉此可以奪得受害者為了躲避劫掠入侵者而吞下肚的金幣。[12]在耶路撒冷的希臘東正教神父飽受折磨，直到他們透露出自己擁有的最珍貴的聖髑之所在，包括釘死基督的真十字架的一塊木頭碎片，被嵌在一個金色十字架形狀的美麗聖髑盒裡。

十字軍占領了北部的主要城市埃德薩（Edessa）和安條克（Antioch），以及較小的城鎮，包括亞歷山勒塔（Alexandretta）、伯利恆、海法（Haifa）、太巴列（Tiberias）和具有戰略重要性的港口城市雅法。包括阿蘇夫（Arsuf）、阿卡（Acre）、凱撒里亞（Caesarea）和阿什凱隆（Ascalon）在內的其他沿海城鎮仍在穆斯林手中，但他們為了不被攻擊而同意繳納貢金，而且最終仍被後代侵略者所征服。一系列新的基督教國家如今在地中海沿岸紛紛建立：埃德薩伯國和安條克公國的南方與的黎波里伯國和耶路撒冷王國的北方接壤，而且耶路撒冷王國理論上擁有整個地區的封建統治權——儘管現實上這種統治並未被嚴格落實。

由於他們這次的抵達東方是史無前例的，而且距離家鄉的距離極為遙遠，再加上在此種無情的氣候下發動戰爭的艱苦性質，基督徒對這些土地的控制並不牢固。當西沃夫去耶路撒冷朝聖的時候，從西方來的軍隊、船隻和聖人協助擴大了第一位十字軍國家國王鮑德溫一世在耶城統治的領土。但他們人數並不多，而且他們受到來自十字軍外部和內部派系等多重威脅，這也是因為他們來自於以不易合作而聞名的西方。

一一〇二年夏，西沃夫察覺到自己所進入這個新成立、規模不大的東方基督教王國，不時會遭到圍攻但是又具有侵略性。而且宗教狂熱分子認為，這個王國的存在恰恰證明了上帝「向我們敞開祂豐盛的祝福和憐憫」。那些流離失所的穆斯林的觀點不意外地截然不同。他們稱他們的新鄰居是「真主的敵人」帶來的「災難時刻」產物。[13]

✢

西沃夫在接下來的六個月當中，探索了聖城的每一寸土地及其周邊地區，並將他所看到的一切與自己對聖經的了解，還有過去對耶路撒冷的描述文字進行比較，其中包括德高望重的八世紀英格蘭僧侶暨神學家比德（Bede）所寫的一篇記述。西沃夫對於上主聖殿、聖墓教堂、橄欖山和客西馬尼園驚嘆不已。他來到聖十字修道院，遊客們在這裡可以從巨大的祭壇下窺視用以製作耶穌受難十字架那棵樹的殘餘樹樁，它被包裹在一個白色大理石盒子裡頭，盒子上方有著供人觀看的小窗。他被眼前的壯觀景象所震懾。他說上主聖殿「不僅高度遠高於周圍山丘，它的美麗和榮耀也超越了所有其他房屋和建築物」。[14]他欣賞著壯麗的雕塑和這座城市令人生畏的防禦工事。凡他在聖經中所見的都在眼前呈現。這便是彼得醫治瘸子的地方，也是當耶穌在「眾人向大衛之子頌唱著和散那的聲音中騎著驢子進入」耶城之處。[15]

然而，西沃夫也留意到耶路撒冷周圍的朝聖之路經常是可怕和不安全的。從雅法出發的內陸之路特別艱難，這是沿著「艱困山路」的一條漫長而艱難的旅程。[16]十字軍王國的普遍不穩定顯而易見。穆斯林強盜（西沃夫稱他們為撒拉森人〔Saracens〕）散布在鄉村四周、居住在岩石洞穴中，並且會驚擾那些相信「強盜們日夜不眠，總是在尋找襲擊目標」的朝聖者。西沃夫和他的同伴們不時會在前方或後頭看見令人生懼的可怕人物，從遠處威脅著他們然後又消失在他們視線中。他們在恐懼中行進，因為他們明白任何疲憊與落隊的人都有可能落得悲慘的下場。

四處都是在炎熱天氣裡腐爛的屍體。小路上有屍體，而在路旁也還有其他的屍體，其中有些還被野獸撕碎（懸崖狐、豺狼和豹子都是巴勒斯坦山區的原生動物）。這些基督徒被他們的旅伴拋棄了，他們沒有試著體面地埋葬這些死者，因為在太陽炙烤的土地上這是不可能的。「那裡的土壤很少，岩石也不易搬動，」西沃夫寫道，「且即便有土壤，誰又會蠢到離開他的弟兄們，獨自一個人掘墓呢？這樣做的人不是在替他的基督徒弟兄挖墓，而是在自掘墳墓。」[17]

在耶路撒冷以南十數里處，他發現伯利恆是「一片廢墟」，例外的只有裡頭保存基督誕生時「牛和驢站的馬槽」的聖母瑪利亞大修道院，以及據說聖母與東方三博士共進晚餐的大理石桌子。[18] 再往南是希伯倫（Hebron），也被「撒拉森人毀了」，這裡是因埋葬「聖先祖亞伯拉罕、以撒、雅各」和「最先的受造者亞當」而聞名。[19] 他在東方看見死海「約旦河的水比起其他水域更白、更像奶」。[20] 他繼續往北方前進，經過三天的路程後來到拿撒勒（Nazareth）、加利利海（Sea of Galilee）和太巴列城，耶穌便是在這裡行神跡，包括餵飽了五千個人。

西沃夫深深感動於有大量的聖所集中在此處，他對所有細節做了詳盡記錄，他甚至回憶起在參觀特別受歡迎的聖所時，留在他鼻孔中的「香脂和極珍貴香料的味道」。[21] 然而，他自始至終都很清楚自己的朝聖之旅是在險惡的土地上進行的。教堂和城鎮倒塌成鋸齒狀的石頭廢墟。修道院為數十名因信仰而被屠殺的弟兄們哀悼。新舊的恐怖交織在一塊。古時候聖彼得背叛了主之後用淚水潤濕了土壤的地方便是此處。有一座教堂最近被廢棄，原因是害怕聚集在約旦河遠處河岸的「異教徒」；「阿拉伯的人們對基督徒高度敵視，並且憎恨所有敬拜上帝的信徒」。[22]

到了一一〇三年晚春，西沃夫已經到達他所能到的最遠之處，並且充分實現了作為朝聖者的目標。他寫道：「我曾經探索過耶城及其附近城市的每個聖地，並對它們致敬。」他回到雅法，在一艘向西航行的商船上找了個鋪位，但這仍然不能保證他的安全。從埃及法蒂瑪王朝來的敵艦在通往賽普勒斯的開放水域巡邏，這些船艦掌握了相當數量的沿海城市，所以能夠讓船艦在海上保持活動，並且能隨時補充食物和水。基督徒的船隻不敢遠離陸地，深怕因此遭到襲擊。五月十七日，西沃夫登上了三艘被稱為「快速大帆船」（dromonds）的大船中的一艘，它們一齊沿著海岸向北航行，沿路會在友好的港口停留，當經過不友好的港口時則會像一陣風飛快地駛過。

當旅程出發後大約七十五英里，隨著快速大帆船接近了阿卡城，二十六艘阿拉伯戰艦也映入眼簾。它們是法蒂瑪人的船隻，這引起了甲板上的恐慌。西沃夫看著另兩艘快速大帆船和他人所在的那艘船瘋狂地加速，逃往由基督徒控制的凱撒里亞鎮尋求安全。他自己的船擱淺了。敵人在它周圍十字弓射程之外圍成一圈高興地歡呼著，希望能得到這樣的戰利品。朝聖者們全副武裝準備戰鬥，在甲板上排成了防禦隊形。「我們的人，」西沃夫寫道，「準備為基督而死。」[23]

這種毫不畏戰的表現足以讓法蒂瑪指揮官在發動進攻前躊躇再三。他經過一段時間的考慮後，決定尋找更容易的目標，放棄攻擊並且為攻擊更深的水域做好準備。西沃夫和他的同伴們讚美了主繼續前行，八天後抵達賽普勒斯，然後前往小亞細亞海岸，繼續沿著他出發時的旅程所走的路線。最後，他們穿過達達尼爾（Dardanelles）海峽向北駛向君士坦丁堡，那裡有更多的聖物供他們瞻仰和膜拜。他們在旅途中受到海盜的騷擾和暴風雨的襲擊。他思考著從安全的家中離開後的這場千載難逢之旅，一路上唯一保護他的便是上帝的恩典。

+

西沃夫是在第一次十字軍東征之後，成千上萬將前往聖地的朝聖者中的一員。他們來自基督教世界的各個角落：葡萄牙、法蘭德斯、日耳曼、俄羅斯甚至冰島來的人們，記錄下嶄新而脆弱的基督教耶路撒冷王國最初的幾十年狀況，並且流傳至今。由於聖地實際上是一個戰區，許多人發現這裡十分令人毛骨悚然。西元一一〇一年，編年史家沙特爾的富爾徹（Fulcher of Chartres）指出，當朝聖者造訪耶路撒冷時，他們「根據上帝為他們指的路，膽戰心驚地……穿過敵對的海盜，經過撒拉森人的港口」。[24]俄羅斯作家修道院院長丹尼爾於一一〇六至一一〇八年之間，從基輔（Kiev）開始了朝聖之旅。他也記錄下雅法和耶路撒冷之間那條可怕的道路，撒拉森人在「那裡狡猾地殺死旅行者」，並且抱怨「異教徒摧毀了許多古老遺址」。在去太巴列湖的路上，他避開了「在渡口攻擊旅行者的凶猛異教徒們」和「大量」在鄉間遊蕩的獅子。丹尼爾在塔博爾山（Mount Tabor）和拿撒勒之間的狹窄高處通道上獨自行走，他沿路替自己的性命祈禱，因為他被警告說當地村民會「殺死在可怕山上的那些旅行者」。[25]幸運的是，他活了下來，帶著基督墳墓上的一塊石頭回到了基輔，這是保管人偷偷折斷作為聖髑送給他的。

任何時代的朝聖者都多少預期會遭遇強盜和土匪的威脅。但是，對於那些居住在甫成立的十字軍國家之中，以及周遭的穆斯林而言，他們對朝聖者的敵對情緒則遠遠高過於只想伺機而動而已。法蘭克人一〇九六年首次出現時，穆斯林人所遭受的損失是被視為可恥而且令人困惑的——這是天主不滿伊斯蘭世界分裂的跡象，並且是要求所有信徒武裝起來反抗侵略者的呼籲。敘利亞詩人伊本·哈亞特（Ibn al-Khayyat）在一一〇九年之前寫道：「像山一樣的軍隊，一次又一次地出現在法蘭克人的土地上」；「多神論者的頭已經成熟了，所以不要將他們當作葡萄樹和莊稼而錯過了！」[26]其他作家，如富有遠見和智慧的阿里·伊本·塔希爾·蘇拉米（Ali ibn Tahir al-Sulami），呼籲整個伊斯蘭世界，包括土耳其人和阿拉伯人、遜尼派和什葉派齊心協力發動聖戰，藉此達成「奪回（法蘭克人）從穆斯林國家搶走的東西，並且從中讓他們見識伊斯蘭教信仰」。[27]

蘇拉米所期待出現的聖戰分子反擊並未出現，至少沒有發生在基督教王國建立後的頭幾年。穆斯林嚴重的分歧仍持續存在，無法對基督徒的占領做出認真、持續和有效的反擊。就高層政治以及作戰君王的層級而言，法蘭克人能夠安穩地繼續留在耶路撒冷。但與此同時，對於冒著失去一切甚至是性命的危險，長途跋涉數千里拜訪東方聖地的那些基督徒而言，耶路撒冷王國這個地方往往會讓人在一天中同時經歷狂喜和恐懼。正如一位穆斯林作家引用「妥拉」（Torah）所言，耶路撒冷是「一個盛滿蠍子的金盆」。[28]勇敢與這些危險正面對決的欲望增加了朝聖的吸引力，因為每個朝聖者都相信在尋求自我靈魂救贖以及贖罪時，承受不快與痛苦是必要的。這些朝聖者的喉嚨被切斷而且死無全屍，其屍體在路旁堆積如山。這種結果是可以被接受的，但也只有在這些朝聖者身上是合理的。當東征的基督徒們在這個位於世界中心的新王國開始扎根時，眾人都很清楚他們需要被人保護。

聖殿騎士團故事的序幕便在此處揭開。

第二章　保衛耶路撒冷

聖殿騎士團一一一九年成立於耶路撒冷，並在一一二〇年一月十四日至九月十三日之間正式獲得認可。[1]事實是，幾乎沒有人注意到。聖殿騎士團並不是在大眾需求的呼聲中出現的，他們的被創造也不是新誕生十字軍國家和西方基督教世界宗教當局之間具有遠見的計畫產物。現存的基督教或穆斯林編年史作品都沒有去注意聖殿騎士團最初的活動——事實上，一直要過了好幾個世代之後，才有人將聖殿騎士團最早起源的故事記錄下來，到了這個時候，這種紀錄已經受到聖殿騎士團後來發展的影響了。[2]但這並不奇怪。正如耶路撒冷的統治者和居民一樣，一一二〇年的歷史學家和八卦收集者還有其他更重要的事情要操心。

留在聖地統治的十字軍便是來自外國的入侵者，他們試圖建立對此地居民的控制權，這些人包括了遜尼派和什葉派穆斯林、猶太人、希臘和敘利亞東正教基督徒、撒馬利亞人（Samaritans）和來自歐洲各地的貧窮定居者。這是一個自然地因語言、宗教、文化和忠誠而分裂的社會，在這個有時看似注定對定居不友善的環境中，每個人都努力地要活下去。在一一一三和一一一四年，敘利亞和巴勒斯坦遭受了大地震的衝擊，整個城鎮被夷為平地，人們在倒塌的建築物下窒息死亡。幾乎每個春天到來時，都會有老鼠和蝗蟲成群地爬上葡萄藤和田野，毀壞莊稼與咬去樹皮。時不時的月蝕使月亮和天空染成血紅色。所有這些事情都發生在定居者充滿迷信的腦袋中。這片土地彷彿希望驅逐走十字軍，天空彷彿在懲罰他們的征服。[3]

與瘟疫和預兆一樣嚴重的是安全和保障問題。自法蘭克人征服耶路撒冷並且建立起四個十字軍國家以來的二十年當中，他們被迫為在沿海地區立足而不斷奮鬥。他們取得了一些重大進展，例如占領了阿卡、貝魯特和的黎波里等城市，部分原因是來自基督教西方的軍隊定期湧入，包括挪威國王西格德（Sigurd）指揮的斯堪地納維亞半島大型遠征部隊，他幫助國王鮑德溫於一一一〇年攻占西頓（Sidon）。然而，這些令人印象深刻的領土進展也無法改變黎凡特海岸烈日下的生活現實——凡事皆難以預測而且殘酷無情。

一一一八年，耶路撒冷的第一任國王鮑德溫去世。三週後，領導十字軍國家教會的耶路撒冷拉丁禮宗主教阿努爾夫（Arnulf）也跟著逝世。繼承這兩個人地位的人是埃德薩公爵，他是經驗豐富的十字軍戰士，後來登基成為國王鮑德溫二世，還有一位來自法蘭西北部著名家族的神職人員皮奎尼的沃蒙德（Warmund of Picquigny）。這兩位都是令人生畏的人物，但是這個轉變還是引發了敘利亞東部的塞爾柱人和埃及的法蒂瑪人同時入侵，從而引發新一輪的小規模衝突和戰爭。捍衛王國對於人力以及士氣耗損甚大，法蘭西軍隊經常處於十分沉重的壓力之中。編年史家沙特爾的富爾徹認為：「我們能夠容身於成千上萬的（敵人）中，真是個美妙的奇蹟。」[4]

在一一一九年，由於兩件特別嚴重的事件，情況比以往任何時候都糟。第一次是在三月二十九日神聖星期六，在聖墓教堂發生了「天火」奇蹟之後。在這個每年一度的儀式上，放在耶穌墓旁的一盞油燈會在復活節前夕自動點燃，所有聚集在一起見證這一過程的善男信女，他們手中的蠟燭和燈會被神聖的火焰點燃。不幸的是，在一一一九年，奇蹟發生後，七百名欣喜若狂的朝聖者跑出教堂，湧向約旦河邊的沙漠，他們想在約旦河裡沐浴感謝上帝。這條河距離耶路撒冷東牆約二十英里，但朝聖者從未到達目的地。編年史家亞琛的阿爾伯特（Albert of Aachen）記錄道，當他們一從山上下來來到河邊的「僻靜之地」時，突然「出現了來自泰爾和阿什凱隆兩個仍在穆斯林手中的城市的撒拉森人，他們全副武裝而且非常凶殘」。他們襲擊了這些「幾乎手無寸鐵」的朝聖者，而且後者「經過許多天的旅程後疲憊不堪，身體也因為以耶穌之名禁食而虛弱」。阿爾伯特描述道，這根本不是戰鬥，「那些可惡的屠夫追趕他們，用刀砍死了三百人，俘虜了六十人」。[5]

鮑德溫二世一聽到這一暴行，就趕緊從耶路撒冷率兵趕來報復。但是他沒有趕上，襲擊者已經安全地回到了他們的堡壘中，清點著俘虜，並為戰利品而歡欣不已。

不到兩個月後，北方傳來了更可怕的消息。一一一九年六月二十八日，在敘利亞西北部的薩瑪達（Sarmada），占領安條克的大批基督徒與被稱為艾爾加齊（Il-ghazi）的阿爾圖格王朝①統治者領導的軍隊展開戰鬥，艾爾加齊是一名醉漢，但同時是占據鄰近阿勒坡（Aleppo）的危險將軍。據一

① 作者注：阿爾圖格王朝（Artuqids）是一個遜尼派的突厥部落王朝，由一個名叫阿圖貝伊（Artuq Bey）的軍人所建立，他曾是塞爾柱蘇丹馬利克沙阿一世麾下的將軍。阿圖貝伊的後裔在美索不達米亞北部、敘利亞北部和安納托利亞東部統領著一塊獨立領土。

位目擊者說，這場戰鬥是在一場猛烈的沙塵暴中進行的，這陣大旋風盤旋而上的光景，正如同陶工車輪上硫磺火焰燒著的一個巨大罐子。

基督徒被宰殺了數百人。他們的領導者薩萊諾的羅傑（Roger of Salerno），「被騎士的劍從鼻中刺穿，正好刺入大腦」當場死亡。在他的周圍，到處都是人的屍體和垂死的馬匹，它們被箭扎得滿滿地如同刺蝟一般。[6]阿拉伯歷史學家伊本·阿丁姆（Ibn al-Adim）讚許地寫道：「騎兵被摧毀，步兵被砍成碎片，追隨者和僕人都被俘虜了。」[7]但這還不是結束。戰鬥結束後，數百名基督徒俘虜被綁在一塊，讓他們在酷熱的白天行軍，用一個看得到卻喝不到的水桶折磨他們。有些人遭到毆打，有些人的皮被剝了下來，有些人被石頭砸死，其他人被斬首。[8]沙特爾的富爾徹估算，他們總共殺了七千名基督徒，而只有損失二十名艾爾加齊的部隊。[9]這個數字可能是富爾徹的誇大之詞，但這次令人沮喪的失敗後來被法蘭克人稱為血田之役（Field of Blood）。②薩瑪達戰役的敗戰不僅對安條克的基督徒而言相當恐怖，對於全體法蘭克人而言也是如此。然而，它也造就了日後聖殿騎士團意識形態核心思想的萌芽。

在戰爭結束後，為了避免安條克的進一步損失，必須要採取非常措施。當時艾爾加齊正準備直接襲擊這座城市。根據一位來自安條克公國的高級官僚，祕書長沃爾特的說法（他非常有可能曾經參與血田之役並且被囚禁），「幾乎所有法蘭克人城民軍隊都已陣亡」。耶路撒冷王國迫切要求提供武裝援助，但這顯然需要一些時間才能到達。

在此危急存亡之秋挺身而出的人是瓦朗斯的伯納德（Bernard of Valence），他是安條克的拉丁禮宗主教。[10]伯納德是所有十字軍國家中地位最高的神職人員之一。他從一一〇〇年起就是主教，當時征服安條克的西方入侵者驅逐了希臘東正教的主教，任命遵循羅馬教會傳統的人為他們的主教。在那時候，他經常幫助基督教軍隊在精神上為戰鬥做好準備：向士兵們講道，並聆聽那些在戰爭中流血的人的懺悔。現在他不僅要拯救靈魂，還要拯救他的城市。

「必要時，一切都要仰賴神職人員。」祕書長沃爾特寫道，這絕不只是種辭令。[11]當艾爾加齊召集他的部隊時，主教在安條克內部獲得了至高無上的軍事指揮權。他下令每晚實行宵禁，並下令除法蘭克人外，沒有人可以在城內攜帶武器。然後，他確保安條克防禦工事上的每一座塔都「即刻由僧侶和神職人員駐守」，由他們所能找到的合適的平信徒提供援助。伯納德安排人們不斷地進行祈禱，說這是「為了基督徒的安全和保衛」，當這些祈禱在進行時，他也「並未停止……帶著全副武裝的神父和騎士，以戰士的姿態日夜輪流巡視城門、堡壘、塔樓和城牆」。[12]

以上種種作為與其說是一個教會人士所採取的防禦措施，不如說更像是一名軍事君主的所作所為。他們取得了驚人的成功，艾爾加齊看到這座城市固若金湯，因而拒絕發動進攻。敵人行動的暫時停止使鮑德溫二世得以集結軍隊，並且接管了戰役。安條克得救了。用祕書長沃爾特的話來說，「神職人員……無論在城裡或城外，都明智且賣力地恪盡軍事職責，並且憑藉上帝的力量使這座城市免受敵人的破壞」。[13]這是他們對於自身未來將成為之模樣的首次體驗。

② 作者注：這也許是種有意的弦外之音，這個名字是聖經中給一塊埋葬陌生人的土地起的名字，這塊土地是耶路撒冷的長老們用加略人猶大（Judas Iscariot）在自殺前不久歸還給他們的三十枚銀幣所買的（典出馬太福音第二十七章第六至八節）。

教會人士除了透過禱告外也可以用致命武器進行戰鬥，這樣子的想法並不新鮮。它反映了在基督教思想核心中已經存在一千年的緊張性，正如基督生平榜樣所傳達的和平主義，便與基督教修辭學和聖經語言中所蘊含的尚武心態相衝突。[14]這種衝突也自然地跟著支持十字軍運動的思想一齊出現。

從表面來看，基督教是一種植根於和平的信仰。耶穌曾告誡他的門徒，即使是在最極端的挑釁下也不能訴諸暴力，當他在客西馬尼園被逮捕時，他還要求他們把武器收起來，並說：「凡動刀者，必死在刀下。」[15]但就在他死後的幾十年之間，聖保羅便勸誡以弗所人要用「公義的胸甲」、「救恩的頭盔」和「就是上帝之道的聖靈寶劍」武裝自己。[16]保羅所提倡的是精神上而非物質上的戰爭，但是基督教意識形態的用詞是直接取自於戰爭的語言。基督教的存在是一場宇宙的、精神上的戰鬥，是一場與魔鬼的戰鬥，這一觀點主導了古典世界許多偉大的基督教思想家的世界觀，比如聖安波羅修（St Ambrose）和希波的奧古斯丁（Augustine of Hippo）。這也許並不令人意外，因為在基督教出現的最初幾個世紀當中，信徒們經常被迫要施加或是要承受肉體上的暴力，無論是在羅馬人的圓形劇場，還是在殉道的垂死痛苦。事實上，殉難本身便是令人敬佩的事情，也是聖人觀念的重要組成因素。

基督教戰爭的概念到了第一次十字軍東征時已不再只是種隱喻。歐洲的基督教社會是建立在武士階層——騎士的基礎上，而且教士之間或也開始更直接地參與戰爭，不再滿足於靈魂的鬥爭。維爾茨堡主教魯道夫一世（Rudolf I, bishop of Würzburg）喪生於九〇八年與馬扎爾人（Magyars）的戰鬥中。在第一次十字軍東征前不久，一本被稱為《阿賓頓編年史》的英文紀錄描述了阿賓頓

（Abingdon）修道院院長如何指揮一批騎士隨從。[17]但這並不意味著聖戰的做法已被普遍接受，例如教宗尼古拉一世（Nicholas I）在九世紀時曾明確指出，對於神職人員來說，自衛行為必須以基督為榜樣，必須要選擇容忍，拜占庭公主兼傳記作家安娜．科穆寧娜（Anna Komnene）在她的作品中，也經常表達出對基督教神職人員參與殘害或殺人的強烈厭惡。[18]

但在敘利亞和巴勒斯坦白熱化的戰爭中，限制基督徒攜帶任何武器都變得愈來愈不切實際。首先，十字軍運動之所以存在的一個重要因素是人們普遍接受了基督教聖戰的概念，即世俗的人為了精神上的回報而發動戰爭。歷任教宗都將這一思想發展為基督教暴力的實踐哲學，並且將其在第一次十字軍東征中付諸實踐。前往東方與穆斯林作戰的平信徒被描述為加入了「基督騎士」的行列，並且擔起了「福音騎士」之責。[19]

從這一點上說，如果戰鬥的人能變得神聖，那麼我們可以想像下一步便是主張神聖的人也能參與戰鬥。事實上，鑑於一一二〇年代十字軍國家的資源緊張，承認神職人員在一些時候可以不受指責地動武也變得有必要性——正如主教伯納德在安條克的作為。幾個月後，在耶路撒冷王國舉行的一場宗教領袖和世俗領袖的盛大聚會上，武裝神職人員的想法首次被制度化。

一一二〇年一月十六日，納布盧斯公會議（The Council of Nablus）在國王鮑德溫二世和耶路撒冷宗主教沃蒙德主持下召開。參加這次會議的有聖地許多地位最高的神職人員，包括凱撒里亞大主教、拿撒勒、伯利恆和拉姆拉（Ramla）的主教，以及後來被證明具有重要意義，耶路撒冷聖墓教堂和上主聖殿的副修道院長們。這次在納布盧斯（位處巴勒斯坦中部兩山之間的山谷中，以盛產橄欖樹而聞名）集會的目的，是制定一套成文的法律，或稱「教規」，王國根據這些法律便能夠以上帝所喜悅的方式得到適當治理。[20]

納布盧斯公會議制定了二十五條法令，這些法令的前面部分是關於世俗和宗教當局之間的管轄權問題，而且法令的其他部分則集中在與性有關的問題。[21]宣言反對通姦、雞姦、重婚、拉皮條、賣淫、偷竊和與穆斯林發生性關係等等罪行，其中規定的懲罰範圍從懺悔、流放到閹割和割鼻。其中有一句格言，對聖殿騎士團的起源和歷史至關重要。這是來自第二十條法令，其第一行簡單地說：「如果教士為自衛而拿起武器，他無需承擔任何罪行。」第二行表明，這被預想成一項臨時措施，而且只有出於脅迫才可以放棄神聖職責投入軍事職責（神職人員如果永久性地放棄對信仰的獻身，成為騎士或加入世俗社會，他們照理說要受到主教以及國王的懲罰）。然而在一一二〇年的頭幾個月裡的背景下，這確實意義重大。在納布盧斯集會的人們不是僅僅在為聖地制定法律和道德準則，他們在法律上播下了一顆革命性思想的種子，其不久就演變成一種觀念和事實，即武裝的神職人員或許能成為捍衛十字軍國家的中流砥柱。

✝

「在鮑德溫二世統治初期，」十二世紀末一位名叫敘利亞的邁克爾（Michael the Syrian）的教士寫道：「有一名法蘭西人從羅馬來到耶路撒冷祈禱。」[22]這位法蘭西人名叫于格・德・帕英（Hugues de Payns）。他大約出生於一〇七〇年前不久，可能是在巴黎東南約九十英里的香檳郡（Champagne）特魯瓦鎮（Troyes）附近的帕英村。我們對于格的早年生活知之甚少，只知道他身居高位，能夠為法蘭西地方貴族簽署特許狀作證。如果邁克爾說得沒錯，那麼當納布盧斯公會議在一一二〇年一月召開時，于格在聖地待的時間大約與鮑德溫擔任國王的時間一樣長，大約已有二十個月。這段時間足以讓他詳閱聖地的景況、評估此地區的危險，還有清楚地下定決心，與其要通過地中海東部海盜橫行的水域才能逃回家園，不如作為占領耶路撒冷的法蘭克人的一分子來度過餘生。他計畫先在王家軍隊服役，然後從前線艱苦的生活中退休成為一名僧侶。[23]

于格並非唯一做出這種決定的人。當時，耶城裡還有其他一些騎士，他們開始聚集在一個最顯眼的地方，所有背景和國籍的遊客和新來者都聚集在那裡：也就是聖墓教堂。[24]

事實上，他們不僅僅是聚集在一塊而已。似乎在納布盧斯公會議前的幾個月之間，耶路撒冷的一些流亡騎士（後來有資料指出最初是由九到三十人）組成了一個鬆散的兄弟會，或同盟會，這種兄弟會於上個世紀在西方開始出現，目的是保衛教堂和聖所不受強盜侵擾。[25]他們在聖墓教堂前向傑拉德宣誓效忠，他們的日常生活都仰賴他的庇護和款待。[26]嚴格來說，他們不是神職人員，而是強悍的戰士兼朝聖者，他們有戰鬥能力而且做出了重要決定，除了十字軍戰士的正常誓言之外，他們日後將過著一種類似修道院生活的懺悔、貧窮、服從和盡責之生活。

到了一一二〇年一月初，人們開始認為這些虔誠的士兵們未得到善用。一位後來的作家描述于格和他的同伴此時的生活，像是因為未受到重用感到挫敗而揮霍光陰，在聖墓教堂前「喝酒、吃飯、虛擲時光、無所事事」。[27]如果這種情況屬實的話，這顯然是相當不應該的誤用人才。當時已有一個本篤會（order of Benedictine）修士的修會，專門在耶路撒冷聖約翰醫院的醫務室照顧生病和受傷的朝聖者。該修會又名醫院騎士團，於一一一三年獲得教宗的官方認可，並在離聖墓教堂不遠的房舍運作。他們還不是軍隊（雖然後來成為如此），但他們對耶路撒冷生活的貢獻已經延續好幾代了，並且受到高度重視。因此對於當時的人而言，若是有一支支援的武裝護衛部隊，必然能夠減輕醫院騎士團的負擔，並且進一步改善途經該地區的數千名朝聖者的生活條件。

大約在納布盧斯公會議期間，人們決定這群虔誠的騎士不要再附屬於聖墓教堂，而是賦予他們獨立地位，並且讓他們能夠負擔自身吃穿，可以在一天當中依照適合自己的時間與替他們祈禱的祭司見面，並且在耶路撒冷的重要區域有居住之所。國王將協助他們維持生計，但他們的主要工作是不分同仁地保護國王、主教和其他所有前往聖地的基督徒。按照一一三三年制定的憲章，他們將負責「捍衛耶路撒冷和保護朝聖者」。[28]聖殿騎士團先前既是保鏢也是窮光蛋，將自身全心奉獻給備戰與禱告的兄弟會，他們現在有了所要奮鬥以及存在的意義。

✢

聖殿幾千年來一直坐落在耶路撒冷的東側。最早的聖殿是由所羅門王建造的一個巨大的建築群，他是舊約聖經中最富有、最睿智也與世俗紛擾最為貼近的統治者，在他父親大衛王死後統治著以色列各部落。《列王記》中詳細描述了所羅門聖殿的建造，它是由「寶貴的大石頭」製成的，鑲有精緻雕刻的橄欖木、雪松木和黃金，由無數根柱子支撐著。隱藏在其中心的至高聖所，是一個上帝之名「居於」其中的神聖房間，而且存放有十誡的原始石板的約櫃便在裡頭。[29]

巴比倫國王尼布甲尼撒二世（Nebuchadnezzar II）在西元前五八六年摧毀了所羅門的聖殿，約櫃便在此時消失。但是聖殿在幾十年後被重建起來。第二聖殿是由西元前五二〇年返回耶路撒冷的猶太流亡者建造的，並在五百年後希律王統治的時期大規模擴建。它矗立在覆蓋著天然山丘（聖殿山）的一個巨大石頭平台上，並作為祭祀、祈禱、禮拜、貿易、醫療和娛樂的場所。它落成於西元前一〇年左右，是耶穌傳道時耶路撒冷猶太人生活的中心。就像所羅門的第一聖殿一樣，第二聖殿被一個外來帝國的憤怒所摧毀：聖殿在羅馬皇帝提圖斯（Titus）壓制猶太人起義時，於西元七〇年代被大火燒毀。它的廢墟在六十五年後被徹底摧毀，而且異教徒的雕像在這裡被豎立起來。

當于格．德．帕英在耶路撒冷成立他的修會時，聖殿山被再次重新改造，不過動工的不是猶太人或基督徒而是倭馬亞人。在穆罕默德死後的幾十年，所向無敵的遜尼派哈里發的軍隊在西元七世紀晚期征服了這座城市。兩座非同尋常的建築現在占據了耶路撒冷的天際線。上主聖殿的巨大金色屋頂就像閃閃發光的火球，在方圓數英里外都能看到，一位十世紀的穆斯林旅行者和地理學家記錄道：「當太陽的光束照射到圓頂時，整個鼓狀屋頂便會立刻放射出光芒，這確實是非常壯觀的景象。」[30]在聖殿山建築群的另一端是另一座雄偉的建築：阿克薩清真寺，其最近一次翻修是在一〇三〇年代。這被認為是阿拉伯半島以外最重要、最美麗的清真寺，甚至比大馬士革的大清真寺還要宏偉。一名波斯旅行者在阿克薩清真寺最輝煌的時候造訪，他描述自己看到：

> 兩百八十根大理石柱支撐著石頭形狀的拱門，柱子的柱面和柱頂都有雕刻於其上……清真寺到處都是彩色大理石，其接縫處用鉛釘住。上面有一個裝飾著琺瑯製品的巨大圓頂。[31]

清真寺周圍住著一些虔誠的人們，他們從塵世中隱退投身於宗教生活：編年史家伊本．阿西爾（Ibn al-Athir）寫道，在第一次十字軍東征時，清真寺裡經常有「伊瑪目、烏里瑪、正義的人和苦行僧，這些穆斯林離開祖國來到這個莊嚴的地方過著聖潔的生活」。[32]

在十字軍統治下，圓頂清真寺和阿克薩清真寺都被剝奪了他們的伊斯蘭神聖性：圓頂清真寺變成了教堂，而清真寺則被改建為耶路撒冷國王的宮殿。基督徒把圓頂清真寺稱為「上主聖殿」，並把阿克薩清真寺與所羅門聖殿聯繫在一起，以紀念這個歷史性的地點。對於世界上那些希望追求精神生活的人來說，這個地方的吸引力在從穆斯林統治到基督教統治的轉變中不曾減弱，也因此于格和他的一小群追隨者正式被允許在一一二〇年，在這裡創建他們的騎士團後並定居於此。據這位名叫埃爾努（Ernoul）的作家說，這是國王在這座城市「最輝煌」的住所。[33]十二世紀的大主教和編年史家泰爾的威廉（William of Tyre）解釋說：「因為……他們住在王宮裡的上主聖殿旁，因此被稱為聖殿騎士團。」[34]

儘管有了這些住所，但是聖殿騎士團的生活說不上是奢侈。他們最初在聖墓教堂的幾年時光，一直依賴著他人的慈善捐助，這包括了醫院騎士團捐贈給他們的剩餘食物。[35]官方對他們的認可以及給予聖殿山的住所並未大幅改善他們的物質生活。根据威爾斯朝臣和編年史家沃爾特・馬普（Walter Map）的記載，于格和他的隨從們在那裡的生活「陋衣節食」，而且于格用「勸說、祈禱和他力所能及的一切手段」來誘導「所有武裝朝聖者留下來為主服務，要麼奉獻終生於此，要麼至少投入一段時間」。[36]鮑德溫二世和拉丁禮宗主教沃蒙德將耶路撒冷附近幾個村莊的稅收分配給他們，好讓他們能「張羅衣食」，但是聖殿騎士團在成立後的頭個十年中，他們大部分的生計都是靠著慈善捐助勒緊褲袋度過的，人數不多的弟兄身上穿的是二手衣物，而不是他們後來穿戴的訂製服裝。[37]

事實上，他們的居所也相當不起眼。編年史家沙特爾的富爾徹用「巨大而奇妙」來描述這座被改變用途的阿克薩清真寺的基本結構。鋪在屋頂上的鉛已被國王鮑德溫一世剝下出售，而且後來沒有人再維修它。富爾徹寫道：「我們由於貧困，因此無法將（建築物）維持在我們最初來到這裡的狀態。」[38]在一〇九九年基督教占領耶路撒冷期間，這裡是穆斯林婦孺遭受最嚴重屠殺的場所之一，他們的血流遍了整個大廳深及腳踝。正如一位朝聖者在于格的部隊安營紮寨後不久造訪過所說的，這是「保衛耶路撒冷的新騎士們的住所」。[39]

這些新騎士若要成功保護耶路撒冷的基督教居民、朝聖者和領土不受敵人侵害，他們便必須擴大規模：增加人手、資源和財富。更重要的是，他們需要一個身分。于格．德．帕英的騎士們若想改善他們的命運，就必須超越眼前的環境，回到最初把他們派遣到聖地的世界。他們必須直接向教宗求助。

第三章　新騎士團

在耶路撒冷陷落前幾年的一個平安夜，來自勃艮地芳田（Fontaines）的七歲男孩做了一個夢。當他睡著的時候，他看見聖母瑪利亞把嬰兒基督抱在懷裡，彷彿基督就是在那一刻在他感到驚奇的雙眼前降生。伯納德（後來被稱為克萊爾沃的伯納德〔Bernard of Clairvaux〕，更後來則是聖伯納德）長大後成為他那個時代最偉大的神職人員之一。他是修道院改革的擁護者、著名的學者，也是一位夸夸其談、孜孜不倦的書信作者，更是出色的傳教士以及聖殿騎士團的早期贊助人和創始人。[1] 他領導的宗教覺醒形塑了西方教會在十二世紀上半葉的方向。

到了于格・德・帕英於一一二六年動身去法蘭西時，伯納德時年三十六歲。在此之前的十二年來，他一直是自己在香檳郡的克萊爾沃（字面意思為明谷）建立的修道院擔任院長。修道院坐落在由奧布河（Aube River）澆灌的僻靜沼澤地上，兩側是兩座低矮的山丘，一座種植葡萄藤，另一座種著莊稼。幾十位白袍熙篤會（Cistercian order）僧侶在伯納德指導下生活於此，遵循著嚴格的、遠離俗世的修道院制度。熙篤會成立於一〇九八年，是當時頗受歡迎的本篤會修道會的一群僧侶在第戎（Dijon）附近的熙篤修道院裡，所建立的一座新修道院，將自己的一生奉獻給更為純粹的宗教生活。熙篤會的核心價值觀是：過著簡樸禁欲的生活、從事嚴格的體力勞動；與世隔絕，遠離文明。熙篤會士與典型的本篤會修道院的黑衣弟兄形成鮮明對比，後者往往沉溺於珍饈佳餚，喜歡禮拜儀式上的吟唱勝過體力勞動，而且他們華麗的禮拜堂裡擺滿了精緻的藝術品和手工藝品。相反地，在伯納德的管理下，熙篤會的僧侶們一生都致力於服從、祈禱、學習、節儉，而且在修道院的麵粉廠、田地和魚塘中不停地辛苦勞作。「這是一個可以讓人愉悅的地方，可以喚醒虛弱的靈魂，撫慰受過創傷的心靈，喚起所有尋求上帝之人的虔誠。」十二世紀一位造訪克萊爾沃的遊客如此寫道。[2]但是這個拮据與充滿試驗的環境也是刻意被營造出來的，因為物質上的艱苦生活以及食物的貧乏，被視為有助於精神層面之發展和與上帝親近。這相當適合伯納德。

這種做法也適合許多其他人，因為熙篤會的成員不是唯一試圖改造修道院制度的人。十二世紀是整個中世紀基督教復興最繁榮的時期之一。修道主義愈來愈受歡迎，從教堂的早期開始就從未見過如此百花齊放的局面。一一三〇年代時有一位修道院長寫道：「啊，在我們這個時代，有如此多的僧侶因神的恩典而繁衍生息」；「它幾乎涵蓋了所有高盧（即法蘭西）的鄉村地區，而且在城鎮，城堡和要塞也四處都是」。[3]這不單單是夸夸其談，據估計，在十一世紀中期至十二世紀中期之間，歐洲許多地區的宗教機構的數目增加了十倍。[4]

獻身修道院生活之人數的激增也影響人們對新生活方式的渴望，其中大多數人關注的主要是貧窮、服從和沉思。除了熙篤會之外，十一世紀末和十二世紀初還有加爾都西會（Carthusians），聖布魯諾（Saint Bruno）在一〇八四年創立的隱士修會；格蘭蒙會（Grandmontines），約一一〇〇年在利摩日（Limoges）附近建立的極其刻苦和貧窮的修會；蒂洛南西會（Tironensians），是一群穿著灰色衣服、極度懺悔的修士們，仿效於一一〇九年建立修道院的特倫的聖伯納德（Saint Bernard of Thiron）；普利孟特瑞會（Premonstratensians），聖諾伯特（Saint Norbert）於一一二〇年左右建立，在共同體中傳道並且以「清規詠經團」的身分來服務教區中的平民。此外還有許多其他的修會，有些持續存在著，而有些則瞬息即逝。許多新舊修會都為婦女提供住房，讓她們以修女的身分在其治理下生活，女性成為隱士或女修道者（anchoresses）的趨勢也愈來愈明顯，在無陳設且偏遠的單人小室裡，過著與世隔絕的生活。所有這些做法都讓人們得以透過他們的修會來表達他們在宗教上的渴望：這種投入全身心的生活方式，支配著他們的食衣住各方面和說話方式。

一一二六年十月以前的某個時候，克萊爾沃的聖伯納德收到了耶路撒冷國王鮑德溫二世的一封信。[5]國王在信中寫道，有一個新宗教修會在東方富有爭議的土地上成立，其成員「受到上帝的激勵」而起而捍衛十字軍的領土。[6]鮑德溫寫道，他們是聖殿的弟兄，他們最渴望的是得到認可，以及一條能主宰他們生活的規則。為此目的，他打算派兩名部下回去，讓他們得以「獲得教宗對他們這個宗教修會的批准」。他希望教宗能幫助他們籌集資金和支持，這樣聖殿騎士就能更好地與「信仰的敵人」作戰。[7]鮑德溫敦促伯納德支持這項計畫，鼓勵歐洲各地的世俗統治者支持聖殿騎士團，並遊說教宗正式承認這個新修會。

他或許正是歐洲求助的最合適人選。伯納德是改革家以及強有力的思想家，他明白究竟是什麼會驅使人們在生活中尋找新使命。更重要的是，他善於從偉大和善良的人那裡獲得恩惠。他在漫長的生涯中用華麗的拉丁語寫了數百封信，而且篇幅通常相當長；他在各種不同信件中奉承、懇求、欺侮和斥責人們，而收信者包括從教宗、國王、大主教和修道院院長，到逃跑的見習修士和懷疑自己使命的見習修女。他鼓吹著國際戰爭和天主教會分裂等重大事業，但同時也很樂意為卑微和無權之人的期望而戰。在一封代表一群窮人寫給教宗英諾森二世（Innocent II）的信中，伯納德先為自己打擾忙碌的英諾森道歉，接著，他便開始告誡英諾森關於擔任教宗的職責：「如果你忠實於使徒的職責和傳統，你一定不會無視窮人的抱怨。」[8]還有一次，他寫信給年輕的處女索菲亞，巨細靡遺地要求她保持貞潔，又請她將自己與那些放蕩不羈、只追求華服而不追求精神純潔的女人相比：「她們雖穿著紫色的精美服裝，但她們的靈魂卻如同破衣爛衫。她們的身體佩戴著珠寶而閃閃發光，但她們的生命卻被虛榮心給玷汙了。」[9]伯納德既是一位修辭大師，同時也是權貴人士的朋友——這在任何時代都是強有力的結合。

然而，伯納德之所以是如此有吸引力的倡議者，並不僅僅是出於他懇求所具有的靈活功效。尚處於發展階段的聖殿騎士理想和伯納德年輕時所投身的熙篤會運動之間，存在著相似之處。這兩種都是新型的屬靈組織，其成員將貧窮和順服謹記在心、棄絕世俗的虛浮，並且喜愛服事主的艱苦體力工作。而且聖殿騎士團的第一批成員與法蘭西香檳地區有緊密聯繫，這裡正是克萊爾沃修道院所在地以及伯納德度過他成年生活大半時間的地方。

所以，當伯納德於一一二六年收到鮑德溫國王請求身為修道院長的他幫助的信時，他十分贊成。這種支持也持續到了隔年，此時（在一一二七年秋天）鮑德溫承諾的使者團抵達歐洲。[10]其中地位最為顯著的是聖殿騎士團的首任大團長，于格・德・帕英。

于格．德．帕英被派往西方，肩負著一個明確的使命，要激發起眾人對東方王國的支持。他並非隻身前往。事實上，他是一一二七至一一二九年間訪問歐洲的幾位來自聖地的知名大使之一，所有這些大使都以獨立同時又彼此聯繫的方式，加強拉丁基督教世界兩個集團之間的聯繫。這些人中有布爾的威廉（William of Bures），他是鮑德溫國王的王家治安官，他來這裡是締結安茹（Anjou）伯爵富爾克（Fulk）與鮑德溫國王的大女兒梅利桑德（Melisende）之間的婚約。這樁婚約將確保富爾克成為無子嗣的鮑德溫的王位繼承人。安茹伯爵是未來國王的絕佳人選，他是一位富有的鰥夫，大約四十歲，虔誠而堅韌，是經驗豐富的十字軍戰士，對東方事務始終保持著濃厚的興趣。據說他自費（無疑是相當可觀的數字）支持一百名在耶路撒冷的騎士的開銷。一一二〇年代初，他在十字軍國家遇到了一些最早的聖殿騎士，從那時起，他年年付給他們「三十里弗爾（livre）的安茹貨幣」，雖然不多但對他們而言相當有幫助。[11]

然而，要確保他同意成為鮑德溫的繼承人則需要微妙的政治操作。這需要富爾克把他的土地轉給他的兒子，千里迢迢去見一個他從未見過的女人，並且娶她為妻，同時接受基督教世界最具挑戰性的軍事職位。為了增加交易的籌碼，威廉帶來了一些貨真價實的貴重禮物，其中包括真十字架的一塊碎片和一把裝飾精美的劍，這些禮物將被送到富爾克領地中心勒芒（Le Mans）主教座堂。[12]

于格．德．帕英並沒有帶來如此令人印象深刻的禮物，但他的任務同樣緊迫，如果說有什麼區別的話，他的任務可以說是更加艱巨。威廉所要做的是哄騙一位單身男子戴上王冠，而于格的任務則是鼓勵數百人放棄自己的財產，甚至可能還有自己的生命，以換取更具不確定性的報酬。

于格正在進行軍事招募之旅，目的只有一個。回到耶路撒冷王國的鮑德溫二世正計畫對大馬士革發動大規模進攻，目的是將一一二五年末開始已有一段時間的不時襲擊，轉變為全面性的征服。他的希望是從土耳其統治者（阿德貝格①）托特金（Toghtekin）手中永久性地奪下這座偉大的城市（這裡過去曾是遜尼派哈里發的根據地）。[13]借用編年史家泰爾的威廉的話來說，鮑德溫評估占領大馬士革需要「傾王國的全部軍事力量」。[14]他預見到西方援軍的必要性，而于格的首要目標便是招募更多騎士和更多經驗豐富的指揮官加入戰鬥。

于格作為聖殿騎士的大團長是他選擇領導如此重要之使命的關鍵因素。該軍事修會的確很年輕，但它已經成為代表十字軍國家的精英軍事組織。後來有人聲稱，在該騎士團成立的頭九年當中只有九名聖殿騎士，這是一種浪漫化的說法；這個數字雖然能滿足人們的想像，不過這是錯誤的。[15]于格在歐洲至少有五位聖殿騎士兄弟陪伴：聖奧梅爾的戈弗雷（Godfrey of St Omer）、羅蘭（Rolan）、蒙迪迪耶的帕揚（Payen of Mondidier）、若弗魯瓦·比索爾（Geoffrey Bisol）以及聖阿芒的阿爾尚博（Archambaud of St Amand）。[16]這顯然是一個引人注目的代表團，因為他們得到了歐洲西北部一些最有權勢的人的接見。

① 作者注：在四分五裂的塞爾柱帝國內部，存在著幾個平行的政治和軍事機構。蘇丹就像一個國王，埃米爾則低一個級別，他可以在一個城市或特定地區行使個人權威。阿德貝格（atabeg）則是一個攝政性質的統治者，他會代替太年輕或太弱而不能親自行使權力的埃米爾行使權力。

從一一二七年十月到一一二九年春天，于格和他的同伴們先後會見了法蘭德斯伯爵和布盧瓦（Blois）伯爵，拜訪了安茹伯爵富爾克，並且讓他同意會在大馬士革戰役中提供幫助，甚至還找到了英格蘭國王和諾曼地（Normandy）公爵亨利一世，他要求亨利一世允許他在英吉利海峽兩岸籌集資金。他們的遭遇被記載在《盎格魯—撒克遜編年史》上：「聖殿騎士團的于格從耶路撒冷來到諾曼地見國王；國王非常隆重地接待了他，給了他許多金銀財寶，然後把他送到了英格蘭，在那裡他受到了所有善人的歡迎。」編年史家明白地認定這是次成功的會議。他寫道：「所有人都贈予于格珍寶，在蘇格蘭也是如此；他將身邊的許多金銀財寶全都運往耶路撒冷。」[17]這次出使說服了更多的人去東方作戰，「比第一次十字軍東征以來的任何時候都多」。[18]這是相當不平凡的成就。在一一二七到一一二九年間，于格和他的聖殿騎士同伴們實際上是在宣揚他們自己發起的十字軍東征。[19]他們沒有教宗的正式支持，同時代的人未曾記錄過他們曾舉行過類似第一次十字軍東征時那種大規模的公眾集會，但這種直接訴求西方戰士前來增援的做法非常成功。最後，鮑德溫在一一二九年發動了進攻，大馬士革人們的看法也大致相同。阿拉伯編年史家伊本·開拉尼希（Ibn Al-Qalanisi）估計，基督教軍隊有數萬人，其中不乏來自海外的增援力量。[20]

在他試圖召集軍隊進攻大馬士革的同時，于格也渴望擴大聖殿騎士團的勢力範圍、財富和成員。他透過家庭網絡和社會關係（特別是在他的家鄉香檳地區）獲得了土地、財產收入、收取封建稅收的權利、黃金和白銀，以及也許比其他任何東西都更有價值的——許多宣示效忠的人。有數十人發誓他們將前往聖地，並且暫時或者是終身加入聖殿騎士團。

一一二七年十月，聖殿騎士團在香檳西部的巴爾邦（Barbonne）獲得了一間房子、一座田莊和一片草地。大約在同一時期，他們從法蘭德斯的封建繼承權利金（feudal relief）中獲得了一筆收入。在一一二八年的春天，當于格在安茹見證富爾克伯爵宣誓加入十字軍的時候，聖殿騎士團在鄰近的普瓦圖取得了土地。四方的捐獻湧入，捐款者最遠來自巴黎北部的諾揚（Noyon）教堂，還有距離庇里牛斯山脈要一天車程的土魯斯（Toulouse）。

值得注意的是，于格還沒有試圖替這個羽翼未豐的騎士團建立一個西方分團。他的軍事目標在東方，他的主要目標是建立一個由庇護、資本和個人利益組成的網絡，並且透過此網絡將法蘭西中部的富人階層與兩千英里外的敘利亞和巴勒斯坦的危險平原和山區連接起來。[21]

于格這次出使的另一個目的，既不能靠捐款，也不能靠軍事援助的承諾來滿足。正如鮑德溫國王在一一二六年的信中所暗示的，聖殿騎士們最希望的是教宗確認他們的騎士團的合法性，以及得到他們將賴以生存下去的教規。一一二九年一月二十日，規模盛大的公會議在香檳的特魯瓦召開，位在簡樸的奧布河熙篤會修道院西北僅五十英里的位置，克萊爾沃的聖伯納德在此祈禱同時觀看他的同胞們充滿精力的活動，對於這些活動的興趣與日俱增。

✠

特魯瓦公會議於一一二九年一月十三日星期日正式召開第一次會議。這像是一次朋友和同僚之間的聚會，成員大多來自法蘭西東北部。作為香檳伯爵的宮殿所在地，特魯瓦是一個享有盛譽的商業中心，其天際線被兩座壯麗的宗教建築所占據：羅馬式風格的聖彼得與聖保羅大教堂和著名的奧斯定修會（Augustinian canons）的聖盧普修道院（St Loup Abbey）。這座城市一直是偉大的十字軍騎士香檳伯爵于格的土地，直到他最近把這塊土地捐贈給了克萊爾沃修道院。這一位同名的于格，曾是于格・德・帕英的領主（也可能是他的親戚），在一一二五年放棄了爵位頭銜並且加入了耶路撒冷的聖殿騎士團（克萊爾沃的伯納德在他退位前後曾寫信讚揚他：「你從一位伯爵變成了一個普通士兵，從一位富人變成了窮人。」）[22]當公會議在一一二九年召開時，于格仍留在聖地，但正是他的關係和財富將聖殿騎士團的大團長與克萊爾沃的修道院長聚集在一塊。

這次公會議由代表羅馬教宗何諾二世（Honorius II）的阿爾巴諾（Albano）主教馬修主持。還有其他二十名神職人員出席：兩位大主教，十一位主教和七位修道院長。幾乎所有人都來自香檳或附近的勃艮地，在場的兩位主要貴族也是如此，分別是香檳伯爵希奧博德（Theobald）和尼維爾（Nevers）伯爵威廉。[23]大部分修道院院長都是熙篤會成員。

在整個會議過程中，主要發表意見的兩個人是于格・德・帕英和克萊爾沃的聖伯納德。于格召集這次會議是為了讓聖殿騎士團得到正式承認，並被賦予一種類似於修道院的統治形式。由一位名叫讓・米歇爾的抄寫員撰寫的會議紀錄概述了這個過程：「我們在會議中聽到了……大團長于格・德・帕英弟兄的發言；根據我們有所局限的理智，我們讚揚那些我們認為有益的東西，而對那些看起來是錯誤的東西避而遠之。」[24]

換句話說，這是一個起草委員會，負責聽取、辯論和修訂聖殿騎士團在耶路撒冷的頭九年中所發展出來的做法。在會議結束時，米歇爾用拉丁語起草了一份有六十八點的聖殿騎士團行為準則，後來被稱為原始《聖殿騎士會規》。此會規詳細敘述了騎士團如何選拔和接納成員的過程，他們該如何祈禱，要遵守哪些節日，他們在服裝飲食上應該怎麼做，還有應該在什麼地方睡覺，在公共場合應該怎樣表現，以及他們可以，以及不可以和什麼人來往。[25]

該會規指出「騎士制度在這個宗教修會中已經蓬勃發展，並重新煥發了活力」，並且讚揚了所有加入聖殿騎士團的人們，願意「為了我們的救贖和傳播真正信仰，而將自己的靈魂獻給上帝」。聖殿騎士團代表了一種新的騎士制度，這種新騎士不恐嚇弱者並且致力於消滅邪惡，這正是克萊爾沃的伯納德在特魯瓦會議期間所發展起來的觀念，在會議結束之後接下來的幾年當中，他將對此進行詳盡的闡述。《聖殿騎士會規》清楚地表明了他個人的信念，即騎士身分可以而且應該被改革、基督教化，擺脫世俗的虛榮心，並且被轉化為一種尊嚴、責任和神聖目標的天職。

《聖殿騎士會規》首先解決了一個實際問題，即聖殿騎士弟兄究竟該如何將僧侶受禱告約束的生活，和騎馬戰士的兵荒馬亂的生活結合起來。由於成員們可能會把大部分時間花在巡邏或戰場上，而不是在小教堂裡注視耶穌受難像，該會規允許一個弟兄以重複固定次數的主禱文來代替他錯過的教堂禮拜儀式。晨間禮拜的晨禱要用唸十三遍主禱文來彌補，未參加的晚間禮拜的晚禱則需要唸九遍主禱文來彌補，而錯過五次日間祈禱中的任何一次都需要唸七遍主禱文方能彌補。這種簡化版的修道院日常禮拜是替沒有受過教育的一般信徒設計的。每個人，甚至是法蘭西目不識丁的農民，都知道主禱文；聖殿騎士們將神聖的職責簡化為單純地重複基督教世界中最著名的祈禱文，進而將他們潛在的招募對象從富有且受過良好教育的富人，擴展到所有階層中有奉獻精神且才華橫溢的人。該規定還明確指出有兩種截然不同類型的騎士：一種是終身加入，已「放棄自我意志」的騎士，以及另一種同意暫時加入並且在「固定期限」內加入戰鬥的騎士。後者只需經過最基本的正式宗教訓練就能輕易滿足騎士團在宗教上的要求。

人們對騎士形象的刻板印象在特魯瓦制訂的規定中留下強烈印記。《聖殿騎士會規》崇尚簡單和平等。聖殿騎士必須穿白色的衣服②，「這象徵著純淨和完整的貞潔」。[26]黑色或棕色衣服通常適用於聖殿騎士團中級別較低的軍士和侍從，這兩類弟兄都是宣誓加入聖殿騎士團的成員，但他們不具備聖殿騎士團的完整騎士階級或訓練。

這與十二世紀的典型戰士形象大不相同，後者會有意識地用色彩斑斕的服裝、高級的布料和華麗的配飾來彰顯自己的地位。為了突出這一點，許多傳統的騎士特徵都被明確禁止。《聖殿騎士會規》寫道「長袍不應該華麗，也不應該有任何透露出自傲的裝飾」；「如果任何一位弟兄出於驕傲或傲慢而希望擁有一個質料更好、更華麗的長袍，那就讓他穿上最劣質的長袍吧」。皮毛也在禁止之列。

在東方地區為了抵禦極端溫度，亞麻襯衫和毛毯是被允許的，不過其他的外表裝飾都會被責備。《聖殿騎士會規》對時尚的鞋類採取特別強烈的禁制，而鞋子在十二世紀早期時是有可能非常華麗的。「我們禁止尖頭鞋和鞋帶，禁止任何弟兄穿戴……因為這些可憎之物明明白白是屬於異教徒的。」騎士的長矛不能用裝飾性的罩子來裝飾。這種緊縮措施延伸到馬飾的其他方面：「我們完全禁止任何兄弟在馬勒、馬鐙或馬刺上佩戴金銀飾品。」騎士攜帶每日口糧的袋子是用普通的亞麻布或羊毛製成的，而一位頭銜為德雷伯（draper）的官員負責確保弟兄們定期理髮並修剪鬍鬚，「如此一來他們的身上就不會有多餘的東西」。③

聖殿騎士團的生活被設計得盡可能與熙篤會修道院相似。用餐是在集體的而且是幾乎安靜的環境中進行的，同時會朗讀聖經。《聖殿騎士會規》接受了騎士團新兵可能不知道僧侶用於吃飯時詢問必需品的深奧手語，在這種情況下，會規記載道「你應該安靜且祕密地，極度謙恭和順從地在餐桌上表示你所需要的食物」。每個弟兄的糧食和酒的份量是一樣的，剩下的則分給窮人。教會日曆上有許多齋戒日，但是戰士的需要也要被納入考量，因此每週會提供三次肉類，分別是週二、週四和週六。如果每年的禁食日時程打亂了這個規律，那麼一旦禁食期結束，配給量就會增加，以彌補失去的食物。

人們並不迴避聖殿騎士取人性命這件事實。《聖殿騎士會規》寫道：「這支武裝騎士團可以奪走十字架的敵人性命，而且不會因此有任何罪」，這說法清楚地總結了幾個世紀以來實驗性基督教哲學的結論，亦即，殺害那些正好是「不信的異教徒」和「聖母瑪利亞之子的敵人」的人，是種值得上帝讚揚而非受其詛咒的行為。如果不是這樣的話，聖殿騎士們就應該回去活在虔誠的自我否定之中。

每個騎士只能擁有三匹馬，還有一名「弟兄不應毆打」的隨從。基督教戰士們最喜愛的消遣，以老鷹狩獵，也和以狗狩獵一樣被禁止。聖殿騎士唯一被允許可以殺害的野獸是聖地的山獅。他們甚至被禁止與狩獵者一起打獵，因為「每個信教的人都應該簡單而謙卑地去做事，而不應該笑或者

②作者注：白色長袍的選擇是熙篤會對《聖殿騎士會規》最明顯的影響之一。著名的紅十字要到不久之後的一一三九年才添加進來。

③作者注：但儘管如此，聖殿騎士的頭髮和鬍鬚根據當時的情況也有不同的風格：一些圖像顯示他們留著大鬍子，另一些則留著長長的捲髮。十三世紀維特里的詹姆斯的描述中提到了剃光頭的聖殿騎士的存在。

說太多話」。

同樣被禁止的還有由女性的陪伴，《聖殿騎士會規》對此痛斥道：

> 這是一件危險的事，因為老魔鬼正是靠她把人從通往天堂的筆直道路引開……貞節之花在你們中間（應該要）永遠保持下去……因此，無論是寡婦、少女、母親、姊妹、姑母還是其他什麼人，你們都不可擅自親吻婦女……基督的騎士應該不惜一切代價避免女人的擁抱，因為許多男人已經多次因此而死。

雖然已婚男子可以加入聖殿騎士團，但他們不允許穿白披風，妻子也不允許和丈夫一起住在聖殿騎士團的房子裡。

還有一些針對那些在騎士團任務中在旅社共宿的騎士們的相關規定，彷彿預見到這種守貞可能對騎士造成的影響，「倘若可能，他們居住以及投宿的房舍夜間不可沒有燈光，那暗中的仇敵也就無法引他們行神所禁止他們行的惡」。

最後，這個騎士團由大團長來領導，並且一個由「那些團長知道能給出明智而有益的建議的弟兄們」所組成的委員會來輔佐。服從大團長的命令是至關重要的，一旦下達命令，這些命令就必須被執行，「宛如基督親自下的命令一樣」。大團長有權力審核並接納騎士團新成員、分配弟兄的馬匹和盔甲，懲罰那些犯罪或破壞騎士團的人，並在他認為合適的情況下，酌情執行《會規》。

隨著時間推移，《聖殿騎士會規》逐漸被擴充為一整套巨細靡遺且篇幅驚人的管理原則，並且隨著聖殿騎士團的成長和變化而適應和發展。但是，隨著第一條規則在羅馬教宗的授權下於一一二九年一月時在特魯瓦制定並獲得批准，于格實現了他出使歐洲的主要目標之一。他讓這個新生的組織有了體系以及一套得以安身立命的行為準則。他的下一個任務是讓聖殿騎士們出名，並說服弟兄們相信他們是在為上帝工作。

✝

大約在于格．德．帕英參加特魯瓦會議的時候，有個人自稱為「罪人于格」，寫了一封給「耶路撒冷聖殿裡的基督戰士們」的信。[27]他的確實身分還無法確定，但若是將他和于格．德．帕英視為同一個人是很吸引人的（而且似乎是可信的）。他對聖殿騎士團的進一步發展表現出了相同程度的關注。這封信不專業，但充滿熱情。信中曲解了一些聖經典故，還有一些典故是虛構的。然而，罪人于格懇求他的讀者完成一個簡單的使命：為耶穌基督而戰並且贏得勝利。

他寫道，魔鬼總是試圖引誘好人放棄他們的善行，聖殿騎士有責任抵制撒旦的詭計，保持對自己所屬騎士團的信心，並且無視他們眼前的世俗誘惑。他們不應該「醉酒、私通、爭吵、中傷他人」。作者最擔心的是聖殿騎士團的士氣會在他們艱難的任務面前變得委靡不振。他寫道：「要站得穩，抵擋你那些像獅子和蛇一般的敵人」；「耐心地忍受上帝為你所命定的事」。聖殿騎士的職責不是追求傳世的個人聲譽，而是服務於騎士團。

有一份篇幅長得多的小冊子大約在同一時間出現，它也直接向聖殿騎士團喊話，並且闡明它在世界上的特殊地位，以及上帝賦予其使命的重要性。這份著作的作者身分則是無庸置疑，而且是受人尊敬：它是克萊爾沃的伯納德所寫的。

《對新騎士團的歌頌》是在聖殿騎士團成立到一一三六年中間的某個時刻寫成的。它的內容表明伯納德大約在一一二九年特魯瓦會議的時候開始著手撰寫它。這本書是直接寫給于格・德・帕英，「我親愛的于格」，伯納德說，他「不止一兩次，而是三次讓我給你和你的夥伴們寫幾句勸勉的話」。[28]

「近來世界上似乎出現了一種新的騎士身分，」他開頭如此說道，「它不知疲倦地進行著一場雙重的戰鬥，既對抗血肉之軀，也對抗天堂中邪惡的精神力量。」[29]以主的名義戰鬥和死去是至高的犧牲。伯納德強調了殺人（殺害一個人的罪惡）和殺死邪惡（殺害邪惡這件事情）之間的深刻區別，上帝認為後者是一種高尚的行為。有了這一巧妙的神學區分，聖殿騎士可以承擔最崇高的任務：不僅要作為朝聖者的保鏢，而且要捍衛聖地本身。「那麼，勇敢地前進吧，你們這些騎士，」伯納德寫道，「用一顆堅定的心擊退基督十字架的敵人。」

正如聖殿騎士的統治反對世俗騎士的傳統服飾一樣，深受熙篤會價值觀影響的《歌頌》也是如此。長髮、裝飾華麗的盔甲、彩繪盾牌和馬鞍、金色馬刺、飄逸的長袍、長袖衣物、骰子、棋、獵鷹和小丑、吟游詩人和魔術師等娛樂活動全都被不屑地棄絕。「這些是戰士的飾物，還是女人的飾物？」[30]伯納德反而讚揚了聖殿當中苦行僧式、虔誠的新騎士的生活：紀律嚴明且守貞、他臉上因為灰塵和陽光曝曬而變髒、講求務實與平等、口才便給並且十分繁忙。這些人活著唯一的目的就是毀滅不信的人，將「作孽的人……從耶和華的城中驅逐出去」。[31]雖然他們平靜地生活，但他們戰鬥時會像獅子一樣。「他們決心為勝利而戰，而不是為了炫耀而行軍」，他們騎著強壯、迅捷的馬，而不是花紋斑斑的矮種馬，他們追求「強大，而不是炫耀」。因此，伯納德寫道，新的騎士可以被視為耶路撒冷的救世主，這支軍隊忠於古猶太馬加比人（Maccabees）的精神，後者曾為把聖城從外國占領中解放出來而跟更強大的敵人戰鬥。「這是聖靈賜予給你的幫助！上帝親手挑選了這樣的部隊。」

這種對聖殿騎士之性格和目的的讚歌占據了《歌頌》的前四章，其餘九章則是對聖殿騎士團集結起來所要保衛的聖地各地點的導覽。導覽從聖殿建物本身開始，「裝飾聖殿的不是珠寶而是武器」，也包括對伯利恆、拿撒勒、橄欖山、約旦河、聖墓、伯法其（Bethphage）和伯大尼的村莊的簡潔描述，這些都是耶路撒冷一天車程內的熱門朝聖地點。伯納德從未親自到過耶路撒冷（對他來說，克萊爾沃修道院是精神世界的真正中心），因此他對聖地的描述依賴旅行者和朝聖者收集到的細節。

每一章實際上都是一篇簡短的講道。[32]如果在神聖景點處大聲朗讀或背誦出書中的相關段落，這將為那些親身在那兒的人提供靈感、鼓勵和洞見。在通往伯利恆的道路上守衛朝聖者隊伍的聖殿騎士，無論在裝備上或是在精神上都為這項任務做好了準備。他將能夠以合理的方式解釋每個聖地對於在他身邊旅行的平民的重要性。如果他發現自己內心因為害怕遭到埋伏而發抖，他可以用伯納德寫的關於這座城市的文字來堅強自己，想起這座城市是「作餅的殿」，作為「從天上降下來的活餅」的基督就是在此「為童女所生」。[33]同樣在拿撒勒，一時心灰意冷的聖殿騎士團可以透過回憶伯納德的另一句格言來讓自己振奮起來，思考自己正走在「宛如果實在花中成熟，嬰兒上帝……茁壯」之處。[34]

于格曾要求伯納德寫「幾句勸勉的話」，來鼓舞前線士兵的士氣。他的任務是為新騎士團提供「道德上而非物質上的支持」。[35]他比任何人都更深入地思考聖殿騎士和僧侶角色的奇妙融合，也比任何人都適合用語言來表達這個新騎士團的強大精神。但伯納德並不是唯一一位認真思考聖殿騎士的人。在遠離聖地的地方，另一位贊助人也正在考慮如何幫助支持新成立的騎士團。他是亞拉岡（Aragon）的國王阿方索一世（Alfonso I），他位在對抗伊斯蘭的最前線，但不是在聖地與塞爾柱人和法蒂瑪人作戰，而是在西班牙南部和摩爾人（Moors）進行被稱為「收復失地」（Reconquista）的戰爭。

第四章　一切美好的賞賜

一一三四年七月，亞拉岡國王阿方索一世在弗拉加城（Fraga）外紮營，命令他的僕人把他為數可觀的聖物蒐藏帶來其跟前。在他漫長而精采的一生中，這位六十一歲的國王獲得了聖母瑪利亞、幾位使徒、幾位早期基督教殉道者和各種聖徒的遺體或財物的碎片，所有這些聖物都被裝在其上有著金葉子或銀葉子的小象牙盒子中，其上鑲滿了珍貴的寶石。他所擁有的最珍貴聖物是傳說耶穌被釘十字架上的一部分木頭，它被雕刻成一個迷你十字架，放在一個鑲有寶石的純金約櫃中。這個十字架是阿方索在前往聖地牙哥—德孔波斯特拉（Santiago de Compostela）的朝聖途中，從萊昂（Leon）的一座修道院偷來的。[1]

阿方索習慣時刻把他的聖髑放在身邊。這些聖徒的遺物見證了許多軍事行動，因為阿方索在成年之後幾乎都在戰場上度過，阿方索在戰爭中幾乎戰無不勝，而且其發動戰爭的對象不分領土與自己相鄰的基督教君主，還是占領了伊比利半島南部大部分地區的穆斯林君主。這些遺物在大多數時候位於其他的輜重車隊的行列中，連同作為他移動禮拜堂的帳篷一起運送。祭司們現在將這些聖物取了出來，阿方索在這些珍貴的木片、骨頭和皮革之前發下重誓。

弗拉加位於辛卡河（River Cinca）畔。這裡是邊境地帶，基督教歐洲在這裡與安達盧斯（al-Andalus）對峙：這是自八世紀倭馬亞哈里發的軍隊越過直布羅陀海峽以降，始終占據著西班牙南部大部分地區的穆斯林國家。世代以來，這裡的基督徒和穆斯林一直在不斷變化、由多民族組成的王國和埃米爾國之間磨合，這些國家之間的關係始終在務實共存與殘酷戰爭之間交替。然而，自十世紀後期以來，半島上的宗教分歧變得更加嚴重，各王國之間的戰爭呈現出愈來愈明顯的宗派對抗性質，北方的基督教統治者將驅逐伊斯蘭勢力回北非視為他們的共同責任。這種企圖在一一〇一年得到了教宗巴斯加二世（Paschal II）的祝福，他禁止西班牙基督徒參加在東方的聖戰，告訴他們「留在自己的國家，全力以赴投入與摩押人（Moabites）和摩爾人的作戰。」[2] 一一二三年的第一次拉特蘭公會議（First Lateran Council）中重申了這一命令，西班牙對抗穆斯林的戰爭被明確地與聖地戰爭等而齊觀。人們開始談論「西班牙之路」（via de Hispania），也就是基督徒可能最終透過解放西班牙的港口開闢通往耶路撒冷的海路，或甚至是一條穿過北非和埃及的陸上通路。逐步入侵安達盧斯的戰役正式地成為規模更宏大的聖戰之第二戰場，而這場總體聖戰的最終目標是征服聖地。[3] 阿方索是這種世界觀的熱情擁護者。

弗拉加當時是穆斯林的領土。弗拉加的城民們透過中間人要求阿方索停止圍城，接受他們的投降並且讓人民和平離開。阿方索曾被警告說，如果他不照做的話，一支由穆斯林戰士組成的龐大救援部隊將會前來消滅他。這只是讓他訴諸一戰的欲望更加熾烈而已。他以上帝和眾聖徒為他的見證人，宣告自己不會放過任何一個人。一位基督教編年史家寫道：「他計畫占領這座城市，殺光所有摩爾人貴族」;「他希望將他們的妻兒囚禁起來,並……沒收他們所有的財富」。[4]

一一三四年七月十七日星期二早上,兩百頭馱著沉重貨物的駱駝搖搖擺擺地出現在附近的辛卡河岸邊,亞拉岡國王看到這景象時可能稍稍陷入了沉思。這批龐大笨重的馱獸和牠們的車夫是穆爾西亞(Murcia)和瓦倫西亞的埃米爾所率領的龐大穆斯林軍隊的一分子。這位埃米爾是名叫葉海亞・伊本・加尼亞(Yahya ibn-Ghaniya)的「勇敢戰士」,基督徒更熟悉的名字則是阿本吉尼亞(Abengenia)。[5]軍隊還包括來自穆斯林在其他地區據點的軍隊,如哥多華(Cordoba)和萊里達(Lerida),並且得到了來自北非穆拉比特王朝(Almoravid)在人員、動物和物資上的大力增援(穆拉比特是西部伊斯蘭世界的真正權力中心,首都在馬拉喀什)。穆拉比特人是奇特而危險的敵人,他們的軍事領袖因為總是戴著沙漠面紗,將鼻子和嘴蒙住而只露出眼睛而聞名。據估計,他們已派遣了一萬名士兵前往弗拉加。即使這個數字多少有些誇大,但現在阿方索所面對的軍隊無疑人數眾多。[6]

逼近城牆的駱駝隊滿載著給城民的救援物資。阿方索命令他的親戚拉昂(Laon)伯爵伯納德出兵襲擊並且帶回戰利品。伯納德表示反對,建議應該採取更謹慎的策略;阿方索勃然大怒,斥責他的堂兄是懦夫。這是個致命的錯誤。

當亞拉岡軍隊移動到穆斯林車隊前方時,駱駝車隊及其護衛軍隊轉頭就跑。基督徒軍隊繼續追趕他們,因此讓自己陷入圈套。阿本吉尼亞將其餘的軍隊分成四個縱隊,向前推進並且包圍了他們,接著立刻「開始用長矛、箭、石頭和其他投擲物進行攻擊」。[7]與此同時,城民們衝出了城門。「男人和女人,年輕人和老年人」都朝阿方索的營地攻擊。男人們屠殺不是戰士的基督徒,而女人們則領導一場全面性劫掠，搶走帳篷裡的食物、裝備、武器和攻城機。[8]讓阿方索感到最羞辱的事情是，這些穆斯林掠奪者洗劫了他的小禮拜堂、偷走了金約櫃，並將神聖的帳篷「徹底粉碎」。[9]

這是一場慘敗。幾位主教和修道院院長、數十名亞拉岡最優秀的騎士和大部分軍隊領袖都陣亡。阿方索家族幾乎所有成員都被俘虜，他的七百名步兵親兵全部被殺害。阿方索在從巴約納（Bayonne）戰役到格拉納達戰役的幾十年兵戎生涯中，經歷過無數次戰役和圍攻，從未遭受過如此慘烈的失敗。他在戰場邊緣英勇地殺敵但是對大局徒勞無功，他最後被說服只好帶著一小群騎士逃走。他們一起向西逃往薩拉哥薩（Saragossa），然後向北轉向庇里牛斯山脈的山麓，前往有著美麗羅馬建築風格的聖胡安德拉佩尼亞（San Juan de la Peña）修道院，這也是阿方索父親的安息之處。戰士國王返鄉了。

阿方索在一一三四年九月七日星期五駕崩，死因很可能是在弗拉加受的傷，不過基督教和穆斯林編年史家認為其死因是出於悲痛。基督教失去了他們奪回伊比利半島戰爭中最令人生畏和最有活力的戰士之一。不過，若是說命運帶走了一位領導人，它也同時帶來一批新的戰士，而這群人即將改變整個衝突的發展方向。

阿方索直至辭世都維持著他在世時的堅持：抱持苦行精神，將心力全投注在戰事之上。他沒有任何子嗣，這對於一位每晚睡在盾牌上，並且堅信「打仗的男人應該與其他男人並肩，而非與女人交往」的男人而言相當理所當然。[10]國王在過世前三年所寫的遺囑中，將耶路撒冷的三個騎士團列為他的主要繼承者：聖墓守護者修會、醫院騎士團和聖殿騎士團，聖殿騎士團在遺囑中被描述為「主的聖殿，以及當中為了捍衛基督教而奮鬥的騎士們」。[11]阿方索向這三個修會宣布：

我將整個王國……傳給你們，也傳給你們我在王國所擁有的權力，對土地上所有的人民（神職人員和平民、主教、修道院長、教士、權貴、騎士、市民、農民、商人、男女老少、富人和窮人，還有猶太人和撒拉森人）所擁有的主權和權利。

在特魯瓦會議授予他們正式地位的五年後，聖殿騎士們獲得了整個王國三分之一的領土，這宛如就是場政變。這也決定了他們未來的走向。首先，這意味著在接下來的兩個世紀裡頭，聖殿騎士團將會參與收復失地運動。其次，這次贈予展示出歐洲各地對十字軍東征和十字軍戰士極度慷慨解囊的做法日益風行，若沒有這種慷慨精神，軍事修會的概念本身便無法存在。

+

當于格・德・帕英回到耶路撒冷時，他甫成立不久的軍事修會已經奠定了穩固聲譽。不過，儘管他已向法蘭西和英格蘭的贊助者做出了承諾，但他並未立即讓騎士團投入大規模的軍事行動。聖殿騎士團參與了一一二九年對大馬士革的襲擊（這是他在招募之旅中不斷宣傳的一次行動），不過這次攻擊幾乎沒有帶來任何正面成果。根據一種說法，基督教軍隊的行為「非常輕率……並且逾越了軍事紀律的界線」。[12]鮑德溫的部隊在秋天時逼近這座城市，但卻不明智地將兵力分散開來。他們遭到伏擊，而且軍隊因為惡劣天氣而彼此失聯，在濃霧和大雨中被城市守軍殺死。西方的人們對這次失敗給予了嚴厲評價：《盎格魯—撒克遜編年史》的作者認為，那些滿腔熱血投入一場光榮的新十字軍東征新兵們「可憐地被欺騙了」。[13]

在接下來的十年當中，聖殿騎士們似乎只參與了另外兩次重大戰鬥。十八名聖殿騎士和安茹的富爾克在一一三七年時被圍困在的黎波里伯國霍姆斯（Homs）附近的蒙特弗爾朗城堡（Montferrand，富爾克此時是耶路撒冷國王，他於一一三一年鮑德溫二世去世後繼位）。兩年後又發生了另一場不光采的交戰，這次是在希伯倫附近的耶路撒冷王國。幾名聖殿騎士加入了一支基督徒軍隊，與一大群「邪惡的強盜和匪徒」交戰。這是一場倉促且混亂的小衝突，最終以混亂的方式作結，基督徒們要沿著布滿岩石、沒有道路的平原逃離戰場，犧牲的人數多到令人沮喪。編年史家泰爾的威廉寫道：「一些人死於刀劍，另一些人被從懸崖上用力推了下去。」[14]

聖殿騎士團在最初的幾年當中並未固定地加入這類行動，在這個階段的聖殿騎士被視為最適合擔任城堡守衛這類重要職責。一一三六年時，他們被交付守衛安條克附近的阿馬努斯山（Amanus）要塞的任務，這些要塞俯瞰著山間的險峻通道。這是一項重大戰略責任，因為阿馬努斯山道是小亞細亞進入敘利亞的關鍵路線，控制這些道路對埃德薩伯國和安條克公國的守衛，以及對經由陸路前來耶路撒冷的朝聖者的安危都至關重要。

于格．德．帕英在一一三六年五月二十四日去世。當代的編年史家都沒有提及他去世的具體細節，人們是從其去世後幾年中的正式紀念才知道這個日期。也許最值得注意的是，他所創立的騎士團在其身後持續存在並未出現危機。在特魯瓦所授予的規章中並沒有提及如何任命新大團長，但後來的增補則清楚地說明這個過程是透過選舉來完成的，東西方最資深的聖殿騎士們會被召集到一個分會舉行會議，進行投票。于格的繼任者是羅貝爾．德．克朗（Robert de Craon，也被稱為Robert Burgundio），他是來自普瓦圖的精明貴族，與耶路撒冷的新國王富爾克關係密切。泰爾的威廉稱他為「一位傑出的騎士，驍勇善戰，無論是樣貌還是心性皆十分高貴」。[15]羅貝爾在于格去世時是聖殿騎士團的神父長（seneschal），這是從王室那裡借用來的一個頭銜，指的是一位負責廣泛行政職責的祕書。羅貝爾是聖殿騎士團的忠實成員，他在一一二五年拋棄了家中的未婚妻前往聖地作戰。和于格一樣，他經常往返於耶路撒冷和西歐之間。他擔任大團長之後也將大部分時間花在了向法蘭西南部的富人募捐，以及在亞拉岡解決阿方索一世遺囑中存在的法律糾紛。[16]他在建立聖殿騎士團與教廷之間的聯繫這件事情格外成功。

一一三九年三月二十九日，在羅貝爾．德．克朗訪問法蘭西和義大利期間，教宗英諾森二世向聖殿騎士團發出了一封詔書（以鉛製羅馬教宗印璽所封的官方信件，拉丁文為bulla）。跟教宗的所有詔書一樣，這份詔書以其第一句話而得名：「各樣美善的恩賜」（Omne Datum Optimum），這是引自《雅各書》的一段話。①《各樣美善的恩賜詔書》授予了聖殿騎士一系列非凡特權。教宗讚揚加入聖殿騎士團的騎士們從「憤怒之子」轉變為放棄世俗浮華和個人財產的傾聽者。[17]他接著認可聖殿騎士擁有「能將賦予生命的十字架掛在胸前」的永久權利。當聖殿騎士團在白色披風上印上紅色的十字架象徵後，這便成為了他們極具標誌性的制服。

英諾森對聖殿騎士團的支持是有其道理的。在一一三〇至一一三八年間，克萊爾沃的聖伯納德

---

① 作者注：「各樣美善的恩賜和各樣全備的賞賜都是從上頭來的，從眾光之父那裡降下來的；在他並沒有改變，也沒有轉動的影兒。」（《雅各書》第一章第十七節）

幫助他度過了一場重大政治危機。教廷在此時陷入了分裂，而伯納德主張英諾森二世具有正當性，對立教宗（antipope）阿納克萊圖斯二世（Anacletus II）不具備正當性。當英諾森二世順利地結束分裂局面後，他自然要報答聖殿騎士團，給予他們在信仰層次上的恩賜。即便如此，《恩賜詔書》還是極度慷慨。

詔書把聖殿騎士團置於「羅馬教廷的保護和監護下，直到永遠」。羅貝爾與他的繼任者只需對教宗負責：他們在基督教世界擁有明確獨立於國王、宗主教、貴族和主教的權威，而且有權向人徵收關稅，且不受「任何教會或世俗人士」的干涉。特魯瓦會議所制定的規則在此得到了教廷確認，聖殿騎士團被指定為「基督教會的捍衛者和基督之敵人的討伐者」。這個特許的定義由於如此廣泛，所以它實際上涵蓋所有層面。

聖殿騎士被保證有權從自己成員中選出治理騎士團的大團長，並且被免除繳納什一稅（這是教會從其會眾中例行徵收的稅），同時還能向他們擁有的土地上的居民收取什一稅。這筆收入僅供自用。他們可以任命自己的私人神父來管理「聖禮和聖職」，而無需理會當地主教的權威；還可以在聖殿騎士的房子內建造私人小教堂，弟兄們死後可以安葬於此。聖殿騎士必須向他們的大團長效忠，這是一種非同尋常的發展，因為他們的大團長雖然立下誓言要服從規章，但是他自己並不必然要是神職人員。

以上這些條款賦予了聖殿騎士團令人欽羨的特權、獨立性和自治權。相比之下，醫院騎士團雖然從一一二〇年左右開始便已從醫療和牧靈的角色，擴展到能夠提供軍事部門支援，儘管他們也不斷地努力在歐洲建立一個財產和人際網絡，藉以支持他們在聖地的使命，但他們的規章一直要到一一一五三年才得到教宗的確認。聖殿騎士受到教宗最高權威的進一步保護，任何騷擾他們的人都將被逐出教會，並且被禁止「分享我們主耶穌基督至聖的身體和血」，同時會在最後的審判中被判處「嚴厲懲罰」。這是非常嚴厲的威脅，因為根據古代教會留下的經文，在世界末日那天，不信教和不服從的人所要受的懲罰包括了，在巨大的瀝青和硫磺坑裡被焚燒、以眉毛作為支撐被倒掛在燃燒的湖水上頭，還會被一群蠕動的蠕蟲啃咬肚腸。[18]

聖殿騎士團與教宗的良好關係將持續到十二世紀中葉。雷定二世（Celestine II）在位六個月，從一一四三年秋天英諾森過世後直到次年三月他自己辭世，雷定於一一四四年一月九日頒布名為《聖殿戰士》的詔書，讓所有騎士團成員免於悔罪，並保證他們能獲得基督徒的葬禮。聖殿騎士團也被允許每年都能夠讓被處以禁行聖事令②的那些教堂開放一次，並且在那裡舉行禮拜藉此募集捐款。最後，於一一四五年二月到一一五三年七月在位的教宗尤金三世（Eugene III，曾擔任熙篤會修道院長同時是克萊爾沃的伯納德的門徒）起草了第三條詔書，被稱為《神之戰士詔書》，此詔書再次確認了聖殿騎士團「有權任命他們自己的祭司、建立他們自己的私人小教堂，可以在此處舉行儀式，而不需承受『在去教堂的時候與人群交往，還有與婦女見面所可能造成的風險』」。[19]從這種構思的方式看來，尤金的目的似乎是想減輕聖殿騎士團與婦女和骯髒窮人來往的負擔。但這掩蓋了一項寶貴的財政特權：聖殿騎士團的小教堂被允許收取什一稅以及埋葬死者的費用，即使這些小教

②作者注：禁行聖事令（Interdict）是塵世靈薄獄（limbo）中的嚴厲判決，其所採取的形式為關閉教堂，這通常是在地方統治者與羅馬鬧翻後才會實施。只有教宗或他的全權代表能解除禁令。

堂是設立在其他神職人員的管轄區當中依舊如此。此外，他們也不需要把他們收集到的任何財富轉交給當地的主教、大主教或修道院院長。這種看似無害的特權，讓他們最終積累起無數財富。

✢

聖殿騎士團用來鑑定章程和文件真偽的是一個圓盤狀的蠟印，上頭描繪著兩兄弟同騎一馬，提醒他們對貧困生活的宣誓承諾。然而，具有諷刺意味的是，聖殿騎士團因為要遵守生活在貧困中的承諾，這反而讓他們變得更為富有。他們致力於保護聖地朝聖者，並將敬虔戰鬥哲學與嚴格個人德行結合，都為他們贏得了來自上層的庇護。當權勢者紛紛開始支持他們時，基督教世界中地位較低的男男女女也隨之加入，他們用土地、財產、建築物、封建收入、服務和個人財產的遺贈充實了聖殿騎士團的金庫。

最為虔誠以及最身強體壯的人們有資格加入騎士團，立下誓言後前往東方親自對抗伊斯蘭勢力，他們有可能是以騎士的身分作戰，也可能以隨軍神父、僕人或軍士等身分支援聖殿騎士團的其他行動，這些人是履行重要非戰鬥任務的黑袍結拜弟兄。

但是，耶路撒冷和雅法之間的戎馬生活並不是每個人都辦得到，也不是每個人都想要的。因此，有些人選擇將他們的財產作為禮物讓自己與聖殿騎士團有所連結。這些禮物可以是一箱柴火、一件舊斗篷、一把劍或一件盔甲那樣微薄，也可以像整座莊園、一間教堂或一大筆現金那樣厚重，而這些禮物往往來自於那些無法親自參加聖戰的人。在一一三三至一一三四年間，來自庇里牛斯山脈北部、卡爾卡松（Carcassonne）和納邦（Narbonne）之間的杜藏（Douzens），有一位名為勞蕾塔的婦女將土地、封建權利和佃農的勞役都捐贈給聖殿騎士團，因為「他們勇敢地為信仰而戰鬥，對抗不斷試圖破壞上帝律法和為上帝服務之信徒的撒拉森人」。[20]數十年後，蘭斯（Reims）的一座聖殿騎士團教堂的一本訃告書中列出了所有個人捐贈的物品，以及弟兄們是在何月何日記錄下這些物品。書中紀念了「西碧拉，蒂耶里．史特拉博的姪女。她把她葡萄園的三分之一捐給了這個教堂」，還有位「鮑德溫．奧維斯的妻子龐蒂亞夫人為了紀念他的週年彌撒，獻給了這個教會在布料市場上的一個攤位」。[21]

總之，西方慷慨捐贈的東西：金錢、馬匹、衣服、武器，都是為了支持在東方的行動，此行動在拉丁語中被稱為聖殿騎士團的答覆（responsio）。聖殿騎士團各個分支所賺取的利潤中，三分之一必須被匯往最需要這筆錢的前線。

捐款主要來自四個地區：羅亞爾河以北的法蘭西北部領土（即奧依語區〔langue d’oïl〕）、普羅旺斯周圍的法蘭西南部各縣（奧依語區）、英格蘭和西班牙。為了管理他們所收到的財產和禮物，並且負責協調該如何將收入輸送到聖地，西歐地區的組織方式是由各個地區的高階成員作為領導，每個地區各自要負起自治的責任。一塊一塊的小土地被重新劃分為面積更大的莊園，由許多被稱為「分團」或「指揮部」的修道院式房屋來管理。③這片土地根據其所在的位置可以出租、耕種或放牧。此產業的開銷由部分收入負擔，其他利潤則作為騎士團的資金。這些分團與正規的熙篤會修道

③作者注：「指揮部」（commandery）和「分團」（preceptory）這兩個詞在大部分時候可以互換使用，監督它們的軍官官階也可以互換使用，他們被稱為指揮官或分團長。

院區幾乎沒有分別，熙篤會修道院由幾名軍士組成，並有一群僕人從事著卑微的工作來供養他們。

在一些分團中可能會發現女性的蹤跡，不過並不是所有女性成員都是傭人。有時丈夫和妻子會以準成員的身分加入騎士團，這意味著他們可以參與騎士團生活的各個層面，但卻未曾立下貧窮、貞潔和服從的誓言。有時，特別富有的女性甚至被任命為分團長，負責管理她們所捐贈的房子。（儘管她們是否真的出任這個職位，或者是由男性代表來掌握實權仍無法被確定，因為《聖殿騎士團規章》明確規定兩性之間必須嚴格隔離以避免誘惑。）西班牙王國的聖殿騎士團特別傾向於彈性修改規則，允許女性以夥伴甚至是修道院姊妹的身分加入聖殿騎士團，也許是因為那裡的女性擁有更多管理自己財產的自由。[22]

與大多數修道院不同，聖殿騎士的房屋以連貫的層次結構連接在一起，並對區域指揮結構負責。一一二〇年代後期，名為里戈的于格（Hugh of Rigaud）的人負責在普羅旺斯、亞拉岡和土魯斯接受補助款。他的司帳（procurator）頭銜透露出其作為商業管理人的角色。[23]其他早期的司帳還包括在英格蘭的阿根坦的于格（Hugh of Argentein）和負責法蘭西北部聖殿騎士團行動的蒙迪迪耶的帕揚。

偉大和善良的人並不一定只有親身參與聖戰後，才會注意到庇護聖殿騎士的好處。隨著英王亨利一世於一一三五年去世，一場席捲整個王國的血腥衝突（現在被稱為英格蘭內戰），讓聖殿騎士團於一一三〇年代在英格蘭獲得了巨大利益。亨利在沒有合法男性繼承人的情況下去世，他的女兒瑪蒂妲（Mathilda）為了繼承王位，發動了針對表兄弟布盧瓦的史蒂芬（Stephen of Blois）的戰爭。雙方都有充分理由支持聖殿騎士。瑪蒂妲嫁給了耶路撒冷國王富爾克的長子，安茹伯爵若弗魯瓦．金雀花（Geoffrey Plantagenet）；而史蒂芬的家鄉布盧瓦則是距離香檳不遠，那裡正是聖殿騎士團招募新兵和意識形態的大本營。

史蒂芬的父親是第一次十字軍東征的英雄，而史蒂芬的妻子，布洛涅女伯爵瑪蒂妲，是鮑德溫一世的姪女。史蒂芬和瑪蒂妲公開競爭，搶著證明自己是聖殿騎士團最慷慨的捐助人。作為回報，他們希望得到政治支持和精神保障，因為聖殿騎士團承諾為他們的好運和靈魂不朽祈禱。④

在于格．德．帕英於一一二八年訪問英格蘭期間，聖殿騎士團在倫敦霍爾本（Holborn）附近建立了一座名為「老」聖殿的房子。[24]在英格蘭內戰時期，其他王室的禮物接踵而至，包括牛津、赫特福德（Hertford）、埃塞克斯（Essex）、貝德福德（Bedford）、林肯（Lincoln）、伯克（Berk）和蘇塞克斯（Sussex）的土地和財產。一一三七年，史蒂芬的妻子把埃塞克斯的克里辛莊園（現在的克里辛聖殿）贈予了聖殿騎士團。[25]隨著時間的推移，這筆餽贈成為了日後富裕而繁忙的產業之基礎，許多租戶家庭在這塊土地上勞作，成為了由修道院、廚房和農場建築組成的龐大網絡，他們的勞動力填滿了兩個十三世紀的巨大糧倉：小麥倉（the Wheat Barn）和大麥倉（the Barley Barn），直到今天這兩者仍然屹立著。

英吉利海峽對岸的情況大致相同。聖殿騎士團在香檳、布盧瓦、布列塔尼、阿基坦（Aquitaine）、

④編按：布盧瓦的史蒂芬的父親娶了前任英格蘭國王亨利一世的妹妹，生下史蒂芬，在亨利一世沒有男性繼承人的狀況下，就跟表姊妹瑪蒂妲爭奪英格蘭王位，造成英格蘭內戰。另方面在耶路撒冷王國，史蒂芬自己娶了耶路撒冷前國王鮑德溫一世的姪女，也是在鮑德溫二世沒有男性繼承人的狀況下，史蒂芬也認為自己有權繼承耶路撒冷王位。

土魯斯和普羅旺斯建立了龐大的地產網絡，而且為了鞏固自己在當地之地位而建立了數個分團。數十座聖殿騎士團的建物從熱那亞海灣一路延伸到新生的葡萄牙王國，這個王國也從伊斯蘭教手中重新奪回，並由自稱為葡萄牙第一位國王的阿方索一世・恩里克（Afonso I Henriques）統治下的基督徒重新定居於此。在一一四〇年代，阿方索掃蕩了塔古斯河（Tagus）下游的山谷，他最終征服了遙遠的南部城市里斯本，這也是塔古斯河匯入大西洋之處。早在一一二八年，阿方索就把自己描述為聖殿騎士團的弟兄。[26]他把幾個宏偉的要塞都交給聖殿騎士團，包括蘇爾（Soure）和阿爾莫羅（Almoural）的城堡，而且他在一一四七年四月頒布了一項特許狀，將聖塔倫（Santarém）城堡地區所有教堂的收入轉移到聖殿騎士團手中，「讓……騎士及其後繼者擁有並且得到永久管理權，因此任何神職人員或平信徒都不能向他們提出任何要求」。[27]將聖殿騎士團融入他的新王國之中，也為他帶來了安全和威望。這同時是殖民和控制新獲得土地的實用方法。

聖殿騎士團的財富隨著許多次這樣的進展以及許多份禮物日益增加，而他們發動聖戰的能力也隨之增強，而且聲名也隨之遠播。雖然他自己可能沒有意識到這一點，但亞拉岡的國王阿方索是改變十字軍東征面貌的那場運動的先驅。

✠

阿方索一生都在與穆斯林對抗，他在這段期間充分思考了建立軍事修會的想法。事實上，他曾兩次試圖建立自己的騎士團，例如他在一一二二年建立了貝爾奇特（Belchite）共濟會（或兄弟會），以薩拉哥薩二十英里外的邊境城堡小鎮命名並且以其為中心。那些選擇在貝爾奇特服役的騎士們被免除了稅賦，並且被允許從伊斯蘭信徒手中奪取任何戰利品，他們發誓要對「異教徒」保持永恆和無情的敵意，並且永遠不要與他們和平相處。[28]六年後，阿方索在蒙雷阿爾・德爾坎波（Monreal del Campo）這座從空無一物的平地建造起的新城市，建立了另一支騎士團，此修會被賦予能夠向人收稅以獲得收入和各種權利，這些做法顯然是在仿效聖殿騎士團。

貝爾奇特修會和蒙雷阿爾・德爾坎波修會都並未牢固地打下根基。他們沒有尋求或獲得與聖殿騎士團相同的教宗特權，而且他們的行動範圍從未超出他們負責保護安全的邊界地區之外。不過，阿方索試圖將耶路撒冷王國衝突背後的宗教對抗意義，移植到自己與伊斯蘭敵人的小規模衝突，這種做法確實具有重要意義。伊比利半島的戰爭到一一三〇年代時已經獲得了十字軍戰爭的政治和精神地位。這裡的戰爭在組織層面上變得類似於十字軍東征或許也是相當自然的發展。

當然，在一一三〇和一一四〇年代，聖殿騎士團湧入了西班牙。他們從來沒有控制過亞拉岡，因為阿方索的古怪遺囑遭受質疑，而且它引發的繼承危機也被以傳統的政治方案來解決。長話短說，或者是簡而言之，阿方索的兄弟拉米羅（Ramiro）原本是一位本篤會修士，他被要求放棄聖職去迎娶阿基坦公爵的妹妹，兩人的女兒在襁褓時便被許配給巴塞隆納伯爵雷蒙・貝倫格爾四世（Ramon Berenguer IV）。拉米羅後來退隱回到修道院，雷蒙則控制了亞拉岡王國，永久合併亞拉岡跟自己的領地。但儘管如此，聖殿騎士團仍因為在阿方索最後遺囑中的地位而獲得豐厚利潤。一一四三年，雷蒙・貝倫格爾四世和大團長羅貝爾・德・克朗之間達成了最終解決方案，聖殿騎士從中獲得了一筆可觀的收入，並且取得六座重要城堡的管理權，以及受這些城堡統治的土地。其中一些產業相當可觀，在聖殿騎士團的管理下，它們將變得更加耀眼。

位於蒙桑（Monzón）的山頂要塞，最初由十一世紀薩拉哥薩的阿拉伯統治者自豪地建造，在聖殿騎士團的控制下被重新打造，加入了新的防禦牆、塔樓、馬廄和兵營。蒙桑是邊境城堡鍊上的一環，這道防護網包括蒙蓋（Mongay）、卡拉梅拉（Chalamera）、巴巴拉（Barbará）、雷莫林斯（Remolins）和貝爾奇特，這些城堡現在都交由聖殿騎士管理、駐守和維護。由於這是一項昂貴的任務，亞拉岡的聖殿騎士團獲得了豐沛的資源。他們得到承諾會獲得王國王室收入的百分之十，由薩拉哥薩城民支付的一千蘇勒德斯（solidus，一種古老但珍貴的金幣），豁免亞拉岡國王徵收的任何稅收，並且在與非信徒作戰時有權獲得五分之一的戰利品。

這雖然不如三分之一個王國那樣豐碩，但仍是一大筆財富，規模遠遠超過了醫院騎士團所得到的份額，後者被剝奪了自己的那份遺囑，只得到一小塊土地作為補償（聖墓守護者修會的狀況也是如此）。[29]當然，城堡和收入並不僅僅是為了讓聖殿騎士團變得富有。維持邊境要塞的責任意味著，聖殿騎士團現在直接參與了伊比利的十字軍戰爭。確認聖殿騎士對亞拉岡城堡的權利的特許狀，是以雷蒙・貝倫格爾的名義簽署，其中解釋道：充實和賦予聖殿騎士團權力的目的是要「在上帝的軍隊中建立起一支民兵力量，藉以保衛西班牙的西方教會，同時粉碎、擊敗並驅逐摩爾人……遵循耶路撒冷所羅門聖殿的形式來保護東方教會」。[30]也許一直到生命終結前仍然精明的阿方索的意圖正是如此。

聖殿騎士團在西方的聲望不斷上升，而且他們所擁有的地產也呈指數級增長。他們的領導人已經證明自身在政治上的嫻熟：跟從英格蘭到耶路撒冷的各個基督教國王交好、獲得三位教宗的青睞，並且激勵像亞拉岡的阿方索一世和克萊爾沃的伯納德這兩位性情迥異的人都支持聖殿騎士團。

聖殿騎士團以金字塔結構有效組織各個分團，而這些分團服從於各地分團長，而最高服從對象則是耶路撒冷的大團長。他們在權利受到挑戰時，會堅定地站出來維護。

從聖殿騎士團的第一任大團長向納布盧斯公會議請願算起還不到三十年，當時大團長請求當局承認他那一貧如洗的隊伍，提供他們一個睡覺的地方，還有提供一些慈善捐款來維持日常生活。到了一一四〇年代末期，聖殿騎士團在整個基督教世界已經享有盛名。

但光憑名氣還不夠。畢竟，聖殿騎士團是一群聖騎士。他們是戰士，他們之所以存在便是為了保護或殺戮。殺戮時刻在一一四七年降臨。在西歐第一次企圖進攻聖地的半個世紀後，羅馬教會準備對東方發起又一次大規模聯合軍事進攻。這次進攻後來被稱為第二次十字軍東征，而聖殿騎士團在其中扮演了核心角色。

第二部

戰士

Soldiers

(1144-1187)

✠

他們是法蘭克人中最凶悍的戰士。

——伊本・阿西爾

第五章　天堂與地獄之間的比武

伊馬德丁・贊吉（al-Din Zengi）在視察其麾下工兵在埃德薩北邊城牆下挖掘的地道後深表滿意。[1]他們已經工作了四個星期，地道現在延伸到了「地球的腹部」，地道的土牆用堅固的木梁支撐著，而它的入口由贊吉被稱為「拋石機」的攻城砲彈把守，拋石機壓迫埃德薩城內為數不多的守衛者，一群由鞋匠、麵包師、店主和神職人員組成的雜牌軍，躲在街頭堡壘後頭，躲避沉重石彈的不斷轟擊。巨石往往伴隨著箭雨而降，根據一位穆斯林編年史家的說法，天空中密布著發射物，甚至連鳥群都躲得遠遠的。[2]

贊吉這個人欲望強烈，永不感到滿足。這位摩蘇爾和阿勒坡的統治者在六十歲時仍然很英俊，有著經過陽光烘烤的黝黑皮膚、灰白的頭髮和引人注目的眼睛。一位仰慕者稱他是「世界上最勇敢的人」，另一位仰慕者則講述他花了數不清的時間獵殺從瞪羚到鬣狗等各種動物，從中磨練出了高超的弓箭技術。[3]但甚至連他的崇拜者都承認他是個惡毒的人，他在軍事上的成功源於其作為屠夫的終身惡名。贊吉對敵人、下屬和密友的暴力行為在隨興中往往頗具創意。他會因為自己的士兵走錯路線踐踏了莊稼，而將其釘在十字架上。如果他被麾下的軍事指揮官惹惱，後者要麼被殺死，要麼被驅逐，並且孩子還會被閹割。他對自己的其中一位妻子大發雷霆之後草草休了她，並且將她拖到馬廄，讓她在他的監視下被馬夫們強姦。[4]泰爾的威廉認為他是「非常邪惡的人，是基督徒最殘酷的迫害者」，「憎惡基督徒像憎惡瘟疫一樣的怪物」。[5]簡而言之，贊吉是整個伊斯蘭和基督教衝突戰場上最可怕的軍事領袖之一。贊吉在他的地道工兵眼中也相當可怕，他們只能祈禱自己有確實將地道挖得筆直。

在完成了對該地道的評估後，贊吉說自己非常滿意。贊吉回到地面上之後便向在外頭等候他指示的工程師表示祝賀。他要工程師放火燒了支柱。火焰將替這項工作劃下句點。

埃德薩伯國是基督教東方的一顆寶石。該伯國是十字軍國家中最北端的城市，也是第一次十字軍東征期間首批攻下的城市之一。它位在內陸深處，是由法蘭克人統治的一個前哨站，距離幼發拉底河岸邊的車程超過一天以上，位於塞爾柱人控制領土的深處。這座城市的人口是國際化的混合體，有著希臘和亞美尼亞基督徒，再加上人數相對較少的法蘭克統治階層。他們的住宅、商店和鑲嵌著珠寶的教堂「被一堵巨大的牆包圍著，被高聳的塔樓保護著」。[6]埃德薩因其擁有使徒聖多馬（St Thomas）和聖猶達（St Jude）的神聖聖殿，以及其他數十件珍貴遺物而受到更多的祝福。

不那麼幸運的是，埃德薩由喬治林二世（Joscelin II）伯爵統治，他個子矮小粗壯、皮膚黝黑、眼睛凸出還有個大鼻子，而且臉上滿是天花疤痕。喬治林是一個平庸的軍事指揮官、酒鬼和花花公子。儘管如此，如果贊吉在埃德薩，他很可能不會理會這座城市。但一一四四年十二月二十三日，喬治林和他的大部分傭兵一起出城，往幼發拉底河以西騎行幾天前去參觀他的土貝塞爾

（Turbessel）城堡。正在他不在城的這個時刻，他賴以保衛這座城市的大型石造防禦工事現在正嘎吱作響，因為贊吉的軍隊正在進行猛烈的攻擊。

在脆弱的城牆下方挖出完美地道的這種進攻方法相當難以抵禦。挖掘地道來摧毀防禦工事是一項專門技術，其起源與波斯的專家們緊密相關，他們熟知要拆毀石造的沉重防禦工事的具體步驟。[7]贊吉的手下點燃了木材，那些刻意被塗上油脂、焦油和硫磺的木材很快就倒塌了，由它們所支撐的地道也隨之塌陷。[8]在此地道之上的名為「時間之門」的石砌城門因此喪失了大部分的地基。將城門固定在一塊的灰漿炸裂開來，整座建築物隨之倒塌。城牆因此被打開了一百腕尺（cubit，約莫四十五公尺）的巨大缺口，贊吉的軍隊衝過瓦礫開始屠城。

贊吉手下的人鎖定殺法蘭克人而不是亞美尼亞人，但是他們對於受害者幾乎是無差別全部殺害。「任何年齡、條件還是性別，都無一倖免。」泰爾的威廉寫道。[9]在圍城的第一天，就有六千男女老少被殺。由於埃德薩的平民們被恐慌籠罩，他們便往城中心的城堡衝去。但這只會導致更多人死亡，數十人在擁擠的逃命人群中被踩踏而死。當政府離開後接管城市大權的埃德薩大主教于格被斧頭劈成碎片。

贊吉的手下在聖誕節那天在大街上狂奔，「掠奪、殺戮、捕獲、姦淫和洗劫」，直到「他們的手裡裝滿了金錢、家具、動物、戰利品和俘虜，這些都讓他們的精神和內心充滿喜悅」。[10]據說他們俘虜了一萬名兒童作為奴隸來出售。[11]最後，他們的領導人在十二月二十六日下令停止種種恐怖行為，並且命令部下開始重建城市的防禦工事，然後繼續前進。埃德薩是東方十字軍國家四大城市之一，是上帝對法蘭克人之愛的驕傲象徵，卻重新回到伊斯蘭手中。這令人震驚的發展在整個基督教世界引起反響。

+

一一四七年時，聖殿騎士團在巴黎的分團正在大興土木，就在城牆東北段外面的一片沼澤地上，這裡現在是時髦的瑪萊（Le Marais）社區。這是虔誠的法蘭西國王路易七世賜予聖殿騎士團的。跟他旗下的許多貴族一樣，路易在聖殿騎士團身上看到了許多值得欽佩的地方，並定期贈送給騎士團禮物。他甚至在一一四三至一一四四年間將巴黎貨幣兌換商的租金收入分配給他們。[12]隨著時間的推移，巴黎的聖殿分團將成為西方最令人震驚的城市要塞之一，它那巨大的四塔城堡主樓高聳入雲，彰顯著騎士團的財富和軍事實力。然而，這座聖殿在一一四七年仍然處於發展的早期階段。由塞納河及其支流所沖積成的沼澤正在進行抽乾作業，還有很多為了要讓這些區域變得適於居住的作業正在進行。

在復活節期間，有一百三十名聖殿騎士聚集在這座城市，其中包括布勒特伊的埃弗拉德（Everard of Breteuil）、狄奧多里克·瓦倫朗（Theodoric Waleran）和鮑德溫·卡德隆（Baldwin Calderon），他們都是這群強大十字軍戰士的一分子，他們之所以聚集在這裡是要支持這場自埃德薩三十個月前淪陷以來，便持續在進行的運動。[13]他們原本在群眾中總是鶴立雞群，因為他們的白色披肩相當醒目，但現在他們的制服上又加印有紅十字。他們身邊有數量至少相當的黑衣聖殿騎士團軍士，以及人數更多的僕役和後勤人員在其周圍，這會讓人以為城裡有支私人軍隊，其規模一般來說僅有歐洲最偉大的貴族能夠籌組。

第二次十字軍東征的中心人物是兩位聲名顯赫的人物：教宗尤金三世，前熙篤會僧侶，克萊爾沃的伯納德的朋友；還有法蘭西國王路易七世，他的個人虔誠就是他國王身分的標誌，以至於他那非常聰明的妻子南方阿基坦女公爵埃莉諾（Eleanor），有時會懷疑自己嫁給一名僧侶而不是國王。尤金動用了他至高無上的精神權威來號召一場新的十字軍東征。路易已同意將投入戰事。

教宗和法蘭西國王在巴黎肩並肩的景象給觀眾們留下了深刻的印象。身兼修道士、十字軍戰士和編年史家德伊的奧多（Odo of Deuil）在復活節當天（教宗在這天會為一個巨大的、鑲有金色寶石的十字架祝福，該十字架被稱為「上帝的真十字架，超越了一切和每一樣珍寶」），人身在家鄉聖德尼（St Denis）修道院，他說看到「國王和使徒神父都要其前往東方朝聖」是種「雙重奇蹟」。[14]西方貴族加入十字軍東征運動並不罕見，無論是作為常任領導者，或是在某一段時間內為十字軍作戰，但迄今為止，沒有任何一位君主願意離開自己的王國去替主做工，只有挪威國王西格德除外，他在一一〇七年航行到耶路撒冷。這一切在四十年之後都將有所改變。更好的發展是，不僅路易同意參加十字軍東征，他還得到了歐洲第二強大的統治者，日耳曼國王康拉德三世（Conrad III）的支持。①

西歐兩位最重要的國王決定參加十字軍東征，這是王室權力的巨大承諾。這樣的結果遠遠超過了教宗尤金當初在一一四五年十二月（並於一一四六年三月再次發布），以所謂《十字軍詔書》的形式所發布的戰爭召集令的預期。這封要寫給大眾閱讀的信中，尤金號召「更強大的人和貴族們」為戰爭做準備，並且「努力對抗因為戰勝我們而歡欣鼓舞的異教徒們，並且保衛東方教會」。克萊爾沃的伯納德熱情地傳達了他的命令。伯納德由於堅持絕食到幾乎餓死的程度，身體又老又瘦而且經常生病，但儘管如此，他還是不停地在西方的各個王國之間旅行，向他們的領導人大聲呼籲支持新的十字軍東征。這花了將近三年的時間，但在一一四七年復活節之後的幾個星期裡，替埃德薩陷落復仇的任務終於準備就緒。

六月十一日，在巴黎慶祝復活節的聖殿騎士們在哥德式的教堂，聖德尼教堂舉行了一場戲劇性的儀式，接下來，他們很可能和路易的其他軍隊一起離開了巴黎，在儀式中，國王在鍍金的高祭壇前走近教宗，跪下來親吻一個銀製聖物箱，裡面裝著修道院守護聖人的遺體並且收到了朝聖者的錢包和教宗的祝福。前來觀看國王離開王宮的人群有充分的理由流下了眼淚，並且朗誦著祈禱文。五十年來，西方從未有過這樣的十字軍狂熱。然而，擁有龐大兵力和偉大領袖的軍隊並不能保證取得成功，尤其是要經歷幾千里的艱難跋涉。實際情況隨著路易的軍隊向東挺進時逐漸明朗，這支被標榜為軍隊的隊伍實際上不過是一群人數眾多、虔誠但缺乏紀律的烏合之眾。要不是聖殿騎士團，他們很可能根本無法活著抵達敘利亞。

✝

教宗尤金的《十字軍詔書》在一一四六年和一一四七年期間傳播到西方基督教世界各地狂喜的人群，並且為他們去攻擊在近東、伊比利和波羅的海沿岸（這裡是十字軍運動的新成員）等異教徒地區中的非基督徒，提供了正當性。這份詔書跟《聖殿騎士會規》、克萊爾沃的伯納德的《對新騎

① 作者注：日耳曼國王，也被稱為羅馬人的國王，是由大日耳曼地區半自治國家的貴族和公侯選舉產生的統治者。

士團的歌頌》有一些驚人的相似之處。《十字軍詔書》正式向路易七世喊話，而且直接提到了第一次十字軍東征，並向其聽眾保證：「如果你們祖先努力獲得的東西被有力地捍衛，那麼它將被視為高貴和正直的象徵。」但尤金也指出，那些背起十字架去「為上帝而戰的人，不應該在意貴重衣服、優雅外表、犬、鷹或其他帶有放蕩跡象的事物」。此外，「那些決定開始如此神聖的工作的人，不應該去注意那些五彩繽紛的衣服或白鼬毛皮（昂貴的毛皮），或是鍍金或鍍銀的武器」。[15]狂熱的基督徒們在過去十八個多月的時間當中，已經被捲入了一場瘋狂的冒險活動中，但這並不是件應該過分張揚的事情。他們要像貧苦的朝聖者一樣朝耶路撒冷王國進軍，要讓心中的驕傲消失無蹤，也要將韁繩上的裝飾物取下。

有鑑於尤金的熙篤會僧侶的背景，他在這方面的態度可想而知。然而，他不可能知道或想像到他的第二次十字軍東征基督教戰士們，會變得多麼像聖殿騎士。儘管信徒們興高采烈且滿懷信心地出發，但他們在旅途中的經歷很快就使他們精神委靡不振。路易七世和康拉德三世都選擇了透過陸路向埃德薩進軍，這條路是第一次十字軍曾走過的：他們穿過保加利亞和希臘的土地，在拜占庭帝國的首都君士坦丁堡停下腳步，這裡被當地居民和其他許多人視為世界上最偉大的城市。他們計畫從那裡越過敵對塞爾柱人所占領的小亞細亞，接著最後乘船或步行前往安條克的十字軍公國。其他的人，包括來自法蘭德斯和英格蘭的貴族，則更願意選擇乘船前往黎凡特，途中停靠西地中海的諸港口，並且在旅途中跟安達盧斯的穆斯林交戰（這支部隊參與過一一四七年葡萄牙國王阿方索一世·恩里克征服里斯本的戰鬥）。基於浪漫和現實的兩種考慮同時影響了法蘭西和日耳曼國王選擇陸路的決定：他們希望追隨第一批十字軍的腳步，而且船隻價格昂貴。但最終的結果是災難性的。

為了避免派系之間的緊張關係，兩位國王交錯離開。康拉德於五月底離開紐倫堡（Nuremberg），首先前往君士坦丁堡。因為康拉德實際上領導了一群由戰士和大量的非戰鬥朝聖者組成的三萬五千名大規模移居者，因此他無可避免地要不斷面對令他困擾的麻煩。[16]要供應那麼多人的飲食是極具挑戰性的，而當日耳曼人遇到對他們的出現沒有一絲一毫興奮的外邦人時，要維持秩序就更難了。當康拉德的十字軍穿越希臘領土時，城鎮、市場甚至修道院周圍都爆發了暴力衝突。九月，當軍隊在君士坦丁堡以西的丘以比巴丘伊（Choiribacchoi）紮營時，他們因為遭遇山洪暴發而死傷慘重。當他們到達君士坦丁堡城外時，拜占庭皇帝曼努埃爾一世・科穆寧（Manuel I Comnenus）顯然不願意接待他們。

第一次十字軍東征的軍隊在五十年前來到這裡時，是為了響應曼努埃爾的祖父阿歷克塞一世懇請西方拉丁國家幫助他與塞爾柱人作戰的請求。不過這次拜占庭沒有提出這種要求。事實上，拜占庭皇帝對於拉丁十字軍國家要在敘利亞，尤其是在安條克附近，取得更大的進展非常惱火，因為他認為安條克是他帝國理所當然的一部分。曼努埃爾現在只希望康拉德和他那些不守規矩的追隨者能在體面、守秩序的狀況下，越過博斯普魯斯海峽進入小亞細亞，然後就不用再理會他們了。

他的第一個願望成真，但第二個願望卻落空。日耳曼人越過博斯普魯斯海峽，將他們的士兵分成軍隊和朝聖者，並在十月中旬以兩條不同的路線向東南方的安條克出發。到了十一月，他們全都撤退到君士坦丁堡及其周圍地區，飢病交迫、傷亡累累。十字軍試圖穿越多里萊烏姆（Dorylaeum）周圍的高地和乾旱平原，但拜占庭在那裡的領土已被敵對的塞爾柱人所占領，而且他們遭到從馬上放箭的快速、輕武裝、致命的弓騎兵的襲擊。泰爾的威廉描述了這些地獄般的敵人所擅長的閃電襲擊：

> 土耳其人……集體出擊。他們從遙遠之處射下無數的箭雨，像冰雹一樣落在馬上和騎兵身上，土耳其人在遠處就造成了嚴重的死傷。當基督徒試圖追趕他們的時候，土耳其人轉身騎著馬逃跑，從而逃過了敵人的刀劍。[17]

康拉德國王在其中一次襲擊中受了重傷。他的軍隊一瘸一拐地回到基督教領土，與路易七世及其軍隊會合。

第二批軍隊，即法蘭西的十字軍，在日耳曼人離開幾天後的一一四七年十月四日抵達君士坦丁堡。法蘭西人受到的歡迎比日耳曼人稍熱烈一些，這在一定程度上要歸功於法蘭西大團長埃弗拉德·德斯·巴雷斯（Everard des Barres）的努力，因為埃弗拉德在軍隊抵達前就已經率領外交使團前來君士坦丁堡。君士坦丁堡的大門打開了，國王路易和他那些更受尊敬的侍從們受到了隆重歡迎。用一位編年史家的話說：「所有的貴族、富人、神職人員以及平民百姓都列隊迎接國王，並以應有的榮譽接待他。」[18]然而，在盛大儀式的後頭隱藏著相互的猜疑。希臘人厭惡來自西方的野蠻人，法蘭克人則鄙視地主國懦弱的諂媚行為。德伊的奧多以豐富的細節記錄下法蘭西的十字軍，他認為「當（希臘人）害怕的時候，他們會因為過分墮落而變得可鄙，而當他們占上風的時候則會因為對自己所支配的人採取嚴厲暴力而變得傲慢」。他接著進一步說：「君士坦丁堡在財富上傲慢自大，在行為上奸詐狡猾，在信仰上腐化墮落。」[19]

路易七世已經盡了最大努力向成千上萬沒有受過聖殿騎士軍事訓練的追隨者，灌輸一些基本的紀律。但可悲的是，就像康拉德一樣，他發現這個任務超出了自身能力範圍。他發號施令的能力離開了自家領土之後會大幅降低，路易在大軍核心的私人衛隊之外，只能透過建議、指導和試圖影響貴族會議的方式來發揮領導權。[20]輕微的犯罪和衝突幾乎不可能禁絕。「國王經常用割掉罪犯的耳朵、手和腳來懲罰他們，但他無法制止這一大群人的愚蠢行為。」奧多悲嘆道。路易的人在君士坦丁堡外與當地人發生了爭吵而燒毀珍貴的橄欖樹，這「要麼是因為缺少木材，要麼是因為這些愚蠢之人的傲慢和醉酒」。[21]

法蘭西十字軍繼續向埃德薩進發對雙方都有利。但是，一旦他們開始行軍穿越小亞細亞前往塞爾柱人的領土，他們的不守紀律行為便造成了更糟糕的後果。他們從尼科米底亞（Nicomedia）到以弗所的第一段路程是沿著海岸道路而行，後來於一一四八年一月初轉向內陸，朝南海岸的安塔利亞（Antalya）進發。這條路把他們帶到了一個野蠻荒涼的地方，到處布滿日耳曼士兵的屍體，他們在去年秋天陣亡至今仍未埋葬。他們於幾天後（一月八日）來到了卡德莫斯山（Mount Cadmus）這個難以行走的高地，德伊的奧多寫道：「這是一座被詛咒的山」，「陡峭而崎嶇不平」，讓動物、馬車、步兵和騎兵被迫要排成一長串隊伍來跋涉「這座高聳到山頂似乎要觸及天堂的山脊，還有山谷底深到幾乎要墜入地獄的小溪」。[22]岩石會從頭上落下。虛弱而飢餓的兩匹馱馬一失足就摔下幾百公尺粉身碎骨，在落下過程中所碰撞到的人也被拖著摔死。更糟的是，有人在部隊前方發現了土耳其斥候。

試圖帶領軍隊越過山脈這個任務也遠超出路易七世作為指揮官的能力。不幸的是，他將軍隊分成三個小組交錯離開並且要跨越卡德莫斯山的頂峰——這是他送給敵人的大禮。當路易的後衛部隊仍然駐紮在山腳下的營地時，先頭部隊已經出發了。他們接到的命令是爬上山頂然後在那過夜，但他們的隊長無視命令，登上了山頂後朝另一邊下山，並在地勢較低的地方搭起帳篷。載著食物、帳篷和其他必需品的大型輜重車隊在朝聖者、僕人和侍從的陪同下，只能靠自己在視野和防禦薄弱的情況下完成穿越山區的任務。

一列行駛緩慢的輜重車隊，即使在天氣好的時候也很容易受到攻擊，這正是一直在追蹤法蘭西部隊的土耳其人所等待的機會。他們襲擊了車隊，屠殺手無寸鐵的護衛人員。奧多後來記錄下他在土耳其人的攻擊和砍殺中感受到的恐慌，「手無寸鐵的人群不是逃跑就是像綿羊一樣倒下。從那裡發出甚至會刺穿天堂的吶喊聲」。

恐怖的尖叫聲傳遍了山谷，路易和後防線上的一支救援部隊衝過去營救他們的同伴。隨後的戰鬥是一場絕望的戰鬥，路易自己也差點被殺死，他之所以躲過了土耳其襲擊者的猛攻，是靠著爬上一塊布滿樹根的岩石，用劍擊退了襲擊者，直到他們厭倦了追捕後騎馬離開。夜幕降臨後，路易回到了他的隊伍中，「在午夜的寂靜中，身旁沒有任何嚮導」。[23] 法蘭西人傷亡慘重，他們的自尊心受到的傷害更大。在繞過敵人占領區一星期後，他們的處境幾乎和日耳曼人一樣糟糕。伊本·開拉尼希在大馬士革寫道，在敘利亞「關於（法蘭克人）損失和人數被摧毀的最新報告不斷傳來，直到五四二年年底。」——在相對應的基督教曆法中，這是一一四八年的晚春。[24]

情況必須有所改變，否則整支部隊會被消滅。與路易一起前進的聖殿騎士團，比他們東方戰場上的戰友們有著更精良的訓練，在卡德莫斯山的潰敗中安然無恙。當路易的大部分軍隊和馬匹因為丟失了他們的輜重和重要補給品而挨餓時，聖殿騎士們則保全了他們的財產。雖然軍隊的主力部隊主體容易不服從和恐慌，但聖殿騎士團在行進過程中幫助周圍的人在土耳其人的襲擊下倖存下來。也許最重要的是，領導聖殿騎士隊伍的是路易所信賴的法蘭西大團長埃弗拉德。

現在，埃弗拉德對國王的影響力以及他手下的部隊素質明顯優於其他軍隊，這兩點改變了整個遠征的發展。國王路易做了一件非常令人驚訝的事：他將整個任務的實質指揮權移交給聖殿騎士團，允許他們重組軍事架構、掌控訓練事宜和戰術。而且最特別的是，那人數龐大的王室追隨者，從最卑微的朝聖者到最有力的騎士，都暫時成為騎士團成員。突然間，聖殿騎士不再是東征中法蘭西大軍中的一個有能力的小部隊，他們實際上成為了領導者，而每個跟隨他們的人至少在這幾週中都是聖殿弟兄。

德伊的奧多記錄道，國王欽佩聖殿騎士的模範和能力，並希望他們的精神能充滿他的軍隊，這樣「即使飢餓會削弱他們，團結的精神也會讓他們更堅強」。他得到的遠不止是一片歡呼聲而已。奧多詳細記錄了聖殿騎士團是採取了哪些步驟，才將十字軍戰士從卡德莫斯山大屠殺留下的廢墟中帶出來：

> 經過眾人一致同意，在此危險時期所有人無論貧富都應與聖殿騎士們建立弟兄情誼，他們都要宣誓絕不逃離戰場，並在各方面服從聖殿騎士團指派給他們的軍官。25

一位名叫吉爾伯特的聖殿騎士被賦予了野戰的整體指揮權。普通的法蘭西騎士組成了以五十人為單位的軍團，每個軍團都由一位向吉爾伯特匯報的聖殿騎士來指揮。新司令部立即開始訓練軍隊，讓他們掌握與土耳其人作戰的技巧。

在《聖殿騎士團規章》中明確規定，任何聖殿騎士或軍士最重要的職責之一就是服從。規章中寫道：「當大團長吩咐任何事情，或是主所賜給他權柄的人吩咐任何事情，就要立刻去完成，就像基督本人所吩咐的那樣。弟兄不可隨意爭吵、也不可休息、總要遵守大團長的命令，這是眾人都當順服的。」[26]保持隊形是有效軍事行動的首要原則，但是在卡德莫斯山的兵荒馬亂之中，這樣的原則完全被忽視了，士兵們完全只是依照自己的判斷來選擇逃跑或作戰。這必須改變。路易的每一位朝聖戰士在向聖殿騎士們宣誓效忠時，都要接受服從吉爾伯特及其副手是朝聖者要盡的職責——要麼堅守陣地，要麼按照命令尋找掩護。這比路易七世對他的軍隊所施加的控制更具權威，其影響立竿見影。

十字軍戰士還接受了土耳其部隊戰術的速成課程，以及如何反擊。騎馬弓箭手是致命的，但也是可預測的：他們的戰法在經過數千年的改進後取得了巨大成功，而根據德伊的奧多親眼所見而且記錄下的巨細靡遺的細節，他們最為倚重的是快速伏擊。腰間掛著羽毛箭而且戴著頭盔的騎士會突然出現在敵人面前並衝鋒。[27]在最緊要關頭，他們會拉著馬的韁繩轉向撤退。當他們這樣離開時又會同時射出一連串的弓箭，讓敵人驚駭、流血以及陷入混亂。此種攻擊會以一陣又一陣波浪的形式進行，騎手們在一連串致命的攻擊之後會消失、更換馬匹再重新發動攻勢。騎手具備驚人的嫻熟技術，能夠用一隻手或沒有手來控制重達三百五十至四百公斤訓練有素的駿馬，他們在疾馳時能從馬的脖子、頭部和兩翼上方和周圍部位，以致命的準度射擊出沉重的箭矢。[28]他們以小型機動的團隊來運作，一個接一個地就位並且持續施加壓力。當他們需要近距離作戰時，騎手們會把弓掛在背上揮舞著劍或長矛，儘管這種方式在與法蘭克人作戰時是有風險的，因為法蘭克人比土耳其人更重視甲冑，而且通常更擅長傳統的徒手肉搏戰。

毫無疑問，他們是凶猛可怕的敵人，他們靠著製造恐怖和恐慌而茁壯成長。但是他們並非戰無不勝，正如聖殿騎士團的吉爾伯特和他麾下的隊長們教導新入伍的同伴們的。關鍵是在埋伏的時候要保持紀律，並且要有足夠的時間組織反攻。奧多回憶了聖殿騎士的策略：

我們的士兵奉命在接到指示以前要抵禦敵人的攻擊，並在被召回時立即撤退……在他們了解這一點之後，也被教導了行軍的次序，這樣前面的人就不會衝到後面去，側面的衛兵也不會陷入混亂……那些因為身材或是時運而擔任步兵的人……被排在部隊最後面，以便用他們的弓來抵擋敵人的箭。[29]

這說不上是偉大的戰術創新。事實上，路易的追隨者要被教導軍隊的基本部署以及遵守軍官指揮，就好像他們接受戰鬥基本教練指導的年輕新兵，這個情況正說明了十字軍在一開始的準備是多麼地不足。[30]雖然如此，十字軍部隊在有了基本組織以及得到新指揮官的堅定指揮後，終究得以從山上撤退下山，並且在抵達平地時歡欣鼓舞。

寫於一一四六年左右的一首凱旋歌曲號召人們加入路易的十字軍，這首歌用狂喜的語言宣傳了營救埃德薩的任務，宣稱「上帝辦了一場天堂與地獄之間的騎士比武」。[31]當十字軍在小亞細亞南海岸向安塔利亞進軍時，這場騎士比武繼續激烈地進行著。他們離港口還有兩個星期的路程，幾乎在路上隨時都會受到土耳其人的騷擾。

第一次考驗發生在當軍隊試圖穿越流淌了一英里的濕地地區時，溼地上兩條河流的河岸因泥濘而變得又厚又滑。要渡過第一條河已經相當困難，甚至有幾匹餓得虛弱的馬陷入了泥淖，人們不得不徒手把牠們拉出，這對於已經快要餓死的人來說是一項累人的任務。

通往第二條河的道路把軍隊帶到了兩面高聳的峭壁之間，這對狙擊手而言是絕佳位置。當十字軍緩慢地從下面經過時，站在峭壁頂端的任何人都可以朝他們射擊。軍隊的新領導階層對這種危險保持警惕。騎士們被派去要搶在土耳其人前頭掌控峭壁。十字軍和折磨他們的人各自占據了一面峭壁。在短暫的對峙中，土耳其人試圖表現出輕蔑的挑釁態度來恐嚇敵手。奧多說，土耳其人會「從頭上拔下頭髮後扔在地上；我們被告知，他們透過這個方式來表達自己不會因為任何恐懼而離開這裡。」[32]然而，這一次十字軍打算使用的不是恐懼而是武器。峭壁之間的道路被封鎖起來，一隊步兵奉命向土耳其陣地衝去。由於人數占了下風，土耳其人很快就逃離了懸崖，被基督教軍隊激烈地追擊。當土耳其人往下衝到泥灘時，就在這被殲滅了。奧多高興地說，異教徒「在一個極適合他們骯髒天性的地方尋得了死亡和墳墓」。[33]

這次勝利鼓舞了士氣，軍隊繼續向安塔利亞挺進，並在一一四八年一月二十日抵達該城。不過處境依然嚴峻，眾多馬匹橫死在路旁，牠們要麼被留在原處腐爛，要麼牠們殘缺不全的骨頭上的剩肉被瓜分殆盡。隨著馱畜的數量減少，人們不得不拋下無法肩負的行囊、帳篷和盔甲。當軍隊停止前行並且在安塔利亞城外紮營時，疾病開始在隊伍中肆虐，毫無疑問，營養不良的部隊的虛弱健康狀況加速了疾病蔓延，這些部隊也發現安塔利亞的無恥城民趁火打劫哄抬糧食價格。

冬天的風暴來襲，颳了五個星期的逆風，這讓十字軍無法乘船離開這座城市。但軍隊現在至少已經訓練有素，有能力保護自己；土耳其人三次發動攻擊安塔利亞城外營地都被擊退，聖殿騎士團在其中一場戰鬥中偽裝成其他騎士的模樣驅逐了敵人。聖殿騎士們決定寧可自己捱餓也要讓他們的戰馬活下去，而他們的犧牲得到了回報，因為當土耳其人看到基督徒騎士身下有許多外表健壯的馬匹時，相信十字軍已經順利得到補給，於是他們便撤退了。

當春天來臨時十字軍仍然存活著，他們在人們可以想像到的最艱難的行軍中倖存了下來。進入敘利亞的陸路是另外四十天的徒步之旅，當時十字軍內中開始爭論該如何正確前往安條克：是忠於前人的足跡走陸路，還是要選擇更昂貴但也更快的海路。路易跟安塔利亞的水手和船主考慮再三，並且進行了艱苦又折騰的談判，因為船主想盡可能地從落難的客人身上榨取所有的盤纏。路易的手下缺乏紀律地跟在他後頭，有些人決定乘船，另外一些人則打算行軍。根據奧多的說法，其他人乾脆放棄了前往耶路撒冷王國的承諾，他們接受了土耳其人的施捨，以軟弱無力的俘虜身分被安全帶到小亞細亞。

聖殿騎士團遭受了與路易其餘的軍隊相同的苦難。假使他們缺乏自律、冷靜、足智多謀和對十字軍東征的獻身精神，那麼法蘭西國王的十字軍東征的終點很可能就只到君士坦丁堡而已。路易於三月初在安條克下了船，準備開始營救埃德薩這個下一階段的計畫。聖殿騎士將再一次扮演重要的角色。

第六章　戰爭的磨坊

路易七世從奧龍斯特河（River Orontes）口的聖西蒙港抵達了聖地，同時意識到自己已經身無分文。[1]國王在從巴黎到安條克的這趟長途旅行中，不僅流血受傷以及自尊心受到重創，他替這趟光榮朝聖之行所準備的預算更是因為途中的開支而耗費殆盡。他的軍隊被君士坦丁堡和安塔利亞的希臘人榨乾了，他們見到這支軍隊走到了窮途末路，並以高昂的價格向他們出售糧食和通行許可。國王的財務能力已無法負擔以下計畫：從現在開始對穆斯林所控制的各個城市發動一系列攻擊。幸運的是，路易仍然得到大團長埃弗拉德的支持，後者自掏腰包贊助了法蘭西的十字軍。現在他轉向埃弗拉德尋求幫助。

法蘭西人需要一筆巨額貸款，路易希望埃弗拉德能夠解決這個問題。眾所周知，每個聖殿騎士都獻身於貧困生活，但騎士團本身已經變得非常富有。他們熟知東方十字軍國家的土地和人民，而且他們可以利用自己的資源，或是遊說其他人支持十字軍東征以籌集資金。也許最重要的是，他們曾發誓要保護朝聖者，而在目前的情況下，這可以解釋為是要營救他們的國王。一一四八年五月十日，埃弗拉德告別了在安條克的路易，向南前往阿卡籌集資金。

他籌集的資金數額十分驚人，部分來自聖殿騎士團自己的資金，部分來自抵押資產。在同一年稍晚時，路易寫信給在他外出期間負責管理法蘭西的攝政們，要求他們設法籌措三萬巴黎鎊和兩千馬克的銀幣，以償還他欠聖殿騎士團的債務①，這相當於法蘭西王室年收入的一半甚至要更多。[2]路易在寫給攝政之一聖德尼修道院院長蘇傑（Suger）的一封信中提到，要不是聖殿騎士團在各方面所提供的幫助，他根本無法前往聖地，而且為了支持他和他的任務，聖殿騎士團已幾乎破產。[3]假設這個說法中有相當部分屬實，再考量到這封信並不是單純要美化聖殿騎士團的溢美之辭，那麼聖殿騎士團當時似乎竭盡了所有力量去保護法蘭西國王不陷入困境，並且維持住搖搖欲墜的十字軍東征。

在一一四八年春天，路易並不是唯一向聖殿騎士尋求幫助的西方十字軍國王。康拉德三世在君士坦丁堡及周邊度過了一段慘痛的經歷後，也來到了敘利亞的海岸線。他首先航行到阿卡，然後向南前往耶路撒冷，他在那裡居住在聖殿騎士團令人生畏的總部，這是由阿克薩清真寺改建而成的。

這座清真寺在康拉德造訪的時候已完全歸聖殿騎士所有，不過它保留了帝王般的優雅。一位編年史家稱其為耶路撒冷「最富麗堂皇的」建築物。[4]這是一棟巨大、優雅的長方形建築，頂部有一個圓頂，建物正面以高門廊後面的大拱形門為重心。這座建築物被與傳說中賢明而富有的舊約國王宮殿相提並論，來訪的基督徒稱其為所羅門王的宮殿，在其四周有許多處於不同完工階段的新建外

① 作者注：馬克是一個相當於三分之二鎊的會計單位，所以在這裡是一千三百三十三點三三巴黎鎊。

屋：西邊是大廳和迴廊，東邊是辦公處。[5]位於一側的較小清真寺已被改建成小教堂（飽讀詩書的敘利亞詩人兼外交官奧薩瑪・伊本・蒙基德〔Usama ibn Munqidh〕記錄下了這件事），同時，為了反映聖殿騎士團日益上升的地位，興建一座大型新教堂的計畫正在籌劃當中。

彬彬有禮、博學多才的伊本・蒙基德活到了九十三歲，他對十字軍東征開始以來動盪的頭一百年有著獨到的見解，儘管雙方的宗教信仰不同，但是他將聖殿騎士團視為朋友。他記錄道，每當他參觀阿克薩清真寺時，騎士們一定會清理他們的禮拜堂，便於他面向麥加祈禱。不過必須說明的是，這件事情是夾在一段大部分篇幅都在說明其餘法蘭克人的愚蠢、野蠻和粗野的軼事中。當他寫到非聖殿騎士團的基督徒時，一定都會加上「真主詛咒他們！」還有「全能的真主要比異教徒對祂的概念更偉大！」[6]

院子下面有一個巨大的馬廄，建在覆蓋聖殿山頂的平台上，據說這些馬廄是所羅門本人建造的——儘管它們很可能能追溯到希律王統治時期，也就是耶穌誕生的年代一位作家聲稱這裡可以容納兩千匹馬和一千五百匹駱駝。而另一位情感更為激動的遊客則認為，這個馬廄可以容納多達一萬匹馬。

康拉德及時趕到耶路撒冷過復活節。他同父異母的弟弟奧托（Otto）是佛萊辛（Freising）的主教，他寫道：當我進入這座城市時，「神職人員和民眾都沉浸在巨大的喜悅之中，並且受到了極高的禮遇」。為了表示對日耳曼國王的尊敬，聖殿騎士團安排國王抵達城市後不久便過世的旅伴，博根的腓特烈（Frederick of Bogen），下葬於他們位於聖殿牆邊的私人墓地。

康拉德在耶路撒冷的大部分時間都有聖殿騎士團作陪。佛萊辛的奧托說，他去參觀了一些古老的景點，「參觀了所有的聖地」。[7]聖殿騎士團在當時必然堅持要為他效力。儘管騎士團逐漸演變成一支戰鬥部隊，但是弟兄們所屬的這個組織之根本，仍然是提供朝聖者在旅途上的安全與指引之旅。

除了祈禱和慶祝的行程外，康拉德還為即將到來的北方戰爭做準備。耶路撒冷有一位新國王鮑德溫三世，他在一一四三年父親富爾克一世死後繼承了王位。鮑德溫今年十六歲，受過良好的教育，有一種平易近人的貴族風度，他已經與母親梅利桑德共同執政三年了。用奧托的話來說，康拉德因此同意年輕的國王，該城的拉丁禮宗主教，「和聖殿騎士團在翌年七月帶領軍隊進入敘利亞占領大馬士革」。[8]

毫無疑問，大馬士革是穆斯林世界的瑰寶之一，也是敘利亞南部最重要的城市。十世紀的阿拉伯地理學家穆卡達西（al-Muqadassi）將其描述為「世界的新嫁娘」，一個「小溪縱橫、果樹環繞」的小鎮，並且因為深受真主祝福，所以坐擁整個伊斯蘭世界最好的清真寺。大倭馬亞清真寺建於七世紀，是一座裝飾華麗的巨大建築，內部牆壁上覆蓋著大理石和鍍金的馬賽克，據說建造這座清真寺所耗費的黃金，「需要十八頭騾子馱運」。它被信徒們認為是世界上僅次於麥加、麥地那和耶路撒冷的第四大聖地，而且因為極度純淨，以至於蜘蛛從不在這座清真寺的角落織網。[9]

儘管清真寺旁邊有一座巨大的粘土城堡，作為大馬士革的防禦中心，但其城牆規模相對較小也較脆弱。這座城市方圓數英里環繞著無數果園，茂密的果樹叢被圍成許多小塊的土地，要通過只能沿著單行道前進。誠然，這些都是棘手的障礙，但並非不可能克服。大馬士革因此看來似乎是基督徒征服的一個可行目標。成功奪取大馬士革控制權的重要性程度，也許能夠與奪下阿卡甚至耶路撒冷相比擬。

埃德薩的困境引發了第二次十字軍東征，然而，大馬士革並不是這樣的城市。教宗尤金的《十字軍詔書》中沒有提到這座城市，克萊爾沃的聖伯納德也未在西方世界宣揚要救贖這座城市。它的防禦設施主要由果樹構成，而不是需要挖地道才能摧毀的巨大牆壁，但它畢竟不是一個簡單的攻擊目標。這一點在晚近的一一二九年就得到了證明，國王鮑德溫二世當時未能占領這座城市，西方國家對這一失敗嗤之以鼻卻又感到憤慨。更重要的是，在一一四八年時，大馬士革的統治者穆因丁．烏訥爾（Mu'in ad-Din Unur）是耶路撒冷王國的盟友，而擁抱侵略性擴張主義的贊吉正是雙方共同的敵人。將第二次十字軍東征所關注的焦點從埃德薩轉移到大馬士革，這顯然是一個突然而大膽的轉變，聖殿騎士團顯然在其中扮演重要角色。

自從埃德薩在一一四四年淪陷以來的三年半當中，許多事情發生了變化。首先，贊吉已經辭世。這位老暴君在一一四六年九月被謀殺，他是在酒醉後不省人事，被一位心懷不滿的僕人襲擊，緩慢而痛苦地死在床上。[10]贊吉的繼任者是他的兩個兒子，小兒子努爾丁（Nur al-Din）甚至比父親更好戰。作為阿勒坡的新總督，努爾丁決心將自己的靴子牢牢踩在埃德薩基督徒的喉嚨上，並且將勢力範圍伸向更南方的安條克公國。

據編年史家伊本．阿西爾說，十字軍在努爾丁城市的郊區集結時，三十歲的他，「身材高大，皮膚黝黑。他除了下巴以外的地方沒有蓄鬍，而且前額寬闊。他是一個英俊的男人，有雙迷人的眼睛。他的領土廣袤……他良好的統治和正義的名聲傳遍了整個世界」。[11]他名字的意思是信仰（al-

Din）之光·（Nur）。

跟十字軍對他的評價相比，這種說法要來得慷慨大方得多。埃德薩在努爾丁的統治下遭受了另一場可怕的屠殺，這是為了回應伯爵喬治林二世企圖解放該城的失敗行動，喬治林是這座城市被驅逐的統治者。城市的防禦設施被摧毀，剩餘的基督徒都被殺害或被奴役。十字軍在這個時候要拯救埃德薩的任何一條性命都為時已晚。讓事情更為複雜的是，努爾丁在一一四七年藉由跟大馬士革簽訂條約，破壞了大馬士革總督烏訥爾所奉行的基督教結盟關係。努爾丁娶了烏訥爾的女兒，阿勒坡和大馬士革的統治者逐漸形成團結對抗法蘭克人的陣線。因此，在一一四八年夏天這個時間點，嘗試打破這個危險的夥伴關係，會比在埃德薩追逐那必然失敗的目標更有意義。另一種選擇是設法奪取法蒂瑪王朝控制的阿什凱隆港，其位在雅法以南約三十英里處，但由於這與第二次十字軍東征的最初目的相距遙遠，因此遭到否決。[12]

一一四八年六月二十日星期四，也就是施洗者約翰的節日，靠近阿卡的帕爾姆利亞鎮（Palmarea）擠滿了幾乎所有十字軍國家的重要人物。康拉德國王、路易國王和十八歲的耶路撒冷國王鮑德溫三世，以及鮑德溫的母親暨共同統治者梅利桑德女王都出席了儀式。一大批來自東方和西方的高貴顯要人物，以及一群令人印象深刻的教會領袖，包括耶路撒冷大主教、兩名大主教和一名教宗公使。在這些貴族旁邊坐著醫院騎士團和聖殿騎士團的大團長，雷蒙·杜·皮（Raymond du Puy）和羅貝爾·德·克朗，他們現在是十字軍王國的主要決策者。這次會議（通常稱為阿卡公會議）的目的是要就即將發動的軍事行動之目標達成協議。泰爾的威廉記錄了這場該針對大馬士革採取何種策略的嚴肅辯論：「各派系的意見以及各種贊成和反對意見都在此提出。」[13]

然而，如果我們採信佛萊辛的奧托的說法，這件事幾乎是事前就已經決定好了。一旦路易同意這項政策是有道理的，唯一需要討論的問題就只是要在「何時何地集結軍隊」。[14]眾人信心高漲。據伊本．開拉尼希說，他們的「惡毒之心，對於奪下這座城市滿懷信心，以至於他們已經開始計畫這裡的莊園和地區該如何劃分」。

但征服大馬士革並不會那麼簡單。

✠

西班牙穆斯林旅行家伊本．朱貝爾（Ibn Jubayr）曾在十二世紀末造訪過大馬士革，他形容這座城市無比蔥翠：「東方的天堂……芳香的花園把生命注入靈魂……花園就像月亮周圍的光環環繞著它……它的蔥翠綠洲一直延伸到你視線所及的最遠處，無論你在它的四周看到什麼，它成熟的果實都能吸引你的目光。」[15]但是在一一四八年七月二十四日星期六，當十字軍的聯合部隊開始在這片肥沃的森林地帶披荊斬棘向前移動時，他們並不覺得這城市有那麼美妙。

泰爾的威廉描述通往大馬士革那條道路擁擠到幾乎要讓人窒息，因為三位基督教國王的軍隊選擇以單列行進的方式穿越城外狹窄的果園小徑。他寫道，他們使用的道路「寬度足夠讓園丁和看護人員牽著、馱著水果進城的馱畜通過」，但是，這批大規模部隊拖著武器和作戰器具，其身後還拉著一列巨大輜重的牛和駱駝，這道路對於他們而言既危險又不合適。躲在樹木之間的防守者會在士兵們經過時跳出來襲擊，又或者守衛者會在散布各處的瞭望塔上瞄準入侵者，以確保果園不被侵犯。「從這些有利位置，他們不斷地發射傾盆如雨般的弓箭和其他武器。」他如此寫道。泥牆上躲著手持長矛的人，他們透過窺視孔監視入侵者，等待從側面刺穿敵人身體的最佳時機。威廉寫道，十字軍在「隨時陣亡的危險」中前進，「四面八方都有相同的危險」。[16]

儘管遭遇了這樣的伏擊，但是在人數和決心上，優勢都在基督徒這一邊。他們強行穿過果園，拆除阻擋他們路徑的牆壁和路障。他們劈砍過重重樹木後終於來到了巴拉達河（River Barada）的河岸，這是條流經大馬士革城牆的河流。

一群部隊聚集在河邊，將投石車和弓箭手排成一列以守衛城門。但是康拉德的日耳曼騎兵猛烈地直接衝鋒驅散了這支先頭部隊：騎士們從馬上跳下來，揮舞著劍向前衝刺。康拉德本人在戰鬥中大獲全勝，據說他猛擊一位土耳其騎士，只用一擊就砍斷了騎士的頭、左肩、手臂和部分軀幹。十字軍不久便鞏固了途經大馬士革西郊的河流，他們開始挖掘，並且砍下果樹林設立路障。大馬士革編年史家伊本·開拉尼希說：「戰爭的磨坊並未停止轉動。」[17]

十字軍戰士出發時因為對於快速取勝極具信心，因此他們並未帶上攻城器械，也只攜帶了幾天份的糧食。根據他們的估計，從果園裡搶來的水果和從河裡取來的水可以維持所需，而摧毀這座城市至多只需要兩週。基督徒們沒有考慮到穆斯林防禦的凶猛，也沒有考慮到當他們的軍隊一到達城牆，就開始有情報指出，救援部隊正在迅速向十字軍的營地進攻。「大批弓箭手」從貝魯特以東的貝卡谷地（Beqaa Valley）趕來騷擾圍攻者，而城內的部隊也以「老鷹撲向山鷓鴣的速度」開始轟擊法蘭克人的陣地。[18]

接下來究竟發生了什麼事情，在未來許多年都是眾人爭論不休的問題。七月二十七日星期二，從城市瞭望塔向外眺望的觀察兵看到十字軍營地陷入奇怪的沉默。騎兵或步兵隨機的襲擊被長矛和箭矢擊退，圍攻在很大程度上陷入靜止。「有人認為，」伊本．開拉尼希寫道，「他們正在計畫騙局和籌劃計謀。」

他這點判斷相當準確。帶領圍城的三位國王正在商議，做出了一個大膽而又備受爭議的決定。他們明智地（但對許多人來說是令人困惑地）決定放棄城西的攻勢，而是轉移到大馬士革東南方的一個新陣地，情報顯示那裡的果園更稀疏、城防更薄弱，而且可以更快取勝。關於幾支大規模救援部隊的傳言似乎嚇壞了法蘭克部隊的領導層，以至於他們願意賭博般地翻轉戰略以求迅速得勝。[19]他們放棄了得來不易的陣地，全軍向東移動。這事實上是災難性的舉措。

雖然泰爾的威廉沒有親身參與大馬士革圍城戰，但他盡可能地採訪了許多老兵，並且描繪出關於這些事件的慘澹畫面。[20]軍隊的撤離引起了許多抱怨，而且接下來發生的事情很快印證了這些抱怨。法蘭克人到達他們的新陣地時發現這地方固若金湯，根本沒有可以下手的地方。這裡的確沒有果園，但這意味著圍城軍隊現在要開始挨餓。而返回城西的可能路徑已立即被切斷，當守軍瞧見法蘭克人移動後，便衝過去用巨石和樹木把道路封鎖起來，並且由弓箭手把守。基督徒無法繼續前行，因為軍隊沒有足夠糧食來進行成功的圍城，同時也無法回頭。援軍發動進攻的可能性與日俱增。法蘭克人不知何故放棄了他們多年來最有希望的軍事陣地。

幾位重要的領主們聚集在一起開會，他們在充滿控訴彼此背叛的惡意討論後得出結論，唯一明智的策略就是收拾行囊打道回府。這幾乎是無法忍受的羞辱。這群人已經跋涉了數千里，忍受著疾病、飢餓、海難、伏擊和貧困，希望能夠追隨第一次十字軍的腳步，並且以主之名贏得一系列輝煌的勝利。最終，第二次十字軍東征對東方的攻擊，不過是在一片布滿陷阱的果園裡發動四天的突擊，中間發生過幾次零星的小衝突後就無功而返。泰爾的威廉冷冷地寫道：「我們的人馬不帶著一絲一毫榮耀歸來了。」[21]

✝

聖殿騎士團在第二次十字軍東征中投入了大量資金。他們曾帶領路易七世穿過小亞細亞，並以巨額貸款支持他的十字軍東征。他們收留了康拉德三世，提供他保護以及經過深思熟慮的軍事建議。羅貝爾．德．克朗與醫院騎士團團長都支持進攻大馬士革而非埃德薩的計畫。他們從這一切付出中所得到的回報幾乎微乎其微。

法蘭西國王在大馬士革之後曾考慮進攻阿什凱隆，但並未付諸實踐。康拉德也在一一四八年九月離開聖地。路易在那又待了七個月，在耶路撒冷慶祝復活節，然後於四月底返回法蘭西。接著是相互指責的開始。

法蘭克編年史家的共識是，他們的國王一定是遭到某種形式的背叛才會如此一敗塗地。這場東征被人暗中破壞是一個公認的事實——這是康拉德三世自己對這場災難的解釋，儘管他也無法確知背叛的源頭在何處。很多人都被懷疑，其中被眾人強烈懷疑的是十字軍戰士法蘭德斯伯爵蒂耶里，他因為垂涎大馬士革的統治權，而引起同僚猜忌。他們為了阻撓他而故意阻礙整場軍事行動。

他被視為對大馬士革的爵位互視眈眈，這因此引起其同僚的嫉妒，他們為了挫敗他便故意阻礙整場軍事任務。另一些人則說，有一位名叫太巴列的埃里南德斯（Elinandus of Tiberias）的東方領主接受了巨額賄賂，而說服他的上級改變策略。由於人們試圖為這場軍事鬧劇尋求世俗意義上的解釋，所以國王鮑德溫和他的母親也受到了懷疑，否則就只能歸因於上帝反覆無常的怒火了。聖殿騎士團也受到懷疑。英格蘭官員暨辯論家索爾茲伯里的約翰（John of Salisbury）曾在羅馬教宗法庭擔任使節，他明確地指責騎士團要為這場災難負責，但是他無法確切說出他們的所作所為。他不是聖殿騎士團的支持者，也認為騎士團的特權對於教會非常危險，不過他密切關注尤金三世統治時期教廷的流言蜚語，在這裡的人們時常搬弄是非，聖殿騎士團也經常被討論。

所有證據都表明這只是種誹謗性說法。聖殿騎士團盡其所能奉獻了一切來完成他們的工作。他們存在的意義是保護朝聖者，而他們在第二次十字軍東征中對朝聖者的護送、保衛、訓練、資助、建議，以及與朝聖者並肩作戰中發揮的作用，在在都深刻體現出他們的盡忠職守。他們冒著生命危險、散盡家產來支持十字軍的戰鬥，然而，十字軍的領導者有時卻疏忽大意，甚至是自尋死路。把十字軍東征的失敗歸咎於他們，在某種意義上是非常忘恩負義的。然而，這也顯示出在這個時代聖殿騎士團與聖地相連的命運，還有騎士團對聖地基督徒聚落的保護，有多麼緊密的聯繫。在這三十年來，騎士團的名號幾乎與那個在近東地區伊斯蘭領地中創建出的神之王國劃上等號。這既是他們的最高榮譽，也是對他們最大的詛咒。

第七章　被上帝遺棄的塔

被摧殘後的加薩（Gaza）一片寂靜空無一人。這裡曾經是近東最好的城市之一，它是自敘利亞到巴勒斯坦、埃及的沿海道路上的一個停靠站，因為繁榮的市場而致富，並且以清真寺、教堂和寬敞通風的大理石房舍而聞名。[1]但是到了一一四九年卻唯有僅存的自然水井和水庫，能說明這裡曾經是許多宗教信徒蓬勃活動之處。戰爭席捲了優雅的街道而且似乎讓加薩將永遠都一無所有。「現在已經成了廢墟，」泰爾的威廉寫道，「而且完全無人居住。」[2]空無一人而滿目瘡痍的建築，印證了這座城市最優秀的本土詩人阿布・伊沙・加齊（Abu Ishaq al-Ghazzi）的話：「過去種種都已消逝……你所擁有的只剩下你當下的存在。」[3]

在一一四九年的冬天，加薩開始出現騷動。鐵鍬敲開泥土挖掘新的地基，石匠挖出石塊來建造新的防禦工事。這座城市（或者說其中很大一部分）再次興起。在這座破敗城鎮中心處的一座小山上，一座「以城牆和塔樓聞名」的新城堡正在拔地而起。這不是單純的城市更新。這是十字軍王國最南端正在推行的激進新軍事戰略的一部分，而核心便是聖殿騎士團。因為在新城堡完工後，聖殿騎士團便被指定為城堡的守護者以及受封者。

那個冬天對聖殿騎士是動蕩不安的時刻。羅貝爾．德．克朗在一一四九年一月十三日去世，接替他的人是埃弗拉德．德斯．巴雷斯，後者是法蘭西的團長，在第二次十字軍東征的慘敗中仍忠心地擁護國王路易七世。埃弗拉德顯然是能幹的金融家和老練的外交官，但他最在乎的仍是法蘭西。跟羅貝爾一樣，他認為擔任出現在歐洲贊助者面前的聖殿騎士團代表，會比在耶路撒冷擔負全職軍事角色更有價值，特別是因為聖殿騎士團貸款給法蘭西王室的數字相當龐大。

埃弗拉德在一一四九年春天隨著王家船隊起航返回巴黎。他讓安德烈．德．蒙巴德（André de Montbard）留下接管一切，後者是至少從一一三〇年便開始效力聖殿騎士團的中年騎士。安德烈是勃艮地貴族家庭的八個孩子之一，他的兩個兄弟是熙篤會的僧侶[4]，此外他是克萊爾沃的聖伯納德的叔叔（雖然比伯納德小幾歲），他經常寫信給伯納德評價聖殿騎士團在上帝之地的成功和艱辛。安德烈曾經將他的工作與螞蟻相比，不過這份謙遜掩蓋了他非凡的軍事才能。[5]他在擔任聖殿騎士的期間升到了總管職位，因此他是保管聖殿騎士團旗幟（黑白旗幟）的最高負責人，這是一面設計簡明的黑白軍旗，會由另一名掌旗軍官豎立在戰場上讓聖殿騎士們以此為中心作戰，除非戰場上的每一個騎士都死了，否則這面旗幟絕不會降下。①安德烈很了解東方十字軍國家的政治情況，他勤奮地向家鄉的朋友們報告這些事件。

但不幸的是，當埃弗拉德剛動身前往巴黎，安德烈隨後便發來訊息報告許多弟兄為了捍衛那面濺滿血跡的黑白旗幟而命喪沙場。

六月二十九日，安條克附近的伊納布（Inab）發生了一場災難性的戰鬥，安條克公爵雷蒙的部隊被贊吉之子阿勒坡的統治者努爾丁殲滅。雷蒙是一個有爭議的角色，這已經是最保守的說法了。自他從普瓦捷（Poitiers）來到安條克跟九歲的女繼承人結婚後，他便跟西西里國王、拜占庭皇帝和安條克的宗主教鬧翻了。有傳言指出他對路易七世的妻子阿基坦的埃莉諾（Eleanor of Aquitaine）過於殷勤，因而得罪了路易，而埃莉諾恰好是雷蒙的姪女。伊納布戰役標誌著雷蒙光輝歷程的終結：他在戰場上被俘且被斬首。努爾丁將他的頭顱作為戰利品送給了巴格達的遜尼派哈里發。

阻止進一步損失的重擔落在了耶路撒冷王國肩上。鮑德溫和他的母親梅利桑德女王請求聖殿騎士們協助阻止努爾丁的軍隊，因為後者在雷蒙的死亡所引發的危機中看到了進軍安條克城的機會。

聖殿騎士團立即加入了國王的軍隊，派出了一百二十名騎士和大約一千名「裝備精良的侍從和軍士」。安德烈．德．蒙巴德寫道，他們接著向北方進發，在路途上借了七千阿卡拜占庭幣②以及一千耶路撒冷拜占庭幣來資助他們的軍事行動。[6]

他們抵達了安條克，但立即被來自以哥念（Iconium，今日土耳其的科尼亞）和呼羅珊（Khorosan，位於波斯）的穆斯林士兵制服。現在他們處於絕境，需要緊急補給和增援。「我們寫這封信是想請您儘速撤兵回來。」安德烈對埃弗拉德說：

① 作者注：當部隊紮營時，斑駁的旗幟便標誌了總管的位置。在戰鬥中親自升起並且攜帶這面旗幟的人是聖殿騎士團的掌旗官而不是總管，而且是後者負責組織該如何保護這面旗幟。Upton-Ward, J.M. (trans. and ed.), *The Rule of The Templars: The French Text of the Rule of the Order of the Knights Templar* (Woodbridge: 1992) 44, 59-60。

② 作者注：貝贊特（Bezant）是十字軍王國的高價值金幣，仿照阿拉伯第納爾和希臘的海培倫（hyperpyron）鑄造而成。

你有最好的理由必須回來，而且上帝對於你的歸來無比歡迎，這對我們的家園和耶路撒冷全境都再好不過……我們軍隊中很多人都陣亡了，這正是為什麼我們需要您，也需要那些您認為適合此任務的弟兄和軍士一起來到我們身邊。無論您趕來的速度多快，我們並不期望能夠活著見到您，但還是希望您毫不遲延地趕來；這是我們的願望、訊息和要求……親愛的神父，盡您所能地變賣所有東西並且將所得資金都帶來，以讓我們繼續生存下去。再會。

安德烈・德・蒙巴德在信中描述了安條克慘淡的軍事形勢，法蘭克人在當時試圖抵抗日正當中的努爾丁。它也總結了耶路撒冷王國聖殿騎士團的生活現實情況。無論敵人襲擊耶路撒冷、的黎波里和安條克這三個十字軍國家的任何地方，他們都被期待要能夠提供快速反應的軍事支援。

由於聖殿騎士團被賦予如此大規模的守備範圍，所以他們也開始頻繁被授予要塞，因為他們要以這些要塞為基地來保護十字軍國家轄下的脆弱地區。當時加薩的山頂上便正在修建一座這種要塞。泰爾的威廉寫道：「當它的各個部分都完工後，人們普遍同意把它交給聖殿騎士團，並且由他們和鄰近四周地區永久擁有。這樣的賜予便是在囑咐勇敢堅定的弟兄們要忠實且有智慧地守衛住它們。」[7]

這受到了泰爾的威廉高度讚揚。威廉是一位博學的十字軍國家學者，於一一三〇年左右出生在耶路撒冷，他是第二代十字軍戰士，在聖殿騎士團宮殿附近的聖墓教堂附屬學校接受教育，接著在巴黎和波隆納這兩間頂尖的歐洲大學完成學業，接著返回東方擔任神職人員。他最終升為執事長，最後成為泰爾大主教，這在教會中僅次於安條克的宗主教。泰爾的威廉是國王的朋友，同時是性喜說三道四的重要政治人物，他寫過幾本大部頭的歷史書，其中包括關於伊斯蘭教從先知穆罕默德時代以來發展的記載。從一一七〇年左右開始，他撰寫了一部關於基督教東方的大部頭拉丁文編年史，名為《海那邊發生的一段歷史》（*Historia rerum in partibus transmarinis gestarum*），這書名清楚說明了它是寫給歐洲宮廷以及大學中的受教育階層讀的。

威廉和其他西方教會人士一樣都對於軍事修會這整個概念相當謹慎。他特別不信任聖殿騎士團，他在其編年史中把握住幾乎每個能夠懷疑他們動機的機會。然而，在加薩的情況中，實際發生的事情無法被否認：就在聖殿騎士團占領城堡之後，他們便立刻擊退了法蒂瑪人的進攻，以至於後者未再發動任何進攻。就本質上而言，這座城堡是耶路撒冷王國最南端的第一道防線：在海岸線全部變成敵對基督教的狀態之前，這是十字軍國家勢力的一個前哨站。聖殿騎士團知道在加薩有任務正等著他們完成，而且他們執行地相當漂亮。

✝

加薩的這座新城堡不是為了風景而打造的。它的目的是要落實將基督教勢力擴展到南方這個具體政策。加薩坐落於十字軍國家領土的最西南端，位在耶路撒冷的雅法以南，最重要的是阿什凱隆，這個重兵把守的城鎮仍然效忠法蒂瑪王朝。阿什凱隆是受海風吹拂的沿海道路上的前進基地，從那裡可以對基督教領土發起進攻，也可以作為耶路撒冷國王進攻埃及的堡壘。征服阿什凱隆將能確保更高的安全性，而且有可能能鞏固基督教對西奈半島的影響力。第二次東征的十字軍在圍困大馬士革的前後，曾考慮過向阿什凱隆進軍，不過都遭到了否決。但人們現在日益體認到這座城市能夠而且應該被占領。年輕的國王鮑德溫三世經過了三年後才將這個想法徹底付諸實現，因為他先前全神貫注在跟自己的母親爭奪權力，後者不願放棄她在兒子未成年時所行使的控制權。不過，新城堡的建造也表明了針對阿什凱隆的行動終於展開。

聖殿騎士團在加薩的存在使得阿什凱隆與埃及被隔絕開來，這使得海岸道路變得不安全，也不適合法蒂瑪人的軍隊行進。開羅的什葉派哈里發能派遣增援部隊到這座城市的唯一方法是海上，但因為這座城市只有一片沙灘而沒有設防的港口，只要天氣稍差就很難登陸，這造成了嚴重的不便。[8]十字軍耗費了十五年在阿什凱隆周邊興建出圓形狀的加薩城堡群。

貝斯基貝林（Bethgibelin）坐落於阿什凱隆東方約二十五英里的平原上，這是座中等規模的堡壘，建於一一三六年左右，並被贈予給醫院騎士團。[9]在貝斯基貝林以北不遠的地方，用來保衛王國南部邊境的還有兩座城堡，分別是建於一一四一年的伊伯蘭（Ibelin）城堡，和一一四二年的布蘭徹賈德（Blanchegarde）城堡。無論單獨來看，或是將所有的城堡擺在一塊來看，這些都是法蘭克人對權力毫不隱晦的表述，表明了基督徒打算要用石頭城堡製成套索，來慢慢勒死阿什凱隆。

✝

一一五三年一月二十五日，一面有著十字架標誌的旗幟飄揚在阿什凱隆砲塔牆外，而這道牆蜿蜒延伸形成了一個巨大的新月形，守衛著這座高度軍事化沿海城市的陸地一側。這面旗幟標誌著二十二歲的國王鮑德溫三世和一支士氣高昂的基督教軍隊的到來，他們的成員正忙著發誓要盡可能地重創阿什凱隆的保衛者。[10]軍隊的領導層由君主、貴族、高級神職人員和經驗豐富老兵所組成，他們仔細觀察了面前的雄偉建築，而他們的士兵在一個圓形的營地裡搭起帳篷，而營地又分為不同的部分，每個部分都效忠不同領主。在這群嗜血的人當中，有一支龐大的聖殿騎士團。

這座城市是一個令人生畏的目標物。它建在一個天然盆地中，沙地上種滿了葡萄樹和果樹；它的牆壁在白天被冬日陽光照亮，而在晚上這些磚塊上有玻璃油燈的火焰閃爍搖曳，這讓警惕的哨兵可以俯視著任何走近四座設防城門的人。其中最大的一個稱為耶路撒冷門，在其憤怒的建築中表明了阿什凱隆人的警戒心：高聳的塔樓向下俯視著外堡，堡中有許多較小內門保衛著通往主入口的蜿蜒通道。

一一五二年四月後的某個時刻，埃弗拉德選擇卸下大團長一職，他決定放棄戎馬生涯轉而跟隨上了年紀的克萊爾沃的聖伯納德，歸隱到修道院的沉思生活。因此，跟王家軍隊會合的聖殿騎士團迎來了新一任大團長，這是騎士團自成立以來的第四任大團長。聖伯納德的身體在這個時候已經衰弱不堪，他除了小份量的液態食物外什麼也吃不下，他的腿又腫又痛，有時甚至無法坐著寫字，更不用說走路了。他去世於一一五三年八月二十日，正如他所說的，他「虛弱的身體中有著準備就緒的靈魂」。埃弗拉德在修道院的平靜環境中繼續生活了二十五年，當聖殿騎士團的保護者伯納德於一一七四獲封聖徒時，他仍然活著得以親眼見證。[11]

伯納德·德·特倫布雷（Bernard de Tremelay）和許多早期的聖殿騎士一樣來自第戎附近的勃艮地，他不是一個久經考驗的領袖，因為當他在一月底率領一支聖殿騎士來到阿什凱隆時，擔任大團長一職尚不滿一年。不過，他的勇敢和好戰彌補了經驗上的不足，他即將帶領他的弟兄們進行該騎士團成立以來最大膽的軍事行動。一一五三年一月二十五日，對阿什凱隆的圍攻即將開始，這是基督徒要將法蒂瑪人的強大城市納入掌控之下的決定性戰役。泰爾的威廉寫道，這是一項「艱巨且幾乎不可能的壯舉」，雖說是「幾乎」，但這不代表不可能。

圍城前兩個月的進展緩慢而沒有明確發展。城外的法蘭克人與阿什凱隆人的人數之比例是二比一。他們受過良好的訓練，儲備了充足的物資，並且具有強烈的抵抗動機，用泰爾的威廉的話來說：「他們是為妻兒而戰，更重要的是為了自由本身而戰。」[12]然而，儘管他們可以抵抗但卻無法反擊。塔樓和城牆的瞭望台可能會報告說，鮑德溫三世的營地就像一座蓬勃發展的衛星城市，滴水不漏地嚴密看管任何可能的援軍，而且建造地相當完整，內部甚至有自己的市場。海岸那一面的瞭望台所看到的景象則更加慘淡，西頓的傑拉德（Gerard of Sidon）指揮著一支由十五艘戰艦組成的小艦隊，從水路上封鎖了通往阿什凱隆的航道。城市周圍發生了小規模的衝突，雙方彼此互有輸贏，不過整個衝突狀態陷入了僵局。

然後，在同年的四月十九日復活節前後，事態開始向十字軍有利的方向發展。歐洲海上航線隨著春季到來恢復平靜，每年都有大批乘船前來耶路撒冷的朝聖者，雖然這不是一支為了戰爭而武裝起來的十字軍，不過在亟需軍事增援的這個時刻，這群人仍然是虔誠的基督徒和船隻的寶貴支援。

聽到朝聖者到來，鮑德溫三世下令，任何進入他的王國的人都不得離開，任何在阿什凱隆加入軍隊的人都將獲得報酬，因為他們參與了一項「上帝非常認可的勞作」。更重要的是，國王強行扣押了停靠在他港口的所有船隻，並將它們全部轉移到阿什凱隆周圍的水域。基督徒的人數一天比一天更多。泰爾的威廉寫道：「營裡的歡樂甚大，贏得勝利的信心高漲」；「相反地，悲傷和焦慮在敵人的行伍之中卻是益加強烈」。

那些聽從鮑德溫國王命令向南航行的水手們可能已經預料到了要加入海軍封鎖線的命令。然而，他們的船在抵達的時候擱淺了，於是船隻的桅杆被切斷，而且船體被剝得只剩橫梁。他們因為船隻損失拿到了可觀的支付費用，木材被交給製造攻城器具的工人。這些器具包括了投擲石塊的投石器，還有保護工兵的移動遮蔽物，同時他們試圖挖出能夠與厚重城牆相抗衡的土堤。其中一個武器將決定阿什凱隆未來三十年的命運。這是個和牆一樣高的巨大結構體，由支撐戰鬥平台的長木梁組成，上頭柳條框架上覆蓋著用獸皮做成的防火外殼。其目的是要讓法蘭克騎士爬到城垛的高度，並且在平穩的地面上殺死守衛部隊。圍城戰是當時歐洲人戰爭的特徵，在阿什凱隆建造的結構體顯然具有很高的水準。這個結構體遠在大馬士革都廣為人知，編年史家伊本·開拉尼希在那兒便帶著厭惡的欽佩之情將其記載下來。他說，法蘭克人已經把阿什凱隆「逼到了痛苦的境地，他們用一大群部隊將這座被真主遺棄的高塔包圍起來，並且對它發動攻擊（願真主保佑它免受他們的惡意侵害）」。[13]

在大團長伯納德的帶領下，聖殿騎士團必然仔細觀察了攻城塔的建造過程。當攻城塔準備就緒並被拖到城牆上一個精心挑選的地點時，聖殿騎士們在每天發生激烈戰鬥的焦點附近就位，當時大部分戰鬥都發生在遠高於地面之處。[14]鮑德溫的投石器把石頭砸入該城的城牆，而士兵們與抵抗部隊在那令人生畏的塔頂上展開了肉搏戰，並向驚慌失措的市民們射箭。在海上，一支由七十艘戰艦組成的埃及艦隊在南方颳來的順風中抵達，西頓的傑拉德的海軍封鎖線因為寡不敵眾而被瓦解。但這與陸上城垛上所發生的戰爭相比只是次要的。

到了八月中旬時，阿什凱隆圍城戰已經持續了六個多月，城內的士氣一落千丈。鮑德溫的軍隊只要能繼續使用攻城塔便能維持上風；海上救援雖然有用，但只有在陸地上擊退圍攻者才能真正營救這座城市。城內重要的市民聽取建議，決心要竭盡所能摧毀這座攻城塔。他們認為唯一可行的辦法就是以某種方式製造出一場大火，藉此來摧毀保護塔木骨架的厚重獸皮。泰爾的威廉寫道，阿什凱隆的男男女女被派去收集「乾柴和其他適合點火的材料」，「似乎也沒有其他希望了」。

摧毀攻城塔的計畫在八月十五日星期六晚上付諸實行。所有蒐集起來的燃料都被運送到離塔最近的城牆，接著將其傾倒而下。一座如山的小火堆在塔與城牆之間的空隙間漸漸隆起。當它上升到足夠高度時，守軍再將瀝青和油倒在上頭。一團火焰就此被點燃，大火隨之蔓延。

從黎凡特海岸沿著船隻吹來的微風從海上吹向阿什凱隆。然而，風向在一夜之間突然改變，一陣凜冽的寒風從基督教軍隊後面的東方吹來。對阿什凱隆人來說，這是一場災難。風勢將鮑德溫塔樓底部的火焰吹散，於是火苗貪婪地向上攀爬。隨著火勢愈來愈大，火焰吹向了城牆，此處的磚頭和灰泥已經被法蘭克人的投石器砸了好幾個月，早已變得相當脆弱，而現在又遭遇到了高溫。

星期天黎明將近時，攻城塔依然屹立不倒，但這面城牆已經支撐不住了。當第一縷晨光在圍攻者的身後慢慢升起時，滾燙的石頭破裂開，而很大一部分的城牆坍塌了。接著，瓦礫隨著一聲巨響倒塌，兩邊的人馬都從睡夢中爬了起來，並且急忙抓起武器。就在他們這麼做的時候，又發生了一次崩塌。滾落的石頭砸進了攻城塔的底部，砸裂了作為其垂直支柱的木製船桅。這座駭人的機器因為船桅破碎而開始搖晃，幾乎要將在其上的守衛甩出去。不過攻城塔並未倒塌，但在其前頭的阿什凱隆現在則是門戶洞開。

伯納德和他的聖殿騎士們要麼是紮營在塔附近，要麼是在黎明時分比他們的基督徒同伴們更具警覺性，也或者兩者都有。他們一聽到磚石砸進塔樓底部的嘎吱嘎吱聲，就拿起武器衝向牆上的缺口。伯納德親自指揮他的部下。

「法蘭克人（真主詛咒他們）在戰爭中是最謹慎的人。」奧薩瑪・伊本・蒙基德寫道，他曾在大圍困之前的幾年裡，花了四個月的時間在阿什凱隆附近的農村地區與基督徒襲擊部隊交戰。[15]那天的聖殿騎士則是完全一反常態。隨著洞穴坍塌所飄起的塵埃落下，大約四十名騎士從攻城塔前衝了過去，爬過倒塌的城牆，直奔城市之中。伊本・開拉尼希寫道，接著「他們衝進城鎮，雙方都有大量士兵陣亡」[16]

為何伯納德下令，只有他自己的人馬才能衝進阿什凱隆城牆的缺口？他應該肯定背後的其他軍隊會支持他們。可以確定的是，這是他做過的最後一個重大決定。在一個被圍困六個月的城市裡，聖殿騎士發現因絕望而奮不顧身的人數遠多於自己。城民們拿起武器隨之湧入，其他人則將木梁拖向牆上的洞，開始建造路障。聖殿騎士被困在了城中。即便當時有條路線能夠逃脫，《聖殿騎士團規章》也禁止他們逃離戰場。他們的命運已經注定了。

聖殿騎士們被封鎖在一座充滿敵意的城市裡，既沒有撤退也沒有獲救的機會，他們遭到了屠殺。沒有一位騎士被留下活口，好勒索贖金，甚至連大團長也是。對於價值如此高的俘虜而言，這很不尋常。這說明了聖殿騎士團在他們敵人之間所擁有的可怕名聲，也說明了在敵人進攻下被壓制了半年之久的城民們所積累的恐懼和絕望。沒有任何財富或戰利品能抵得上該地區四十名最剽悍的基督徒士兵的生命，而且這些聖殿騎士是在沒有得到支持的情況下出現的。關於阿什凱隆人和聖殿騎士之間戰鬥的詳細紀錄並未流傳下來，不過所有聖殿騎士在戰鬥結束時都已命喪沙場。

經過又一個星期的戰鬥後，阿什凱隆人被迫放棄守衛經過修補的城牆，同意將他們的城市統治權交給基督徒，並且要求停戰。八月二十二日星期六，鮑德溫三世的旗幟在這座城市最高的塔上升起。但這也付出了高昂的代價，在聖殿騎士團最後一場戰鬥中，有四十具聖殿騎士的屍體被砍成碎片，懸掛在高聳城牆的繩索上左右搖晃。

✝

安德烈·德·蒙巴德接替伯納德·德·特倫布雷擔任大團長，並且一直任職到一一五六年。雖然失去了四十名弟兄對騎士團的戰鬥人力是嚴重的耗損，但聖殿騎士團組織本身並未受到致命傷害。由於騎士團在歐洲的網絡蓬勃發展，尤其是在勃艮地、香檳和普瓦圖等傳統的中心地區，總是不乏新血可以招募。他們仍然擁有加薩的城堡，是耶路撒冷王國安全政策中的重要軍事要素。在遙遠的北方，聖殿騎士團仍然駐守著守衛阿馬努斯山山道的城堡，但阿什凱隆圍城戰所引發的敵意清楚呈現出，人們對聖殿騎士團的矛盾情緒與日俱增。

泰爾的威廉在其帶有蔑視情緒的文字中帶著熊熊怒火，解釋伯納德之所以下令執行這樁自殺任務，是出自最惡劣和最卑鄙的動機。他解釋說，掠奪物在基督教戰鬥習俗是歸掠奪者所有。因此他認為，聖殿騎士團在首次進攻阿什凱隆的機會中，之所以規定只有他們得以進城，是因為他們想當唯一的掠奪者，將戰勝後的戰利品全占為己有。他寫道：「出於貪婪，他們拒絕讓他們的戰友分享戰利品」；「因此，他們遭受死亡的危險乃是罪有應得」。[17]

這說法是真的嗎？威廉的說法是在事後寫的，而且他在撰寫的時候早已深深地不信任聖殿騎士團的獨立性，也不信任他們會間歇性地無視王室命令。然而，在他那本漫長而詳細關於基督教耶路撒冷王國的歷史記載中，他也讚揚了聖殿騎士團有效守禦了加薩，並且相對平靜地報導了其他事件。顯然，他所使用的史料當中透露出其內心感受，那就是伯納德在阿什凱隆的作為，客氣地說是愚蠢，不留情面地說便是貪婪。

由於沒有其他作家對這起事件進行如此深入的描述，這讓威廉判斷很難被質疑。伯納德心中的祕密在他的屍體被搖搖欲墜地吊到城牆上時，就從這個世界上消失了。但他真的曾經想像過可以單靠四十個人就打下整座城市嗎？

在一一五四年時，聖殿騎士團仍然是耶路撒冷王國軍事力量的重要部分。除了在阿什凱隆，他們在戰場上始終堅守紀律，他們的《聖殿騎士團規章》堅持騎士們必須絕對服從命令，而且殉道比逃跑更為榮耀。與此同時，雖然他們自己的指揮結構內的服從和紀律相當嚴格，但當他們與其他人並肩作戰時情況很清楚就不一定是如此。聖殿騎士只效忠上帝、大團長和教宗。無論是國王還是宗主教都沒有正式指揮他們的權力，雖然當別人尋求他們的服務時，他們也會願意效忠，然而聖殿騎士團終究不受任何有力監督者的約束。他們捍衛基督教世界的理念和基督的榮譽，但在技術上他們該如何做到這一點則取決於他們自己的本能和判斷。[18]在大多數情況下，這讓他們成為極為敏捷和大有用處的精英戰鬥部隊。然而，他們的獨立有時則讓他們變得危險，跟他們共同作戰的世俗者對他們的讚賞，會跟他們所受到的懷疑不相上下。

第八章　財富和權力

這位維齊爾的兒子逃離了埃及，不過從此以後人們始終試圖殺死他。一一五四年五月二十九日星期五凌晨，他逃離了開羅，穿過這座城市勝利門上的堅固巨大的長方形塔樓，他還帶著一小群家庭成員、為數不多僅存的朋友，以及從皇宮中所帶走的盡可能多的財寶。在隨後的八天當中，他們趕往佩特拉（Petra）古城附近的摩西谷兩側的塵土飛揚山丘，在路上不斷遭到阿拉伯游牧部落弓箭手的追趕與無情騷擾。他們向北前往大馬士革避難，在那裡的努爾丁可能會保護他們，但是他們毫髮無損抵達那裡的機會似乎渺茫得令人沮喪。白天的每個小時都有新的一波襲擊。[1]

維齊爾的兒子納塞丁（Nasr al-Din）和他的父親阿拔斯有充分的理由逃跑。他們逃亡的理由是因為他們血洗了開羅。這兩個人在幾天前成功地密謀殺害了法蒂瑪哈里發扎菲爾（al-Zafir），以報復他欲將阿拔斯趕下台的企圖。而這個暗殺又引發了哈里發的幾個兄弟、王室管家、至少一名男僕和許多埃及士兵被暴力殺害。

這不是阿拔斯和納塞丁所犯下的第一起謀殺案，但無疑是最引人注目的。阿拔斯在哈里發死前的時候擔任他的大臣（或首席部長），這是這個國家的最高政治職位，而且他也是藉由殺死前任官員獲得此位置。與此同時，納塞丁是哈里發最好的朋友、知己，而且還有謠言說是情人。總而言之，他是一個非常英俊的年輕人，哈里發白天跟他在宮殿裡狂歡，晚上兩人喬裝後一齊在城市街道上遊蕩。[2]

殺害哈里發的理由是要為了擴大其父親的權力，同時抹去哈里發身為雞姦者的惡名。這個目的最終並未成真。哈里發晚上被引誘到納塞丁位於開羅劍市（sword market）附近的家中，他在那裡遭到千刀萬剮，屍體隨後被扔進水井中。第二天，宮殿被徹底血洗——即便按照法蒂瑪王朝的標準，做到這種程度也太過分了。扎菲爾是這個王朝的最高精神和政治領袖，世界上所有的伊斯瑪儀派什葉派穆斯林都效忠於他。用編年史家泰爾的威廉的話來說：「埃及人習慣於把他視為至高無上的神。」[3]他的死引發了開羅街頭的騷亂，並促使上埃及的統治者塔萊・伊本・魯茲克（Talai ibn Ruzzik）派兵來到開羅，宣布軍方接管該城。阿拔斯和納塞丁沒有奪下哈里發的領導權，而是被迫逃命。

阿拔斯對他們要被迫逃離開羅感到不快。其中一個理由是，有占星預言警告他不要在星期五離開這座城市。六月七日，當他的人馬穿過木威利赫（al-Muwaylih）的沙漠前哨，終於（或者至少暫時）甩開了他們的阿拉伯追捕者時，他們遭到一群基督徒的伏擊。

對於聖殿騎士團和他們的同伴來說，納塞丁和阿拔斯的車隊無疑是極具吸引力的。奧薩瑪・伊本・蒙基德是深具教養的敘利亞文人，大屠殺發生時他是造訪開羅的維齊爾訪客，被迫與凶手一同逃亡。他當時和納塞丁一起騎行，後來回憶說，他們的隊伍中有馬、駱駝、奴隸、妻子和從宮殿掠奪來的財寶。納塞丁的馬匹上的披掛物十分精美，它那珍貴的絎縫馬鞍布上繡著近五百公克的金線。[4]這群人不僅僅是重要的穆斯林，他們也是可口多汁的獵物而且還有著成堆戰利品，基督徒巡邏隊興奮地撲向他們。

奧薩瑪將隨後發生的衝突描述成一場戰鬥，但實際上更像是場慘敗。一些埃及人被屠殺，其他人被俘虜而且身上的財寶和妻子都被奪走。聖殿騎士團的巡邏隊十分強悍，他們組織嚴密、訓練有素且冷酷無情。那些有能力從猛攻中脫身的人奮力逃跑，他們逃到山裡去並且野放了多餘的馬匹，讓牠們在野外狂奔。這是一個明智的選擇。當戰事的塵埃落定後，阿拔斯和他的另一個兒子胡薩姆・穆爾克（Husam al-Mulk）都陣亡了。納塞丁被作為囚犯帶走，可能被帶到加薩，這是距離最近的聖殿騎士團城堡。這個一家的墮落既迅速又悲痛。與此同時，開羅的新維齊爾伊本・魯茲克正在找回被謀殺的哈里發的遺體，並準備舉辦體面的葬禮。[5]

納塞丁與聖殿騎士團的遭遇在英格蘭引起了轟動，引起人們議論紛紛；尖酸的英格蘭宮廷編年史家沃爾特・馬普生動地記錄了這位年輕人的可恥冒險。⁶ 馬普對聖殿騎士的角色格外感興趣，就像泰爾的威廉一樣。兩人都聽到並記錄了同一個故事的不同版本：納塞丁遭到聖殿騎士團伏擊，然後被關進監獄，他做出的反應是不怨恨俘獲他的人，反而設法要打動他們。據說，他在監獄時轉信了法蘭克人的信仰，要求「在基督裡重生」，並懇求他的衛兵教導他西方字母和基督教信仰的第一信條。[7]

兩位最有見識的伊斯蘭編年史家都沒有提到這則皈依故事，而馬普的描述顯然包含了對這個故事的虛構、說教和浪漫化，因此很難知道究竟哪個部分是有事實根據的。但儘管如此，這個故事在一一五〇年代後期傳到歐洲的主要版本是：當納塞丁被聖殿騎士團拘留時，他為了保命而放棄信仰。

然而，他一如往常地嚴重誤判了形勢。聖殿騎士不是傳教士組織。他們確實是上帝的尖兵，但他們的目的不是將敵人帶入基督慈愛的懷抱，而是戰鬥並且殺死他們。他們蔑視那些想要放棄信仰的人，即使是出於被迫也不例外。例如當時在加薩附近作戰被俘的聖殿騎士弟兄，日耳曼的羅傑（Roger the German），它被俘虜時穆斯林強舉起他的手指唸誦清真言（shahada）：「萬物非主，唯有真主，穆罕默德是真主的使者。」羅傑釋放後便被逐出聖殿騎士團。[8]聖殿騎士們當然不會認同棄絕信仰和背叛誓言。不過，聖殿騎士們同時是現實主義者。雖然他們有崇高使命，但他們所處的世界紛亂不堪。在他們長期從事作戰的脈絡下，納塞丁與其說是一個有機會讓其改信的靈魂，不如說是位通緝犯和有價值的囚徒。

在該地區生活和活動的人都熟知法蒂瑪埃及的政治局勢，納塞丁的綁架者迅速意識到在開羅有一些人希望找他算帳，而這些人為了報仇會不吝嗇地付出高昂代價。對聖殿騎士團來說，這個事實比其他任何事情都來得重要。因此，在扣留納塞丁「很長一段時間」後，騎士團開始進行要把納塞丁賣回給他的敵人的談判。[9]雙方商定了六萬枚金幣的價格，納塞丁不久後就被交到伊本．魯茲克部下的手中，他被戴上鐐銬關在籠子裡，用駱駝馱著穿過沙漠帶回犯罪現場。

編年史家伊本．阿西爾寫道，納塞丁在回到開羅的旅途上緘口不語。他只有在見到城門時才張開嘴，背誦了一首反映他不幸遭遇的短詩：「是的，我們曾經住在那裡，但是命運的偶然以及顛簸不定的機會毀了我們。」[10]沃爾特．馬普描述道，納塞丁勇敢地堅持著新轉信的基督教信仰，被綁在木樁上遭箭射死結束了一生。馬普的筆觸與他豐富多采的想像力相當一致，他在講述這個故事時故意模仿殉道者聖艾德蒙（St Edmund）和聖賽巴斯丁（St Sebastian）的聖詩。其他作者們一致認為，納塞丁是被一群暴民抓走的，早在他破碎的屍體被懸掛在開羅祖瓦拉門（Zuwayla Gate）巨大圓形石塔上的十字架上之前，他的身體早已被撕裂了。泰爾的威廉寫道：「人們幾乎就是用牙齒把他撕成碎片。」[11]無論他當時到底遭遇了什麼，沒有什麼人會為他的死而流一滴眼淚。

✠

到一一五〇年代中期，聖殿騎士團已經遍布在聖地的各個基督教十字軍國家。他們是一支規模相對較小的部隊，在剩下的三個十字軍國家中的騎士人數可能不到一千人，但由於聖殿騎士團在必要之時會僱用許多軍士以及輔助部隊，因此人數可以因此增加好幾倍。（以敘利亞輕騎兵〔Syrian light horsemen〕或輕裝騎馬弓兵〔turcopole〕的形式僱用）。他們要忙於投入許多事情。當時的信件和歷史紀錄對聖殿騎士團在從事的活動只是簡單提及：此處的一次突襲、彼處的小規模衝突、在戰鬥中陣亡或被關進敵人監獄的人、提供王家軍隊進行軍事冒險行動的部隊，以及替聖殿騎士團的任務籌集到寶貴資金的俘虜。一一五七年一封寫給教宗阿德里安四世（Adrian IV）的信相當典型。在一段哀嘆包括伯特蘭·德·布朗什福德（Bertrand de Blanchefort）在內的多名聖殿騎士被捕的文字之後，這封信繼續以歡快的措辭陳述聖殿騎士團如何突襲一場穆斯林的婚禮。信中驕傲地告訴教宗，有兩百三十名「異教徒」被處死，寫信者確信他們每個人若不是被俘虜，就是被用「刀劍砍死」。儘管這封信描述了無正當理由的暴力行為，但信的開頭仍稱許聖殿騎士團是新的馬加比人，亦即生活在異教徒統治下或被異教徒迫害的人們的捍衛者。[12]

各種行動的指揮中心，也就是大團長、總管、軍團長和掌旗官的所在地，仍然是耶路撒冷的聖殿建築群。到十二世紀中期，聖殿騎士團已經讓這些建築物完全成為他們的所有物。狄奧多里克捕捉到了聖殿的宏偉氣息，他是一位勇敢的日耳曼朝聖者，謙卑地形容自己是「所有僧侶的排遺」，他在一一六九至一一七四年之間參觀了聖地。狄奧多里克在他的遊記中詳細地描述聖殿騎士團的總部，他稱其為所羅門宮殿，他的記述是對聖殿外觀的最生動寫照之一：

它是一座由柱子支撐著的長方形教堂，而在聖所的盡頭升起一個圓形屋頂，這屋頂又大又圓，宛如一座教堂。這座及其所有鄰近的建築物都歸聖殿騎士團所有。他們駐紮在這些和其他屬於他們的建築物裡。他們備有武器、衣服和食物，隨時準備保衛並且捍衛這塊領域。在他們的下邊曾經是所羅門王過去興建的馬廄。它們毗鄰宮殿，而且建築結構非常複雜……從十字弓射出的弓箭幾乎無法從建築物的一端到達另一端，無論是水平或是垂直方向。

這一帶到處是各種用途的房屋、住宅和外屋，到處都是散步的地方、草坪、會議廳、門廊、宗教法院以及豪華水池中的供水。下面同樣是盥洗室、儲藏室、糧倉、木材儲藏室和其他種類的家庭用品儲藏室。

在西邊有一座聖殿騎士團新造的房子，它的高度、長度和寬度，還有所有的酒窖、食堂、樓梯和屋頂，都遠遠超越了這片土地的習俗。不誇張地說，它的屋頂非常非常高，以至於那些聽到我描述的人幾乎都無法置信……他們又在外庭院的邊上建造一座規模宏大、做工精美的新教堂。[13]

狄奧多里克在旅行中留下深刻印象的不僅僅是聖殿。「沒有人能夠全盤掌握到聖殿騎士究竟擁有多少財富和權力。」他寫道：

猶地亞（Judea）在被羅馬人摧毀前曾經四處都是城市和村莊，而保存至今的城鎮現在都被聖殿騎士和醫院騎士團占領，他們在各地建造城堡並且派士兵駐守。他們除此之外在國外土地上還擁有眾多房產。[14]

當朝聖者到達聖地時，首先映入他們眼簾的便是散布在從雅法到耶路撒冷這條路上的多座聖殿騎士團城堡。其中最著名的兩座城堡是阿諾堡（Castel Arnald），建於一一三〇年代初（富爾克一世統治時期），由耶路撒冷的宗主教和居民所建造，不久之後移交給聖殿騎士團用來保護進入山區時變窄的道路。以及守護著另一個山口的托隆騎士堡（Toron des Chevaliers，亦名為萊特龍〔Latrun〕）。歐洲遊客會注意到，這些城堡與他們在家鄉所熟悉的城堡截然不同，在歐洲，中央塔會建在一個稱為Motte的土丘上，通常會被一堵牆包圍住形成了一個叫做城堡外庭（bailey）的區域，附屬建築往往會被設置於此。在東方，聖殿騎士團傾向於建造防禦森嚴的封閉式庭院，並且會連著城牆直接建造實用的空間，例如餐廳、教堂、會館和直接建在牆上的臥室。被包圍在這些厚實且實用的圍牆中間的，是一個既是修道院又是訓練場的庭院。[15]

在通往約旦河的路上，可以看到位於聖城東部的較小聖殿騎士團前哨站，耶穌便是在此接受洗禮，朝聖者們因此成群結隊地來到這裡沐浴和祈禱。在這條公路上特別值得留意的是一個很小但引人注目的塔，其每一邊不到十公尺，被稱為馬爾頓（Maldoim），或「紅色蓄水池」（The Red Cistern）。[16]無論朝聖者前往何處，聖殿騎士便會跟著前往。無論聖殿騎士團聖殿建造於何處，他們通常都會在石材上刻上一個獨特的標誌來加以標記：三角形盾牌，而盾牌的上半部分被一個倒置的T字所平分。[17]在耶路撒冷王國、的黎波里伯國和安條克公國的全境，都可以看到許多帶有這個獨特標誌的堡壘和瞭望塔。

與雅法相同，海法港還有阿卡港同樣是朝聖者的熱門上岸地點。聖殿騎士團在靠近海岸的阿卡有一棟房子，狄奧多里克認為這房子「非常大，非常漂亮」。由於阿卡比雅法更大，而且位於海岸的中心，這裡於是成為了聖殿騎士團最重要的補給點，歐洲的人員、資金和設備都運往此處。[18]在城牆外的聖殿騎士團城堡則坐落於許多惡名昭彰的危險地點。沿海道路在海法以下開始變窄為一條容易受到土匪攻擊的窄道，聖殿騎士團便在此處的砂岩山脊上建有一座塔樓，其名為底斯特律堡（Le Destroit），這名字乃是參考自這條蜿蜒道路所通過的海峽。在更深入內陸的地方有一個被稱為拉菲爾堡（La Feve）或富勒堡（al-Fule）的更大型防禦工事，其戰略性地坐落在連接耶路撒冷與太巴列和阿卡與拜桑（Baisan）之間的十字路口。這是一個複雜而裝備精良的前哨基地：狄奧多里克指出，它建在一座天然的水池上，並且運用機械齒輪從中抽水。[19]

拉菲爾在一一七二年左右被騎士團接管，是十二世紀所建造的最大型城堡之一。它長九十公尺、寬一百二十公尺，可以容納數百名士兵和馬匹。這是一個理想的地點，既可以在戰爭開始前集結人員，也可以維持通往十字軍控制的四個主要城市的道路的治安。一一八〇年代，一位阿拉伯作家將拉菲爾稱為「最好的城堡並且擁有最堅固的防禦、最充實的人力、彈藥以及最好的補給」。[20]

夏爾斯雷堡（Le Chastellet）這座要塞同樣極為浮誇，這棟建築物耗資巨大，建造在加利利海上方的約旦河上游。阿拉伯統治者對這個險象環生的圍場報以羨慕眼光，並且注意到它的牆是用巨大石板砌成的，厚度超過六公尺。[21]

聖殿騎士團在的黎波里伯國駐守的城堡，是世界上最強大的城堡之一，其直接毗鄰沿海小要塞托爾托薩（Tortosa）的海岸和城牆。為了回應阿勒坡統治者努爾丁的毀滅性襲擊，的黎波里主教威廉邀請聖殿騎士在托爾托薩建造城堡。儘管這座城堡在十三世紀早期的一次地震中遭到破壞，但它仍然是一座規模龐大、份量巨大的防禦工事，共有十一座塔樓建在一堵雙層牆上，使它讓人看起來像是王冠。在托爾托薩之後，聖殿騎士團也取得附近的魯阿德島（Ru'ad，阿瓦德島〔Arwad〕）的權利。稍微在深入內陸的某處另外有一座巨大到令人感到不祥的堡壘，其名為白堡（薩菲泰〔Safita〕），它大約也是在同一時期被納入騎士團所有，大概是一一五〇年代早期。

由於埃德薩在第二次十字軍東征前就已淪陷而且並未被收復，十字軍最北部的領地便是經常受到攻擊的安條克。聖殿騎士團在此處的主要任務便是守望阿馬努斯山。弟兄們從巴格拉斯堡（Baghras）、達巴斯克堡（Darbsak）和拉羅什德魯塞爾堡（La Roche de Roussel）的山腰塔樓中，透過防禦工事上的箭垛縫隙監視著通過的人車，並且確保身分正確的遊客能順利通過山區，而阻止不該進來的人通過。

這些城堡和塔樓組成的網格共同捍衛諸十字軍王國的北部和南部腹地，並試圖在南北之間最敏感的地帶提供某種程度的安全保障。數百名騎士組成的精銳部隊居住在這些防禦工事中，並且有大批軍士、後勤人員、僱傭兵、僕人和奴隸作後盾。所有這些資源基本上都是由歐洲各地龐大且不斷增長的聖殿騎士團所提供的，到一一七〇年代時聖殿騎士團已經成為了一個全球性組織。

+

與此同時，聖殿騎士團積極地投入在亞拉岡、卡斯提爾—萊昂、納瓦拉（Navarre）和葡萄牙等地的聖戰。到一一五〇年代末，他們在西班牙半島扎根已經過了三十年，建立了大量的堡壘和財產，這些都是為了收復失地而戰的君主們賜給他們的。

該地區最熱心的贊助人是葡萄牙伯爵阿方索・恩里克①，他年輕時曾自稱是聖殿騎士團的弟兄，這表明他曾在某個時刻正式成為聖殿騎士團的準成員。他賜予禮物相當慷慨大方。聖殿騎士團在葡萄牙擁有的第一座城堡是蘇爾的一座龐大堡壘，早在一一二八年，也就是聖殿騎士團甫成立的第一個十年，這位野心勃勃的統治者就將這座城堡交給了他們。聖殿騎士團的人馬很快就進駐了。在一一四〇年代，阿方索・恩里克一路南下，收復了塔古斯河流域周圍的穆斯林領土。一一四四年，當地的聖殿騎士團幫助他襲擊了聖塔倫鎮，這是自八世紀以來一直由伊斯蘭統治的前羅馬殖民地。阿方索・恩里克將這種局面終結，他征服了這座城市並且驅逐那裡的穆斯林。由於聖殿騎士團在這次襲擊中的出手相助，他們被授予了這個甫重回基督教懷抱的城鎮中所有教堂的收益。

三年後，他們用聖塔倫換來了更大的回報。一一四七年七月至十月間，一支葡萄牙軍隊在來自

---

①編按：這位葡萄牙伯爵（1112-1139）阿方索・恩里克，跟第四章出現過的葡萄牙首任國王阿方索一世是同個人，葡萄牙在阿方索任內才成為王國，他是葡萄牙王國第一任國王（1139-1185）。

英格蘭、蘇格蘭、弗里西亞（Frisia）、諾曼地和法蘭德斯的海上部隊協助下，率領一支一百五十多艘船組成的艦隊，向里斯本發起了第二次十字軍戰爭，對它進行了長達十七週的圍攻，用攻城錘、攻城塔和砲塔摧毀了里斯本的城牆和城門，接著在大街上瘋狂屠殺城堡的守軍長達數天，不顧他們曾許下要讓這些人存活下去的誓言。

對阿方索而言，征服里斯本是一個巨大的恩典。他在十年內設法讓葡萄牙獲得了王國的地位。為了宣揚自己的基督徒資格，阿方索在里斯本創建了一個主教轄區，並且把他先前授予聖殿騎士團在聖塔倫的教會贈予給這個主教轄區。這件事並不如表現看來那麼微不足道：新國王為了補償葡萄牙聖殿騎士團，給予了他們謝拉要塞（Cera）還有建立托馬爾鎮（Tomar）的權利，他們將以後者作為其地區總部。一直到十三世紀禮物皆源源不絕地流入聖殿騎士團手中。

聖殿騎士團在亞拉岡也蓬勃發展。在一一四三年，亞拉岡國王阿方索的最終繼承人雷蒙・貝倫格爾四世，與聖殿騎士團達成協議該如何補償騎士團放棄三分之一的王國。聖殿騎士團獲得了許多規模巨大的堡壘，其中最好的可能是蒙桑，這是穆斯林在辛卡河畔修建的山頂要塞，幾乎無法被圍攻，而且聖殿騎士把它擴展到與聖地中任何一座城堡相比都不遜色的強度。聖殿騎士團現在在雷蒙的軍隊中作戰，並且作為雷蒙的代表圍攻諸城市，他們的努力也獲得了豐厚的回報。就像在東方更有名的前哨城鎮一樣，亞拉岡邊境發起十字軍戰爭是聖殿騎士和國王共同努力的結果。

不過，在西班牙的其他地方情況則非如此。在卡斯提爾，聖殿騎士團還沒來得及站穩腳跟就被擊退了。他們曾經占領卡拉特拉瓦（Calatrava）城堡數年的時間，但這座城堡在一一五八年歸還給國王。卡斯提爾的統治者在此時開始偏愛本國的軍事修會，一一六三年一位名叫菲特羅的雷蒙

（Raymond of Fitero）的熙篤會僧侶創建的卡拉特拉瓦騎士團便是濫觴。三年後，阿爾坎塔拉騎士團（Order of Alcántara，也稱為佩雷羅的聖朱利安騎士團〔Order of San Julián of Pereiro〕）在萊昂建立，聖地牙哥騎士團大約在同一時間興起，致力於保護前往西方最神聖地點之一，加利西亞（Galicia）的聖地牙哥—德孔波斯特拉大教堂的朝聖者。這些騎士團與他們成立所在地的王國更為緊密相依，他們不像聖殿騎士團和醫院騎士團這樣的國際組織，其版圖從未發展越過邊界。不過它們的存在也清楚呈現出，軍事修會的理想在與十字軍戰爭相關的各個地區都是前所未有的受到歡迎。

第九章　兩地的紛紛擾擾

耶路撒冷國王阿馬里克（Amalric）有些身體上的障礙。他說話結結巴巴，這讓雄辯滔滔的談話成了一件苦差事。他吃得很少但還是相當胖，以至於他胸脯的脂肪垂到腰際，宛如一個老女人的胸脯。[1]對他的朝臣們而言，國王缺乏吸引力，他們都認為他沉默寡言、不喜閒聊，而且淫亂、信仰不虔誠，因為他常跟已婚或未婚的女人同床。

最重要的是，阿馬里克被統治耶路撒冷的各種複雜要求弄得焦頭爛額，他必須要將東方迥然不同的各個國家團結起來，對抗地區領導人努爾丁所集結的大量敵兵的持續攻擊。這場戰鬥同時在多條戰線上展開，要對抗的敵人是埃及和敘利亞逐漸找到了一致性、信心和目標的眾多敵國。阿馬里克是一位稱職的國王，一位穆斯林作家稱讚他的「勇敢和狡猾，自從法蘭克人出現在敘利亞後還從未出過這樣的人」。[2]但在他統治耶路撒冷的十年間，他的王國逐漸變得不穩定，這有時使他不僅與敘利亞和埃及的穆斯林統治者，而且也與他自己的人馬公開地發生衝突。

當阿馬里克在一一六三年二月十八日被加冕為國王時，他才二十七歲。他的哥哥鮑德溫三世於八天前去世，享年三十三歲，死於讓他臥床不起好幾個月的發燒和痢疾。泰爾的威廉懷疑這是場謀殺，他指責安條克的敘利亞基督徒醫生巴拉克（Barac），給鮑德溫服用了有毒的保健藥。在國王死後所進行的實驗似乎證實了這一點，因為這些藥片與麵包混合後的效力足以殺死一條狗。無論國王的死因究竟為何，他確實就在貝魯特與世長辭，一支莊嚴的遊行隊伍將其遺體帶回耶路撒冷埋葬。鮑德溫的葬禮和阿馬里克的加冕儀式都在聖墓教堂舉行。

王權的過渡使聖地的基督徒貴族感到不安。鮑德溫在幾年前與一位十三歲的考特尼的阿涅絲（Agnes of Courtenay）結婚。鮑德溫去世時她只有十七歲，而且沒有任何子嗣，因此阿馬里克的繼承權並未有太大爭議。但儘管如此，王國的主要貴族們仍然對他是否適任這個位置頗有微詞。這位新國王在加冕七週後寫信給路易七世，吹噓自己的即位相當順利，而且得到眾人充分支持，不過他對一些同伴對他的矛盾態度則只是草草帶過。[3]他坦率地寫道，他新近繼承的王國面臨了嚴峻困境，「東方的基督教世界已大大枯竭，同時承受著比以往更大的壓力」。[4]去年夏天的地震摧毀了安條克的城堡和其他建築物，努爾丁的軍隊現在則威脅要把大自然未摧毀的一切都夷平。安條克的公爵沙蒂永的雷納德（Reynald of Châtillon）是十字軍國家有史以來最強悍的貴族之一，也是其公國的殘暴統治者，但他被努爾丁俘虜後被關在地牢中腐爛而死。基督教在北方的勢力正在瓦解，而努爾丁的力量卻與日俱增。令人生畏的努爾丁日益接近他的終極戰略目標：在他的統治下統一整個敘利亞，然後透過發動針對開羅的法蒂瑪王朝統治者的政變來占領埃及，或者是直接征服埃及。

在一一四〇年代和一一五〇年代之間，努爾丁的勢力逐步從阿勒坡擴展到鄰近的城市和國家。一一四九年，在他的兄弟死後，他聲稱自己是摩蘇爾的統治者。一一五四年，他推翻了大馬士革的統治者。在一一六四年以前，過去曾經構成埃德薩伯國的土地都被他征服以及控制住。這是十字軍抵達聖地後，敘利亞首次統一，同時埃及的法蒂瑪王朝則幾乎破產。自一一五三年阿什凱隆淪陷以來，法蒂瑪王朝便一直向耶路撒冷的基督教國王上繳貢金，而且王朝更迭的缺乏規律意味著，這個王朝接連由一連串弱小的年輕哈里發統治。征服的時機已經成熟。

埃及和敘利亞的聯繫在未來的發展，對基督徒來說是令人擔憂的，但對努爾丁來說則是充滿吸引力的。這兩個國家若是聯合起來將使得基督徒沿海領地的北部、南部和東部，都會被同一陣營的敵人所包圍。數十年來，遜尼派塞爾柱土耳其人與什葉派法蒂瑪埃及人之間的裂痕，對於十字軍開拓並維護他們的王國至關重要。人們普遍認為，耶路撒冷每一位基督教國王（包括阿馬里克）都有責任確保這兩個穆斯林國家保持分裂。

一一六三年，聖殿騎士團的大團長是伯特蘭・德・布朗什福德，一位經歷過東方戰爭的老兵。伯特蘭在安德烈・德・蒙巴德死後，於一一五六年被選為聖殿騎士團的第六任大團長，並曾多次以私人的財產向鮑德溫三世提供巨額軍事援助。一一五七年六月，他在安條克的巴尼亞斯（Banyas）遭遇了屈辱的大敗仗。在這次伏擊的過程中，鮑德溫被迫逃離戰場，許多著名的法蘭克人被俘虜，其中包括王室軍務長官奧多・德・聖阿芒（Odo de St Amand）、有權有勢的伊伯蘭的于格（Hugh of Ibelin）和伯特蘭本人。

泰爾的威廉形容伯特蘭是一個「虔誠和敬畏上帝的人」。[5]他曾經淪為努爾丁階下囚的經歷也說明了，他是一個經歷戰爭磨練而十分堅強的人。在巴尼亞斯落敗之後，伯特蘭被置於一隊羞辱人的車隊中被帶到了大馬士革——騎士們被倆倆綁在一頭駱駝上，每頭駱駝身上都有一面展開的旗幟，其上裝飾著以頭髮垂掛在長矛上的死者頭皮。像是伯特蘭這樣擁有最高地位的囚犯被允許穿著鎖子甲和頭盔獨自騎馬，但他們也被迫在騎馬時帶著這種駭人的旗子。[6]伯特蘭在大馬士革被囚禁到一一五九年，而當阿馬里克加冕為耶路撒冷國王時，他已經出獄將近四年了。伯特蘭決心讓聖殿騎士團效忠全新的耶路撒冷國王，他小心翼翼地不讓他的士兵去對抗他們根本沒有勝算的聯合部隊。

聖殿騎士團與努爾丁的第一次衝突獲得了出人意料的成功。一一六三年秋天，基督徒陣營收到消息，努爾丁正在的黎波里的拉布埃（La Boquee，又名布基亞〔Buqaia〕）安營紮寨。這次伏擊顯然是在西方兩名高級貴族的鼓動下所策劃的，他們是昂古萊姆（Angoulême）伯爵的兄弟戈弗雷・馬特爾（Godfrey Martel）和呂西尼昂的于格・勒布蘭（Hugh ‘le Brun’ of Lusignan），兩人當時都是因為朝聖而來到聖地。

戈弗雷和于格兩人地位崇高。他們很可能在甫到達之時就跟伯特蘭取得了聯繫。到了秋天，他們必然已經認識的黎波里的聖殿騎士團，因為當戈弗雷和于格在拉布埃襲擊努爾丁時，兩人選擇了一位身居高位、名聲顯赫的聖殿騎士——萊西的吉爾伯特（Gilbert of Lacy）作為戰場指揮官。

萊西的吉爾伯特在一一六三年時是的黎波里伯國聖殿騎士團的團長（地區指揮官）。五十多歲的他在英格蘭度過了他成年後的大部分時光，並在英格蘭內戰的動蕩政治中選擇屬於自己的道路。在瑪蒂妲女王（亨利一世的女兒同時是被指定的繼承人）與表兄弟史蒂芬國王為了王位繼承所發生的激烈戰鬥中，吉爾伯特選擇支持瑪蒂妲。當時的一部編年史，被稱為《史蒂芬事跡》（*Gesta Stephani*），稱吉爾伯特「狡猾而犀利」，並且說他「在戰爭中的任何一個行動都是小心翼翼、不辭勞苦」。[7]

更重要的是，吉爾伯特與聖殿騎士團有著長期的互動淵源。在英格蘭內戰期間，他把一座莊園捐贈給了古廷（Gutting）的聖殿騎士團，而古廷是低矮、綠意盎然的科茨沃爾德（Cotswold）丘陵地帶上寶貴而肥沃的地方，介於格洛斯特（Gloucester）和牛津之間。在戰爭結束後，瑪蒂妲的兒子被加冕為國王亨利二世，吉爾伯特認為自己的政治生涯已經結束：他在一一五八年將自己的土地移交給了兒子，並加入了聖殿騎士團。他是一名地位顯赫的應募新兵，既是貴族戰士，同時是準備放棄舒適家庭生活，來領導信徒軍隊的慷慨大度基督徒。兩年後，他作為聖殿騎士團的一員來到巴黎，該代表團是英格蘭新國王和法蘭西路易七世之間一項合約的保證人。（英格蘭國王在金雀花王朝擁有廣袤的歐陸土地，因此總是與法蘭西統治者發生爭執。）然而，對於一名活躍的戰士而言，真正該去的地方只有一個。吉爾伯特在一一六二年時已經到達聖地，並且在的黎波里指揮聖殿騎士團，現在他正在拉布埃領導對努爾丁部隊的伏擊。

這次突襲殺得努爾丁的部隊措手不及。泰爾的威廉寫道：「他的許多人馬都成為階下囚，還有更多人被劍殺死」；「他絕望地逃走了，心裡一片混亂。所有的輜重，甚至他的劍都被拋棄在後……不過基督徒卻帶著許多戰利品和豐富財物凱旋而歸」。[8]威廉在著作中所透露出的耀武揚威情緒反映了這次伏擊的成功，但實際上這對努爾丁而言只是一個小挫折。

一一六四年，聖殿騎士團再次捲入與穆斯林軍隊的直接交戰，這次是在南部。阿馬里克一加冕後就開始策劃一系列對抗埃及的戰役，並且在加冕典禮後的幾個月內發動了第一次進攻。和努爾丁一樣，他也看出法蒂瑪王朝的弱點，當時開羅的維齊爾沙瓦爾（Shawar）和一位身材魁梧、光采奪目，同時眼球中有著白內障的庫德人將軍謝爾庫赫（Shirkuh）之間正在交戰，後者希望代替努爾丁來煽動叛亂，推翻埃及政府，而阿馬里克也希望從這場激烈的權力鬥爭中得到好處。阿馬里克知道埃及是塊非常富饒的土地，上頭有利潤豐厚的物資可供掠奪，同時也是大片土地的來源，他可以用這些土地來犒賞效忠王室的貴族。他明白，如果十字軍王國的國王們能夠取得尼羅河三角洲沿岸城市的主權，例如達米埃塔（Damietta）、羅塞塔（Rosetta）和亞歷山卓（Alexandria），那麼阿什凱隆和加薩周圍的安全狀況將會大大改善。他還了解，如果可以奪下當中任何一座或是所有城市，他們與地中海其他地區的貿易聯繫將會有顯著改善。[9]

一一六四年七月，聖殿騎士團參與了阿馬里克對埃及的第二次進軍。國王朝尼羅河三角洲的邊緣進發，在古城比爾貝斯（Bilbays）圍困了謝爾庫赫。阿馬里克和他的支持者花了幾個月的時間圍城，成功地趕走了謝爾庫赫，並要求沙瓦爾給予他們在經濟上的回報，但是他們到了十月便不得不撤退，因此在領土上並未取得任何重要進展。更糟的是，當他們在南方發動戰爭時，努爾丁便趁機襲擊北方。當阿馬里克一動身前往埃及，努爾丁就深入安條克，並且於八月十日的阿爾塔赫戰役（Battle of Artah）中，與的黎波里伯爵雷蒙三世和安條克公爵博希蒙德三世（Bohemond III）率領的基督教大軍交戰。據說基督教軍隊有一萬兩千名步兵和六百名騎士，其中六十多名是聖殿騎士團，但這次努爾丁占了上風。他消滅了十字軍的軍隊，殺死為數眾多的聖殿騎士，俘虜所有的領隊者，接著穿過安條克前進占領了重要沿海城市巴尼亞斯。這給阿馬里克上了重要的一課。基督徒可以進攻埃及，也可以保衛他們的領土免受努爾丁從北方而來侵略，但是當他們嘗試同時進行這兩件事時便會落得左支右絀。

伯特蘭清楚地認識到這一點。和他的前任團長一樣，他寫信並派遣使節給法蘭西的路易七世，希望能激起他再次發起一次十字軍東征的興趣。一一六四年十月和十一月，大團長發出了兩封信，概述了同時在聖地兩條戰線作戰所帶來的不便之處。這不僅僅是軍事理論的問題。在阿爾塔赫，聖殿騎士團失去了六十名騎士、為數更多的軍士和大量被稱為輕裝騎馬弓兵的敘利亞傭兵，這些傭兵是被騎士團聘用來增強作戰人數。這是為數眾多的一群人，要替代他們的成本高昂。只有七名聖殿騎士逃脫生還下來。

伯特蘭在他的第一封信中寫道：「最尊貴的國王：安條克和耶路撒冷這兩個地方的麻煩太多了，無法一一列舉。」一個月後，他的第二封信繼續抱怨努爾丁在占領埃及期間所造成的苦難。伯特蘭寫道：「感謝上帝讓我們的國王阿馬里克偉大且值得讚揚，但他卻無法組織四支軍隊來保衛安條克、的黎波里、耶路撒冷和巴比倫（即埃及）……不過，若是努爾丁想要的話，他確實有能力同時攻擊這四個地方。」[10]伯特蘭對東方戰爭的計算有著深刻的理解，這最主要是跟人數有關。努爾丁擁有大批軍隊，而法蘭克人在多數地區則是人手吃緊。

因此，在這裡我們看到了國王的期望與過度擴張之騎士團的作戰能力間，出現裂痕的最初跡象。伯特蘭在給路易的信的結尾提到，他正派了一位私人信使前去他那裡親自解釋一些無法形諸筆墨的東西。沃爾特．布里瑟巴爾（Walter Brisebarre）這位信使「對於上帝的事務誠實而謹慎，他在這些事件中自始至終都親身參與」。這種方式是否是在暗示國王：比起他所寫下來的東西，國王應該期待從信使那裡得到更未經粉飾的真相？我們無從知曉。然而在一一六四年的秋天，雖然聖殿騎士們準備要幫助阿馬里克，然而關於騎士團在阿馬里克在位期間能否長久成功，他們的大團長顯然抱持著保留態度。

一一六七年一月三十日，阿馬里克再次離開阿什凱隆進軍埃及。這一次，十字軍的任務是阻止謝爾庫赫向開羅發動的另一次攻擊，後者的目的是要把法蒂瑪人趕出這座城市。阿馬里克是應沙瓦爾的要求率兵南下的，若是阿馬里克成功的話將可以得到一筆巨大的賞金。沙瓦爾承諾支付耶路撒冷國王四十萬第納爾作為求援基督徒的回報。按重量計算，這是一千七百公斤的純金。由於戰略上的必要性與大量現金的承諾綁在了一塊，阿馬里克和他的手下已經準備好忍受沙漠行軍的艱辛，他們要通過厚重的沙塵暴，這個風暴大到令人伸手不見五指，別無他法只能下馬躺在地上等待風暴將他們吞沒。[11]他們還無視了以下這些真實狀況：埃及正處於嚴重的內部混亂狀態，根本沒能力支付其維齊爾所承諾下的不切實際的金額。

聖殿騎士們又一次與國王並肩而行，儘管這一次的氣氛肯定有些緊張，因為前一年阿馬里克在暴怒之下絞死了聖殿騎士團的十二名弟兄。一一六六年，一位名叫腓力·德·納布盧斯（Philippe de Naplouse）①的高級貴族暨王室成員在他妻子死後加入了聖殿騎士團，並且捐出了大量在外約旦地區的土地供聖殿騎士團使用。外約旦（Transjordan，其法語名 Oultrejourdain 亦廣為人知）是埃及邊緣的高度動蕩地區，而阿馬里克和努爾丁正在爭奪其控制權。[12]在王國的一個敏感地區中如此重大的財產轉讓必須由王室簽署同意。阿馬里克同意了，但他幾乎馬上就對自己決定感到遺憾。

① 作者注：他是聖殿騎士團未來的大團長，於一一六九年至一一七一年間擔任大團長。

腓力給予騎士團的資產之一是一座堅固的沙漠洞穴。阿馬里克對聖殿騎士下達了明確的指示，要求他們要不惜一切代價保衛這洞穴，不過聖殿騎士團在不久之後就因為失敗將其拱手讓給謝爾庫赫的手下。在泰爾的威廉針對這一事件所寫的簡短而充滿敵意的描述中，這件事情當中有明顯的背叛行為。根據他的編年史②，有一股穆斯林勢力襲擊了這個洞穴，而國王適時地召集了「一支優秀的騎士隊伍」，沿著約旦河而下並打敗他們。然而，在他們到達之前，有消息傳來，聖殿騎士已經投降了。「國王非常不安且憤怒……他把大約十二位對於投降負有責任的聖殿騎士用絞刑處死。」13

然而，聖殿騎士依然支持一一六七年的戰役，並且與王家軍隊一起騎行。三月十八日，在開羅以南不遠的地方發生了一場非關大局的戰鬥，稱為巴貝因之戰（Battle of al-Bebein）。阿馬里克的基督徒騎士大軍，以及一群「無用的、缺乏男子氣概的埃及人」所組成的支援部隊（泰爾的威廉稱他們是「障礙而不是幫助」），與謝爾庫赫規模龐大許多的軍隊交戰，後者的重裝騎兵有數千人。14戰鬥在混亂中爆發，雙方各有傷亡。

阿馬里克繼續前進。他沿著尼羅河三角洲向西北行進，並包圍了著名的海洋城市亞歷山卓，用一支艦隊封鎖了它，並用陸地上的投石器對其進行轟擊。一直到謝爾庫赫要求和談、同意離開埃及、接受由沙瓦爾繼續擔任開羅的維齊爾，並且由基督徒衛戍部隊控制亞歷山卓時，這場圍攻才告終。從短期來看，這似乎是一個相當成功的結果。但和約不到一年就破裂了，國王和聖殿騎士團之間的關係進一步惡化。

✠

一一六四年，一位名叫若弗魯瓦．富爾徹（Geoffrey Fulcher）的聖殿騎士從巴黎來到阿卡。若弗魯瓦是耶路撒冷的分團長，他是一位有二十年經驗的老兵，在歐洲和十字軍國家之間遊歷，並跟法蘭西的路易七世關係密切。為了要幫助法蘭西國王，若弗魯瓦回到聖地後的頭幾個月，騎著馬繞著朝聖者的各個營地，用一只戒指觸碰每一個人，他把這枚戒指作為禮物送給巴黎的國王，並且附上一封信，哀悼那些折磨耶路撒冷王國的軍事災難，並且懇求更多的人員和物資。

三年後，若弗魯瓦於一一六七年騎馬穿越沙漠進入埃及。他被國王阿馬里克選為首席特使派往沙瓦爾，要求沙瓦爾兌現他之前的酬謝承諾。若弗魯瓦和凱撒里亞的于格一起騎馬來到開羅，于格是在耶路撒冷王國出生的領主，而他們在王宮裡的經歷確實令人目不暇給。

沙瓦爾是法蒂瑪王朝的維齊爾，在哈里發阿迪德（al-Adid）的統治下任職，而阿迪德是一個十六、十七歲的年輕人，經歷過可怕的動盪童年。他的父親被納塞丁和阿拔斯謀殺；他的哥哥法伊茲（Al-Fa’iz）在孩童時期早夭前曾短暫執政。當時大約十一歲的阿迪德在一一六〇年成為哈里發，不過是沙瓦爾代表他行使了實際權力。這種安排似乎很適合這位哈里發，一位基督教編年史家認為他「在他眾多女人中間過著頹廢的生活」，據說每一天都有不同的妾服侍他，但阿迪德在他的人民中仍然受到尊敬，他們相信阿迪德擁有讓尼羅河氾濫的神聖力量。[15]

十字軍國家的人敏銳地意識到哈里發的威望，因此他們在與法蒂瑪人打交道時，不只要得到維齊爾的，更要得到其主人的讓步和保證。出於這個原因，若弗魯瓦和于格被派往開羅，親自去見阿

---

② 作者注：威廉是阿馬里克的兒子的家庭教師，這層親密的私人關係，既讓威廉知道許多事情也讓他在立場上有所偏頗。

迪德，並且確保他能擔保沙瓦爾所做的承諾。而且他們被提示唯有哈里發的私人談話和握手才有效力。他們因為這趟任務踏上了法蒂瑪哈里發權力中心的冒險之旅，很少人見過這個地方，而出生在西方的基督徒更是鳳毛麟角。

若弗魯瓦和于格稱他們在前往聖所內部路上所看到的壯觀景象，「獨一無二，而且其風格是我們的世界所陌生的」。[16]他們後來告訴泰爾的威廉，在進入宮殿建築群的路上，他們被帶進黑暗狹窄的通道，周圍被數十名手持刀劍的親兵包圍。每個門口都站著大量哨兵，並且在維齊爾經過時精神抖擻地致敬。在宮中首席太監的帶領下，他們驚詫地穿過由步道、大理石柱和波光粼粼的魚池所環繞的寬敞庭院，伴隨著異國鳥兒的奇異歌聲。最終，他們來到了哈里發的房間，裡面掛著繡著珍珠的窗簾。他們看著沙瓦爾在黃金寶座的底座前跪拜三次，接著親吻著這位英俊、鬍子稀疏的年輕人的腳，樞密大臣和太監們則從側翼觀望。

聖殿騎士分團長在這群鞠躬、磕碰地面的人群中顯得格格不入，他穿著鮮明的白色制服，上面刻有一個紅色十字架，而且不向哈里發跪拜。恰恰相反。當于格和這位什葉派世界的領袖交談時，他覺得哈里發看起來像凱撒里亞集市上的一個狡猾小販。于格無視太監和奉承的官員，迫使阿迪德逐字逐句地重複唸出國王阿馬里克與沙瓦爾的協議，然後要求不戴手套握手來象徵性地表示彼此會遵守諾言。

哈里發的僕從站在那裡目瞪口呆，但阿迪德履行了他的職責，並且送若弗魯瓦和于格上路。法蒂瑪王朝的統治者和基督教國家之間就這麼簽訂了軍事和政治協定，這可能是年輕的哈里發所舉行過最親密的儀式了，它的有效性在很大程度上便建立在哈里發和聖殿騎士之間的握手。但是哈里發會遵守諾言嗎？同樣重要的是，耶路撒冷國王會說話算話嗎？

聖殿騎士團在該協議中的巨額投資及其在加薩所持有的財產，這兩點必然是他們在翌年與國王的關係降到新低點的因素。一一六八年十月，阿馬里克違背了他跟沙瓦爾的協議，「集結了他的王國的軍隊，進入了埃及」，甚至連他最親密的心腹也沒有收到任何預警。[17]他在比爾貝斯進行了一次閃電包圍戰並且屠殺平民，接著直搗開羅並且在城門外安營紮寨，等待維齊爾交出另一筆請求他離開的巨額金錢。

維齊爾提出了條件：這次是兩百萬的黃金——這是筆大得令人合不攏嘴的數目。阿馬里克於是將部隊撤出，並且伸出雙手等待金錢如雨一般的落下。這個錯誤的決定將造成日後的許多災難。

如果當時伯特蘭·德·布朗什福德或若弗魯瓦·富爾徹在場，他們也許會告誡阿馬里克不要太信任維齊爾，而且在破壞與哈里發的協議之前勢必要三思而後行。不過，他們這一次未受徵詢。他們選擇不插手這個愚蠢和不明智的進攻，因為這次的軍事行動違背了他們經過真誠斡旋所達成的協議。他們堅決拒絕加入這場侵略，這種對國王的嚴重怠慢，勢必是經過長時間的思考和祈禱才做得出來。

當耶路撒冷國王坐在那裡等待他的第一批黃金贖金時，沙瓦爾聯繫了他以前的敵人努爾丁，請求他幫忙趕走這群貪婪的法蘭克人。謝爾庫赫也適時地動身前往開羅，沿途集結了一支龐大的軍隊。他在戰場上設法避開了阿馬里克，將自己的軍隊部署在開羅城前方，其人數之多使得基督徒完全無法驅除他們。到了一一六九年一月二日，阿馬里克意識到他別無選擇，只能拆除營地返回耶路撒冷。他沒有拿到那兩百萬枚金幣，也沒能征服開羅。他只有在一座尼羅河三角洲城市屠殺平民，在那裡待了幾個星期便打道回府了。

這只是他煩惱的開始。阿馬里克一離開埃及，謝爾庫赫就採取他一直都在等待時機，一個簡單又致命的步驟。他邀請沙瓦爾到他在開羅郊外的帳篷參加一個友好的聚會。到了約定的時間，他溜了出去，沿著河邊散步。沙瓦爾到達時原本期待著一場歡樂的討論；不過結果恰恰相反，他遇到的是等著要取他性命的謝爾庫赫士卒。他們撲向他，把他摔倒在地捅了幾刀後，把他的頭砍了下來。謝爾庫赫散步回來，給哈里發捎了個信，說他想去開羅拜訪他，然後大搖大擺地走了進來，宣布自己是新的維齊爾。幾乎只是在一顆頭顱落地的轉瞬之間，埃及就落入了努爾丁的手中。遜尼派正在吞併敘利亞，而在開羅異國風情的宮殿裡統治了兩百五十多年的法蒂瑪哈里發的時代即將終結。聖殿騎士們最害怕的事情已然成真，他們將面臨著一個統一而大膽的敵人的包圍網。這跟伯特蘭與分團長若弗魯瓦寄給法王的悲觀信件中所預言的內容非常相似。

幾個月之內，伊斯蘭復興勢力將會有一個新領導者，他比努爾丁更危險，也比謝爾庫赫更凶悍，並且比贊吉更殘忍。所有的法蘭克人，尤其是聖殿騎士團，會因為他而經歷他們占有聖地七十年中從未面臨過的嚴酷考驗。對於他的崇拜者來說，他是「偉大的英雄，精神力強大、勇敢堅定，且無所畏懼」。[18]對於那些受到他最嚴厲懲罰的人而言，他是代表「上帝憤怒的手杖」，被派來「肆虐並消滅頑固的愚民」。[19]

他的名字叫做薩拉丁。

第十章 火之淚

薩拉丁的龐大軍隊行進揚起的塵土足以把最明亮的早晨變成陰影籠罩的黃昏。「有時大地在部隊下方呻吟」，他那敬仰主人的祕書伊瑪丁（Imad al-Din）寫道，而「天堂歡喜地接受這些飛揚的塵埃」。當部隊全速前進時一定是幅真正令人生畏的景象：一萬兩千名職業騎兵疾馳在三萬六千名志願兵的前頭。薩拉丁的同夥們互相吹噓說，當耶路撒冷的法蘭克人（他們認為法蘭克人是種「汙染」和「人類渣滓的汙穢」）得到大軍即將到來的消息時，他們會嚇得發抖並且希望「他們不曾出生」。[1]

在開羅陷落後的十年當中，薩拉丁・尤素福・伊本・阿尤布（Salah ad-Din Yusuf ibn Ayyub），這位具有超凡魅力、政治上靈活、不屈不撓、雄心勃勃、極其自信的軍人，成為了伊斯蘭世界的卓越領袖，也是以薩拉丁父親的名字為名的阿尤布王朝（Ayyubid）的創始者。薩拉丁曾是謝爾庫赫在埃及戰役的主要指揮官，尤其因為他是謝爾庫赫這位老人的姪子。但是，他的出生背景並不能完全說明他成功的原因，而且姪子的成就很快就超越了叔叔。在這座城市投降不到一年的之內，謝爾庫赫得了某種扁桃腺炎——這種喉嚨裡嚴重的膿腫是因為吃了太多肥肉而引起的。他在一一六九年三月二十二日突然去世，薩拉丁則接管了大權。[2]他迅速改變了這座城市的效忠對象，從什葉派的法蒂瑪哈里發轉投向位於巴格達的遜尼派阿拔斯哈里發，然後發起了一場要將埃及、敘利亞和美索不達米亞的每一塊重要伊斯蘭領土都納入個人控制之下的戰役。

當然，薩拉丁的野心讓他樹敵眾多，其中一位是努爾丁，他曾協助謝爾庫赫在埃及的政變，並認為自己不僅是一個庫德人政治暴發戶，而是命中注定要主宰敘利亞和埃及的人選。薩拉丁的想法則不同。一一六九至一一七七年間，薩拉丁藉由精湛的軍事領導、不懈的軍事行動、堅毅的性格和一連串的好運，擴大了他在埃及之外的影響力，成為阿勒坡、大馬士革和摩蘇爾等等地區的穆斯林統治者的最大威脅。在阿迪德過世後，法蒂瑪哈里發於一一七一年被正式廢除。接著薩拉丁開始在他自己的領導下鞏固遜尼派對埃及的統治。

透過祕密行動、密謀或在戰場上殺死他的各種企圖都失敗了。他在該地區的主要競爭對手努爾丁也在一一七四年去世，薩拉丁立即取代了他的位置。他首先強行進入大馬士革，組織了一場迅速的政變來打擊那些試圖推舉努爾丁十一歲兒子為領導者的人們。他把男孩從城裡帶走，然後和努爾丁的遺孀結婚，藉此給自己披上一層正當性的外衣。在占領大馬士革後，他於第二年發動了一場針對努爾丁家族及其追隨者的北方戰役，並且在戰鬥中決定性地擊敗了他們，奪下了霍姆斯和哈馬（Hama）。薩拉丁對位在巴格達的阿拔斯哈里發的恭敬現在已經得到了回報，而且因為他不斷提高的聲譽以及征服成績受到肯定，他在一一七五年被授予埃及和敘利亞蘇丹頭銜。在一一七〇年代末期，他向努爾丁在阿勒坡（最終於一一八二年倒戈於他）和摩蘇爾（對他避而不見）的親戚和過去的盟友施壓。到了一一八〇年代初，他無疑是整個伊斯蘭黎凡特地區的主導人物。

薩拉丁將自己的權威建立在以下這個精心打造的形象上：他是信仰的真正捍衛者，他對聖戰的投入程度超過了其他所有人。他是一位慷慨、虔誠、詼諧和（相對）人道的統治者，同時對人以及其動機有著極為足智多謀的判斷力，而且性格和行為都給周圍的人留下深刻的印象。他的親密追隨者伊本．夏達德（Ibn Shaddad）和伊瑪丁詳細記錄了薩拉丁的生活和成就，他們很少需要多費筆墨或是索盡枯腸，就可以輕鬆寫出讚美他們主人的華麗詩篇。

他們對薩拉丁至高讚美的核心重點是他正面迎戰法蘭克人的無窮渴望，因為這群人正占領著耶路撒冷，並且控制了的黎波里和安條克的土地。伊本．夏達德寫道：

> 他對聖戰的熱愛和激情牢牢地占據他的心靈與生命中的一切，以至於他口中所講的全部都是完成聖戰的手段、心中所想的全都是投入聖戰的人力，而且只對談論並鼓吹聖戰的那些人懷有好感。[3]

這遠遠超過單純的虔誠。薩拉丁最深刻的洞見，也是他大半生涯所遵從的務實思考方式，便是要促進脆弱的伊斯蘭世界的團結（並鞏固他對這個世界的個人權威），而團結他的穆斯林同胞最好的方式便是豎起聖戰的大旗來對抗一個不信教的敵人。

薩拉丁赤裸裸的征服野心和強烈的反基督教情緒，把他推向了與十字軍國家的戰爭。唯一真正令人訝異的是，他花了十年的時間才邁出第一步。但是當這場戰爭來臨之時，聖殿騎士團便位於與他對抗的第一波隊伍中。

✝

薩拉丁在一一六九年奪取埃及政權的同時，聖殿騎士團與耶路撒冷國王之間的關係卻充滿了矛盾。前任團長伯特蘭・德・布朗什福德在那一年去世，聖殿騎士團的中央修道院選出了腓力・德・納布盧斯，這位出生在東方的資深貴族與阿馬里克宮廷有著密切聯繫。腓力很可能是在國王的要求下被迫加入聖殿騎士團的，儘管他的當選同樣有可能是特地為了修復騎士團與國王的關係。無論是何種原因，短期來看成果都是成功的，因為聖殿騎士團在腓力的指揮下，發動了一場（徒勞無功的）重返埃及王室的入侵戰。但腓力對國王的忠誠勝過對聖殿騎士團的承諾。他在一一七一年辭去了自己的職務，轉而率領王家大使團出使君士坦丁堡的拜占庭皇帝曼努埃爾一世。旅途並不長，但是他在前去皇帝宮廷的路上去世了。

腓力的繼任者是奧多・德・聖阿芒，這是另一位清楚效忠阿馬里克的人，他也曾擔任過耶路撒冷的軍務長官，這是國王之下職位最高的軍事指揮官。總的來說，讓奧多當選所預期收到的效果是讓騎士團與王室的政策協調一致，但這次卻不太成功。他作為領袖的種種作為顯示出一種好鬥、衝動的人格特質，他很快就認為騎士團獨立性這件事情，遠比充當阿馬里克傀儡要來得重要。

奧多領導的第一次危機牽涉到一個神祕的什葉派分離派別，阿薩辛派（Assassins），該組織的成員擁有著引人注目的明目張膽謀殺技能。阿薩辛派的總部設在波斯的阿拉穆特（Alamut）城堡，但從一一三〇年代起，他們還在敘利亞山區占有一小塊領土，並占領了的黎波里伯國和安條克公國之間位於諾塞里（Nosairi）山區的一些城堡。在阿馬里克統治時期，泰爾的威廉相信阿薩辛派有六萬名成員，他們擁有的十座城堡皆依賴鄰近村莊繳交稅收來支撐。阿薩辛派之名可能源自他們對大麻的熱愛，他們在從波斯向巴勒斯坦發動恐怖襲擊之前就使用了大麻。泰爾的威廉寫道：「如果碰巧有一位君王招惹了人們的仇恨或不信任，（阿薩辛）首領就會把一把匕首放在他的一個或幾個部下手中」；「那些被指定的部下便會立刻跑去執行工作，不顧這件事所會造成的後果，也不管個人是否有逃脫的可能」。[4]後來，日耳曼編年史家帕特伯恩的奧利佛（Oliver of Paderborn）聽說：「阿薩辛派和他們的首領山中老人（Old Man of the Mountain），有向基督徒投擲刀子的慣例，目的是終結那些關心基督教事務的人的性命。」[5]實際上，阿薩辛派更關注其他穆斯林的領袖，這就是為什麼阿馬里克尋求與他們和平相處，以對抗他們在敘利亞和埃及共同的遜尼派敵人。

為此，山中老人在一一七三年派了一位使者到阿馬里克的宮廷。這位使者被稱為阿布杜拉，根據泰爾的威廉帶有嚴重偏見的報告，他「睿智而雄辯、善於謀略，而且完全服膺他主人的教條」。[6]但是阿布杜拉的雄辯根本不討聖殿騎士團的歡心，因為他被派去提議的一項交易將會終結聖殿騎士團的一項豐厚收入來源。

阿薩辛派和聖殿騎士團的根據地相當接近，雙方對彼此非常熟悉。聖殿騎士團在托爾托薩有一座大城堡，非常靠近諾塞里山區，那裡的山區散布著刺客的據點。這些中最接近的拉寇布勒（La Coible，又名卡瓦比城堡〔Qala'at al-Khawabi〕）距聖殿騎士團領地僅五英里。這本身並不是致命的威脅：阿薩辛派通常不會去攻擊聖殿騎士團，因為聖殿騎士從本質上是可以替換的，而且個別弟兄的重要性遠不及整個聖殿騎士團。[7]阿薩辛派每年付給聖殿騎士團大約兩千枚金幣，好讓自己不被打擾。泰爾的威廉認為取消這個付款安排是阿布杜拉談判的重點，而且威廉發現阿馬里克為了更大層面的安全考量，願意在這個問題上讓步。國王提出了一項建議，並在武裝部隊的陪同下將一名阿薩辛人送回山區，並帶著保護信與他的領導者商定條件。

泰爾的威廉記錄了接下來發生的事情。他寫道：「在國王提供的護送和引導下，阿布杜拉已經跨越了的黎波里，即將進入自己的土地。」但是，當阿布杜拉上山時，卻遭到伏擊。梅斯尼的沃爾特（Walter of Mesnil）是聖殿騎士團成員，他只有一隻眼睛，和其他穿著聖殿騎士制服的不知名同夥一道，「拔出劍衝向隊伍，殺死了使者」。[8]

這則駭人聽聞的背信棄義消息讓阿馬里克陷入了瘋狂。他召見了他的貴族們，對他們咆哮道：「國王的權威似乎已化為烏有，而且基督教神職人員的誠信和堅貞也受到了不應該的恥辱。」[9]根據威廉的記載，阿馬里克派出了兩個男爵，分別是馬梅當的沙赫（Saher of Mamedunc）和特勞特的古德修（Godechaux of Turout），去「要求聖殿騎士團的大團長……應該要對這種瀆神暴行賠罪，讓國王和整個國家感到滿意」。他想要單眼梅斯尼的沃爾特的人頭被放在盤子上。

不幸的是，奧多拒絕合作。他聲稱這是內部紀律問題，這最有可能指的是一一四〇年代聖殿騎士團授予的教宗敕令，其中規定該騎士團不受國王管轄，只需要對教宗負責。奧多說，他將對沃爾特進行懺悔，並將他送往羅馬接受審判。泰爾的威廉寫道：「他禁止教宗方面的任何人對這位弟兄施以暴力。」他接著指出，大團長還「多說了其他一些話，其內容完全出自他那過分狂妄自大的精神」。威廉喜歡在他的編年史上盡可能地散布各種各樣的趣聞軼事，如果連他都認為這些話不適合讓大眾閱讀，那麼其內容必然相當毒辣猛烈。

對於奧多將是一位柔順的聖殿騎士的這種期待，隨著阿布杜拉的死一塊破滅了。阿馬里克最終逮捕了梅尼爾的沃爾特。他派了兩名騎士前去西頓跟大團長對峙，將沃爾特從囚禁他的聖殿騎士團之家拉出來，並且用鐵鍊把他拖到泰爾，讓他在王家地牢中等死。然而，這已經是阿馬里克所敢做的最大限度。他克制自己不對整個騎士團採取更嚴厲的措施，這樣的適度克制讓泰爾的威廉感到驚訝。[10]雙方的關係被擱置，任其自生自滅。聖殿騎士團仍然致力於保衛十字軍國家，但這是他們出於自己意願所扮演的角色，而且他們有著強烈的獨立意識不受王室的監督。

一一七九年，在羅馬的西方教會總會議上（即第三次拉特蘭公會議），有人試圖從宗教層次（如果不是軍事和外交層次）出發，來對軍事修會不受權威和監督的自由提出異議（儘管沒有得到證實，但可能是泰爾的威廉親自領導了這項工作。他是以泰爾大主教和東方各國的代表之身分參加了公會議）。現實狀況是，聖殿騎士團和醫院騎士團扮演的角色愈來愈吃重，沒有人願意不識時務地去妨礙他們。這種情況在一一八〇年代變得非常明顯，因為當時薩拉丁構成的威脅不斷地增長——內部分裂不如為了生存奮鬥下去來得重要，這點一天比一天變得更加明朗化。

✚

一一七七年十二月，一名信使搖搖晃晃地從耶路撒冷向北前往阿勒坡附近的哈里姆（Harim）城堡。他被「斷肢和撕裂」，渾身是血身體虛弱，幾乎奄奄一息，但他緊抓住一件珍貴物品：一封寫給所有基督徒的公開信，描述了幾週前拉姆拉和伊伯蘭在一個名為蒙吉薩（Mont Gisard，又叫做泰爾薩非亞〔Tell al-Safiya〕）的地方所發生的事情。它是由耶路撒冷醫院騎士團的代行團長雷蒙所寫，當地的醫療設施已經達到極限。這本身便是個嚴重的問題。耶路撒冷的醫院和聖殿一樣富麗堂皇，就位在聖墓教堂的正對面，有十一個病房和一千到兩千張病床，為病人和傷者提供治療。[11]

一場巨大的危機使這個機構不堪重負，而這正是雷蒙在信中所描述的。一支包括許多聖殿騎士和醫院騎士在內的基督教軍隊與薩拉丁的戰士們發生了衝突；雙方都有數千人喪生，許多倖存者現在傷勢嚴重，醫院騎士團的弟兄們正在治療他們，虔誠的信徒們則為他們祈禱。「耶和華的作為奇妙可畏，」醫院騎士寫道，「對此毫不感到震驚的人是有福的。」[12]

蒙吉薩之戰是薩拉丁與基督教軍隊之間的首次大規模武裝對決，它在這個時間點爆發絕非偶然。一一七四年，國王阿馬里克在巴尼亞斯遭圍困期間染上痢疾而猝死，耶路撒冷王國因此衰弱。阿馬里克之死所引起的動盪，則由於他的繼任者而變得更加嚴重。他的兒子鮑德溫四世時年十三歲，患有麻瘋病。這是一種毀滅性的可怕疾病，在他還是個孩子的時候，四肢就開始麻木，日後將帶給他巨大的痛苦、身體畸形、失明和長時間的癱瘓。

麻瘋病是十字軍國家相對常見的疾病，而眾所周知，位在耶路撒冷外的麻瘋病醫院於一一四〇年代被納入聖拉撒路騎士團。它的成員就像醫院騎士團和聖殿騎士團一樣要承擔軍事職責。但麻瘋病人唯一能得到的是緩解性治療，麻瘋病人的四肢多年下來因細菌感染而麻木，接著會導致手指、腳趾和臉部部分腐爛，病變遍布全身而且視力和呼吸系統會出現衰竭。唯一不確定的部分是病患不知道要多久才會解脫。

三年來，薩拉丁觀察著麻瘋病國王鮑德溫四世艱難地治理自己的王國，而他自己則鞏固了敘利亞和埃及蘇丹的地位，並在阿勒坡和摩蘇爾打擊努爾丁的黨羽。到了一一七七年，他已經準備好測試十字軍國家的實力。夏末，他在埃及集結了一支龐大的軍隊，進軍法蘭克人的領地，繞過了在阿什凱隆圍堵他的一支基督教小部隊，迅速向耶路撒冷挺進，沿途燒毀了許多房屋和村莊。病重到根本無法領軍的鮑德溫得到了許多基督教高級貴族的支持，其中包括好鬥的前安條克公爵沙蒂永的雷納德，他過去在阿勒坡的十五年監禁更加深了他對伊斯蘭士兵發動戰爭的堅決渴望。一一七七年十一月二十日，雷納德徵募了奧多·德·聖阿芒大團長和代表國王的八十名聖殿騎士，他們一同從加薩出發前往追擊薩拉丁龐大的軍隊，要以一切可能的手段將他們逐出王國、趕回埃及。

加入戰鬥編隊的聖殿騎士團令觀者印象深刻。在這個時間點上，他們最初的《聖殿騎士會規》已經擴充不少，增加了以法語撰寫的數十項條款，這些條款的內容不是宗教規矩，而是關於在敘利亞和巴勒斯坦的平原和山路作戰這樣子的艱難事務。聖殿騎士的等級制度被嚴格定義，大團長①要得到包括總管（他的副手）在內的軍官支持；軍團長是聖殿騎士在戰場上的領導者，而地區指揮官或分團長則負責個別城市或地區。騎兵長（turcopolier）負責招募和組織在敘利亞出生的輕騎兵作為輔助作戰的僱傭軍。掌旗官是軍需官，職責是確保騎士和軍士們都配備了適當的武器、盔甲、制服、寢具、露營裝備以及戰場上所需的一切。

紀律高於一切。騎士要騎行在他們的黑白旗幟後面，他們的《會規》針對當他們在營地、在戰

① 作者注：大團長（grand master）一詞在今天通常用來描述聖殿騎士團最高的團長（與地方團長相對），實際上這在東方既不是常用頭銜也非正式頭銜。見 Burgtorf, J., *The Central Convent of Hospitallers and Templars: History, Organisation and Personnel* (1099/1120-1310) (Leiden/Boston: 2008) 182。

場上騎行，或是發動攻擊時都有嚴格規定。聖殿騎士必須遵守他們的誓言：服從上帝、會規，以及他們在軍隊中的上層長官。

沒有軍團長的明確命令，聖殿騎士們不得裝載行囊或為馬匹備鞍。當任何命令下達時，弟兄們在立刻執行職責之前，必須敏捷地回覆一句肯定語「迪帕度！」（De par Dieu），意思是「以上帝之名！」行軍時，騎士們排成縱隊，而他們的侍從們手持長矛走在前面。在夜間行軍的時候，整個縱隊幾乎完全沒有聲音；即使在白天行軍，也只允許進行極為必要的談話。騎士若離開自己在縱隊的位置會被阻止。在戰鬥中，除非是為了幫助一個生命垂危的同胞弟兄，否則絕對禁止擅自離隊。弟兄們一言不發堅定地奔向戰場，只有在發出衝鋒命令的號角聲響起時，他們才打破沉默，然後他們會在向前馳騁時一齊吟唱《詩篇》一一五篇：

耶和華啊，榮耀不要歸予我們，不要歸予我們；
要因您的慈愛和誠實歸在您的名下。[13]

在面對危險時作鳥獸散或是逃跑被認為是一種恥辱。任何做出這種行為的弟兄會被剝奪坐騎，然後步行返回營地，這對一個騎士來說，是一種特別屈辱的懲罰，因為他的整個軍事身分都取決於他的騎術和控制馬鞍的能力。即便是殘廢到不能行動的弟兄，未經他的指揮官的明確許可，也不被允許離開他的中隊。聖殿騎士除了被敵軍擊敗外，嚴禁從戰場上撤退。

聖殿騎士團是具有堅守戰場之意志的戰士，這也使得他們成為耶路撒冷國王集結的軍隊中極為寶貴的一部分。這就是為什麼已故的阿馬里克如此寬容地對待他們，儘管騎士團蔑視他的權威和政策。正因為如此，當薩拉丁的軍隊在一一七七年冬天被發現時，阿馬里克的兒子、麻瘋王鮑德溫四世和沙蒂永的雷納德會率領八十名加薩聖殿騎士前往蒙吉薩。

根據十三世紀學者、編年史家阿布・沙瑪（Abu Shama）的記載，薩拉丁的軍隊沒有預期到法蘭克人會有太大抵抗。蘇丹允許他的士兵們散開進入村莊掠奪，而不是集中在一塊。阿布・沙瑪冷冷地寫道「命運不站在他們這邊」，他說得並沒有錯。[14]十字軍國家軍隊帶著耶路撒冷真十字架碎片，他們最神聖的聖物，出乎意料地出現在穆斯林面前，並以他們最擅長的方式向穆斯林發起了猛攻——重騎兵衝鋒，在此戰法中騎兵們迅速而猛烈地向敵人猛撲，每個身穿盔甲的戰士都以最快的速度和最大的力氣展開戰鬥。這個戰術執行地相當漂亮，當時的場景是幅可怕的景象，而且穆斯林軍隊傳統上不擅長防禦此類衝鋒戰術。雖然法蘭克騎士的人數遠遠比不上敵軍，但是他們帶著正義的怒火朝著薩拉丁的部隊進行衝鋒。

阿布・沙瑪在描述法蘭克人衝鋒時加上了浪漫詩意：「像狼一樣敏捷，像狗一樣吠叫……他們成群結隊地進攻，就像火焰在燃燒一樣。」[15]他們選擇了絕佳的進攻時機，耐心等待著薩拉丁對他手邊的部隊進行戰術性重組，並且在重組期間的混亂中鎖定目標展開進攻。[16]然而，接下來是一番苦戰。薩拉丁的姪子、高大魁梧的埃米爾塔居丁（Taqi al-Din）「勇敢地用劍和長矛戰鬥」，但在他周圍有數以百計的人紛紛倒地。「他麾下許多勇敢的軍官都殉難了，」阿布・沙瑪寫道，「前往了永恆家園享受喜樂。」[17]

薩拉丁在他的私人精銳親兵馬穆魯克（Mamluk）的重重保護下作戰，馬穆魯克是從亞洲大草原上抓捕來的奴隸士兵，他們從小就被當作戰士撫養長大，他們的胸甲上戴著黃色的絲綢，與蘇丹的戰袍顏色相匹配。泰爾的威廉寫道：「他們始終將主人團團圍住，竭盡所能地保護他免受傷害，他們甚至到死都還緊靠在他身邊。」[18]和聖殿騎士團一樣，這些人自我的定義便是願意捨己犧牲、接受最高水準的軍事訓練，即便面臨慘敗也不離開戰場。泰爾的威廉寫道：「當其餘的人順利脫逃時，幾乎所有的馬穆魯克都命喪沙場，這是經常發生的情況。」[19]

對馬穆魯克的大規模屠殺發生在蒙吉薩。那些試圖逃離戰場的人被追趕了數英里，奔跑過被稱為「椋鳥沼澤」（Swamp of Starlings）的危險沼澤地，丟盔棄甲以便加速脫逃。法蘭克的戰利品獵人在戰鬥結束後，在戰場上搜集了一百件珍貴的胸甲。薩拉丁逃過了一劫，但是他飽受羞辱，而且為了逃回埃及根據地還經歷了一段悲慘的旅程，他的軍隊飽受惡劣的冬天氣候摧殘，他的部下因失去袍澤而憔悴到不吃不喝，而且他的大篷車在返回開羅的路上還被貝都因人（Bedouin）部落搶劫。這是薩拉丁所遭受的最慘痛的軍事挫敗之一，而且多年來一直縈繞在他心頭，他發誓總有一天要報仇雪恨。[20]

在蒙吉薩戰鬥的八十名加薩聖殿騎士們分享了血腥勝利的榮耀，醫院騎士團的代理大團長稱這是「對人數不可勝數的撒拉森軍隊的大勝利」。[21]但有一點卻鮮為人知，他們同時運用了極為狡猾的手段促成這場勝利。薩拉丁的姪子塔居丁的兩個兒子也參加了這場戰鬥。其中一名叫作艾哈邁德，他「非常英俊」而且剛蓄起一把大鬍子，並且成功地用箭射中了一名十字軍騎士，但是當他不久後試圖向敵人發起第二次衝鋒時就被擊斃。[22]第二個兒子則被阿布・沙瑪稱為沙罕夏（Chahinchah），他的情況要複雜得多。沙罕夏在戰前曾跟大馬士革一位祕密為聖殿騎士工作的臥底有接觸。這位臥底成功取信於沙罕夏，若是他效忠宣誓鮑德溫國王，國王就會設法讓他接替伯公成為開羅的統治者。

儘管麻瘋王顯然不可能將薩拉丁逐出埃及，遑論操控其繼承權，但是這樁陰謀已經以某種方式有所進展，大馬士革的臥底向這位受騙的兒子出示偽造文件，其中內容似乎授權他投靠基督教一方。沙罕夏同意單獨會面，但之後便被帶到花園小徑上，接著在一個「偏僻的地方」被移交給了聖殿騎士，聖殿騎士將他囚禁起來並且當成奴隸帶走。沙罕夏被聖殿騎士團關押了七年多，最終則是成為換取釋放薩拉丁地牢中基督徒囚犯的籌碼。聖殿騎士的軍事能力廣為人知，但他們也將先進的情報系統帶到戰區。一一七七年，當薩拉丁對法蘭克王國進行首次認真調查時，他們便用軍事與情報這兩種能力來遏制薩拉丁。

但敘利亞和埃及的蘇丹並不是一個習慣將失敗默默地往肚子吞的人。

+

在約旦河對岸的一座山坡上，有一座新的十字軍城堡正在大興土木，這座城堡位於胡萊（Huleh）和太巴列湖之間一個名為雅博渡口（Jacob's Ford）的地方。一一七八年十月，工人得到耶路撒冷國王的命令開始動土，而在接下來的六個月中，地基已經完成，而且出現了「相當厚實而且具備足夠高度」的城牆。[23]這座新城堡的位置既具戰略意義亦富神聖意義，因舊約時代的族長雅各就是在這裡停下腳步將他的子民分成兩隊，給他圖謀復仇的哥哥以掃送了一條口信，並且跟上帝的一位天使角力因此讓自己的髖關節脫臼。[24]

穆斯林稱這裡為耶利米哀歌渡口（Ford of Lamentations），對它的崇敬不亞於基督徒。這個渡口除了有此古老意義外，還有更實際的價值。雅博渡口是連接阿卡和大馬士革的一條重要渡河口，並且是從埃及到美索不達米亞這條綿延不絕的大篷車路線（被稱為沿海大道）中的一部分。此渡口最終成為了從遠東的中國到摩洛哥的這條全球貿易大動脈的關鍵中心舞台。

雅博渡口的通道是個棘手的地方，路上充斥著土匪和強盜，他們會從西布倫谷地（Zebulon Valley）的藏身處發動閃電襲擊來搶劫旅行者，讓人們在沒有軍隊護送的情況下幾乎無法通過這條道路。新城堡將使永久性的守備部隊成為可能，以確保朝聖者和商人通過基督教占領的巴勒斯坦。新城堡也有潛力可以保護周遭領土安全，防止大馬士革附近可能發生的襲擊，因為這裡距離大馬士革僅需一天的行軍時間——若將薩拉丁前一年突襲納入考量，這是格外迫切的需求。

雅博渡口的城堡是王室和聖殿騎士團聯合興建的工程。在一一七八至一一七九年的整個冬天，石匠們都在修築城牆，而法蘭克士兵的巡邏隊則保衛道路和山坡免受土匪的侵擾，伏擊並殺害了盡可能多的人。到一一七九年四月，這座城堡即將竣工：四分之三的地基已經挖好，每面城牆都有五扇門和一座塔樓，並且安裝了一個烤爐和儲水池。工人們繼續用鐵鍬、鋤頭和手推車忙碌地勞作著，在成堆的石頭、石灰和鵝卵石之間來回穿梭。[25]由於王國的其他地方也需要被關注，鮑德溫四世便返回耶路撒冷，將已經建成一半的堡壘交給了奧多・德・聖阿芒和聖殿騎士團來保衛、完工、改造和裝潢。

他們還有很多工作要做：第二道外牆、護城河和連接兩個庭院的門樓都在規劃之中。組成軍隊的騎士和軍士與數百名工人一起生活，他們包括了泥瓦匠、建築師、鐵匠、刀劍匠、盔甲匠還有服勞役的穆斯林囚犯。[26]約有一千五百名男子在城堡建築群周圍紮營。聖殿騎士團之所以能夠資助這個龐大的行動，包括建造和守衛竣工的城堡，都要感謝它在周圍土地上所獲得的財政權利。即便雅博渡口城堡在結構上尚未完工，它至少已經有充足的設施並且預備好開始運作其之所以被建造的目的。[27]

在城堡上方的黑白旗幟被升起幾週後，城堡的部分防禦便面臨了考驗。薩拉丁根本不可能不注意到這座城堡的興建，而他也正確地將其視為一種挑釁性的嘗試，企圖改變該地區在基督徒城市阿卡和穆斯林大馬士革之間的權力平衡，而且是對宗教禮節的基本侮辱：異教徒們在所有良善穆斯林都視為神聖的土地上建造了房屋。幾乎就在鮑德溫國王和他的隨從剛離開雅博渡口時，薩拉丁便率領一支軍隊來到了巴尼亞斯（這裡距離城堡很近），而且用伊本．阿西爾的話來說，他「逗留了一段時間，並向法蘭克人領土發動了突襲」。[28]伊本．阿西爾聽說蘇丹出價六萬第納爾來和平地拆毀這座城堡。不過這個提議被拒絕了。[29]因此，在一一七九年五月二十七日聖三一主日之前的幾天中，薩拉丁準備用武力迫使聖殿騎士放棄這座城堡。

根據泰爾的威廉的說法，薩拉丁將部隊移動到了城堡圍牆旁，並且「不間斷地發出密集的箭雨，並反覆襲擊騷擾被圍困的城牆」。[30]這是一次試探性的攻擊，而且在幾天之後便鳴金收兵，這是因為有位聖殿騎士名叫馬勒伊的雷尼爾（Renier of Mareuil），他從塵土飛揚、尚未完工的城樓後面射出一箭，射死了薩拉丁手下最資深的埃米爾。薩拉丁於是暫時撤退，但是他不會離開太久。

鮑德溫的大臣們意識到他們不能無限期地只讓奧多和聖殿騎士團單獨保衛建築工地，因此他們急忙讓部隊經由太巴列回師到雅博渡口。他們穿過巴尼亞斯周圍的鄉村時，可以看到被蘇丹軍隊焚毀的村莊四處冒出濃煙。需要採取緊急行動。

六月九日星期日，國王的騎兵脫離了與他們同行的步兵。騎在其他部隊前方的騎兵在一次掠奪探險中遭遇了薩拉丁的部隊，並在一場小規模的戰鬥中擊敗他們。雙方都撤退了。十字軍騎士們追著鳥獸散的敵軍好幾里，但沒過多久，他們就遇到了薩拉丁本人及其手下數量遠多於他們的軍隊。命運突然間發生了逆轉：在短暫的抵抗和戰鬥之後，基督徒現在開始逃命。有些騎士逃到山裡頭，有些騎士則向附近的博福特（Beaufort）城堡進發。國王鮑德溫四世隨軍而來，在他的私人親兵的幫助下安全獲救，但約有兩百七十名基督徒騎士被捕獲淪為俘虜。這對聖殿騎士來說是場災難，因為被俘虜的包括他們的大團長奧多。

奧多曾在監獄裡待過一段時間，在努爾丁的時代與伯特蘭一起被關在大馬士革。泰爾的威廉尤其輕蔑他，因此故意錯誤地引用《約伯記》，把他描述成「一個惡人，高傲狂妄，鼻孔裡充滿怒火」。[31]威廉並未詳細說明奧多所犯錯誤的性質，就將這次潰敗歸咎在他頭上，並且寫道：「許多人把這場災難的損失和永無止境的恥辱歸咎於他。」[32]事實上，奧多並不是唯一犯錯的人。伊本．阿西爾指出，在雅博渡口被捕獲的其他俘虜還包括伊伯蘭的貝里昂，「地位僅次於國王的法蘭克人」，還有加利利的于格、太巴列的貴族、醫院騎士團團長，「以及其他臭名昭著的騎士和暴君」。當薩拉丁啟程返回巴尼亞斯時，這些囚犯從戰場上被帶走，其中許多人將要面臨一段等待贖金的漫長而痛苦的時間。

對奧多來說，這是他所能享受到的最後一點自由。「他在這一年中作為俘虜被關在骯髒的監獄中，而無人為此哀悼。」泰爾的威廉如此寫道。波斯學者伊瑪丁甚至更缺乏同理心：「聖殿騎士團的大團長從牢房走向了地獄的地牢。」[33]後來聖殿騎士團收回了他的遺體，以他們關押許多的穆斯林領袖來交換。對於這位聖殿騎士團第八任大團長而言，這是一個令人遺憾的結局。

當薩拉丁獲悉雅博渡口正在建造一座堡壘時，阿爾丁記錄了他的反應。阿爾丁的文字是充滿修飾的創作，而不是實際的逐字紀錄，但是他確實捕捉到薩拉丁在戰時領導典型的實事求是態度：

有人告訴他，城堡一旦完成，他們便能夠控制穆斯林前沿地帶防禦薄弱的據點，使得這些地帶難以安全通行，薩拉丁則回答說：「就讓他先們完工吧，然後我們會徹底摧毀它，讓它連絲毫曾經存在過的痕跡都沒有。」[34]

這正是他在一一七九年夏末著手要進行的事情。

薩拉丁的人馬於八月二十四日星期五從巴尼亞斯趕來，並且帶著所有圍城武器。他們帶來了能夠用大石頭砸毀城堡的投石器，並且砍柴伐木以及剝下地上藤蔓來建造防護罩，以確保投石器操作者不受堡壘上的十字弓弩箭的傷害。[35]他們還帶來了梯子、挖掘設備和火攻武器。

在得知增援部隊可能很快到達後，薩拉丁計畫進行一次持續不超過一週的襲擊。圍城開始於下午五點左右，靠近城堡主牆的外堡（堅固的外門樓）遭到了猛烈的全面攻擊。職業士兵的身後是熱情的跟隨者，後者的加入是為了尋求刺激、戰利品、聖戰的榮耀，或者三者兼而有之。根據伊本・阿西爾的說法：

戰事極為激烈。一位衣衫襤褸的平民爬上了城堡的外堡，並且在到達堡頂時在牆上奮戰。他的其他同志也跟著他。部隊隨後加入這些平民，並占領了外堡。[36]

此時夜幕降臨，穆斯林警衛部隊駐紮在新近占領的外堡，以防任何意外襲擊。城堡的每個入口都點燃火焰，以確保沒有人能夠私自進出。

被包圍的聖殿騎士們決定堅守崗位，留在厚達七公尺的牆後，等待救援。他們不缺食物和武器，如果需要可以坐等幾個星期。當他們為了等待營救而安頓下來時，他們當時一定預期會聽到投擲爆炸聲開始的地獄般的轟鳴聲。不過實際上傳來的是另一種聲音，雖然都一樣令人沮喪：鐵鍬發出刺耳的聲音，一群阿勒坡工人開始在城堡唯一的那座高塔下挖出地道，希望讓高塔因此倒塌。

工人們連續挖了兩天，直到挖出了一條地下約二十公尺，寬約二點五公尺的地道。這被認為足以讓這座塔倒塌。地道裡面的木製道具被適當地點燃，但是沒有任何事情發生：巨獸般的塔依舊屹立不搖。週一清晨，薩拉丁命令他所有的輔助部隊去撲滅地道裡的大火，每個人只要帶來一桶水並倒到地道中，就能獲得一枚第納爾。

到了星期二，有消息說，援軍正在路上。城堡裡的聖殿騎士只需要再等待幾天，就有望解圍。

薩拉丁也意識到時間緊迫，他差遣他的工人們重回被燒焦的地道繼續挖掘，彷彿這是他們第一次挖掘一樣。他們又埋頭苦幹了兩天，使塔下的豎井變寬和變深。在星期三晚上，大火再次點燃，這一次的地下湍流遠遠超過了塔的寬廣的牆壁所能承受的程度。當週四早晨太陽升起時，塔樓的其中一部分倒塌了，城外的部隊一片歡聲雷動。[37]薩拉丁那群興高采烈的部隊往城內衝了進來。鮑德溫的救援部隊仍在數小時的路程外，本來一場看似單純的考驗耐心比賽現在成了最後的決戰。

聖殿騎士在倒塌的城牆後面堆滿了木製的路障和帳篷。當塔樓倒塌時，一股灼熱的空氣湧入堡壘，灼燒了其所碰觸的所有人事物，並且開始在城堡中引起恐慌。[38]薩拉丁的人馬衝了進來，抓住最有價值的基督徒，並且毫不留情地屠殺任何穆斯林叛教者和弓箭手傭兵。

聖殿騎士團恪守《聖殿騎士會規》，不輕言屈服於敵人。薩拉丁的大臣卡迪・法迪勒（al-Qadi al-Fadil）給巴格達的遜尼派哈里發寫了一封措辭誇張的信，描述了在燃燒的城堡殘骸中發生的自殺性戰鬥。他描述了「火之淚」從搖搖欲墜的塔落下，並且用他的筆揮灑寫下眼前的恐怖情景：

紫色的黑暗色調被石榴深紅色所代替……似乎是黎明照亮了黑夜，天空被東方和西方的大火所照亮了……熾熱的氣息吞噬了人和石頭，一股不祥的災難的聲音喊道：「我正在跟你說話，鄰居！聽我說！」……異教徒喊道：「這真是一件可怕的事情！」[39]

在法迪勒的信中不僅有詩歌而已，他還記錄下聖殿騎士團指揮官在燃燒的城垛被衝破時的最後時刻：

指揮這個地方的君王親眼目睹了它的毀滅以及他的朋友和同伴所遭受的災難。當火焰燒到他身邊時，他毫不畏懼地跳進了一個充滿火焰的洞中。他在被火焰吞沒後很快地便被扔進了另一個熔爐（也就是地獄）。

到八月三十日星期四下午，雅博渡口的城堡已被攻陷了，地上散落著數百支箭、可憐的廢棄工具以及眾多扭曲的屍體，有些屍體的頭顱被刀劍砍開，有些屍體則是四肢被砍斷。在襲擊中生還下來的馬、騾子和驢都被捉起來並被帶走，這還包括了軍械庫的一千件盔甲。一些屍體被放著腐爛，另一些則被扔進蓄水池中。但這種羞辱性的行為相當愚蠢，因為蘇丹軍隊很快就爆發了傳染病。當城堡被洗劫一空後，薩拉丁開始履行他曾許下的可怕承諾。他在該地區一直待到十月，那時「他已經拆光城堡，並且將它夷為平地」。[40]

蒙吉薩的敗戰得到了完美的復仇。當時一位穆斯林作家稱雅博渡口城堡是「不幸之巢」。[41]詩人納什瓦·伊本·納法達（al-Nashw ibn Nafadha）得意地寫道：

> 法蘭克人的毀滅迅速降臨，
> 現在是粉碎他們十字架的時候了。
> 若非他們死亡時刻就在眼前，
> 他們豈會建造耶利米哀歌之屋。[42]

為了尋找災難的原因，泰爾的威廉把目光投向十字軍國家人民普遍的罪惡。他在結束對雅博渡口災難的描述時，引用了《詩篇》中的一段話：「他們的神已經離開他們。」他絕望地寫道。[43]從這場戰役結束後的好一段時間的發展來看，這種判斷似乎是正確的。

第十一章　耶路撒冷啊，你有禍了！

聖地在相當長的時間當中一直處於戰火之下。在蒙吉薩戰役和雅博渡口戰役之後，薩拉丁和法蘭克人都需要時間來恢復、修復和鞏固。雙方在一一八〇年春天達成了為期兩年的停火協議，這讓蘇丹得以集中精力鞏固自己在阿勒坡和摩蘇爾的權力，也讓法蘭克人有餘暇應對因鮑德溫四世健康狀況每況愈下，而爆發的領導權危機。正如十字軍東征時期的所有大事一樣，聖殿騎士也密切參與其中。

首先是始終艱巨的一項任務，為資金不足的東方爭取西方的支持。由於軍事修會們在各國興建的基礎設施，將西方利潤豐厚的房產與十字軍國家的戰鬥部隊聯繫起來，他們是基督教世界東西兩半外交關係的最自然管道。聖殿騎士團於一一八〇年被派往羅馬，遊說教宗亞歷山大三世發動新一次的十字軍東征。亞歷山大並不是軍事修會的盲目支持者。他在前一年主持了第三次拉特蘭公會議，會議上的法令特別告誡聖殿騎士團和醫院騎士團的成員無視主教的權威，將收取來的什一稅挪為己用，不過一一八〇年前往羅馬的弟兄們還是成功地說服了教宗相信騎士團的需要和困難。[1] 他同意支持由當時一位或多位強大的國王們所領導的新十字軍東征。聖殿騎士團向年邁的英格蘭國王亨利二世和年輕的法蘭西國王腓力二世（Philippe II Auguste）同時提出了提供軍事援助的請求。當騎士們在歐洲的時候收到消息，六十歲的路易七世因中風去世，王位留給了他十五歲的獨子腓力二世（後來被稱為腓力・奧古斯都）。[2]如此巨大的轉變所帶來的動蕩，使得國王難以將注意力放在聖地上。第三次大規模十字軍東征的時機尚未成熟。

雖然出使羅馬的聖殿騎士團未能點燃一場新的十字軍東征，但他們不會坐以待斃地直接接受新的形勢。騎士團的領導層在耶路撒冷時發生了大膽的改革。由於奧多・德・聖阿芒在牢房裡日漸憔悴，聖殿騎士團缺少一位強而有力的大團長。羅貝爾・佛瑞斯內（Robert Fraisnel）具有大分團長（grand preceptor）的稱號，但只要奧多還活著，他就無法當選大團長。[3]然後，當奧多於一一八〇年在監獄中去世，他的職位因此空缺出來時，中央修道院的聖殿騎士們選擇不提拔羅貝爾，或者是說不提拔任何來自東方的弟兄。他們投票決定把領導權交給阿爾納多・德・托羅哈（Arnaldo de Torroja），這位年事已高、經驗豐富的騎士，他在其漫長的騎士生涯中始終在亞拉岡領導著基督徒的軍隊。阿爾納多自一一六七年以來便一直擔任西班牙和普羅旺斯的團長，並且因為能在基督教世界的艱難邊陲地帶，吸引贊助並且增加聖殿騎士團的財富，藉此成功證明了自己的卓越能力。[4]他在自己的指揮領域之外樹立了聲譽，而且因為眾人對他的才能具有極高的信心，才會選舉出一位身處於加泰隆尼亞不克出席的人來領導耶路撒冷、的黎波里、安條克和其他地方的騎士們。這次選舉也透露出聖殿騎士團意識到必須要妥善利用自身作為國際組織的角色。鑑於國王和奧多領導下的騎士團之間的痛苦關係，阿爾納多的當選是一次深思熟慮的嘗試，要將聖殿騎士引導回到他們的主要職責，遠離那些對國內政治的破壞性干預。

阿爾納多花了一年多的時間東行上任，他最先做的事情便是將高階領導層大幅洗牌。羅貝爾・佛瑞斯內被拔除了大分團長位置，取而代之的是吉伯特・埃拉爾（Girbert Eral），他可能是亞拉岡人。[5]阿爾納多最初的任務之一是調解安條克公爵和宗主教之間的爭端，他與穆蘭的羅傑（Roger of Moulins）協力完成了這個在外交上的斡旋任務，羅傑是醫院騎士團團長，經驗豐富且行事謹慎。解決法蘭克人各派系之間的爭執無疑是一項令人厭倦的工作，但他當時一定就明白，這與未來所要面對的挑戰相比根本是小巫見大巫。[6]

當暫時性的和平協定在一一八二年到期後，新一波針鋒相對的戰鬥隨之開始，雙方主要的衝突圍繞著兩條重要商業路線：埃及和大馬士革之間穿越約旦河的商隊路線，以及位於沿海大道附近，靠近加利利的爭議領土。薩拉丁形容自己對基督教領土和財產的攻擊是種聖戰，因為他是憑藉著將自己塑造為異教徒剋星的形象，來主張自己在開羅、大馬士革、摩蘇爾和阿勒坡擁有至高無上的地位。某些法蘭克人領主也樂於扮演薩拉丁不斷宣揚的那種刻板形象。薩拉丁眼中惡行最重大的人是沙蒂永的雷納德，他放棄了安條克公爵的頭銜，現在是卡拉克（Kerak）的領主，也是基督教國家的主要政治人物。雷納德在一一八三年率領一支船隊沿紅海東海岸進入漢志從事搶劫探險，這引發了他打算入侵麥加和麥地那，偷走穆罕默德屍體的謠言。薩拉丁將永遠不原諒他的這種無禮行為。在薩拉丁統治的早期，他大多數時間都耗費在對抗反對他統治的穆斯林上，而不是攻擊基督徒。這情況在一一八二年開始改變。[7]隨著停戰協定正式破裂，他連續兩個夏天都入侵基督徒領地。

一一八二年盛夏，他帶領一支軍隊渡過約旦河，穿過加利利海以南的法蘭克人領土。然後，他試圖從海上圍困貝魯特，不過沒有成功。蘇丹於第二年夏天捲土重來，對於相同的區域施加威脅。一支龐大的拉丁軍隊為了擊退他而集結起來，軍隊由呂西尼昂的居伊率領，他與鮑德溫的姊姊西碧拉（Sibylla）結婚後在王國中擁有愈來愈大的影響力。居伊拒絕開戰，並將穆斯林軍隊捲入拉菲爾附近的小規模衝突，他耗盡了薩拉丁的耐心和糧食，迫使後者放棄了進攻。這是一個聰明的策略，但也讓他被包括強大的的黎波里伯爵雷蒙在內的反對派，斥責為膽小懦弱。這種批評深深地刺痛了他。

在一一八三年的盛夏，薩拉丁的軍隊兵臨法蘭克人領地的邊緣地帶，而鮑德溫病情急速惡化，完全喪失了行動能力，比起呂西尼昂的居伊的心靈受到傷害之外，還有更多需要擔心的事情。鮑德溫的痲瘋病使他沒有子嗣，因此現在迫切需要做出耶路撒冷未來統治者該是誰的決定。國王經過一番長考後指定另一個鮑德溫為他的繼承人，那是他姊姊西碧拉尚在襁褓中的兒子，其父親是蒙費拉托的威廉（William of Montferrat），一一七七年在妻子生產前去世於阿什凱隆。一一八三年十一月二十日，這個孩子在耶路撒冷聖墓教堂被加冕為共同國王，這在泰爾的威廉筆下是個滑稽的場景。聖地的領主們宣誓效忠五歲的鮑德溫五世，但威廉寫道，他們中的許多人深感不安，因為雖然王國現在有了兩位君主，但是「由於他們兩位，一位受到疾病、一位受到年紀過輕的阻礙，（加冕禮）一點用處都沒有」。[8]

正是基於這個原因，就算繼承問題解決了，耶路撒冷的政治局勢仍舊無法穩定。事實上，它所產生的最大作用反而加劇了王國中兩個最有權勢的貴族之間的緊張關係。一邊是年輕國王的繼父，呂西尼昂的居伊，另一邊則是曾多次擔任攝政的黎波里伯爵雷蒙，他曾主持過鮑德溫五世的加冕禮，並且期望獲得與自身地位相稱的重要職位。居伊和雷蒙之間的互有嫌隙，在這個早已風雨飄搖的時刻，又在法蘭克人政治中撕開了一道裂痕，這將給他們都認為自身有責捍衛的王國帶來毀滅性的後果。一一八五年五月，鮑德溫四世去世，年僅二十四歲，死前雙目失明、臥床不起並且痛苦不堪。他被葬在聖墓教堂裡父親的旁邊，七歲的鮑德溫五世成為唯一的國王。這並未解決任何問題，尤其是呂西尼昂的居伊和的黎波里伯爵雷蒙之間的惡性競爭，而後者被任命為尚未成年鮑德溫五世的攝政。

由一個連劍都舉不起來，遑論憤怒地揮劍的孩子繼承王位，這直接影響了聖殿騎士團。當患痲瘋病的鮑德溫四世於一一八四年行將就木，而且王室權威即將面臨到重大危機之時，阿爾納多．德．托羅哈的外交技巧派上用場，他被派往西方執行另一個任務。此行的目的是要說服一位來自歐洲大國的有力成年統治者來到東方，並且透過選舉來繼承耶路撒冷的王位。一一八〇年的聖殿騎士團沒能吸引英格蘭亨利二世或法蘭西腓力二世前來援助耶路撒冷王國。如今，聖殿騎士團的大團長本人在耶路撒冷宗主教希拉克略（Heraclius），和醫院騎士團團長穆蘭的羅傑的陪同下返回耶路撒冷。他們的意圖是懇請君主們幫助阻止東方的災難，在基督的城市和他的人民最危難的時刻伸出援手，來證明自己是真正的基督徒國王。

這次任務以失敗作收。首先，亨利和腓力在自己的領地上有太多利害關係，不敢冒險放棄王位；雖然兩人皆表示了同情之意，但也都拒絕了提議。而且這次任務的代價高昂。阿爾納多甚至沒能進入他們的王家宮廷，因為在漫長的遠征中，一趟超過一千英里的海上和陸上之旅後，這位大團長去世了。聖殿騎士團被迫在四年內選舉出第三位領導人。

他們做出的選擇對於未來的發展具有決定性的影響。新加入騎士團的傑拉德・德・雷德福（Gerard de Ridefort）繼承了阿爾納多的位置，剛愎自用的他將騎士團更多的精力投注在聖地的爭奪以及動亂之中。但正因為他這麼做，他和他的聖殿騎士團以及整個耶路撒冷王國也即將陷入最為悲慘的局面。

+

傑拉德從法蘭德斯或法蘭西西北部前來東方，於一一七五年抵達。他懂阿拉伯語，並且擁有在俗世軍隊高層中任職的經驗，他曾為的黎波里伯爵雷蒙效力，並被任命為元帥。不過，他加入聖殿騎士團卻是一時賭氣的間接結果，因為他和雷蒙為了一樁有爭議的婚姻交易而徹底鬧翻。一一七九年，伯爵答應會將其諸侯門下一個有婚姻資格的女兒許配給傑拉德。但當下一位女繼承人出現時，雷蒙卻背棄諾言，反而把傑拉德的未婚妻（波頓領主的女兒）嫁給了比薩的一位名為普萊巴納斯（Plebanus）的商人，後者準備付給雷蒙與女孩體重相當的黃金。傑拉德深感屈辱，認為自己的名譽受到了侮辱。整個局勢因為講法語的基督教地區對義大利人的蔑視而變得更糟。傑拉德憤怒地離開了雷蒙的宮廷。他加入了鮑德溫國王的麾下，然後在病床上待了一段時間復原過來之後，加入了聖殿騎士團。他很可能病得很重，而且他發誓如果上帝讓他康復的話，他就會加入聖殿騎士團。無論如何，聖殿騎士的生活很適合他，當傑拉德穿上了白袍，他在騎士團中迅速爬升。一一八三年，他成為騎士團總管。[9]當阿爾納多於一一八四年去世時，作為第二號人物的他顯然是晉升為大團長的候選人，但是事實證明他的當選引起了極大的爭議。

幾乎就從傑拉德當選的那一刻開始，各種分歧意見便紛紛出現，這主要是出自於他偏好大膽的政治行動，而這些行動往往都淪為魯莽舉動。有一位作家認為，傑拉德是一個「快樂的人！」一位有福且榮耀的戰士，他奉基督的名將其一生投入戰鬥之中。在這種觀點中，他性格最大的特徵是作為騎士的自豪感，以及就算命在旦夕也永不退讓。[10]

另一些人對他的看法則不同，在他們眼中傑拉德根本不是勇猛果敢的特立獨行者，而是心中充滿怨恨的魯莽之徒，而且還鼓勵其他人跟他一樣魯莽行事，並且造成許多優秀士兵犧牲。[11]我們不容易判斷上述兩種說法何者較準確。當然，他既沒有伯特蘭那種出於本能的謹慎（體現在其保守軍事政策），也沒有阿爾納多在外交上的細膩手腕，而且他的性情常常讓自己和騎士團陷入麻煩。然而，傑拉德作為領導者所處的這個時代則更加艱難。在一一八〇年代，通往天堂的道路似乎不會開放給懦弱的人。

國王鮑德溫五世於一一八六年八月下旬在阿卡去世。他只有八歲，並且作為唯一的國王只統治了剛滿一年沒多久。聖殿騎士護送男孩的屍體回到耶路撒冷，他被安葬在聖墓教堂裡頭，就在他的叔叔和祖父的旁邊，其墳墓小而精美並且精心裝飾著蘭花，有一幅基督的畫像，兩側則是天使以及已逝雛鳥的小雕像。[12]小男孩安息地的美麗無法掩蓋王國現正進入一場真正繼承危機的現實。

當鮑德溫五世成為國王時，大家一致認為，如果他去世，下一任耶路撒冷國王將由西方基督教界最傑出的幾位統治者中選出：教宗、英格蘭和法蘭西的國王以及神聖羅馬帝國的皇帝。這一高尚的原則可以追溯到安茹的富爾克被選舉出的這個成功案例。這種方法在理論上有不少可取之處，儘管沒有一位候選人認為自己適合擔任這項工作。由於王國的繼承權是建立在帶有運氣成分的血緣以及家族優先權上，所以才會出現了患有痲瘋病的國王，以及尚為幼童的國王——這種人選根本無法保衛世界上最神聖的王國。不幸的是，當鮑德溫於一一八六年八月過世時，選舉的主意立刻被拋棄，取而代之的是場殘酷的奪權。這場政變是由傑拉德所發動的，而且在相當程度上也是由他精心策劃的。

的黎波里的雷蒙伯爵和呂西尼昂的居伊多年來始終為了耶路撒冷的攝政權爭執不休。鮑德溫的死提供了西碧拉和居伊一個徹底解決爭執的機會，而且他們認為傑拉德是一個願意合作而且處於獨特有利地位的盟友。聖殿騎士團大團長既未忘記也未曾原諒雷蒙伯爵對他的侮辱，伯爵過去曾為了一桶金子將他應得的妻子賣給別人。此外，耶路撒冷王室儀式上必不可少的王室用品之所以會流入市面，伯爵也是背後的主要原因。

西碧拉、居伊和傑拉德決定支持西碧拉宣稱自己是父親王位繼承者的主張，而不是耗時數個月等待國際間權力掮客做出決定，這也意味著將他妹妹伊莎貝拉（Isabella）的繼承權排除在外。在任何人採取行動阻止他們之前，他們說服了耶路撒冷宗主教希拉克略舉行加冕儀式。為了安撫他們的敵人，他們承諾西碧拉將跟居伊離婚，並且選擇自己的新丈夫。

如此迅速而大膽的政變需要實際的幫助，因為政變的成功與否取決於西碧拉能否得到加冕所需要的神聖珍寶。存放耶路撒冷王室珠寶和禮服的金庫只能同時用三把鑰匙才能打開。一把由耶路撒冷宗主教持有，另一把由醫院騎士團大團長穆蘭的羅傑持有，第三把則由聖殿騎士團大團長持有。

傑拉德和宗主教希拉克略都支持西碧拉對王位的索求，但羅傑的態度則不那麼肯定。傑拉德的結論是，用最直接的方式會是說服他的最好方式。一一八六年十一月十一日星期五，耶路撒冷為了禁止敵人進入城市而大門緊閉，傑拉德和他的盟友們來到羅傑在耶路撒冷醫院的住處，對他說了一番長篇大論要他交出鑰匙，並且接受這場無可避免的權力轉移。羅傑拒絕照辦。直到兩位團長發生了肢體衝突之後，醫院騎士團團長才最終同意交出他的鑰匙，不過他是生氣地把鑰匙扔到院子，而不是以較有禮貌的方式交出鑰匙。

如今加冕可以開始了。傑拉德簡直就像是從珠寶店拿走王冠的人，他在典禮上占據了重要位置，而且幾乎無法抑制住自己的欣喜。當王冠戴在西碧拉的頭上時，他距離祭壇很近，不過離他更近的是西碧拉的邪惡意圖。在新女王被加冕之後，有人問她打算選誰來做她的國王來代替造成不和的呂西尼昂的居伊，因為他很快就要和她離婚了。她把居伊叫到前方命令他跪在她面前，之後便在他頭上戴了第二頂王冠，這令許多聚集在聖墓前的人感到震驚。

傑拉德站在她的肩膀旁，把手放在居伊的王冠上，幫他把王冠戴好。當他這麼做時，有人聽到他心滿意足地喃喃自語，「用波頓的婚姻來換取這頂王冠非常值得」，這指的是雷蒙從他那搶走的新娘。聖殿騎士團長現在擁有任命要職的權力。他很快在宮廷的鷹派中找到自己的定位，不斷鼓吹政府要將侵略作為指導原則，既要攻擊伊斯蘭勢力，也要攻擊鄰近的敵人。這日後將成為一個致命的組合。

＋

在一一八七年四月三十日晚上，拿撒勒的瞭望哨兵發現一些薩拉丁的武裝部隊正從該鎮經過，他們正在執行一項偵察任務，目標是西北幾英里外的要塞城鎮塞佛里亞（Sephoria）。塞佛里亞有一座巨大的方形石頭城堡和一座羅馬圓形劇場的遺跡，並且被指定為新國王組建的基督徒防禦軍隊的集結點，藉以抵抗薩拉丁日益加劇的入侵。這幾年來，穆斯林軍隊在拉丁王國領土上行軍，沿途焚燒莊稼的景象變得愈來愈常見，現在則是撒拉森人前來入侵，他們越過約旦河後長驅直入，行軍穿過基督教國家的中心地帶。

居伊和西碧拉於前一年八月的入主王位曾引起不少爭議，這原先被視為改善拉丁王國安全的一種手段，但結果卻恰恰相反。自阿馬里克國王去世後，法蘭克王室的權力嚴重衰敗，而且王國的混亂狀態也增加了想要接管這塊土地的領導者們的野心，不過薩拉丁大膽的進攻也反映他個人對法蘭克人不斷變化的態度。他在一一八〇年代早期，滿足於定期進攻那些歸屬引發爭議的特定地區；他的視野在一一八六年後開始擴大，他不再只將東方的拉丁人視為作戰的對手，而開始認為他們是必須要消失在世界上的敵人。薩拉丁透過精心替自己塑造為一名純潔的狂熱者形象而開創了一番事業，對他來說聖戰意味著一切。他在某種程度上也是假戲真做地要貫徹自己的修辭。他的傳記作者兼顧問伊本．夏達德寫道，蘇丹於一一八五年末也得了重病。[13]大病不死似乎激發了他內心深處不惜一切代價消滅敵人的渴望。

在一一八六至八七年的冬天，分別支持居伊國王和其對手的黎波里的雷蒙的兩個派系正逐漸走向內戰。雷蒙對居伊赤裸裸攫取權力的不滿，已經轉變為企圖要用他自己選擇的一對國王，來取代目前國王的全面性作為，也就是托隆的韓福里（Humphrey of Toron）和他的妻子伊莎貝拉，她是西碧拉的妹妹。為了在策劃政變時保護自己，雷蒙採取了挑釁的、近乎愚蠢的一步，那便是與薩拉丁達成了個人休戰，允許薩拉丁在雷蒙的領土上執行探索任務。根據這項協議的條款，薩拉丁被允許在一一八七年四月的最後一天派遣七千人行軍通過拿撒勒。這支部隊由他信任的、經驗豐富的土耳其埃米爾穆扎法爾丁（Muzaffar ad-Din，也被稱作庫布里〔Gokbori〕，或藍狼）領導。這名老兵與薩拉丁的兒子和繼承人阿法達（al-Afdal）共同指揮戰鬥。

在四月三十日傍晚，傑拉德人就在拿撒勒附近，他此時帶領一個代表團要從耶路撒冷向北前往太巴列，目的是讓雷蒙與國王達成協議。聖殿騎士團大團長一直敦促要用武力教訓總是唱反調的伯爵，藉此讓他服從命令，但是居伊拒絕了，反而他計畫要在五月初於太巴列舉行和平會議。傑拉德是在穆蘭的羅傑和泰爾大主教約西亞（Josias）的陪同下，和他們的隨從一起前往太巴列。他們計畫在拉菲爾的聖殿騎士團城堡裡，與強大的領主伊伯蘭的貝里昂會合，然後從那裡出發前往太巴列，試圖讓雷蒙盡可能平靜地恢復理智。

當傑拉德得知雷蒙允許薩拉丁的人馬自由地在他的領土上漫遊時，這激發起了大團長極為好鬥的本能。拿撒勒不受雷蒙的控制，其人民也不受他所談判的私人停戰協定的約束。傑拉德強硬地對他身為聖殿騎士團領袖的使命做出了解釋：保衛這片土地是他的職責。[14]他派人到駐紮在卡柯（Caco）距離最近的聖殿騎士團，召集了八十名聖殿騎士弟兄。穆蘭的羅傑小心翼翼地跟著這麼做，召集了十名醫院騎士，國王所擁有的另外四十名聖殿騎士也加入了他們。他們沒有繼續前往拉菲爾和太巴列，而是轉而前往拿撒勒，目的是追捕蘇丹的軍隊，並將他們趕走。

考慮到他們的倉促集結，一百四十名騎士（最初的隊伍加上增援部隊）已是支相當龐大的部隊，但與薩拉丁將軍們指揮下的七千名士兵相比就相形見絀。五月一日的早晨，當聖殿騎士追蹤阿法達和他的軍隊位於離拿撒勒不遠的克雷松泉（Springs of Cresson，距離拿撒勒不遠的天然噴泉）①附近的樹林裡頭時，雙方軍力的差距變得非常明顯。聖殿騎士團所有的高階成員現在幾乎都在傑拉德身邊：騎士團總管阿爾內托的烏爾斯（Urs of Alneto）、現任軍團長的前大分團長羅貝爾·佛瑞斯內，和受人尊敬的馬利的詹姆斯（James of Maillé）。[15]他們和穆蘭的羅傑一起評估了現場狀況，所有人一致認為謹慎撤退是唯一選擇——只有傑拉德除外。

「傑拉德是一位精力充沛的騎士，但是浮躁和莽撞」。這是日耳曼編年史家帕特伯恩的奧利佛在描述聖殿騎士團大團長於克雷松泉的作為時所下的斷語。[16]即使有了出其不意進攻的優勢，相信數百名部隊與數千人的部隊交戰後不會被殲滅，這完全是種徒然的信念。傑拉德堅持認為進攻是基督徒的責任，這是出於「捍衛基督遺產的渴望」。[17]他因為醫院騎士團團長和馬利的詹姆斯的沉默而嘲笑他們是懦夫。[18]

英格蘭編年史家科格索爾的雷夫（Ralph of Coggeshall）從遠處描述了這一場景，他假傑拉德之口說出漫長華麗的演講辭；他在演講中讚揚了聖殿騎士團對「虛榮和易腐爛之物」的蔑視，並且主張他們才是馬加比人的真正繼承者，這個家族曾為「教堂、法律和那釘十字架之人的遺產」而戰。[19]換句話說，他們白色披風上的紅色十字架明白地要求他們必須挺身而出作戰。雷夫幾乎百分之百是從自己的想像中創造出了這番談話，但是他捕捉到傑拉德對十二世紀騎士精神規範的極端要求，以及關於聖殿騎士團的理想化期待模式。

每一位佩戴著紅十字的人都曾發誓要效忠騎士團直到生命盡頭、要順服大團長，並且「用神賜給你的力量和能力來協力征服耶路撒冷的聖地」。[20]當被問及是否準備好做這些事情時，克雷松泉的每位聖殿騎士都曾在人生的某個階段回答過：「是的長官，如果這能取悅上帝的話。」兌現諾言的時刻現在來了。他們的大團長命令他們去對抗一支比他們強大二十倍的軍隊，他們別無選擇只能服從。這些人在胸前劃出十字。他們一同喊道，「基督是我們的生命，死亡是我們的獎賞」。接著瘋狂地向阿法達與他的部隊衝鋒而去。[21]

當克萊爾沃的伯納德在一一二〇年代寫下他的新騎士宣言時，他懇請面臨致命危險的聖殿騎士們要對自己說：「無論我們是活著還是死去，我們都屬於主。」[22]他告訴他們，願意奉基督之名而死，是獲得救贖的必然途徑。當然，伯納德是在距離聖地千里之外寫下這些理論，為自己永遠不會經歷的殉難而感到光榮，對於九十名聖殿騎士組成的那支隊伍而言，狀況與伯納德所說的完全是兩件截然不同的事，他們被從城堡中召喚出來，並告訴他們要向不可能獲勝的對象發動攻擊，並且要咽下他們的恐懼開始進攻。然而騎士們終究克服了恐懼。他們鞭策著馬匹向前推進，克雷松泉的這場戰鬥將在十字軍神話中不斷地被傳誦下去。

殘酷的事實是，向撒拉森人衝鋒的一百四十名騎士中，有一些是聖殿騎士，另一些騎士只是陷入瘋狂地往前衝，當中只有少數人倖存下來。傑拉德在戰鬥中受了重傷，但最終在他三名夥伴的陪同下離開了戰場。五、六十名騎士死於血雨腥風之中，其餘的則在薩拉丁的擺布之下被囚禁和奴役。不情願地加入戰鬥的醫院騎士團團長羅傑被斬首，同樣被砍頭的還有聖殿騎士團掌旗官羅貝爾·佛瑞斯內和總管烏爾斯。[23]他們是受盡磨難後才被處死。史家伊本·阿西爾寫道，這是場會「讓黑髮變成白髮的戰鬥」。[24]然而，正如科格索爾的雷夫所說，「幾乎所有人都被殘酷的死亡吞

① 作者注：現在被稱為安戈塞（Ain Gozeh）。見 Abel, P.F., *Geographic de la Palestine* I (Paris: 1938), 445。

噬」。[25]聖殿騎士團和他們的同伴們一直在追尋殉道的榮耀，如今總算如願以償。醫院騎士團團長和他的幾個弟兄，還有拿撒勒的許多城民也都是如此，這些城民一直遠遠地跟在聖殿騎士團後頭，希望可以跟著搶些好處，結果卻在他們回家的路上被穆斯林騎士襲擊了。

也許是為了向這種奮不顧身的進攻致敬，與在克雷松泉戰死的人們之所作所為有關的神聖傳說很快就出現了。馬利的詹姆斯的死被改編成一個基督教民間故事，而且他被樹立為一個理想化的十字軍戰士的榜樣，光榮而欣喜地擁抱殉道。當時的一本編年史描述道，當他的同伴幾乎都被殺死時，他獨自一人站著，「被敵軍包圍，根本無法得到任何援助，但當他看到成千上萬的人從四面八方攻上來時，他視死如歸的決心更加堅定，勇敢地投入戰鬥以一人之身對抗所有人」。[26]根據這個故事，詹姆斯的敵人被聖殿騎士的勇敢所折服，敵人催促他放下武器投降，這樣他們可以饒他不死。詹姆斯沒有理睬他們而是繼續戰鬥，直到「最後被長矛、石頭和長槍粉身碎骨，但是卻從未屈服，而且在不支倒地之後旋即帶著殉道者的王冠喜樂地升入天堂」。後來有人說，詹姆斯的白馬和制服讓薩拉丁的手下相信他是聖喬治的化身，「穿著閃亮盔甲的騎士，基督徒的保護者」，以至於當他們最終殺死他時欣喜若狂。

他們可以殺死這個男人，但卻無法消滅他的傳說。當詹姆斯的身體變得冰冷僵硬而被丟棄在荒野上，這個遺體也成為了聖髑的來源。有些人把塵土撒在詹姆斯身上後再將其撒在自己的頭上，希望藉此能感染到死者的勇氣。一名男子割下詹姆斯的生殖器，「將它安全地保存起來，讓它得以生出孩子，如此一來即使在詹姆斯死後，他的生殖器（如果這種事情真有可能）能夠出一個和他一樣勇敢的繼承人」。[27]

薩拉丁的士兵們從詹姆斯被屠殺的戰友身上取走的聖物，是人們從詹姆斯身上取得聖物數目的十倍。傑拉德寫信給教宗，告訴他在克雷松泉戰役中慘敗的悲慘遭遇，他抱怨說，他「不僅失去了許多弟兄，還失去了馬和武器」，並勸告聖父，「邪惡的異教種族被煽動起來攻擊這片……土地，他們為了達到其罪惡目的，進攻力道比以往更加猛烈」。[28]但他所沒有提到的是，當薩拉丁的軍隊撤退時，他的士兵們將幾十顆死去的聖殿騎士的頭顱掛在他們的長矛上頭。

✚

一一八七年六月二十七日星期五，薩拉丁在克雷松泉的勝利不到兩個月後，再次渡過約旦河，來到加利利海以南幾英里的地方。這次他帶來了三萬人，其中大約一半是騎兵。他們在阿什塔拉（Ashtara）待了幾個星期，集結兵力、進行軍事演習並且研究戰場戰術。這不再是一次探索性的考察，這是一次全面性入侵，這是他們許諾已久要將耶路撒冷基督教王國消滅的軍事行動。

由於蘇丹毫不掩飾自己的意圖，耶路撒冷國王居伊得以集結軍隊。在克雷松泉戰役之後，他發出消息號召東方所有身體健全的基督徒拿起武器，和他一起保衛王國。這就是所謂的「戰爭宣言」，這是全面性的徵兵，它的頒布就標誌著危險。城堡的駐軍幾乎完全傾巢而出，而且「留在城市、村莊或城堡都是無法作戰的人們」。[29]軍事修會和所有的世俗騎士都被召集起來。大量的傭兵被僱傭而來，補充步兵之不足以及提供專業的輕騎兵。這筆費用由亨利二世支付給教堂的一筆意外之財來承擔，這是亨利二世為了懺悔他在一一七〇年十二月湯瑪斯・貝克特（Thomas Becket）坎特伯雷大教堂謀殺案中，所扮演的角色而支付的。這筆錢本是要用來支付一場新十字軍東征，並由聖殿騎士保管，而他們選擇在這個緊急時刻將其花掉。一位編年史家曾報導道，傑拉德無時無刻想要雪恥，因此興高采烈地將積蓄拿了出來，「以便跟撒拉森人作戰，報復他們對自己所造成的恥辱和傷害」。[30]總而言之，居伊的軍隊人數可能有至少兩萬人，其中有一千兩百人是騎士，包括幾百名白袍聖殿騎士，這可能占了十字軍國家聖殿騎士團精銳部隊的三分之一。他們在安全的塞佛里亞基地集結，他們在此可以得到補給和水，好應付即將到來的攻擊。薩拉丁的祕書伊瑪丁寫道：「人馬沒有盡頭，像沙漠中的沙子不可勝數。」[31]在這種龐大規模的基督教軍隊前頭往往都會帶著真十字架，藉此在必要時能提供基督的保護。

伊瑪丁認為法蘭克人知道他們受到了一場末日戰爭的威脅，「整個伊斯蘭力量聚集起來對抗所有的不忠之徒」，而他是對的。[32]在克雷松泉的潰敗之後，國王和的黎波里的雷蒙之間達成了脆弱的和平，但是居伊的戰爭委員會完全沒有共識，而且他們當中的許多人（包括聖殿騎士團的大團長）仍然認為雷蒙是一個不值得信任的叛徒。當薩拉丁向河對岸推進的消息傳開後，委員會的個人仇恨和對戰爭的分歧很快浮出水面。

當面對敵軍時，居伊的本能反應是拖延、消磨敵人的時間，而不與敵人正面戰鬥，因為在戰場上他將被迫面對各種難以避免的無法算計的事。儘管他集結了耶路撒冷王國歷史上規模最大的軍隊，但他在一一八七年七月時就傾向於按兵不動。薩拉丁的軍隊無疑軍容壯盛，但是軍心並未團結一致。正如一位當時的法蘭克作家寫道：「眾穆斯林在摧毀聖地的決心上團結一致，但在起源、儀式和名稱上意見分歧。」[33]居伊偏好的策略是盡可能避免與薩拉丁交戰，希望在不斷拖延下讓他的聯盟崩潰，也讓他的軍隊瓦解。

薩拉丁期待藉由誘敵方式好讓他的敵人放棄的正是這個戰術。但不幸的是，國王身邊的一些人並不贊成這種戰鬥方式。身為攝政的居伊因為沒能參與一一八三年薩拉丁襲擊耶路撒冷的那場戰鬥，而受到嘲笑，因此他很容易接納那些勸說他這樣可以彌補過去恥辱的建言。

一一八七年七月二日，薩拉丁率領他的軍隊在黎明時分抵達太巴列，並且包圍了這座城市。居民既沒有反抗的欲望也沒有反抗的能力，而城鎮旋即被洗劫一空而且付之一炬。不過守備軍仍在堅守城池，但這也帶來了一個問題：的黎波里的雷蒙的妻子埃席娃（Eschiva）被困在太巴列城內，現在有落入薩拉丁手中的危險。她不大可能受虐待，但如果她被俘虜，那麼贖金將會是天文數字而且會是個巨大的恥辱。

值得讚揚的是，雷蒙把對他的城鎮和妻子的關心放在一邊，敦促國王堅定立場，不要陷入薩拉丁的節奏就投入戰鬥。他堅信，與其被誘入圈套，不如日後再將妻子贖回。但傑拉德現在卻一頭陷入了義正詞嚴的好鬥情緒，正如他八週前在克雷松泉一樣，醫院騎士團新團長阿斯普的阿蒙格（Armengaud of Asp）和他一同提出了完全相反的意見。[34]一份法蘭西文件編造了一篇傑拉德熱情洋溢的演講，在演講中，傑拉德厭惡地問國王是否真的會聽取叛徒的建議，並告誡國王他的王室榮譽就取決於揮軍向前。[35]有鑑於傑拉德在此之前的報復企圖以及極端作為的傾向，這演講內容似乎也合情合理。然而，這是一個糟糕透頂的戰略建議。在戰爭的不確定性和可恥地兵不血刃獲勝的高勝算之間，居伊選擇了聖殿騎士大團長的建議決定進攻。他就這樣走進一個陷阱。正如薩拉丁自己後來所說的：「不信教者的夜晚即將被黎明所撕裂。」[36]

七月三日上午，當居伊國王率龐大軍隊從塞佛里亞出發，沿著羅馬古道向東走向太巴列時，聖殿騎士團則聚集在後衛部隊之中。伊本・阿西爾說，當時正值盛夏，非常炎熱，武裝人員在沙漠中行進時面臨到相當實際的困難。[37]聖殿騎士們對於在這種條件下作戰有豐富經驗，但他們無法免於口渴，他們就像居伊的其他軍隊一樣依靠天然泉水補充水源。到了中午，軍隊在圖蘭鎮（Turan）停了下來，這個鎮上有一個噴泉，雖然它的水量根本無法供給兩萬名士兵和他們的馬匹，以及馱獸乾渴的喉嚨。在他們前面是一片乾旱的荒地，因為薩拉丁派了騎兵去填滿他們能找到的每一口井，並且封堵所有噴泉。薩拉丁的軍隊是靠駱駝隊從後方加利利海上運水過來的。他決心不讓十字軍有同樣的舒適條件。

傑拉德之建議的愚蠢程度現在再清楚也不過了。要想越過圖蘭，軍隊所經過的領土會讓每個小時都有士兵脫水死去。但是，居伊既然承諾採取這一策略，現在的他不會改變主意。大軍後方的聖殿騎士由傑拉德和他的副手（聖殿騎士團的總管特里克斯）率領，他們隨著軍隊向太巴列進發。隨著聖殿騎士們騎馬前進，他們在路上也開始作戰，擊退了薩拉丁主力部隊所派出的小規模戰鬥部隊，而薩拉丁的主力已經轉移陣地向卡夫爾薩布特（Kafr Sabt）進發，並且停下腳步等待十字軍國家軍隊的到來。

根據聖殿騎士弟兄在接下來的幾個月和幾年當中所講述的故事，居伊的部隊現在籠罩在深深的不安之中。據說，當他們列隊行進時，國王的侍從望著頭頂灼熱的仲夏天空，看到一隻雄鷹在王家軍隊上空翱翔，牠的爪子裡握著一張有七個螺栓的弩（代表七宗罪），並用駭人的聲音喊道：「耶路撒冷啊，你有禍了！」[38]在前面等待著他們的正是薩拉丁。

居伊的軍隊一離開圖蘭，蘇丹的姪子塔居丁和穆扎法爾丁迅速地就占領了這個城鎮，切斷他們撤退的可能性，以及摧毀他們維持從後方取得水源補給的希望。用薩拉丁的話說，他們「無路可逃，而且也不被允許留在此處」。[39]疲憊不堪的基督教大軍絕望地向一個岩石眾多、塵土飛揚的裸露高原移動，他們現在被包圍住了。他們以極其緩慢的步伐走了一整天，最後跌跌撞撞地停了下來，在一個無水可喝的夜晚中被迫紮營，敵人把他們緊緊包圍住。

他們甚至在黑暗中都能聽到敵軍在跟他們喊話。一位消息靈通人士寫道：「如果有一隻貓從基督教的主人那裡逃走了，如果撒拉森人不放行的話，牠是不可能逃脫的。」[40]當基督徒們在星空下度過一個悲慘的夜晚時，「真主至大」和「萬物非主，唯有真主」的呼喊縈繞著他們。在東北方隱約可以看見一座死火山的雙峰，而這座死火山被稱為哈丁角（Horns of Hattin）。在雙峰下方是一個有泉水的村莊，但是通往這裡的路被堵住了。法蘭克人除了躺在黑暗中受苦外，別無他法。

黎明時分，口渴的法蘭克人站起身來並且全副武裝，準備迎接猛攻。薩拉丁殘忍而又精明地延長了他們的痛苦，讓他們跌跌撞撞地向哈丁角走去。然後薩拉丁命令底下的人點燃沙漠灌木叢。空氣中瀰漫著縷縷煙霧，嘶嘶作響地抽著焦渴的喉嚨，薩拉丁希望這能給敵人一種地獄就要降臨的感覺。最後，當平原上瀰漫著刺鼻的焚燒煙霧時，他命令弓箭手們射擊。他們拉弓後放箭而出，箭雨像蝗蟲一樣布滿了天空，步兵和馬匹開始紛紛倒下。

在半盲、炎熱、疲累、虛弱、遭受攻擊等多重衝擊下，法蘭克人軍隊的紀律開始鬆弛。反擊是必要的，而根據阿卡的一位商人寫的一封信，他耳聞了從戰鬥中走漏出來的描述，居伊轉向聖殿騎士團並且要求他們帶隊對施暴者進行襲擊。「他命令大團長和聖殿騎士們開始行動……聖殿騎士們像雄獅一樣進攻，殺死了一部分敵人，讓其餘的敵軍都落荒而逃。」[41]

總管特里克斯發現自己如今站在指揮先鋒隊的的黎波里伯爵雷蒙身邊。和他們一起的是指揮後衛部隊的西頓的雷納德，還有伊伯蘭的貝里昂二世。這四名男子共同領導了針對塔居丁指揮的薩拉丁軍隊的衝鋒。但是，塔居丁並未堅守陣地，而是命令他的士兵們在騎兵向他們狂奔過來的時候走避，讓他們毫髮未傷地飛奔過防線。而當他們一跨越過去，塔居丁的步兵又重新集結起來，擋住了回去的路。戰場上最資深的四名基督教領袖，與本來應由他們指揮的部隊，兩者之間的聯繫現在被切斷了。他們別無選擇，只得策馬逃跑。戰鬥結束幾天後，特里克斯在致西方聖殿騎士團全體成員的公開信中，覺得有必要加以解釋：「我們費了好大的力氣才……設法讓自己逃離了那可怕的戰場。」[42]

他們留下的軍隊現在已經完全喪失戰鬥意志，乾渴、疲憊並且體力耗盡。但他們還沒有被擊敗。「他們明白，只有勇敢地面對死亡，才能從死亡中拯救自己。」伊本．阿西爾寫道：

> 他們進行了連續的攻擊，幾乎把所有穆斯林軍隊逐出他們的陣地，儘管後者人數眾多……然而，法蘭克人在衝鋒陷陣也有許多人陣亡……穆斯林把他們作為中心點，在其中圍繞出圓圈加以包圍。[43]

戰鬥持續整個下午不曾間斷。儘管天氣炎熱，但這是一場殘酷的對抗。薩拉丁本人用恐怖而富有詩意的語言敘述了他的部下攻擊法蘭克人的殘暴行徑：

> 長矛上閃亮的白光直指他們的心臟而去……波濤洶湧的劍陣瞄準著他們的肝……馬兒的蹄子激起了陣陣塵埃，伴隨火花的箭矢射落在他們身上，嘶鳴的馬蹄聲將他們吞沒，而刀光劍影在他們身旁閃爍。[44]

法蘭克人軍隊現在潰敗了。根據伊本．夏達德的說法：「一群人逃離並被我們的穆斯林英雄追擊。其中沒有一個人能倖免於難。」[45]國王居伊和他的騎士們準備做最後一戰。國王和一群騎士，可能包括傑拉德和他的聖殿騎士團，已經設法爬到了哈丁角上，那裡的鐵器時代和青銅時代的防禦工事遺跡提供了他們一些自然保護。在地勢較高的地方，乾渴而疲憊的人們可以痛苦地俯視那片巨大的、無法到達的涼水，也就是加利利海。他們將居伊國王的鮮紅色王家帳篷豎立起來，讓守護這個陣地暫時有了正當性。阿卡的主教急急忙忙地走進帳篷，拿出一件十字軍國家軍隊希望能拯救自己的東西：一個鑲著珠寶的匣子，裡面裝著耶穌受難而死去的真十字架碎片。為了保衛它必須不惜一切代價。

薩拉丁在他的指揮位置上，看著居伊的帳篷被立起，基督徒們準備保衛他們的國王和聖物。在他旁邊的是他的兒子阿法達，他後來向伊本．阿西爾講述了緊隨其後的緊張時刻。蘇丹知道敵人的騎兵會用盡最後一點力氣來殺敵。這些人被逼得走投無路，他們正準備對穆斯林軍隊發起攻擊，他們的目標是薩拉丁和他的馬穆魯克親兵，他們希望能將即將到來的失敗轉變成勝利。薩拉丁的兒子說，蘇丹「悲痛欲絕，膚色蒼白」。[46]

年紀較輕且經驗少的阿法達無法理解父親的惶恐不安。當居伊帳篷裡的每一個基督徒衝鋒隊都被擊退時，阿法達高興地大喊：「我們打敗他們了！」

「我父親突然大聲喝斥我！」阿法達後來回憶說，父親說：「安靜點！唯有那座蓬帳垮下，我們才算是真正擊潰了他們。」

就在薩拉丁說出這些話的那瞬間，映入兩人眼簾的便是居伊的紅色帳篷終於被部隊所淹沒。國王和真十字架被奪下了。戰事終於結束了。「蘇丹從馬上下來後匍匐在地感謝全能的真主，並且喜極而泣」。[47]

✛

在哈丁的血腥戰場上有兩座紀念碑：一座是按照薩拉丁的指示建造的圓頂建築，名為勝利之殿（qubbat al-nasr）；另一種紀念碑是遍布平原四處的白骨，這是伊本・阿西爾一年後造訪此地時看到的景象。蘇丹誇口說他親眼目睹四萬人在戰鬥中被屠殺。[48]

那些在哈丁戰役中倖存下來的人任由薩拉丁擺布，而他們被依據身分地位遭處決或監禁。許多人被帶走賣為奴隸。伊本・夏達德聽說一名興高采烈的穆斯林戰士用一根帳篷繩把三十名基督徒士兵綁在一起，接著把他們帶走。[49]由於供過於求，大馬士革市場奴隸的價格暴跌。在公開拍賣會上，有些俘虜值得不少拜占庭幣。傑拉德、數百名聖殿騎士和醫院騎士以及許多其他人在戰場上被活捉，而由地位顯赫的囚犯們所組成的遊行示眾隊伍中，居伊國王、沙蒂永的雷納德、他的繼子韓福里便在其中。一份發給義大利醫院騎士團團長阿爾尚博的通訊哀嘆道：「一千多名優秀的士兵被抓獲並殺害，結果只有不到兩百名騎士或步兵逃脫。」[50]

七月四日晚上，國王居伊和沙蒂永的雷納德被帶到薩拉丁面前，薩拉丁當時正坐在王家帳篷的門廊裡。蘇丹安慰了枯槁、戰敗和恐懼的國王，給了他一杯冰鎮的玫瑰水來解渴。這既是統治者之間的友好，也是好客的表現，在阿拉伯傳統中，這意味著在薩拉丁的保護下國王的生命現在是安全的。但當居伊把杯子遞給雷納德時，薩拉丁的態度變了。他透過翻譯告訴雷納德，他並未給他飲料，因此他還不安全。這兩個人被送去用膳，接著被送到落腳之處，後來再度被帶回蘇丹面前。居伊坐在亭子裡，被迫看著雷納德與薩拉丁面對面對峙，薩拉丁曾發誓要報復雷納德在一一八三年對一輛穆斯林大篷車的襲擊，還有他對漢志的宛如海盜一般的襲擊。

薩拉丁痛斥這位曾經的安條克公爵的不信教、背叛和無禮，不僅大罵他並且列舉他的許多惡行。他告訴雷納德，他救自己一命的唯一辦法就是皈依伊斯蘭教——他知道雷納德會拒絕這個提議。在這場譁眾取寵的儀式結束後，蘇丹站起身拔出他的彎刀，將其揮進這位歷經滄桑的老兵的脖子。薩拉丁本想砍掉雷納德的頭，但因為過於興奮而沒有打中目標，因而砍斷了他的一隻臂膀。雷納德跌落在地，僕人們衝了進來把血流如注的他從帳篷裡拖了出去，然後把他殺了。[51]薩拉丁看著居伊，並向他保證他不會受到傷害。驚慌失措的國王對這個保證並不抱太大信心。

雷納德的死是薩拉丁的個人復仇，履行了他多年來的致命誓言和積怨。然而，他對待聖殿騎士團的態度是在政治和軍事上的冷酷算計。正如不止一名穆斯林記述者所指出的，聖殿騎士和醫院騎士在哈丁進行了極為出色的戰鬥，薩拉丁不會讓他們有機會再進行戰鬥。伊本．阿西爾寫道，「他們是所有法蘭克人中最凶猛的戰士，他們對聖戰的狂熱承諾是十字軍王國的防禦」支柱。[52]就像他把雅博渡口的聖殿騎士城堡從世界上抹除一樣，現在他開始鏟除手中的俘虜們。

伊瑪丁報告說，薩拉丁希望「淨化這兩個骯髒修會所占領的土地，他們的所作所為毫無用處，他們從不放棄敵意，作為奴隸也毫無用處。這兩個修會是異教徒中最糟糕的」。[53]只要穆斯林願意把聖殿騎士或醫院騎士帶到蘇丹面前，每名俘虜都值得五十第納爾的豐厚報酬。伊瑪丁寫道：「他下令把每個人的頭砍掉，抹去這人在世上的存在。」[54]

薩拉丁的隨行文職官員接到了執行處決的命令。志願者來自神祕主義者、蘇非派、律師、學者和苦行僧，其中許多人在他們的生活中從未執行過處決。「他們每個人都要求處決一名囚犯，拔出劍並且捲起袖子。」伊瑪丁回憶道。薩拉丁的士兵和埃米爾們排在他身旁觀看這場怪誕的狂歡。聖殿騎士和醫院騎士的弟兄們一個接一個地被斬首。一些門外漢迅速而乾淨地切下頭顱並且受到鼓掌。其他人則是用鈍掉的刀來砍。伊瑪丁寫道：「有些人因為砍得莫名其妙，不得不被替換下去。」薩拉丁一直面帶微笑坐在那裡，他的笑容與在他面前死去的基督徒弟兄們陰鬱的愁容形成鮮明對比，他們像羊一樣被屠殺。

薩拉丁在他耀武揚威的信中講述道，在哈丁的勝利中「沒有一個聖殿騎士倖存下來」。他所說的並不精確。幾年後，一位聖殿騎士出現在阿卡，他不僅聲稱自己逃離了哈丁戰場，而且還偷走了真十字架，並把它埋了起來以策安全，儘管他後來忘記把真十字架埋在何處。[55]與此同時，傑拉德則免於蘇非派拙劣的劈擊。他被關押在大馬士革監獄一段時間，然後以極高的代價被贖回。特里克斯在傑拉德獲釋之前一直是聖殿騎士團的領導者。當他評估那年夏天戰爭所造成的人員傷亡時，他計算出在克雷松泉和哈丁戰役期間有兩百九十名騎士陣亡，這是東方聖殿騎士的巨大損失。而這只是其他數千位跟他們同時陣亡人數中的一小部分，他們都是大團長渴望殉道的受害者，只不過真正殉道的人都是別人而不是大團長自己。

哈丁戰役是場可恥的軍事失敗、精神上的災難，也是耶路撒冷十字軍國家滅亡的開始。居伊國王召集了基督教沿海地區的城堡和城鎮中所有有能力戰鬥的人，並把他們推入哈丁的地獄之口，居伊國王讓這個王國變得極為容易受到快速襲擊，而這正是薩拉丁現在馬上要做的。在哈丁戰役後的三個月裡，他的部下像螞蟻一樣在失去領導者的法蘭克人土地上亂竄。他們迅速地攻下了太巴列、阿卡、西頓、貝魯特、海法和凱撒里亞。拿撒勒和伯利恆都失守還有數十座城鎮和城堡淪陷，只有少數幾座最大的內陸堡壘能夠堅持下去。耶路撒冷的港口雅法被奪下。在一一五〇年代千辛萬苦取下的阿什凱隆在九月淪陷，達魯姆（Darum）和利達（Lydda）也是如此。到了秋天，除了泰爾和耶路撒冷本身之外，耶路撒冷王國失去了所有重要據點。九月二十日，薩拉丁抵達聖城前方，準備終結他所發起的這一切。

耶路撒冷在這個時候根本沒有能力守住城牆。伊伯蘭的貝里昂指揮著一支由少數商人和所有十六歲以上的男性組成的悲慘駐軍，他們因為要進行光榮的防衛戰所以被授予騎士稱號。這樣的軍力是完全無法勝任的。薩拉丁讓他的投石器和工兵立即投入戰爭，城裡的婦女們在這段期間一邊哭泣一邊剃光了孩子們的頭髮，想為自己的罪過贖罪，經過九天這樣令人沮喪的日子後，城牆上被打開了一個缺口。貝里昂要求停戰，並於九月三十日正式投降，條件是和平移交權力不進行屠殺，並對基督教城民實行為期四十天的大赦，讓他們在面臨奴役前有機會買下自己的人身自由。

薩拉丁在十月二日星期五正式進入耶路撒冷，這一天是穆罕默德夜行登霄的週年紀念日，穆罕默德在當時和天使加百列一起，來到了基督徒們稱為聖殿山的地方，那裡現在是圓頂清真寺。薩拉丁立刻派人登上金色的圓頂。根據特里克斯弟兄寄給英格蘭的一封信，他們把豎立其上的十字架拆下，將它沿著城市四周拖行了兩天，並且像是在舉行儀式一樣地砸打十字架，要叫百姓看見。

接下來他們搬進了阿克薩清真寺的聖殿騎士總部。伊瑪丁寫道：「阿克薩清真寺到處都是豬和穢物，到處被異教徒時期的建築物所阻礙，他們是支墮落、不公正和犯罪的種族。」[56]蘇丹的軍隊開始進行淨化工作，拆除聖殿騎士團在此居住期間所建造的牆壁和建築物，並用玫瑰水從底部到頂部將整個建築物徹底洗淨。十月九日星期五，從聖殿山四面八方響起祈禱聲，來自大馬士革的伊瑪目伊本．扎基（Ibn al-Zaki）進行了一場講道，慶祝薩拉丁的成就，並呼籲所有穆斯林繼續聖戰。

五十名被逐出總部的聖殿騎士被允許組成一支警衛隊，護送基督教難民離開耶路撒冷，直到他們能找到新的安全落腳處。大多數人前往的黎波里伯國，那裡的沿海城市泰爾現在是十字軍國家反抗軍的堡壘。弟兄們分成了分別由二十五名騎士組成的先鋒隊和後衛軍，帶著這群衣衫襤褸的城民向北行進，他們的每一步都將讓他們遠離基督受難之城，進入一個充滿敵意和危險的國度。[57]這令人遺憾地與聖殿騎士團所代表的一切背道而馳。

距離于格．德．帕英和他的騎士夥伴們聚集在聖墓旁已經過了整整六十八年，他們當時幻想著有一個新的修會來保衛這座聖城，並且保護前來朝聖的基督徒。薩拉丁花了不到十五個星期的時間屠殺其成員，囚禁他們的大團長，占領他們的城堡，侵占他們發誓要保護的聖地，幾乎把聖殿騎士團所代表的一切化為烏有。

人們不免會由此得出結論：上帝拋棄了祂的戰士。

第三部

銀行家
Bankers
(1189–1260)

你們當輕裝地，或重裝地出征，

你們當借你們的財產和生命為真主而奮鬥。

——伊本·瓦希爾，引用古蘭經九章四十一節[1]

第十二章　追求財富

聖殿騎士團的國際總部，曾經是耶路撒冷的一座大宮殿，現在是托隆山上的一個帳篷，周圍環繞著其他的帳篷，裡頭住著基督教聖地的重要人物。[2]聖殿騎士團在成立時相當卑微，他們現在則回到原點：他們失去了幾十座城堡，數百人陣亡，他們所被賦予的任務也陷入混亂。弟兄為自己能尋求並且忍受屈辱苦難的能力而深感自豪。[3]然而，他們在一一八七至一一八九年之間則是飽經屈辱與苦難。他們並不去迴避證明他們衰亡的證據：他們從托隆山上的有利位置可以俯視阿卡，藉此每天都提醒他們所失去的一切。

從遠方眺望阿卡可以看見，在中心的那座城堡周圍聚集著密密麻麻的作坊、房屋、教堂、堅固塔樓和商業建物。城堡的南面和西面靠海，向陸地的一面由堅固的石牆環繞，牆外是一片沙地平原。阿卡是聖地最大的港口之一，也是沿海的主要商業港口。這座城市讓西班牙穆斯林作家兼旅行家伊本・朱貝爾眼花撩亂，這啟發了他引用古蘭經中寫道：「阿卡是敘利亞法蘭克人城市的首都，也是『在海中桅帆高舉，狀如山巒的船舶』卸貨的地方。」雖然伊本・朱貝爾對到處都是垃圾和糞便，臭氣熏天的街道感到惋惜，還譴責古代清真寺被改造成基督教禮拜場所，但他說：「它的偉大程度就如同君士坦丁堡。」[4]

哈丁在伊本·朱貝爾於一一八四年秋天造訪時尚未爆發騷亂，這座宏偉的城市當時是十字軍國家最重要的基督教據點之一。現在，在一一八九年的秋天，它被伊斯蘭軍隊占領，正如同加利利海以下所有曾是基督徒定居點的遭遇一樣，只有的黎波里和堅不可摧的孤立泰爾城堡除外。星期五的祈禱聲在教堂的鐘聲中響起，穆斯林守衛從阿卡石牆上的塔樓裡懷疑地向外窺視著。他們有很多事情需要提高警覺，因為在一一八九年夏天有一支基督教聯軍開始聚集，在阿卡城牆外集結兵力，他們只有一個明確目標：奪回阿卡。

住在托隆山帳篷下的聖殿騎士弟兄中有傑拉德·德·雷德福。在哈丁戰役之後的近一年時間裡，他一直被關押在大馬士革的監獄，但他於一一八九年六月被釋放了，這是薩拉丁和居伊國王達成的協議中的一部分。國王的獲釋是以阿什凱隆投降作為代價，國王也被允許挑選十名騎士來陪伴他。他列出的名單中包括他的兄弟呂西尼昂的埃梅里（Aimery of Lusignan），以及聖殿騎士的大團長傑拉德。傑拉德重獲自由的代價不菲：聖殿騎士團被迫放棄了他們在加薩的城堡。他們之所以這樣做主要是出於榮譽感而非戰略考量，因為大團長是可以換人的，加薩卻無可取代。這個耗費重金打造的軍事中心，控制著埃及和巴勒斯坦海岸間的路線，現在落入穆斯林手中。這是一個沉重的代價。

儘管如此，過去的就已經過去了，傑拉德如今自由了。代理團長特里克斯步下舞台，由傑拉德重新掌權，而特里克斯自此從聖殿騎士團的中央層級中消失了近十年，他或許是覺得在哈丁戰役倖存下來以及協助處理好善後事宜後，自己的職責已經完成。傑拉德很快又恢復他一貫的領導風格：四處求戰，不顧任何代價。在當時發生的許多事情都刺激著他的情緒。從托隆山俯瞰被占領的阿卡，他會認出聖殿騎士在城市西南部的大宮殿，現在是薩拉丁的法學家友人伊薩・哈卡里（Issa el-Hakkari）的家。失去它實在令人無法忍受。

醫院騎士團和聖殿騎士團在阿卡都擁有與他們在聖地地位相符的氣派房產。醫院騎士團的房子建在城市裡，聖殿騎士團的房子則建在伸入地中海的一塊低矮土地上，它靠近庇護著停泊內港船隻的L形海堤。日耳曼朝聖者狄奧多里克寫道，這間房子「相當大而且漂亮」，他指的可能是其氣勢磅礴石牆上的巨大羅馬式拱門。[5]但它不是只有美麗而已。由於地處最繁忙的商業重鎮，它同時是聖殿騎士團在東方最重要的商業中心。聖殿騎士團在阿卡的商業利益由一名高級軍士監管，他被稱為阿卡造船廠的指揮官（或分團長），西方的貨物、軍火和人力供應都是透過他送到各個拉丁王國。[6]

這裡挖掘了大型地下通道，從比薩人區下方的宮殿地窖直通到被稱為「船鏈宮廷」（the Court of the Chain）的城市海關大樓，全長近四百公尺。在這裡，神職人員們坐在鋪著毯子的石凳上，用浸在飾有金色烏木墨水瓶裡的筆記錄收入。[7]為了確保進出這個鍍金會計室通道的安全，聖殿騎士團挖了一個精密的轉換軸，它在一個點上分出兩條平行的地道，由被岩石上鑿出的一個警衛室俯瞰著，一名軍士弟兄可以坐在那裡透過金屬格柵監視下方經過的車輛。[8]

在主殿的北面，在一個名為蒙特穆薩德（Montmusard）的郊區，還有另外兩個屬於聖殿騎士團的地區：「聖殿騎士團區」和一大片馬廄地。弟兄們在阿卡的產業加總起來，要比耶路撒冷的產業大多了。現在所有這些都在敵人手中。法學家哈卡里得到了一切：他們的房子、農場、土地……農作物和其他財產。[9]在他的管理下，主宮殿被加蓋了一座巨大的塔樓，它傲然挺立在城市的天際線之上，這在傑拉德和他在托隆山上的夥伴們看來是種刺眼的挑釁。①

一一八九年十月的第一個星期，聖殿騎士團在阿卡外已經待了五個星期。是傑拉德把他們帶到那裡的。他一從監獄出來便調查了基督教王國的損傷程度，並敦促國王採取果斷行動，對薩拉丁進行反擊。哈丁之戰、耶路撒冷之戰和真十字架之戰的失敗震驚了西方的基督教王國；眾所周知，英格蘭和法蘭西的國王、神聖羅馬帝國的皇帝腓特烈・巴巴羅薩（Frederick Barbarossa）和許多其他著名的貴族正在籌劃一場大規模的十字軍東征，這是自一〇九六年以來規模最大的一次。在居伊國王的兄弟，呂西尼昂的埃梅里的陪同下，傑拉德跟國王力陳道：如果這些君主們到達時發現耶路撒冷國王對於自己被肢解掏空的領土毫無作為，這對於他的名聲而言並不光采。「如果他們發現你已經包圍了一座城市，那情況就好得多了。」這兩人如此力勸。[10]居伊對於自己的榮譽受到詆毀總是十分敏感的，他同意了兩人的說法。

他決定包圍的城市是阿卡。一支王家軍隊從法蘭克人在安條克和泰爾周圍的殘餘地區召集而成，最終於一一八九年八月二十九日抵達該城。最初有六百名騎士，其中包括一個規模不大的聖殿騎士代表團，但人數隨後大幅增加。八月的最後一天，幾艘滿載比薩人部隊的船隻在城市南方下船，並且在海灘上設立營地。十天後，又有五十多艘船抵達，載著成千上萬的丹麥和弗里西亞十字

---

①作者注：如果傑拉德看到薩拉丁把醫院騎士團的房子、公寓、教堂和病房改造成一所學校，他或許會稍微感到欣慰。

軍戰士，由著名的佛蘭芒（Flemish）騎士和貴族阿韋訥的詹姆斯（James of Avesnes）領軍，他是北歐最受尊敬和敬畏的軍事領袖之一。比薩貴族蒙費拉托的康拉德（Conrad of Montferrat）於九月下旬從泰爾帶來了一千名騎士和兩萬名步兵，它既是居伊的敵人也希望取代他的國王位置。儘管內部存在紛爭，但現在這支法蘭克軍隊的規模已經非常龐大，能夠封鎖大片海域，並在陸地上進行部分包圍。

作為回應，薩拉丁率領著大軍來到阿卡。與基督教軍隊包圍了這座城市一樣，他的軍隊占據了範圍更大的半圓形作為陣地，並且將指揮中心建立在名為泰爾阿亞迪亞（Tell al-’Ayyadiya）的山上，從九月的頭幾週開始，雙方就爆發了小規模衝突，薩拉丁的手下試圖突破拉丁軍隊對土地的封鎖和對覓食隊伍的伏擊當中的薄弱環節，來維持通往阿卡的補給線，而居伊的人馬則努力阻止他們。這些還只是試探性的戰鬥，雙方的人數都在不斷增加，眾人都清楚意識到他們正在朝阿卡大規模圍城戰的狀況發展。其結果要麼是阻止薩拉丁征服基督教聖地，要麼是十字軍國家逐漸成為被遺忘的悲慘故事中的又一章節。

十月三日晚上，法蘭克人指揮官決定對薩拉丁不斷壯大的軍隊採取第一步行動。據伊本·阿西爾的編年史記載，居伊國王意識到，儘管蘇丹在阿卡擁有一支龐大的軍隊，但他有不少的精兵分散在其龐大領土上其他重要地區：一些在北部的安條克，另一些在保衛埃及的亞歷山卓和達米埃塔，還有一些部隊在仔細提防基督教城市泰爾，以擊退他們對於前線任何可能的攻擊。這是對阿卡外軍隊進行攻擊的絕佳時機，藉此可以削減外部人馬對坐困愁城的穆斯林的補給。居伊下令他的軍隊準備在隔天進行大規模的調動。

十月四日上午，基督教軍隊聚集在托隆山腳下，以步行的速度穿過平原「宛如蝗災在地表上蔓延」，朝著薩拉丁在泰爾阿亞迪亞的基地挺進。「主力部隊的馬匹、武器以及各式徽章令人眼花撩亂」，而走在他們前方的是手持弓箭和弩的輕步兵。[11]在他們後方的是騎著駿馬的精銳部隊，王家衛隊、阿蒙格率領的醫院騎士團，以及傑拉德率領的聖殿騎士團。

那天早上，聖殿騎士團最近任命的掌旗官若弗魯瓦．莫林（Geoffrey Morin）舉著黑白相間的旗幟，有目的地帶領著弟兄們緩慢穿過塵土飛揚的阿卡平原。[12]若弗魯瓦以前是泰爾聖殿騎士團的指揮官，他在傑拉德大團長出獄之前不久晉升到這個新職位。[13]按照《聖殿騎士會規》的規定，若弗魯瓦帶領著一支由五到十名白衣騎士組成的私人衛隊，其中一人拿著一面備用的旗幟，以防掌旗官的那面旗在戰鬥中受損或撕裂。[14]他在戰場上是重要性僅次於傑拉德的聖殿騎士，整個騎士團將在中央位置的兩人緊緊圍繞住。

在薩拉丁的部隊的注視下，一支龐大的基督教軍隊穿過阿卡平原，而這面黑白旗也在眾多飄揚的旗幟之中。當部隊到達衝鋒距離以內時，帶頭的便是黑白旗幟。當基督徒進入穆斯林營地的攻擊範圍時，一個信號隨之響起，步兵停止了前進。部隊一分為二後，重型騎兵從缺口中衝出，現在全軍一體向敵人衝鋒。駐紮在薩拉丁大本營前的部隊因為不要阻攔騎兵的步伐便撤退，讓通往王家帳篷的路敞開在他們面前。薩拉丁和這些部隊一起離開，法蘭克人立刻在毫無防禦的陣地上下馬，割斷繩索，盡其所能地搶劫，殺死任何阻擋他們的人。死者包括耶路撒冷的穆斯林統治者、薩拉丁的管家哈利勒．哈卡里（Khalil al-Hakkari），以及著名詩人和學者伊本．拉瓦哈（Ibn Rawaha）。[15]根據一份對這場戰鬥的描述，薩拉丁自己的帳篷被巴爾（Bar）伯爵短暫占領，他是一位剛從西方來的十字軍戰士，不過這帳篷本身顯然沒有被摧毀。[16]

一位同情基督徒的編年史家寫道：「名聲無人能及以及熱衷殺戮的聖殿騎士們已經衝過了所有的敵人防線。如果剩下的部隊……緊緊跟隨他們，並且以同樣的熱情追擊著敵人，他們在那一天本來必定能在城市和戰爭中獲得愉快的勝利。但聖殿騎士團在追求財富和自己的喜好上頭做得太過火了。」[17]大膽淪為魯莽，這在傑拉德的領導下也不是第一次發生了。

隨著薩拉丁的軍隊撤退，聖殿騎士及其隨行的騎士們開始搜刮留下的戰利品，此時沒有人注意到有一大群武裝民兵從阿卡的一座不設防的大門中爬了出來，並且繞到戰場的後方，與最初退出營地的部分蘇丹軍隊會合。他們悄悄地朝著標明聖殿騎士位置的黑白旗幟走去。然後，他們毫無預兆地發動了襲擊。

聖殿騎士們回頭一望才意識到，自己跟其他忙於與薩拉丁右翼交戰的軍隊隔絕了。這意味著他們現在很容易受到來自四面八方的攻擊，與法蘭克弟兄之間任何方便的溝通管道都被切斷了。他們試圖殺出血路重回戰場，但這已經不可能了。他們被包圍了。唯一能做的就是集結在那面黑白旗幟周圍作戰。

當傑拉德再次讓同志們陷入嚴重的困境中，一位編年史家在著作中替傑拉德發表了一篇振奮人心的演講：「他的同伴敦促他逃離戰場免得性命不保，他回答說：絕不！這對聖殿騎士團來說將是恥辱和醜聞。我會被後人說成我的騎士們為了保住我的性命，而被屠殺！」[18]這篇演講是文學著作中的虛構筆法，但它仍然說明了大團長拒絕逃避危險的原則。正是基於這種原則，他才敢於爬過哈丁角下煙霧繚繞、血跡斑斑的灌木叢，在克雷松泉向七千人衝鋒。他從這兩次災難中都得以脫身，但是他這次無法從阿卡平原全身而退。

戰馬在刀鋒和長矛一閃而過後紛紛倒下、士兵們在驚慌失措中喪生，傑拉德和他的部下們被包圍了。「真主的刀劍從四面八方攻擊他們，沒有一人逃脫。」伊本．阿西爾如此寫道。「大多數人被殺害，其餘人則被俘。其中包括了薩拉丁曾經抓獲而且釋放的聖殿騎士團大團長。」[19]這一次沒有監禁、沒有贖金、也沒有憐憫，傑拉德在戰場上遭到即刻處決。編年史《聖地旅程》（*Itinerarium Peregrinorum*）的基督徒作者寫道：「他和被殺的人一起倒下了。」[20]在他身後的某個地方，那面黑白旗幟——聖殿騎士團力抗強敵的自豪最終象徵物，在四面受敵的捍衛者上方搖晃著。最終，這面旗幟隨著若弗魯瓦．莫林毫無生氣的手墜落地面。

一一八九年十月四日，對於聖地的拉丁王國戰士來說，又是一個可怕的日子。隨著聖殿騎士不斷地被屠殺，其餘的軍隊陷入恐慌。牲畜四處狂奔，而男人們失去了勇氣。一位基督徒編年史家厭惡地寫道：「他們將敵人招引來作戰，然後被征服就自己逃了回去。」[21]唯有依靠國王居伊的弟弟呂西尼昂的若弗魯瓦所組織的一支奮不顧身的後衛部隊，方才阻止了托隆山被占領。經過幾個小時的殘酷殺戮後，戰爭已接近尾聲。法蘭克人再一次被擊敗，損失了大約一千五百名士兵，而且其他生還者蹣跚地回到營地，他們因為重傷毀容以至於朋友們都無法認出他們。薩拉丁的人把受害者的屍體聚集在一塊扔到附近的河裡。隨著屍體腐爛，水也發出惡臭。對於在阿卡以外倖存的人來說，他們心裡相當清楚一場漫長而可怕的圍攻即將發生。已承諾的援軍還沒來得及趕來救援四面受困的聖地守軍，且事實上，那些衣衫襤褸、群龍無首的聖殿騎士團也趕不及救援，他們從托隆山上俯視著自己以前的聖殿，尋思是否有機會再次看到己方的旗幟在那屋頂升起。

一位嚴重受傷的水手踉踉蹌蹌地穿過阿卡城牆外擁擠的士兵群，要講述他的悲慘故事。那是一一九一年六月十一日，這位不幸的水手在過去四天被一群外國侵略者囚禁和遭受酷刑，他們是在一場海戰之後把他從海裡拉出，讓他的同伴們絕望地在他周圍的水域中無望地掙扎。[22]這個悲慘的人當時若是淹死可能會好過點，因為他雖然還活著卻被殘酷地截肢，之後被當作血淋淋的殘酷例子送給阿卡城民，讓他們明白違抗真主軍隊的人的下場。

從某種意義上說，這名水手只是阿卡圍城眾多受害者之一。這場圍城至一一九一年六月為止已經持續了二十二個月，陸地和海上的暴力衝突、營養不良和疾病奪走了數百人的生命。然而，他同時是一個更具份量的事物的可怕象徵。他那奇形怪狀的傷害是為了宣傳一個危險的新競爭者的到來。伊本·夏達德寫道，這位新來者「在戰爭中很有智慧和經驗，他的到來對穆斯林的心靈產生了可怕的影響」。[23]他的曾祖父是耶路撒冷的富爾克一世國王，但他本人是英格蘭國王，既是他那一代人中最凶猛的戰士之一，也是聖殿騎士團的支持者。他身材高大，勻稱且富有魅力，有著一頭引人注目的金紅頭髮，以及天生就適合揮劍的手臂。歷史上一般稱他為獅心王理查（Richard the Lionheart）。

大人物們在整個春天陸續抵達阿卡，其中包括法蘭西國王腓力二世，他於四月二十日率領六艘大船登陸，重要貴族和成千上萬熱情的十字軍戰士簇擁在其身邊，這讓薩拉丁的傳記作者兼行政管理者伊本·夏達德承認他是「一個偉大的人，受人尊敬的領袖，是他們偉大的國王之一，軍隊裡的所有人都會服從他」。[24]理查比他的對手晚到幾個星期，是最後抵達的人之一。不過，這位英格蘭國王在守時方面的不足，被他用人格魅力來彌補。伊本·夏達德甚至給予理查更高的讚譽，他說理查是「一位極具勇氣並且對目標永不放棄的強大戰士。他有豐富的作戰經驗，而且在戰鬥中無所畏懼」。他進一步指出，儘管在十字軍戰士眼中，他的「王室地位低於法蘭西國王」，但他「更為富有，而且軍事能力和勇氣更富盛名」。[25]

理查在一一八七年還是王子時便已參與十字軍，他也像同輩的年輕士兵一樣因為哈丁的災難消息而憤恨不平。西方的不穩定，這包括了與垂死父親亨利二世的一場致命性爭吵，讓理查要在四年後才能兌現他東行並且解放耶路撒冷的誓言。②他斷斷續續的準備工作最終招集了一支受人矚目的十字軍。一百五十艘船從樸次茅斯（Portsmouth）出發，航行了兩千多英里，途經里斯本，西西里島和賽普勒斯，並且在義大利南部讓理查上船。這支軍隊的推進像是場血腥的狂歡節：里斯本被洗劫，西西里被入侵。賽普勒斯也被征服，而且拜占庭統治者伊薩克·科穆寧（Isaac Comnenus）因為膽敢反對他的登陸，而被理查下令逮捕，並且讓他戴上銀手銬。這些皆非虔誠的作為，不過這也掩蓋了理查作為果斷軍事領導者的名譽。自從國王鮑德溫三世去世以來，這便是聖地十字軍國家最缺乏的一種領導者。英格蘭國王帶著船隻、金錢、馬匹、武器、衣服、食物和人員抵達阿卡。最重要的是，他肩負著基督教世界的希望。

理查的到來對於聖殿騎士團的士氣和人力都是重要鼓舞。一一八九年十月四日戰敗後的幾個月

---

②作者注：一一八九年七月六日，亨利二世在兩個兒子理查和約翰針對他所發起的叛亂中不幸去世。

陰鬱地令人沮喪。東方地區的資深弟兄寥寥可數，以至於聖殿騎士團的中央修道院若非無法，便是不願意找出一位合適人選來接替傑拉德成為大團長。幾個月來，騎士團的指揮權是由一名在文件中被簡稱為W的弟兄接管。[26]他是一名牧師弟兄，是聖殿騎士團的私人神父之一，穿著像軍士一樣的黑色長袍，並且戴著特殊的儀式手套，這是神職人員成員的特權。W顯然是一個虔誠而受過教育的弟兄，但他不是一名戰士。

西方最資深的兩位弟兄在一一九〇年暫時頂替了大團長之職責，他們取代了W並且短暫地共同擁有指揮權。第一位是埃斯的阿米歐（Amio of Ays），他是一名勃艮地知識分子，其家族與普羅旺斯有淵源，擔任總管一職。阿米歐曾在阿馬里克國王統治時期的一一六〇年代末造訪過十字軍國家，但他並沒有定居下來，而是前去巴黎建立起自己的聲譽，代表更重視財務的法蘭西聖殿騎士團管理商業交易。他在這方面相當成功，因此被任命為西方大團長，這是在聖地之外的最高職位。但從本質上而言，阿米歐與他在耶路撒冷王國的弟兄們完全不同。他在巴黎的主要工作是管理農業地產網絡，並且與教堂和修道院針對土地和財產交易進行談判，並確保聖殿騎士團在他的監督下在宗教儀式上維持一定的水準。他的主要愛好是渴望「永久和平」，這一點經常在他親眼過目並且用印的文件中出現。法蘭西聖殿騎士團最重要的身分是上帝的僕從，其次才是戰鬥軍人，因此阿米歐這句陳詞濫調足以讓他在此成為一位成功的領導者。然而，在聖地，像阿米歐這樣的和平販子寥寥可數，不過對他們的需求甚至要更少。

幸運的是，吉伯特．埃拉爾於一一九〇年加入阿米歐，兩人共同擔任最高指揮官。吉伯特是已故阿爾納多大團長的心腹，並且曾經短暫擔任過阿爾納多麾下的騎士團分團長。自一一八四年以來，吉伯特一直擔任西班牙和普羅旺斯騎士團的團長。伊比利半島仍然是一個戰事頻仍的舞台，在十二世紀中葉，北非和西班牙南部的伊斯蘭革命中，穆拉比特王朝被一個叫做穆瓦希德王朝（Almohads）的遜尼派政權所取代，其領導人宣布自己是哈里發，並且試圖擊退基督徒在半島上的進軍。在吉伯特被任命為西班牙與普羅旺斯團長的那一年，聖塔倫城堡被大批軍隊圍攻，而這座堡相當靠近在托馬爾的聖殿騎士葡萄牙總部。葡萄牙軍隊擊退了包圍他們的穆瓦希德王朝軍隊，並用毒箭殺死了哈里發阿布・雅各・尤素福（Abu Ya'qub Yusuf）。置身於這種殘酷的衝突之中，意味著吉伯特比他那深思熟慮、愛好和平的夥伴更能適應衝突和流血。他很適合東方。一一九〇年，吉伯特再次担任分團長，他和阿米歐一起帶領聖殿騎士團度過艱難的一年。

聖殿騎士團的戰鬥部隊已經被薩拉丁瓦解，但是阿米歐和吉伯特的到來表明了，聖殿騎士團有能力承受著在聖地那次致命的打擊，並且能在相對短暫的時間中重新補足他們的人力。一一九一年五月，阿米歐卸任回到巴黎，由拉庫爾坦的荷里奇（Roric of La Courtine）接替這職位。變局也正好就是在此時發生：理查在幾週後於六月八日登陸阿卡，掀起了一股狂熱的戰鬥浪潮，這使得聖殿騎士團勢必得全力投入。對阿米歐而言是件好事，因為他在紛爭發生之前便已離開了。

理查從他在英格蘭的王家領地、他在法蘭西所控制的諾曼地、安茹和阿基坦等地所徵召的十字軍，是經過計畫的而且規模盛大。他到達阿卡時，其艦隊已擴大到近兩百艘船、一支龐大的私人部隊、許多有權有勢和經驗豐富的貴族支持者，以及一座透過在英格蘭出售政治職位、爵位和資產而積累起來的金山。他還帶來了經驗豐富、值得信賴的軍事顧問，他在三十三歲的生命中逐漸熟悉並依賴這些顧問，從他十五歲繼任伯爵開始，花了一半以上的生命在普瓦圖及其周圍的軍事戰役上。

其中一位顧問，羅貝爾・德・薩布利（Robert de Sablé），是理查最重要的封建封臣和盟友之一。羅貝爾在金雀花家族的心臟地帶勒芒周圍擁有大片土地，並在一一九〇年春夏共同參與了理查在安茹和諾曼地十字軍東征的準備工作。[27]他是國王的三名艦隊司令之一，他不僅指揮王家艦隊中的一支大部隊，而且軍隊在西西里島過冬時還擔任過使節。他還擔任一個官方委員會的成員，負責拆分那些在征途中陣亡的十字軍戰士的財產。理查極度信任他。在他到達阿卡不久，理查便命令羅貝爾宣誓加入聖殿騎士團，並立即選舉出羅貝爾為他們的新大團長。

理查並不是第一個哄騙聖殿騎士任命自己選擇之大團長的國王：埃弗拉德是國王路易七世的忠實僕人，而腓力和奧多都是國王阿馬里克主導之成果。但是，從未有過一位大團長如此公然且有目的地被來訪的君主安插到這個職位上頭。理查透過將軍事修會的領導權整合到自己的指揮結構中來收編這些修會，這是他十字軍東征戰略中的重要部分之一。英格蘭國王還帶來了新的醫院騎士團團長，納布盧斯的卡尼爾（Garnier of Nablus，先前擔任英格蘭醫院騎士團的修道院長），以及一一九二年被任命為醫院騎士團司庫的英格蘭人羅伯特・安格利庫斯（Robert Anglicanus）。[28]對於聖殿騎士和耶路撒冷王國來說，這項政策將造成長期的影響。

✝

一個月來，一股令人憎惡的石頭洪流不斷衝擊著阿卡的城牆。獅心王理查和腓力・奧古斯都率領的龐大十字軍軍隊，正在用最新設計的巨大投石器轟擊城市的塔樓和防禦工事。理查擁有四座投石器，法蘭德斯伯爵擁有兩座，勃艮地公爵擁有一座。腓力則握有一系列格外精巧的攻城武器，包括一個他暱稱為「壞鄰居」的巨大弩砲，以及能被推到城牆上的數座移動車輛，這讓城垛上的肉搏戰得以展開。腓力本人則坐在離城邊不遠的一個木造掩體中，用他的弩瞄準他上方的敵兵，並且避開朝他飛來的燃燒投擲物。聖殿騎士團和醫院騎士團一樣，操縱了一台他們自己擁有的強力投石器，由十字軍中平民朝聖者所徵召來的軍隊則控制另一座投石車，他們將其命名為「上帝的投石車」。工兵們在地下破壞阿卡塔樓的地基，密集的重砲則從空中把四面楚歌的居民們擊得粉碎。阿卡內部的士氣在這段時間以來逐漸崩潰，在六月和七月持續不斷的轟炸中，它降到了谷底。伊本・夏達德寫道：「當守衛者直面死亡時，他們的精神隨之崩潰。」[29]

薩拉丁的軍隊仍然駐紮在泰爾阿亞迪亞附近，他們透過打鼓以及派遣泳者在脖子上掛著訊息穿梭港口的船隻之間，藉此來與當地驚恐的城鎮居民溝通。不過，他們在很大程度上是無助的。十字軍戰士大約有兩萬五千人，他們在溝渠和土方工程後方挖掘出陣地。當薩拉丁軍隊試圖攻擊拉丁王國軍隊時，他們被揮舞著弓、劍、匕首、長矛、雙頭斧和鑲有鐵牙棍棒的男男女女擊退。[30]國王理查和國王腓力都患了壞血病，這讓他們的頭髮和指甲不斷脫落，但理查仍不甘示弱，他堅持每天都要躺在擔架上被抬出帳篷，然後用弩箭射向守衛城牆的部隊。

到了七月的第一個星期，阿卡的城民幾乎放棄了。他們的城牆已有數處被攻破、他們的物資短缺，他們擔心如果城市被大軍湧入會導致大屠殺。他們決定乞求和談。談判在拉丁王國的陣營進行，並且由一個代表團監督，其中成員包括了醫院騎士團的新團長以及理查的夥伴卡尼爾。儘管薩拉丁對任何和談進程都懷有敵意，但雙方還是達成了投降協議。按照協議，這座城市將被割讓、要賠償二十萬第納爾金幣、一千五百多名基督徒囚犯將被釋放，而且要歸還他們在哈丁所失去的真十字架。蘇丹勉強同意了這些條件，七月十二日阿卡的大門被打開。十字軍戰士蜂擁而入，伊本·夏達德看著「不信者的旗幟」正午時分在阿卡的屋頂上豎起，感到相當沮喪。[31]理查在城堡裡住了下來，腓力·奧古斯都及其隨行人員作為聖殿騎士的訪客入住，最後重回到了他們在碼頭旁壯觀的房舍。法蘭西王旗被懸掛在聖殿騎士之家的新塔樓上，這是伊薩·哈卡里居住於此時添加的。黑白旗幟要稍後才能送到。儘管如此，在曠野待了四年之後，聖殿騎士團再次有了家。

他們也有要達成的目標。阿卡的圍攻標誌著腓力國王十字軍東征的結束：他認為自己已經履行了誓言便動身前往巴黎，渴望逃離在十字軍東征期間不斷貶低他的獅心王，再加上理查又撕毀了迎娶腓力姊妹的協議。法蘭西國王的重要貴族之一，法蘭德斯伯爵在阿卡去世了，腓力希望把他遺產中的最富有的那部分劃分在王室之下。相比之下，獅心王才剛要開始動作而已。

他開始沿著海岸大規模行軍，目的是奪回阿卡和阿什凱隆之間盡可能多的港口和聚落，其中包括海法、底斯特律堡、凱撒里亞、阿蘇夫和雅法，然後轉向內陸，前往耶路撒冷。一場長時間的徒步戰鬥很可能會陷入混亂，因為要替成千上萬的士兵提供後勤保障，而且又必然會受到薩拉丁敏捷的輕裝騎兵的騷擾。根據第二次十字軍東征的經驗以及那次在小亞細亞的艱難跋涉，在在都凸顯出在部隊行軍時，勢必要高度仰賴軍事修會提供安全和紀律，而且在一一九一年夏末和初秋時，騎士團確實被要求開始部署，好完成保衛安全與紀律的需求。聖殿騎士團沒有時間坐下來享受他們失而復得的種種。八月二十日星期二，理查在阿卡平原上草率地屠殺了大約兩千六百名穆斯林囚犯，理由是薩拉丁沒有履行歸還真十字架的承諾，也沒有支付阿卡投降時所商定的十萬第納爾。兩天後，他的十字軍部隊已經收拾好營地，開始行軍。

這支龐大的縱隊緩慢地向南蜿蜒前進，在它的右手邊則尾隨著一支環抱海岸的艦隊。聖殿騎士們作為後衛部隊，警惕且警覺地跟隨著遠處理查那面由一輛馬車推進的巨龍戰旗。[32]他們的工作是擊退從山上俯衝下來的襲擊者，而這些攻擊偶爾會讓整個車隊陷入停滯狀態。他們在白天要忍受著中暑的折磨，還得躲避來自弓騎兵的射擊，他們決心要為在阿卡郊外被無情屠殺的家人和朋友們復仇。到了晚上，他們躺在黑暗中，聽著十字軍戰士在黑暗中吟誦朝聖者的祈禱文，要忍受著爬進營地的成群巨型狼蛛，那些欠缺警覺性而未將蟲類驅趕走的人的身上，會留下令人痛苦的咬痕。

他們緩慢地向南推進。穆斯林駐軍放棄了在十字軍部隊眼前的那些城鎮，而且他們在離開之前盡可能摧毀了一切。八月二十七日星期二，十字軍離開海法；九月一日星期日，他們離開了凱撒里亞。兩天後，他們在一場激烈的攻擊中慘勝，追在聖殿騎士們後方的敵軍騎兵發射了如雨點般落下的標槍和箭，騎士團因此在這場戰鬥中失去了大量馬匹。襲擊者被擊退後，留下了成堆死亡的馬匹，「平民們貪婪地掙扎著要買這些不便宜的肉時，引起了很大的騷動」。人群中因為爭奪購買馬肉而引發了打鬥。一位嘲諷的觀察者寫道，「用飢餓而不是醬汁調味……格外美味。」[33]

到了九月五日，部隊已抵達阿蘇夫森林，這是通往雅法的最後一個重要地點。他們鬆了一口氣地發現，與謠傳相反，敵人並沒有放火阻止他們通過森林。他們一穿過樹林就搭起了帳篷，理查要求與薩拉丁談判。蘇丹聽從了他的兄弟阿迪勒（al-Adil，十字軍戰士稱他為薩法丁〔Saphadin〕）的建議，要盡可能延長談判的時間，以等待增援部隊到來。充滿火藥味的談判很快就破局了，阿迪勒輕蔑地拒絕了理查要求歸還自一一八七年以來基督徒失去的所有土地的要求。與此同時，基督教偵察兵報告說，前方有一支龐大敵軍正在集結準備要開戰。一位作家寫道：「他們的軍隊覆蓋了四周陸地，數量多得無法計算。」[34]

九月七日早晨，理查命令他的軍隊拂曉即起，穿上盔甲，準備立即發動進攻。然後他將十字軍分成了十二個中隊，按比例安排成五個營，在海邊排成一排。大團長羅貝爾手下的聖殿騎士從行軍的殿後位置倒轉過來，他們現在位於前線，而醫院騎士團在後方。他們的策略是避免被壓制，並且繼續前進，就像他們離開阿卡以來所做的一樣。他們希望保持陣型繼續前行，直到他們到達更高的地區，可以將其作為堅固的陣地。這個戰術取決於高度的自信心以及最重要的紀律，這正是為何聖殿騎士團被置於先鋒位置。

大約上午九點左右，十字軍遭受到來自薩拉丁帝國各地的穆斯林士兵的攻擊：貝都因人拿著圓盾和弓，非洲黑人步行，在他們身後的是土耳其騎兵，他們致命的疾馳伴隨著刺耳的號角、單簧管、號角、長笛、撥浪鼓、鈸，以及高聲的戰嚎。在這所有部隊的後頭，可以聽到鼓聲無情地敲打著，聲音來自薩拉丁的私人護衛的方向。[35]

薩拉丁的士兵沒有攻擊先鋒部隊聖殿騎士團，而是從兩側包圍十字軍，並且集中精力與後方的醫院騎士團作戰。在密集弓箭的風暴保護下，他們揮舞著劍和鋸齒狀的棍棒，衝進了基督徒的隊伍。理查指示整個軍隊保持堅定並且擊退攻擊的浪潮，等待預先安排好的六聲號角信號響起後，開始發動騎兵衝鋒。但是，在酷熱和持續不斷的襲擊的壓力下，醫院騎士團失去了紀律提早衝了出去。這本來有可能會帶來災難性後果，但理查和法蘭克人的其他指揮官讓軍隊保持了足夠長時間的紀律，因此他們還是可以協調發動原先計畫的騎兵攻擊。隨著號角響起，沿著十字軍大軍的陣線，步兵都分散開來而騎士們便從中飛奔而出。時機恰到好處，三次衝鋒讓薩拉丁的兩翼軍隊潰散陷入混亂。蘇丹沮喪而憤怒地離開了，只能斬首幾名俘虜來安慰自己。

阿蘇夫戰役是理查的又一次輝煌戰績。聖殿騎士團發揮了他們的作用，在激烈的壓力下維持住了軍隊的陣形。戰鬥結束後，國王給了他們一項令人沉重的榮譽：由聖殿騎士團弟兄和醫院騎士團弟兄組成的代表團，在敘利亞的輕裝騎馬弓兵守衛下被派遣回到激戰發生的區域，尋找阿韋訥的詹姆斯的屍首。這位著名的法蘭德斯騎士和貴族在戰鬥中失蹤了，人們擔心他已經喪生。聖殿騎士團又一次履行了他們的職責，他們在戰場上四處搜尋直到發現其蹤跡，據說他被十五具無頭的穆斯林戰士屍體團團壓住，「他的臉上沾滿了凝固的鮮血，直到用清水沖洗乾淨之前，他們幾乎認不出他來」。弟兄們把他的屍體抬回營地，在沉重的哀悼中以最高榮譽下葬。[36]

如果說薩拉丁和他的將軍們之前低估了理查，那麼阿卡的圍攻和阿蘇夫戰役現在說服了他們必須要改變想法。當十字軍穩步向南推進至雅法時，薩拉丁提前向阿什凱隆下達命令，指示其穆斯林居民摧毀該城的防禦工事、燒毀他們的房屋、商店和糧倉，收拾好家當並且離開。他寧願自己毀掉這座偉大的海濱城市，也不願冒著讓它像阿卡那樣陷落後被用作基督徒基地的風險，從那裡威脅埃及船隻，並對通往開羅的道路發動襲擊。保衛阿什凱隆的部隊在離開戰場後被重新部署，對此，伊本·夏達德記錄道，穆斯林軍隊的力量是為了保護耶路撒冷而被保留下來。[37]

到十月中旬，十字軍已經到達雅法。聖殿騎士團沿著海岸的行軍取得了驚人的成功，奪回沿海地區寶貴的幾個城鎮，並在沒有造成重大傷亡的情況下取得了鼓舞士氣的勝利。現在，雙方的注意力都轉向了耶路撒冷。理查和薩拉丁之間透過蘇丹兄弟阿迪勒進行的外交往來，更凸顯了這座城市對雙方的神聖性。理查承諾基督徒為了奪回聖地會戰到最後一兵一卒，但是他同時也暗示，若是薩拉丁能夠在這段時間歸還他真十字架，那麼他的怒氣可能會有所緩解。薩拉丁反唇相稽提醒理查道，聖殿山和圓頂清真寺是穆罕默德遇見天使的地方。他說自己傾向於摧毀真十字架，因為這是真主所喜悅的行為，但他仍然將其保存了一段時間，以防將來哪天會派上用場。當時一項非同尋常的提議讓雙方非常接近達成協議，根據這項提議，約旦河西岸的所有基督徒聚落都將移交給聖殿騎士團和醫院騎士團托管，而最高的統治者則是由阿迪勒和理查的姊妹喬安娜（Joanna）所建立的聯合王國。這是一個很有遠見的建議，不過當代的人還無法接受，例如喬安娜憤怒地拒絕下嫁給穆斯林，阿迪勒也對皈依基督教不感興趣，這兩者同時導致了這個提議被放棄。[38]

從事情後來的演變可以清楚看出，這種高尚但徒勞無功的交流根本無法達成協議，就像理查和第三次十字軍東征的戰士們永遠無法到達耶路撒冷一樣。在十二月，大批朝聖者和士兵從雅法出發，踏上了通往內陸的道路，希望攻陷這座城市並且造訪聖墓教堂，「因為他們莫名地渴望想親眼見到耶路撒冷，並且完成他們的朝聖之旅」。[39]惡劣的天氣中斷了這次出征，狂風暴雨讓馱畜喪生、盔甲生鏽和易變質的食物腐爛。人群沿著拉姆拉一直走到貝特諾布勒（Betenoble，又名為貝特努巴〔Bayt-Nuba〕），在那裡就可以若隱若現地見到耶路撒冷。但隨著他們距離目的地愈來愈近，理查的參謀們指出，應該要再多冷靜思考圍攻聖地中防守最嚴密的城市的這個想法，因為薩拉丁曾明確表示，他將會死守這座城市。

根據一本基督教的編年史，聖殿騎士和醫院騎士團以最強硬的措辭勸告理查，不要企圖攻打耶路撒冷，認為他缺乏圍攻城市所需的兵力，加上同時還要跟援軍交戰。即使他們真的順利攻下耶城，他們也會馬上發現根本無能為力保住勝果。理查指揮著由朝聖者所組成的大軍，他們的明確目標是看到聖墓教堂後便直接返回西方，因為故鄉裡有許多無人看管的家庭、地產和商業利益。除非朝聖者大軍當中有一大群人加入軍事修會（但這是不可能的發展），否則就不能指望他們去承擔這種困難甚至可能要投入終生的任務——占領耶路撒冷和重新占領約旦河西岸所有其他城鎮。他們認為，把精力集中在重建阿什凱隆如此更現實的任務上會更為理想。

理查經過深思熟慮後同意了。他將軍隊調頭，向海岸進發。許多人聽到他宣布這決定時都發出難過的哀嘆聲，但理查已經下定了決心。他的注意力開始轉向英格蘭，還有在法蘭西北部和西部廣袤的世襲土地。在一一九二年復活節期間，一連串的消息開始從本國傳來，他被告知自己的王國現正受到腓力·奧古斯都的威脅。國王同時遭受著疾病反覆發作的折磨，而且日益陷入拉丁王國中錯綜複雜的政治問題。他在復活節過後便發現自己捲入了比薩權貴蒙費拉托的康拉德的橫死，而康拉德在西碧拉於一一九〇年去世後一直設法將居伊排除在政府核心之外。康拉德自己當選為耶路撒冷名義上的國王，只是在一一九二年四月二十八日，也就是在他正式接下王位後的短短三天內，就在阿卡被阿薩辛派殺害。

理查之所以前去東方不是為了這種事情。六月，他同意再嘗試一次攻占耶路撒冷，但在抵達貝特諾布勒後，聖殿騎士團和醫院騎士團又再次說服他再往前走是愚蠢的。在入侵埃及的計畫無疾而終之後，理查三世於一一九二年九月二日同意與薩拉丁休戰三年，這止住了他們在領土上的擴張企圖，並允許基督教朝聖者能不受干擾地進入耶路撒冷的聖墓教堂祈禱。五個半星期後，理查於十月九日在阿卡登船啟程回家。當他的船駛離港口時，船上的人都能看到聖殿騎士團的塔樓在身後逐漸消逝。對國王身邊的一些人來說，這一幕可能會令人感到格外辛酸。根據一種說法，理查試圖隱姓埋名地回到英格蘭，他穿著聖殿騎士的制服，被一群聖殿騎士們組成的隨扈團團包圍。[40]如果真是這樣，那也不足為奇。聖殿騎士們一路上都跟隨著他。他們打算跟隨他直到生命盡頭。

✝

理查返鄉的旅程幾乎和他的十字軍征途一樣風波不斷。他在東方的那段時間樹立了幾個危險的敵人，其中包括奧地利公爵利奧波德五世（Leopold V），理查在阿卡陷落瓜分戰利品時曾冒犯並且羞辱了公爵。獅心王離開阿卡幾週後就在亞得里亞海遭遇海難，而他身上的聖殿騎士白袍偽裝無法防範他落入利奧波德的手中。理查被神聖羅馬帝國皇帝亨利六世（利奧波德的封建領主）扣為人質，囚禁在特里福爾斯城堡（Trifels Castle）近十八個月。亨利六世提出十萬英鎊的贖金，並且在取得款項後釋放了理查，這筆錢大約相當於整場十字軍東征的花費。

然而，人們依舊普遍認為是獅心王理查拯救了十字軍國家的法蘭克人，這次被囚禁的事情並未減弱這種看法。他甫來到聖地時是一位要證明自己的新國王，而在他離開時則已經成為一個活生生的傳奇人物：他被一些人憎恨、被另一些人崇敬、被所有人畏懼。他的名字很快便成為基督徒不惜一切代價奪回耶路撒冷的同義詞。在他去世五十年後，據說穆斯林母親為了要讓他們不守規矩的孩子安靜，會說：「噓！不然我就叫英格蘭國王理查來找你。」[41]

薩拉丁，在他生命的最後階段，被他的對手的騎士精神和軍事技巧深深打動，而且這是有充分理由的。儘管理查很殘忍，但他是一位善於鼓舞人心的指揮官，他重視戰鬥技巧、宗教熱情和紀律，並且深諳如何充分利用它。這對聖殿騎士團有直接的影響。理查將兩個軍事修會納入自己的直接指揮，這個務實的決定幫助他取得了勝利。他按照聖殿騎士團最初被建立的目的來部署他們，並且願意聽取他們的建議，這恢復了聖殿騎士團在傑拉德魯莽和災難性的管理下，所失去的既有穩定和驕傲。一一九三年，也就是理查離開的一年之後，羅貝爾去世了，但他在大團長這職位上絕對是成功的，而且在危機時刻提供了騎士們決心和紀律。這在英格蘭跟在十字軍王國一樣重要，因為聖殿騎士團繼續受到王室的資助。

理查還以另一種非常具體的方式改變了聖殿騎士團的運作方式。國王在聖地的最後一年時和他的受庇護者羅貝爾達成了一項短暫的協議，這將對聖殿騎士團產生長期且當時完全無法預見的後果。這個協議以賽普勒斯島為中心，這座島是理查於一一九一年即將要駛入阿卡之前，從拜占庭統治者伊薩克．科穆寧手上征服來的。理查占領島嶼後，需要以某種方式來管理。他靈光一現想到把它賣給聖殿騎士團。

這種想法在一一九一年的當下很有道理，此時聖殿騎士團在與薩拉丁的爭戰中失去了數十座城堡和塔樓，也不再有永久性的基地。而被授權做出這個決定的羅貝爾大團長，是理查一手提拔的人物。此外儘管騎士團已經耗盡了人力，但是它在西歐不斷增長的產業中仍然有大量的現金。兩人同意騎士團支付十萬第納爾金幣的費用。聖殿騎士團向國王預付了四萬第納爾的頭期款，並且派遣了由雷納德．博恰特（Reynald Bochart）指揮的二十名聖殿騎士弟兄，和大約一百名戰鬥人員到塞普勒斯中部最大城市尼科西亞（Nicosia），他們便身在此地的城堡來統治全島。

博恰特發現賽普勒斯島上的居民並不願意被他們統治。一份編年史記載，島上的居民「無法忍受聖殿騎士團對他們的侮辱」。這很可能意味著聖殿騎士團試圖徵收高額稅款，藉此籌集他們仍然積欠英格蘭國王的六萬第納爾。無論詳情為何，在一一九二年四月，當理查與薩拉丁和阿迪勒在談判耶路撒冷的命運時，賽普勒斯爆發了一場大規模叛亂。尼科西亞的城堡被包圍了，在復活節那天，聖殿騎士團被迫藉由騎兵衝鋒來殺出一條血路，這讓街道上滿是流淌的鮮血，最後流入了派迪亞斯河（Pedieos River）。[42]然後他們騎馬進入田野和山區，發動了深具報復性的狂暴行為，造成許多鄉鎮淪為廢墟以及人員傷亡。博恰特和他的手下們的計畫失敗了，而且聖殿騎士團也做得太過頭了。理查被其他人說服，決定改以其他方式處置賽普勒斯。

他的解決辦法是把這個島移交給呂西尼昂的居伊。作為交換，他要求居伊給付聖殿騎士團的損失，並且承擔起他們剩餘的債務。居伊在西碧拉死後和自己的王位被奪後始終漂泊四處。由於居伊在一場惡性派系衝突中被蒙費拉的康拉德邊緣化，因此將居伊驅逐出拉丁王國大陸區域是頗具吸引力的做法。當理查第一次征服賽普勒斯時居伊也在場，而且他願意統治這個地方，將其作為理查西方帝國的一個封地。讓他代替聖殿騎士來統治這座島嶼是對每個人都有利的解決方案。居伊再次成為國王，理查擺脫了他征服但無法統治的島嶼，聖殿騎士團也可以在賽普勒斯保留有價值且有租金收入的地產，同時無需承擔繁重的管理責任。

第十三章　毫不貧苦

傑佛里・費茲斯芬（Geoffrey Fitz Stephen）的新書看起來十分輝煌。將近一百張羊皮紙，由倫敦最好的裝訂匠精心切割和組裝，並且被精心縫製入一對小山毛櫸木板之中，每一塊木板都用柔軟的棕色皮革覆蓋著。皮革上印著奇怪又奇妙的裝飾物：獅子和蒼鷺、傳說中被稱為雙足飛龍（wyverns）的有翼蛇龍、小花和錯綜複雜的葉子。在這些圖案中間是聖經中大衛王的畫像，他盤腿而坐，頭頂上戴著王冠，彈奏著豎琴。金屬搭扣讓書本維持關閉的狀態，而且書脊的底部有一小張羊皮紙露出，這讓費茲斯芬可以在閒暇時將其從書架上拉出，檢閱書中抄寫員用緊湊整齊的筆跡所寫下的文句。

當他這樣做的時候，書頁上一排又一排的拉丁文縮寫躍然紙上，形塑出一間欣欣向榮之企業令人愉悅的形象，而費茲斯芬便是這家企業的執行長。這本書的篇幅並不長，但卻非常有價值——這是對地產的普查，宛如就像一本私人的《末日審判書》。①它詳細描述了費茲斯芬擔任團長的英格蘭聖殿騎士團的所有財產。[1]這些頁面列出了許多他負責管理的美好事物：宅邸和宅地、牧羊場和水磨坊、教堂、市場、森林和集市、大片的莊園和偏僻的村莊，數十名男子在其中的農奴制度下勞動，而且在收穫季節必須進行強制性的耕種工作，以換取自己的小塊土地。這是半個多世紀以來藉由信徒的捐獻以及明智的商業交易，所累積起來的房地產投資組合。它包括遍布英格蘭各地的數百個利益集團：從位於康沃爾郡（Cornwall）西南部的康納頓（Connerton），到位於提斯河（River Tees）口的東北部深處，人煙稀少的小村莊林索普（Linthorpe），維京人一直到一個半世紀以前都讓他們的長船在這裡登陸。幾乎所有位於這兩個端點之間的英格蘭郡都有聖殿騎士團的財產。其中一些確實是相當氣派，例如埃塞克斯郡克里辛（Cressing）的大莊園，或是林肯郡布魯爾（Bruer）的富有的地方分團總部，那裡優雅的建築群向外延伸在另一座巨大的圓形教堂周圍。其他財產則像是出租給租戶的普通城市房屋，或是在寧靜的鄉村簡單樸實的農田。這些財產之所以具有力量是因為他們被結合在一塊，因為所有這些財產加總起來便是一個值得驕傲並且有利可圖的帝國。

費茲斯芬不僅是英格蘭聖殿騎士團的團長，還是一位人脈淵博、社會地位很高的貴族，他的朋友包括了主教、修道院院長、貴族和國王。在亨利二世統治末期，也就是一一八〇年左右，他開始掌管英格蘭的騎士團，在他接下來的十年領導之中，對英格蘭騎士團而言便是一個邁向成熟的時期。在過去兩個世代的時間裡頭，英格蘭境內一直都有聖殿騎士的房舍，而騎士弟兄們便居住在裡頭，為捐獻者以及他們在東方的戰士同志們祈禱與勞動。然而，在費茲斯芬的領導下，英格蘭聖殿騎士團鞏固了其特殊地位，成為國王眼中不可或缺，得到寵愛的軍事修會。

自從于格・德・帕英在一一二〇年代訪問以來，聖殿騎士幾乎參與了英格蘭所有的重大事務。在被稱為「英格蘭內亂」的內戰期間，雙方都曾尋求聖殿騎士團的支持。英格蘭於一一五三年通過一項條約將王位授予未來的亨利二世，從而解決了「英格蘭內亂」。②在亨利的統治下，聖殿騎士團被借調到國王的宮廷中擔任外交官，聖殿騎士團的國際性讓他們在擔任這個職務時具有一定的中立性和被接受的可能。當亨利為他的其中一名幼女和法蘭西國王路易七世的兒子，安排了一樁複雜的婚姻協議時，三名聖殿騎士負責交付作為嬰孩新娘嫁妝一部分的數座城堡。一一六四年，當亨利與他的坎特伯雷大主教湯瑪斯・貝克特發生爭執，當時的英格蘭聖殿騎士團團長海斯廷斯的理查（Richard of Hastings）出面調停。當亨利放蕩與憤怒的話語導致貝克特在坎特伯雷大教堂的祭壇前被殺害後，國王被迫要支付一大筆錢來贖罪，他將這筆錢交給了聖殿騎士團，而後者又將這筆錢送往東方，支付哈丁戰役的部隊開銷。亨利任命聖殿騎士羅傑兄弟為他的施賑人（almoner），這個職位負責確保施捨有以國王的名義分配給窮人。他的貴族們也紛紛起而效仿，其中包括極具魅力、騎士出身的政治人物威廉・馬歇爾（William Marshal），他也任命了一位弟兄擔任他的施賑人，並在一二一九年臨終前立下誓言成為了聖殿騎士。[2]英格蘭的聖殿騎士團團長——像海斯廷斯的理查和

---

① 作者注：《末日審判書》（*The Domesday Book*）是根據征服者威廉的命令對英格蘭和威爾斯人民進行的一次大規模調查，其發生在諾曼征服二十年後的一〇八六年。

② 編按：前面曾提到瑪蒂妲跟表兄弟史蒂芬爭奪英格蘭王位，而引發內戰。雙方最終在一一五三年達成協議，承認史蒂芬的王位，但在史蒂芬死後要由瑪蒂妲的兒子亨利二世繼承，雙方才結束內戰。

傑佛里・費茲斯芬這樣的人，都來自富裕的世家，這些家庭的兒子們往往都替王室效力。他們替國王所做的種種工作，使得聖殿騎士團成為了公眾生活中具體可見，以及值得依靠的一部分。

費茲斯芬在豪華的倫敦總部管理騎士團，而總部的宏偉反映了英格蘭聖殿騎士團受到的尊重，以及由此積累的財富。最初，他們占據了倫敦郊區霍爾本的「老」聖殿，位於在厚牆所圍起的一平方公里城市的西北方。一一六一年，這筆價值不菲的地產被賣給了林肯主教，聖殿騎士團的中央修道院向南遷移了大約半英里，弟兄們在弗利特街（Fleet Street）上靠近河畔的時髦地點建造了「新」聖殿。他們從這裡可以直接進入繁忙的泰晤士河水道，由於當時往返於城市之間的最快方式便是乘船，因此這非常實用。從道路的這一側，這座新聖殿恰恰坐落在連接城市商業中心和西敏的主幹道上，後者的宮殿和高聳的教堂是王室和宗教事務的中心。

費茲斯芬的前任團長們建造了一座大型修道院建築群，其中有供居住在那裡的弟兄們使用的會堂、馬廄、墓地和果園。教堂的四周環繞著一堵土石牆，而在圍牆的中心是一座由卡昂石（Caen）砌成的圓形教堂。卡昂石是種石灰石，開採自諾曼地，並且受到北歐各國的欽羨，這是當時用錢能買到的最好建築材料。新聖殿教堂的圓形中殿在太陽從上掠過時幾乎會閃閃發光。這座建築物的設計既出於虔誠又有特定目的：它的形狀刻意呼應了耶路撒冷的聖墓教堂，讓人想起聖殿騎士團的十字軍使命，並且含蓄地誇耀聖殿的財富和世界性影響力。它也是要與其他建物較勁。就在聖殿騎士團在新聖殿建造圓形教堂的同時，醫院騎士團也在他們位於倫敦西北部的克萊肯維爾（Clerkenwell）的基地建造一座圓形教堂。[3]

一一八五年是英格蘭聖殿騎士團新總部的黃金年份。首先，費茲斯芬對聖殿騎士團財產的調查已經展開：監察員們把全國各地認真調查的報告發回新聖殿，在團長裝飾精美的紀錄本上進行篩選、分類和抄寫。最重要的是，耶路撒冷宗主教希拉克略造訪了英格蘭。③作為世界上地位最崇高的神職人員之一，希拉克略出現在倫敦這件事情本身便是一個奇蹟。儘管希拉克略強大的說服力沒能說服亨利二世接任耶路撒冷的王位，但他還是為聖殿騎士團在英格蘭的分支做出了卓有成效的貢獻，在新聖殿裡為他們的圓形教堂祝聖。這種榮耀只有教宗本人離開羅馬前來祝聖才能比擬。

最後，在一一八五年，亨利二世開始使用新聖殿作為財庫，依賴聖殿騎士團的銀行功能。硬幣、珠寶和珍貴的小飾品被存放在弗利特街，讓這座新聖殿成為了保險箱，與附近的其他王家堡壘相互輝映，比如東邊幾英里外的倫敦塔（Tower of London）。亨利對騎士團的建築安全性留下了深刻印象，而且國王可能也十分激賞騎士團在所有英格蘭的郡以及西歐大部分主要地區幾乎都有常駐據點。亨利二世在統治期間一直密切關注政府裡強化中央集權的機制，並且利用他的王家治安官將政府的意志和財政政策，投射到最遙遠的那些聚落。他將聖殿騎士團當作銀行來使用，表明了他認為聖殿騎士團有潛力成為幫助他完成使命的一個具有眾多功能的機構。

一一八八年，亨利耳聞哈丁的消息後，便責成聖殿騎士團幫助徵收一項名為「薩拉丁什一稅」的稅收，這是一項為新的十字軍東征籌集緊急資金的稅。由於他們與十字軍的緊密聯繫以及遍布英格蘭的基礎設施，聖殿騎士團完全有能力募集這筆錢，亨利也因為出於信任讓他們去執行。費茲斯芬有充足理由對奧格斯坦的吉爾伯特（Gilbert of Ogerstan）這位肆無忌憚的弟兄進行紀律處分，因

③ 作者注：這是於一一八四年離開耶路撒冷的大使團，大團長阿爾納多便是在此趟旅途中去世。

為他被發現從稅收中牟取個人收益，這違反了聖殿騎士團禁止弟兄們擁有私人錢財的嚴格規定。除此之外，他們所發揮的角色似乎是相當稱職的，因為隨著時間流逝，還有亨利將王位傳給繼任者，聖殿騎士團的地位和王室對其的青睞愈來愈高。

亨利的兒子理查大力推動聖殿騎士團作為一支軍事力量在聖地的重新崛起。他在自己的王國也同樣欣賞這個騎士團：在他登基為國王到啟程前往阿卡的短短幾個月當中，理查頒布許多特許狀來授予、確認並正式保證了聖殿騎士團在英格蘭和威爾斯的財產，並且將他們豁免於整個王國對土地所有者徵收的王室稅。事實上，王室為了支持法律和秩序、修繕道路橋梁，或是王家城堡的駐軍會對當地社群強制徵收例行性的稅收，然而聖殿騎士團不僅被免除了這項稅收，而且他們還獲得了一筆特殊撥款，英格蘭的每位郡督（sheriff）每年都要支付給騎士團一馬克的銀（也就是三分之二鎊或是一百六十便士）。[4]聖殿騎士團的價值對國王來說是如此之高，以至於國王還準備讓聖殿騎士團幾乎完全豁免王室政府和稅收的一般要求。

理查在結束日耳曼地區的囚禁而回到英格蘭後，他餘生大部分時間都投入在與腓力．奧古斯都爭奪諾曼地、安茹和阿基坦的土地上。他於一一九九年以令人震驚的方式驟然辭世：在利穆贊（Limousin）包圍夏魯—夏布羅爾（Châlus-Chabrol）城堡時，他被弩箭擊中後導致血液中毒。不過，在理查不幸且受到世人鄙視的弟弟約翰的繼位統治下，聖殿騎士團和英格蘭國王之間的親密關係仍繼續存在。聖殿騎士團是約翰少數沒有冒犯或疏遠的英格蘭強大組織之一。他的日常貸款都依賴於他們，並在新聖殿裡度過了重要節日，例如復活節。聖殿騎士們在他身邊支持了他五年多，這包括當英格蘭因為他與教宗的爭吵而被處以禁行聖事令，也包括約翰於一二一五年六月被迫授予他的臣民自由的著名憲章，即《大憲章》（*Magna Carta*）。當時是英格蘭聖殿騎士團團長的艾默利（Eymeric）弟兄是《大憲章》的官方見證人之一。他的名字適當地被擺在同樣見證了憲章簽署的大主教、主教和修道院長之後，不過他的名字同時被排在所有世俗重要人物之前。[5]

但並不是所有英格蘭人都支持金雀花王朝國王和聖殿騎士之間的這種友好關係。編年史家沃爾特・馬普與傑佛里・費茲斯芬是在亨利二世宮廷中的同時代人，前者便在長篇著作《朝臣瑣事》（*De Nugis Curialium*）中，特地用了幾頁篇幅來描繪聖殿騎士團。馬普知道聖殿騎士團起源自于格・德・帕英，他不情願地稱讚于格「不是懦夫」、是一個「熱衷於正義」的戰士，並且要求他的騎士團「嚴守貞潔和節制」。[6]馬普並未否認「國王和王子們開始認為聖殿騎士團的目標是好的，而且其生活方式是高尚的」，並且正視聖殿騎士團「在教宗和宗主教們」的幫助下，被授予為「基督教捍衛者」並且被「託付……巨大的財富」。[7]但是他還是不無疑慮。若是考慮到他隸屬於王家宮廷，而這個宮廷不斷地在英格蘭、諾曼地、曼恩（Maine）和普瓦圖四處移動（他在這些地方一不注意便很容易撞見聖殿騎士的領地，或華麗的聖殿騎士團之家），便很容易明白為什麼。

馬普寫道：「他們除了在耶路撒冷貧窮以外，在其他地方皆非如此。」也許他所想到的是金雀花王朝領土上的聖殿騎士團官員無處不在的勢力，還有阿基坦和諾曼地公爵領地的地區指揮官，他們的權威超越了不同領主之間在名義上的邊界。亨利二世終其一生都在竭力設法控制在傳統上彼此敵對的加斯科涅（Gascony）、安茹和布列塔尼，因為這些地區都有著不同的統治傳統和過往效忠對象——然而，一名聖殿騎士團團長（阿基坦的團長）則統治著這三個管轄區，並且沒有遭遇到明顯的矛盾和困難，他可以調集資源、收取捐獻、租金和私人稅收。[8]同樣地，馬普可能會想到一些個人問題。位於赫里福德郡（Hereford）的加威（Garway）的宏偉聖殿騎士團之家，距離他在威爾斯邊境的出生地不遠，其中有一座仿聖墓教堂風格的圓形中殿，並且由威爾斯邊境上的一塊兩千英畝的肥沃土地來支持。[9]這確實與聖殿騎士團曾經擁護的熙篤會式貧困理想相去甚遠。

馬普的其他抱怨是他反對新騎士身分的內在矛盾，亦即人們「拿著劍保護基督教世界，但是彼得被禁止拿劍保護基督」。從根本上說，他只是討厭耶路撒冷這座聖城要由殺人的騎士來保衛。「彼得被教導要透過毅力來確保和平。但是誰教導這些聖殿騎士們用我不知道的暴力來壓倒武力呢？」[10]

馬普並不是唯一這樣想的人。與他同時代的索爾茲伯里的約翰是羅馬教廷的一名外交官，他也認為聖殿騎士團存在的基本原則——由宗教誓言約束的戰士之概念，是一種邪惡的矛盾。約翰鄙視聖殿騎士居然不受當地主教的適當管轄這個事實，並且懷疑他們犯下了滔天罪行，「當他們在白天談論完美德之後，深夜在自己的巢穴聚會時，便會做那些夜間的醜事，使勁搖晃臀部」，他這麼寫道。[11]同樣，博學的修道院院長托埃伊爾的伊薩克（Isaac of L'Etoile），這位來自普瓦圖的熙篤會修士，也將聖殿騎士視為熙篤會理想的一種逐漸墮落。聖伯納德稱讚聖殿騎士是「新騎士」。伊薩克不同意，他控訴他們是「一頭新怪物」。[12]

聖殿騎士團幸運的地方是，這一觀點並沒有得到教宗或任何保護該騎士團並且讓其效力的西方重要君主的贊同。對於那些掌握權力的人來說，聖殿騎士把自己的軍事實力還有精神聲望與世界聯繫結合了起來。因此，自從亞歷山大三世（Alexander III）在一一五九年即位以來，聖殿騎士團便位處每位教宗的核心圈子中，在聖父的私人房間裡充當侍從為其服務。亞歷山大三世還僱傭了兩位名叫伯納多和法蘭柯尼的聖殿騎士來打理他的財務，這是聖殿騎士團以其商業知識而聞名的另一個見證。[13]

在法蘭西及其封國，聖殿騎士與王室的關係也很密切——甚至可能更密切。法蘭西國王與東方的聖殿騎士團官員長期以來都有直接聯繫，這可以追溯到第二次十字軍東征。這種關係到了十二世紀末不斷地加深，居住於巴黎城牆外的巨大聖殿建築群中的弟兄們，是西岱島（Île de la Cité）王家宮殿所歡迎的訪客。一二〇二年，一位名叫伊瑪德居住於巴黎聖殿的聖殿騎士，被任命為國王的財務主管，這是種對雙方都有利的安排。聖殿騎士團從這個傳統建立的開始，便獲得了巨大的聲望和政治影響力，而且這個傳統將持續一個多世紀。法蘭西獲得了歐洲最先進的會計體系，透過一套全面性的賬簿整合了王室的所有收入與支出，從而能夠以鄰國無法企及的規模來對財務進行仔細的審查和管理。[14]這位法蘭西國王對聖殿騎士團的高度依賴被他的臣民所仿效。在法蘭西全國的男男女女都尋求聖殿騎士專業知識的協助，包括貸款、財富保護、保管特許狀、條約和遺囑，以及遠距離的資金轉移。

隨著聖殿騎士團變得愈來愈有名，愈來愈受人尊敬，對國王和國家也愈來愈有用，它所擁有的財產蓬勃發展也就不足為奇。在地中海沿岸的馬賽新建了一座利潤豐厚的碼頭，而聖殿騎士於一二一六年獲得了進入港口的特權，他們的船隻可以免費且不受限制地進出。他們為在東方的弟兄們提供馬匹、武器、錢幣和其他物資，並且從前往聖地的朝聖者和商人那裡獲利。馬賽的聖殿騎士團之所以能夠提供這種寶貴的服務，是因為他們已經開始委託建造並維護自己的船隻，而不是依賴在地中海運輸中占傳統主導地位的航運巨頭，像是威尼斯、熱那亞和其他義大利航運城市。

聖殿騎士團的地產和房屋一路從諾曼地北部延伸到庇里牛斯山。聖殿騎士團在他們傳統的中心地帶香檳地區擁有充足的資源，而香檳歷任的伯爵給予弟兄們極大的自由來建立他們的利益。他們被授予了擁有任何財產和頭銜的權利，除了完整的貴族身分之外。在像普羅萬（Provins）等繁忙的商業城鎮，聖殿騎士擁有多棟房屋，並對當地企業徵收重稅，其中包括修道院和製革廠（動物皮在此被加工成皮革）。他們也從羊毛生產和編織中分一杯羹；針對使用磨坊、使用烤爐及在河中捕魚的許可收取費用；將葡萄園租給釀酒師，甚至在市中心擁有幾個水果攤。他們自己直接管理的土地則生產葡萄酒和穀類作物。[15]騎士團在法蘭西各地收取租金和通行費，並且從他們自己土地的收成中獲利。他們現在是封建大領主，成千上萬的男女以各種形式在聖殿騎士團的土地上做著奴隸，他們按照古老習俗每年勞動固定天數，或者被迫以一定數量的牛、雞、收成或雞蛋作為租金。

這種情況在基督教世界西方被複製。在義大利，聖殿騎士團的勢力迅速擴張到整個半島，最南延伸至西西里島；而在西西里全島上以及在墨西拿（Messina）都有大型的分團。在亞拉岡（聖殿騎士的悠久歷史可以追溯到阿方索的時代），這個修會擁有富麗堂皇的莊園、葡萄園和橄欖園，以及住宅和商業混合的投資組合。亞拉岡北部韋斯卡（Huesca）的聖殿騎士團的特許狀紀錄中，便載有聖殿騎士團購買果園、釀酒廠、商店和房屋的交易紀錄。他們收到許多虔誠信徒的禮物，這些禮物有時甚至包括基督徒懺悔者所擁有的所有財富，這些懺悔者宣稱他們的捐贈是出於「對地獄痛苦的恐懼，並且希望看到天堂的歡樂」。[16]那些讓騎士團繼承財產的人，弟兄們會定期為他們的靈魂祈禱：贈送的禮物愈好，祈禱就愈頻繁。

就像在法蘭西和英格蘭一樣，在西班牙的基督教王國，騎士團這種對土地和財產的收購往往伴隨著他們政治地位的提升。亞拉岡的這種狀況在一二一三年達到頂峰，當時詹姆斯一世（James I）的父親彼得二世（Peter II）在戰場上死亡，因此這位新國王以五歲的年齡登上了王位。年輕的詹姆斯首先被托付給教宗，但是聖父馬上安排他由蒙特雷頓的威廉（William of Montredon）撫養，他是西班牙和普羅旺斯聖殿騎士團的團長。詹姆斯沒有受到殺死他父親的那場血腥派系鬥爭的傷害，在這四年他被保護在聖殿騎士團於蒙桑那堅不可摧的城堡高牆之內。這是一座巨大的山頂城堡，由堅實且紅色稜角分明的石牆和塔樓守護著，而牆裡頭是地方分團總部，其與一座私人城市無異。詹姆斯在九歲的時候開始慢慢接觸薩拉哥薩的政府事務，聖殿騎士團讓他重新回到一般世界中。詹姆斯一世對他在聖殿騎士團監督下所度過的時間興趣缺缺，他在自傳中寫道，當他被關押在蒙桑時，他父親的土地被抵押給了「猶太人和撒拉森人」，最終落得經營不善。在他九歲的時候，他回憶說，他「再也不想被關在蒙桑了，我們非常想離開」。[17]不過聖殿騎士團履行了極其重要的職責。當時一個國王和一個王國的命運完全掌握在他們手中，詹姆斯長大後成為了最成功的收復失地運動國王，而且這與他在聖殿騎士團中度過的成長歲月是相稱的。

詹姆斯一世成年後與聖殿騎士團保持著密切聯繫，儘管他並沒有給予他們在英格蘭和法蘭西所得到的公然偏袒。在他六十三年的統治中，與穆瓦希德王朝的長期戰爭持續了大部分時間，而且國王證明了自己是西方戰場上偉大的十字軍國王，他在戰爭中非常依賴聖殿騎士團和醫院騎士團。在聖殿騎士的鼓勵和大量的軍事協助幫助下，在一二二九至一二三五年之間，詹姆斯從半獨立的穆瓦希德王朝統治者阿布·葉海亞（Abu-Yahya）手中征服了馬略卡島（Mallorca）、梅諾卡島（Menorca）和伊維薩島（Ibiza）。在入侵馬略卡島的過程中，聖殿騎士團提供了大約一百名騎士、幾艘運輸船和許多戰略建議，因此當出力幫助征服該島的許多修會在瓜分全島時，聖殿騎士團也得到了一份。雖然這不到他們幫助征服的所有土地的五分之一，而所有這些土地是在一一四三年當阿方索一世的遺囑最終得出定論時所承諾要給騎士團的。然而，亞拉岡的聖殿騎士團繼續幫助國王進行基督教征服戰爭，當國王把注意力轉向進攻瓦倫西亞時，他的麾下有二十名聖殿騎士和一名指揮官。一二三八年，詹姆斯驅逐了瓦倫西亞的摩爾人，並開始殖民周遭地區，建立了一個由他自己擔任國王的新王國。聖殿騎士們得到了豐厚的回報，他們在城市裡獲得一棟房子、花園和農田，儘管他們的收益再次遠低於他們自認為有權利要求的五分之一門檻。[18] 征服瓦倫西亞對聖殿騎士團而言也是一個憂喜參半的祝福：征服於一二四四年結束，這意味著亞拉岡已經封鎖了與伊斯蘭勢力的最後邊界，降低了王國與穆斯林作戰的緊迫性。儘管聖殿騎士團控制著一些強大的城堡，但他們的重要性注定要從十二世紀的頂峰逐漸減弱。但話雖如此，他們在亞拉岡仍然比在西班牙王國的其他地方，尤其是卡斯提爾和萊昂，表現得更為突出。在像是後兩者這類地方，比起擁有自身頭銜、將財富送到耶路撒冷聖殿和醫院的超越國界的龐大修會，較小的本地軍事修會更受當地人的青睞。

✠

在基督教世界中，許多國王和統治者確實重視聖殿騎士團，讓騎士團變得富裕，利用他們的服務，讓他們豁免於十二世紀晚期宮廷作家和自負的修道院院長們的抱怨，不過很少有像教宗英諾森三世（Innocent III）那樣精力充沛地支持聖殿騎士團的領袖。英諾森原是塞尼伯爵羅塔里奧（Lotario dei Conte di Segni），在一一九八年一月八日，也就是四十歲生日之前，就任教宗，並且以他強烈個性的驚人力量統治著教會，直到一二一六年去世。他是一位偉大的教會改革家，對那些不完全尊重羅馬教廷權威的君主（如英格蘭國王約翰）是一種苦難，而且是教會要在東方勇於戰鬥的全心擁護者。

令基督徒內心鼓舞的是，薩拉丁於一一九三年三月三日凌晨死於一場持續了大約兩週的「膽熱」。他去世時是五十五歲或五十六歲，他在驚人的一生中改變了敘利亞和埃及的整個政治格局，建立了他的阿尤布王朝，並且創造一個將流傳數百年的傳奇。薩拉丁的傳記作家伊本．夏達德寫道：「這個世界被只有真主才能理解的失落感淹沒了。」[19]

英諾森三世並未感染到這種情緒。薩拉丁對十字軍東征運動所造成的傷害比起其他任何人都要大，而且他在去世之前從未放鬆對耶路撒冷的控制，也沒有歸還曾經保存在聖墓教堂裡的真十字架殘片，它曾經是拉丁教會的驕傲。在一二〇二至一二〇四年，英諾森發動了第四次十字軍東征，意圖途經埃及襲擊耶路撒冷，同時利用蘇丹之死給阿尤布王朝領土所帶來的混亂。薩拉丁在其有生之年將自己的帝國劃分為由不同親戚統治的地區封地：薩拉丁的長子阿法達管理大馬士革周圍的土地；次子阿齊茲．奧斯曼（al-Aziz Uthman）統治埃及；三子扎希爾．加齊（al-Zahir Ghazi）控制著阿勒坡和敘利亞北部。蘇丹的弟弟阿迪勒以外約旦的卡拉克為基地。薩拉丁死後，這種權力分配引發一場將持續多年的最高霸權爭奪戰。

隨著阿尤布帝國暫時陷入混亂，第四次十字軍東征尋求藉此抓住主動權。然而，對教宗英諾森而言這是場慘劇：歐洲軍隊和一支威尼斯船艦出發前往聖地，但隨後改道前往君士坦丁堡。他們無情貪婪地掠奪了君士坦丁堡，之後又讓法蘭德斯伯爵取代了拜占庭的希臘人皇帝阿歷克塞三世．安格洛斯（Alexios III Angelos）作為新的拉丁帝國統治者，而伯爵也被封為皇帝鮑德溫一世。儘管發生了這次令人汗顏的失敗。英諾森依舊熱切關注著東方拉丁王國基督徒的命運，並堅信他們仍有可能奪回耶路撒冷。英諾森將東方的聖殿騎士視為聖地防禦的前線士兵，並與當時的統治階級一樣，將他們在西方的弟兄視為無價的管理者和外交官。

英諾森三世以極大的熱情保護和支持著聖殿騎士團。他利用聖殿騎士弟兄來收稅、賦予該修會新的特權，同時頒布了教宗詔書，再次確認聖殿騎士團數十年來始終享有的全面性保護。他描述這支軍事修會的成員是「有品格和謹慎的人」，並且建議為了支持時運不濟的第四次十字軍東征而出外傳教的那些神職人員，他們身邊隨時都要有一名聖殿騎士和一名醫院騎士與其同行。[20]他在擔任教宗期間重申了聖殿騎士團收取什一稅的權利，還有不用向其他神職人員繳交什一稅的豁免權。英諾森重申了聖殿騎士團建立自己教堂的權利，禁止任何其他基督徒傷害聖殿騎士或是他們的財產，並敦促聖殿騎士團仔細檢核他們的新成員，以避免削弱聖殿騎士團的集體道德品質（這是在哈丁戰役之後出現的重要課題，由於當時迫切需要新人，可能因此會削弱新聘人員的品質）。教宗還介入推翻了將吉伯特·埃拉爾逐出教會的判決，埃拉爾便是後來於一一九四年接替羅貝爾·德·薩布利成為大團長的西班牙人，而且教宗還威脅任何膽敢違抗聖殿騎士團命令的人將受到詛咒。總之，這是對聖殿騎士團特權和權力的嚴正重申，而且也沒有被人們所忽視。

聖殿騎士團正面地體現了英諾森理想中的教會好戰分子：他們在與基督的仇敵作戰的過程中無所不在、驍勇善戰並且經驗豐富。從另一方面來看，教宗跟其他一直運用聖殿騎士團的世俗君王一樣，都是很好的庇護者。當英諾森於一二一六年去世時，聖殿騎士團在這時候比他們在歷史上任何時候都要更強大、富有、人脈關係良好。事實上，大多數的聖殿騎士及其夥伴現在都住在距離戰爭前線數千英里的地方，聖殿騎士團與敘利亞和埃及穆斯林的這場戰爭已經持續了將近一個世紀，而即使在歐洲，事實上也只有一小部分人對穆瓦希德王朝採取軍事行動。很少有成員的生活真的像是帕英和聖伯納德最初所設想的模樣。但儘管如此，他們在十字軍東征中都有盡自己的一份力量，無論是資金或者是戰鬥。聖殿騎士團正從軍事活動向銀行業、房地產管理和國際外交領域多元發展，聖殿騎士團在英諾森死後的那幾年中間，發揮了從未有過的舉足輕重作用。隨著薩拉丁的逝去，十字軍國家的局勢再次動蕩起來，第五次十字軍東征開始籌劃進行，重點是埃及和尼羅河三角洲的商業城市。這將是一項艱巨的任務，因為要從整個基督教世界召集人員和物資，在敵對領土上進行兩棲作戰。這需要虔誠信仰、技術以及金錢。還有誰能比聖殿騎士更適合去計畫、執行和整頓這次非凡的新冒險呢？

第十四章　達米埃塔

一艘艘船隻在平靜的海灣中源源不斷地駛離港口時，一股北風沿著海岸吹來，而港口的登岸碼頭便掩映在一座聖殿騎士團巨大的新城堡的陰影之下。朝聖堡（Château Pèlerin）得名於參與建造這座城堡的志願者，其規模與聖地的基督徒在過去一百二十年間建造的任何其他防禦工事一樣大。它坐落在一塊突出海面的岩石上，離海法不遠，大約在雅法和耶路撒冷基督教王國的實際首都阿卡之間。塔博爾山位於六英里外，由薩拉丁的弟弟阿迪勒所領導的撒拉森人最近占領了這座山，並在其上建立了一個軍事基地。朝聖堡在一定程度上被認為是對塔博爾山的反擊，它發揮得相當稱職。

作為軍事硬體的最新示例，朝聖堡已經取代了底斯特律堡附近的舊建築群，這些建築群興建於數十年前，其目的是要守衛狹窄的沿海公路上最易受強盜襲擊的地點。雖然底斯特律堡實際上便是一個巨大的瞭望塔，但朝聖堡卻是一座如宮殿般的兵營，為數千名士兵提供了駐防空間，並提供聖殿騎士團一個港口。它被規劃要包括現代軍事指揮中心的所有特徵：保護著陸地側入口的深溝、包括了自古代腓尼基城牆上卸下之巨大石塊的內部防禦裝置、圓形教堂、一座可容納多達四千名士兵的餐廳，還有一座寬敞的內部樓梯，騎馬騎士可以隨心所欲地在城堡裡馳騁。[1]這座城堡配備了充足數量的地牢，適合關押戰俘、聖殿騎士團的敵人，以及違反修會日益詳細的《聖殿騎士會規》的那些不羈弟兄們（針對被繫上鐵鍊囚禁在朝聖堡的弟兄們的案例研究被保存至今，他們所犯的不當行為從鬥毆、穿著世俗服裝到夜間的非法愛撫，不一而足）。[2]朝聖堡有力地說明了基督教在遭遇薩拉丁重創後的重建，而且它的名字有力地提醒人們聖殿騎士團作為一支戰鬥力量的主要優勢：他們得到了虔誠朝聖者似乎無窮無盡的補給和協助。一位基督教作家寫道，建造這座教堂花費的金錢如此之高，以至於「人們都不曉得它是從哪裡來的」。[3]

紀堯姆・德・沙特爾（Guillaume de Chartres）在一二一八年五月下旬駛離港口的一艘船上，他在吉伯特・埃拉爾和他的繼任者腓力・德・普萊西斯（Phillipe de Plessis），分別於一二〇〇年和一二〇九年去世後，成為了聖殿騎士團的大團長。他和醫院騎士團團長加蘭・德・蒙塔古（Garin de Montaigu）還有兩個騎士團軍團長一同遠行。事實上，東方聖殿騎士團中央修道院被總動員，只留下了一群最核心的城堡總管們，以及直接負責阿卡商業和航運業務的官員。

兩支軍事修會帶著拉丁東方的全部戰爭機具一同前進。滿載著武器和盔甲的大帆船陪同著載著客人的船隻，上頭載著從法蘭德斯、奧地利和匈牙利來到聖地的十字軍，還有包括耶路撒冷宗主教和阿卡、尼科西亞和伯利恆主教在內的高級神職人員。與他們同行的還有耶路撒冷的新國王布里恩的約翰（John of Brienne），這位來自香檳的貴族代表他的年幼女兒伊莎貝拉二世管理王國。①數百

---

① 作者注：約翰取得王位之過程有些複雜。他娶了阿馬里克一世的孫女耶路撒冷的瑪利亞（Maria of Jerusalem），而後者在生

名前來朝聖的平民也起航了，其中許多人是從他們在不來梅（Bremen）和科隆（Cologne）的故鄉長途跋涉而來，他們之所以立誓要加入十字軍，是因為受到天空中燃燒的十字架奇蹟般的出現之鼓舞。第五次十字軍東征最初於一二一三年由教宗英諾森三世發起，這吸引了虔誠的北方基督徒的心，而現在那些發誓要前往聖地的人，即將要抵達這趟征途的最後一站，也就是被選定為襲擊目標的城市：尼羅河三角洲的達米埃塔。

一支軍隊在一二一八年五月離開朝聖堡，而另一支十字軍艦隊幾乎在同一時間展開風帆並從相反的方向前往尼羅河。他們自葡萄牙的大西洋海岸離開，繞過阿爾加維（Algarve），穿過直布羅陀海峽進入更平靜、更溫暖的地中海水域。這艘艦隊大約由八十艘柯克船（cog）組成，這是一種由大方帆提供動力的巨大橡木船。[4]領導這支艦隊的是皮埃爾·德·蒙塔古（Pierre de Montaigu），他是來自有著廣泛人脈的十字軍家庭的資深弟兄；皮埃爾在軍中一路晉升，曾擔任西班牙和普羅旺斯聖殿騎士團團長，後來又成為西方的大團長，這讓他成為在聖地以外的最高級官員。在朝聖堡上船的加蘭是他的兄弟。②

皮埃爾是法國西南部奧弗涅人（Auvergne），儘管他的職業生涯都是在歐洲而不是在東方，但他仍親眼目睹了許多神聖戰爭。一二一二年七月十六日，他參與了拉斯·納瓦斯·德·托洛薩會戰（Battle of Las Navas de Tolosa），來自西班牙亞拉岡、卡斯提爾和納瓦拉王國的聯軍襲擊了由穆瓦希德王朝哈里發穆罕默德·納綏爾（Muhammad al-Nasir）率領的龐大北非軍隊。

穆斯林於十三世紀初在西班牙南部開始復興，隨著穆瓦希德王朝試圖重新占領被不斷入侵的基督教王國所奪走的土地。一一九五，在阿拉科斯戰役（Battle of Alarcos）中，穆瓦希德王朝哈里發曼蘇爾（al-Mansur）擊潰了由卡斯提爾國王阿方索八世所指揮的軍隊。基督徒被逐出戰場，並且在戰後失去了許多城堡和城鎮。參加戰鬥的西班牙幾個新興軍事修會因此戰敗而震驚：聖地牙哥騎士團失去了包括他們的大團長在內的十九名騎士，卡拉特拉瓦騎士團則失去了兩座城堡和不確定數量的士兵。[5]這些既不是他們能輕易彌補的損失，也不是他們能輕易洗刷的失敗恥辱。在軍事修會們的多次遊說下，英諾森三世於一二〇九年被說服了，並且授予征戰穆瓦希德王朝的完整十字軍遠征地位，如此一來這些戰士們便能因為參與其中而減輕罪惡。

拉斯．納瓦斯．德．托洛薩會戰是這次十字軍東征的高潮。卡斯提爾、納瓦拉、葡萄牙和亞拉岡的國王都上了戰場，連同聖殿、聖地牙哥和卡拉特拉瓦等騎士團，還有從法蘭西跋涉到西班牙南部哥多華和格拉納達之間的志願軍，他們的明確目的便是與穆瓦希德人戰鬥。

聖殿騎士團在會戰中作為後衛部隊作戰，而皮埃爾曾目睹了當基督徒撕毀穆斯林軍隊後發生的殺戮，穆罕默德．納綏爾（於一一九九年接替曼蘇爾）在戰場上不斷地被追逐，他那群用鐵鍊鎖住的非洲黑人奴隸親兵隊未能保護他免於騎兵的致命衝鋒。卡斯提爾國王在戰鬥結束後歡呼道，基督

下伊莎貝拉後不久便於一二一二年去世，約翰便成為了攝政王。

② 作者注：蒙塔古另外兩名兄弟在宗教界也晉升到重要位置，並且都在賽普勒斯服務。尤斯托格（Eustorg of Montaigu）成為尼科西亞大主教，富爾克則是利馬索爾主教。

徒只損失了二十五或三十人，他們卻殺死了十萬名穆斯林。[6]事實上，基督教方面遭受了重大損失，主要是軍事修會的死傷。聖殿騎士團失去了葡萄牙的團長，聖地牙哥騎士團的大團長也戰亡。但這是一場鼓舞士氣的勝利，似乎表明了上帝再次對基督徒露出微笑。

現在，六年過去了，皮埃爾的船正在駛離另一個打勝仗的戰場。消失在地平線上的是被摧毀的薩爾堡（Alcácer do Sal），其位於里斯本以南約四十英里，在去年秋天被來自弗里西亞和萊茵蘭的葡萄牙基督徒和十字軍聯合部隊圍攻，其城牆在被重擊了數個月後終於倒塌。

這場狂熱的襲擊迫使薩爾堡的穆斯林守軍於一二一七年十月放棄了這座城堡，而這場勝利的先兆是夜空中又出現了聖十字架。這場勝利在很大程度上要歸功於西班牙的聖殿騎士團，他們在團長佩卓·阿爾瓦雷斯（Pedro Alvítiz）的帶領下集體前來幫助攻城。[7]一位編年史家寫道：「撒拉森人是被神的力量所征服的」；「他們的一位國王被殺害，而且有許多人被屠殺或囚禁」。[8]這種成功正是西方十字軍在埃及海岸集結時希望如法炮製的。

+

「達米埃塔！」日耳曼教士兼歷史學家帕特伯恩的奧利佛寫道，他從科隆附近的家中趕來參加第五次十字軍東征。「在諸國中富有盛名、在巴比倫的榮華中最為著名，它是海洋的情人」。[9]這座城市富裕、繁榮且繁忙，值得這份熱情頌詞的每個音節。流經城市西面的是構成尼羅河三角洲的眾多水道中最大的一條，來自從衣索比亞高地數百英里遠之處的淡水與鹽水在此混合在一起，飢餓的鱷魚則在淺灘中曬太陽。[10]城市的東側是鹹水湖曼扎拉湖（Lake Mansallah），這座湖又長又淺而且有豐富的魚群居住其中。充足的水供應意味著這座城市被肥沃的農田和村莊所圍繞，城鎮居民全年都有來自尼羅河氾濫平原上的主要農作物的充足糧食供應。[11]但達米埃塔不僅僅是河畔農業的集散地而已，它是該地區最重要的港口聚落。達米埃塔對來自繁榮的義大利城邦熱那亞和威尼斯的商人很方便，而且跟黎凡特沿海城鎮緊密相連。順風而下，一艘船可以在不到一星期的時間內從阿卡到達米埃塔。開羅這座富裕的城市在南方不遠處。達米埃塔是擁抱地中海南部海岸的商船的定期停靠站，同時是西方海上商人與前往印度和中國的陸路商隊碰頭的傳統集散地，這些商隊的駱駝和馬車載著異國的絲綢、香料、鹽、黃金、木材、油料、藥品和奴隸。③和三角洲對岸的亞歷山卓一樣，達米埃塔也是一個誘人的目標，東地中海各個起起落落的帝國勢力，在過去五百年裡頭頻繁地對它發起不厭其煩的攻擊。

從英格蘭、法蘭德斯、法蘭西西部、日耳曼諸公國、奧地利、匈牙利和其他許多地方遠道而來的基督教士兵，於一二一八年聚集在達米埃塔城外，對他們而言所有這些財富無疑是誘人的。埃及的精神誘惑也同樣誘人。達米埃塔在基督的生命中並不突出，但它是通往埃及的入口，以色列人曾經從埃及這塊土地逃離到曠野，這也是摩西收到誡命的地方，聖母瑪利亞亦曾在埃及的聖泉中為耶

---

③作者注：在十二世紀末，一位阿拉伯海關官員寫了一本稅務手冊，記錄了流經埃及港口城鎮的貨物。他指出，達米埃塔在家禽、穀物和明礬方面的貿易特別興盛，而明礬是整個西方基督教世界紡織品生產的重要原料。埃及還是許多奇異珍寶的來源，這些是盜竊自古代國王的陵墓，而除了黃金和寶石之外，埃及還是製藥商在世上可以獲得木乃伊粉末的少數地方之一（這粉末是某些中世紀藥物中珍貴的成分）。見 Abulafia, D., *The Great Sea: A Human History of the Mediterranean* (London: 2011) 297。

穌洗過衣服（這口井是朝聖道路上的著名地點，虔誠的基督徒在主顯節那天，聚集在滿是香脂樹的花園裡洗浴）。然而，在一二一八年十字軍的想法當中，達米埃塔是收復耶路撒冷的關鍵第一步。

教宗英諾森三世在一二一三年宣揚了第五次十字軍東征，但他於一二一六年七月十六日去世，也代表一個強勢的侵略性教廷統治的結束，英諾森任內鼓吹了三次十字軍東征、將幾位君主逐出教會並且重申了羅馬的力量。他沒有活著看到他所召集的軍隊進發，但他的繼任者何諾三世（Honorius III）完成了他的任務。何諾是聰明的羅馬本地人，在五十多歲當選教宗，他並不像英諾森那麼樂觀，但是他竭盡心力於十字軍東征，在三年的時間中將教宗收入的十分之一投入這場行動，並與各個領導人積極溝通，其中包括匈牙利國王安德魯、奧地利公爵利奧波德六世、耶路撒冷宗主教、聖殿騎士團和醫院騎士團的大團長，以及耶路撒冷名義上的國王布里恩的約翰。[12]英格蘭國王並未在此行列當中，因為國王約翰在一二一六年的內戰中去世，留下一個孩子來繼承他的王位。法國的腓力・奧古斯都也沒有參與這次的東征。但何諾不屈不撓地請求他的門生日耳曼國王腓特烈二世・霍亨斯陶芬（Frederick II Hohenstaufen，教宗曾經是國王幼時的私人教師）帶領他的龐大軍隊南下加入攻擊。教宗還下令基督教世界的每個城市要於每個月的第一個星期五舉行十字軍遊行，「如此一來每位信徒都可以透過在禱告時謙卑地俯身，來懇求十字軍順利」。[13]

不過，何諾並未參與軍事戰略的制定。他認為這項職責屬於那些挺身而出領導這項任務的君王和統治者。造成這種情況的部分原因是，原先旨在要讓基督教重新統治耶路撒冷的十字軍東征，最終轉移戰場到尼羅河河口距離聖城兩百英里的一個貿易站。

一二一七年十月左右，一個召集了來自東西方的最高階十字軍戰士的戰爭委員會，決定了要攻擊的目標是達米埃塔而不是耶路撒冷。在給教宗何諾的信中，聖殿騎士團大團長紀堯姆解釋說，如果不先降低撒拉森人從南部補給巴勒斯坦軍隊的能力，並且削弱埃及穆斯林統治者的力量，就無法占領耶路撒冷，而埃及統治者在這個時候是薩拉丁的姪子卡米爾（al-Kamil）。[14]

要對另一位新蘇丹發動戰爭這件事情便說明了阿尤布王朝世界的不斷變化。王朝的權力在薩拉丁死後的二十年中逐漸得到鞏固，然後又再一次瓦解。一二〇一年，薩拉丁的弟弟阿迪勒（薩法丁）成功地確立了自己作為埃及和敘利亞蘇丹的權威，並且壓制了薩拉丁兒子們的反對。但當阿迪勒在一二一八年瀕死時，帝國再次分裂，這次是在他自己的兒子之間。因此，卡米爾（被十字軍稱為麥勒丁〔Meledin〕）在開羅正式就任，並且擬定計畫要成為該家族的下一位蘇丹和統治者；穆阿扎姆（al-Mu'azzam，稱為康拉丁〔Coradin〕）占據了大馬士革；第三位兄弟阿什拉夫（al-Ashraf）控制了阿勒坡和敘利亞北部。

達米埃塔是十字軍的第一個目標，旨在測試敵人的新統治階層。布里恩的約翰寫道：「透過入侵埃及王國，聖地可能更容易自異教徒手中解放出來。」[15]聖殿騎士團大團長似乎已經同意了這一策略，他很可能在阿卡會議上鼓吹了這一策略。聖殿騎士團在十字軍東征的籌劃過程中發揮了重要作用，並且在司庫伊瑪德弟兄的指揮下籌集貸款，並且通過巴黎的聖殿提供給軍隊資金。我們有充分理由認為，他們在隨後的軍事行動中也扮演了同樣重要的角色。

✠

一二一八年初夏，從東方以及西方啟航的船隻在達米埃塔匯合。來自朝聖堡的人於五月三十日抵達埃及海岸，卻發現載著皮埃爾的日耳曼和弗里西亞艦隊已經開始讓部隊上岸。十字軍在上游不遠的河口蓋了一座橋頭堡，開始勘察該城的防禦狀況。

達米埃塔像任何貴重珠寶一樣有著嚴密的防守，它由三層砲塔牆保護著，而且這些城牆一層比一層要雄偉。城牆上有二十八座塔樓，而且為了提高安全性城牆之間還挖了護城河。在城市西牆所面對的河流中間有一座島，這島上還豎立著另一座塔，島上的居民把一串巨大的鐵鍊拴在上面，這些鐵鍊在危險來臨時可以被拉高，藉此防止船隻通過這條唯一可行的水道進入河中。[16]城內守軍配備了各種可以被想像的工具，能夠用棍棒毆打、焚燒或刺擊穿透任何有勇無謀要他們屈服的人。他們最有力的武器之一是希臘火：這是種充滿黏性、以石腦油做成的易燃性樹脂，可以透過管線噴灑或是被裝在受撞擊後會破碎的罐子裡頭投擲（類似手榴彈）。希臘火幾乎不可能被撲滅。它是一種令人厭惡而有力的武器，可以用來對付從水面進攻的士兵。總而言之，達米埃塔防禦的強悍程度比起十字軍曾經遭遇過最嚴密的城池也毫不遜色，而且卡米爾在此防禦基礎上可以定期從開羅派遣部隊支援，藉此阻礙圍城的進展。要想攻破達米埃塔，需要認真的計畫、紀律和專業知識，特別因為現在是高溫的夏季，就算在陰暗處每天的氣溫都超過攝氏四十四度。

十字軍在建立營地後的首要任務是將塔樓抬到河中央的小島上，若是不這樣做，這座城市根本牢不可破。在正式選出布里恩的約翰作為他們的領袖後，十字軍如以往一樣滿懷熱情地開始這項任務。首先發動的是持續了許多天的激烈投石轟炸，在這次轟炸的掩護下，十字軍中幾個最勇敢、最有自信的修會將船隻配備上了梯子以及木製船樓，並且企圖在鐵鍊塔旁移動，攀登上城牆。根據帕特伯恩的奧利佛的說法，這類攻擊艦是來自奧地利人、弗里西亞人、日耳曼人和醫院騎士團，而聖殿騎士團至少也派遣了一艘戰艦。這些攻擊全部失敗。醫院騎士團的梯子被打碎，就像奧地利公爵船上的梯子一樣，這讓戰士們被甩開直衝入水中因此淹死，「他們為了靈魂的福祉而讓身體傷痕累累」。日耳曼和弗里西亞的船隻停泊在河中，並且試圖用船上的投石車對塔樓進行轟擊，但希臘火的反擊讓船隻起火燃燒，這些船隻蹣跚地撤退回大本營，「船隻的內外都被箭頭刺穿」。[17]聖殿騎士團建造了一艘有舷牆保護的裝甲船，他們在戰鬥中便將船划到塔旁邊。帕特伯恩的奧利佛寫道，這艘船受到「不小的損傷」。[18]像條頓騎士團和醫院騎士團同袍一樣，他們被迫放棄了進攻。

十字軍繼續用他們的砲塔轟炸塔樓和橋梁，目的是要削弱它們與城市的聯繫。與此同時，在帕特伯恩的奧利佛親自指揮下，岸上開始著手組裝一艘兩棲驅逐艦，它由綁在一起的兩艘船製成，有四根桅杆、一座旋轉橋和一層防火獸皮。第二次攻打塔的嘗試在這艘驅逐艦定位便開始了。鐵鍊塔守軍和駐紮在實際上是一座漂浮堡壘上的軍隊之間爆發了激烈戰鬥。神職人員在海岸上大聲祈禱，並且敬拜對他們來說最貴重的聖髑，那是真十字架的某一部分，而且體積還不小，據說這是從在哈丁落入薩拉丁手中的真十字架上砍下來的。[19]儘管雙方發生了激烈的投石器戰鬥，而且放出了大量的希臘火，但經過了很長一段時間後雙方都無法把對方轟炸到投降。不過，最終在八月二十五日下午的一次特別猛烈的攻擊中，基督徒們設法從他們的平台上跳下，並且讓塔樓中較低的門外起火。煙霧和火焰往上方樓層猛竄，恐慌的防守者很快意識到他們陷入絕望的處境。許多人想要從小窗戶跳出來逃離煉獄，結果卻淹死在河裡。另有一百一十二人向奧地利公爵投降。在場的阿卡主教維特里的詹姆斯（James of Vitry）寫道：「我們的人感謝上帝。」[20]奪取達米埃塔的第一階段已經完成。

在此之後不久，八月最後幾星期的激烈戰鬥中，聖殿騎士團的第十四任大團長紀堯姆跟許多其他著名人士一起陣亡，包括英格蘭國王約翰的私生子。帕特伯恩的奧利佛嘆息道：「在達米埃塔，有更多為基督殉道以及為耶穌懺悔的人，從人間的憂愁中解脫。」[21]接替這個位置的是皮埃爾・德・蒙塔古，他是經由葡萄牙和薩爾堡圍城戰而來到埃及的西方團長。這是一個很適宜的任命，因為皮埃爾的判斷力高明、經驗豐富且有理智。這也是一個值得注意的選擇，因為聖殿騎士團和醫院騎士團的大團長首次是親兄弟。這兩個騎士團都是建立在說法語的上層家庭網絡上，但是蒙塔古兄弟同時被指定為大團長這件事情，可以說比任何其他事情都更具象徵性地清楚呈現出騎士團成員的貴族性質。

儘管占領尼羅河塔的速度相對較快，但是要成功攻克達米埃塔本身的防禦卻要棘手得多。橘紅色的阿尤布王朝旗幟安然無恙地飄揚在被射滿弓箭的城牆上，幾個月的時間在毫無結果的砲彈轟炸，還有防禦者攻擊基督教陣營時的零星衝突中過去了。當阿迪勒已在八月三十一日死去的消息傳到營地時，這讓人們稍微有些振奮。「隨著歲月的流逝和疾病的折磨，」帕特伯恩的奧利佛寫道，「他被埋到地獄裡。」[22]但是，戰事實際上幾乎沒有什麼變化。朝氣蓬勃的年輕蘇丹卡米爾仍然健在，現在掌管一切，而達米埃塔依舊固若金湯。

隨著冬天將近，第五次十字軍東征中的聖殿騎士團面臨與其他部隊同樣的苦難。情況迅速惡化。補給的不足導致壞血病大規模爆發。在圍攻營地中的士兵們一瘸一拐地走著，他們的小腿痛苦不堪，牙齦腫脹腐爛。一些十字軍戰士離開了，他們認為遠離家鄉一年的付出已經履行了他們的誓言。其他十字軍抵達了，不過不是所有的援軍都有助益。其中特別是領導階層的能力變弱了，這主要是受到阿爾巴諾（Albano）的主教，五十三歲的佩拉吉烏斯（Pelagius）到來的影響。他是樞機主教也是教宗何諾派來的使者，同時（不準確地）認為自己既是軍事戰略家也是屬靈的牧者。

十月下旬的一天清晨，聖殿騎士的營地遭到一支大型游擊隊的突襲，導致一場小型騎兵戰鬥，五百多人在戰鬥中喪生。在接下來的一個月中，營地遭受一場持續三天的暴風雨的襲擊，河水因此上漲而將帳篷沖走，而且將幾艘停泊在岸邊的船隻吹得支離破碎。當局面最終在十二月初平靜下來時，被占領的尼羅河塔再次發生了突襲行動。帕特伯恩的奧利佛敬畏地記錄了一次遭遇：聖殿騎士的一艘船被河水的強勁水流拉扯到達米埃塔的防禦要塞四周，這艘船因此被石頭以及希臘火轟擊，接著被輕型敵艦包圍。穆斯林士兵利用抓鈎爬上船，然後攀登上高高的木製船舷，在甲板上進行肉搏廝殺。「當他們鏖戰許久之後，最終這艘船被（不知是敵人還是自己人）擊穿並沉入水底，基督徒與埃及人都慘遭滅頂，而且桅杆的頂端也幾乎淹沒在水面之下。」奧利佛寫道。他接著把死在尼羅河裡的聖殿騎士比作舊約英雄參孫。「殉道者也將許多敵人拉進了水之深淵，比他們本可用劍殺死的人還要更多。」[23]

戰鬥持續了整個冬天，一直持續到第二年春天，達米埃塔的三重城牆仍然屹立不倒。聖殿騎士團的黑白旗幟遍布整個戰區，在戰場上的還有數十面其他軍隊的旗幟，其中包括一個成立時間相對較短的日耳曼軍事修會——條頓騎士團（Teutonic Order），這個騎士團企圖複製聖殿騎士團的組織架構和成就。這支日耳曼騎士團起源於一一九〇至一一九一年的大規模圍城期間，他們在阿卡被建立為醫院騎士團的一支日耳曼分團。當時，他們給予在戰鬥中受傷的日耳曼士卒醫療服務，並且是在他們船隻上所打撈起的帳篷下工作。跟醫院騎士團一樣，條頓騎士團很快就承擔起了軍事角色，到十三世紀初，他們已成為十字軍運動中第三大基督教軍事修會。[24]

到了一二一九年夏天，多數敏銳的觀察家都能看出第五次十字軍東征正逐漸陷入僵局。領導層陷入爭吵，而且人們普遍認為，只有日耳曼國王腓特烈二世率領大規模的援兵到來才能讓基督徒取勝。雖然腓特烈曾多次向教宗許諾會這麼做，但是他並未前來。帕特伯恩的奧利佛寫道，達米埃塔似乎「只需要靠神的力量」就會被交到基督徒手中。[25]

那個夏天，有一個奇特的人來到達米埃塔，聲稱他正是可以讓上帝介入的代禱者。喬凡尼·伯鐸·伯納戴德（Giovanni di Pietro di Bernadone）是義大利翁布里亞（Umbria）地區的一名商人的兒子，他在聽見一位傳教士講道後便經歷了頓悟，當時講道的內容是關於基督如何勸誡他的追隨者們，要走到上帝的子民中間並且建立天國。根據馬太福音，耶穌告訴他的使徒：

> 醫治病人，叫死人復活，叫長大麻瘋的潔淨，把鬼趕出去。你們白白的得來，也要白白的捨去。行路不要帶口袋；不要帶兩件褂子，也不要帶鞋和枴杖……你們無論進哪一城，哪一村，要打聽那裡誰是好人，就住在他家，直住到走的時候。[26]

這個年輕人完全照字面意思來理解這句話，他以新名字阿西西的方濟各（Francis of Assisi）④過著貧困的生活，拋棄了資產階級的奢侈教育，成為一個流浪的乞丐和傳教士，穿著一身粗糙的灰色衣服。他完全拋棄了個人財富和娛樂，而是選擇赤腳走在義大利的群山中，告訴所有願意聆聽的人，他們應該悔改自己的罪過，否則將面對上帝的憤怒。

方濟各很快發展出一批追隨者，並在一二〇九年將他們組織為小修道士會（也被稱為次要兄弟會或小兄弟會，後來又稱為方濟會）。修士們遵循著方濟各根據福音的幾句經文發展出來的簡單明瞭規則。像聖殿騎士團一樣，方濟各和他的弟兄們發誓要服從、守貞和貧窮。然而，他們全部的相似之處就僅此為止。事實上，方濟各於一二一九年在達米埃塔的出現，便提醒了人們在那裡戰鬥的弟兄們與他們的創始人所設想的生活方式相距有多遠。

這一年正是于格・德・帕英在耶路撒冷建立所羅門聖殿貧窮騎士團後的整整一個世紀。在這一百年中，聖殿騎士團已經從朝聖之路上的貧窮牧羊人（食物和衣服皆依靠朝聖者的慈善捐獻），轉變為由大規模財產管理所資助的無國界、自給自足的準軍事集團。

阿西西的方濟各並不像表面上那麼簡單樸實，例如，他努力設法讓自己的修會得到教宗英諾森三世的祝福。然而，他個人的舉止與聖殿騎士團高階成員形成了鮮明對比。方濟各是一個隨心所欲的不穿鞋乞丐，而聖殿騎士們既是跟歐洲各地王室有聯繫的政治要角、擁有從蘇格蘭延伸到西西里地產的房地產大亨、有能力在戰區建造大型兩棲基地的精英士兵，同時還是被納入基督教世界重要王國之官僚機構的金融專家。方濟各帶領他的新兄弟時，瘦削的肩上只披著一件灰色的羊毛罩衫，嘴裡唸唸有詞地說著使徒的話語。而大團長皮埃爾根據《聖殿騎士會規》，有權擁有四匹戰馬、馱畜（最多可達四匹）、一隊私人隨從，包括了牧師、文書、僕役、軍士、蹄鐵匠、撒拉森翻譯員、輕裝騎馬弓兵和廚師各一名，由三個人組成的隨扈，一個用來存放他所有貴重物品的保險箱，而且無論他去哪個分團都有一間私人房間供他使用。[27]聖殿騎士團在整個基督教世界受到尊重和重視，

④作者注：阿西西是他的出生地，方濟各是他父親在他幼年時給他起的小名，意思是「法蘭西人」。

但他們顯然不再被視為基進、毫不妥協的禁欲主義者。

方濟各抵達達米埃塔後，便毛遂自薦成為談判代表。他走出基督徒陣營，來到附近的埃及軍隊面前。他要求與卡米爾見面，要讓新蘇丹明白其信仰的錯誤。根據歷史學家、阿卡主教維特里的詹姆斯的說法，方濟各「向撒拉森人傳教了幾天，但收效甚微」。[28]他提議要在火中奇蹟般地行走來證明上帝的恩惠，蘇丹禮貌地拒絕了，然後把這個古怪的年輕人送回了他自己的陣營。方濟各是因為卡米爾的幽默風度才免於身首異處，而那是多年來眾多聖殿騎士弟兄所遭遇的命運。

由於無論是正面攻擊或是充滿正義感的修士之懇求都無法削弱達米埃塔，十字軍唯一能做的就是堅持到城內的守軍瀕臨飢餓的邊緣。這個時刻要直到一二一九年九月才會到來，而那時圍城已經進行了十八個月。帕特伯恩的奧利佛接到報告，城裡已陷入極度飢餓的狀態，並且有疫病爆發。[29]來自卡米爾的使節提出了一項和平協議，基督徒根據該協議要離開達米埃塔，以此換取「耶路撒冷王國全境」，除了卡拉克和蒙特利爾（Montréal）這兩座城堡之外，因為它們所在的外約旦便處於連接埃及和大馬士革的關鍵陸路上。[30]

對於許多疲憊不堪的十字軍戰士，尤其是來自法蘭西、日耳曼地區和英格蘭的十字軍戰士來說，這聽起來是一個非常好的安排。畢竟，耶路撒冷正是他們想要的。然而，教宗使節佩拉吉烏斯領導了一支派系，主張要不惜一切代價攻占達米埃塔，他還認為既然耶路撒冷的穆斯林占領者已經摧毀了聖城的防禦，也就不可能守住它，而且現在撤退將會落入陷阱，並且可能有最終一無所有的風險。這種觀點得到了蒙塔古兄弟的支持，而且至少短期看來他們是正確的。儘管十字軍領袖之間存在著激烈的分歧，但是圍攻仍在繼續，到了一二一九年十一月，該城的守軍已經衰弱到幾近崩潰的地步。十一月五日，十字軍成功地用梯子襲擊了城牆，並且強行進入城市中，接著便看到一幅可怕的景象：「街道上推滿了死於瘟疫和饑荒的屍體。」[31]維特里的詹姆斯寫道：「惡臭和汙染的空氣讓大多數人難以忍受。」[32]商店和房屋中的黃金、白銀、絲綢和奴隸皆被洗劫一空，而神職人員在街上徘徊找尋倖存的兒童，並且強行將其中五百名兒童洗禮為基督徒。

達米埃塔淪陷後，卡米爾撤出了尼羅河，留下十字軍們自得其樂。十一月二十三日，十字軍占領了附近的堡壘城鎮坦尼斯（Tanis），而聖殿騎士團則開始襲擊沿海城鎮伯魯斯（Burlus）。根據帕特伯恩的奧利佛的說法，為期兩天的行軍「帶來了許多戰利品，大約有一百隻駱駝和同數量的俘虜。還有馬匹、騾、牛、驢和山羊、衣服和許多家具」，不過這讓聖殿騎士團的馬匹筋疲力竭，其中許多馬兒死於脫水。[33]當他們回來時，晚近成立的條頓騎士團的成員騎馬去迎接他們。這兩個騎士團的軍事能力有相當明顯的差距，因為條頓騎士團出發時沒有帶上弩兵和弓箭手來保衛他們的陣線，他們遭到一支穆斯林伏擊部隊的襲擊，他們的分團長、軍團長和許多其他弟兄被俘。

到了一二二〇年中期，聖殿騎士團已經在達米埃塔郊區駐紮了兩年多，他們和以往一樣緊密地被編織在十字軍東征的組織中。自從英諾森三世宣布第五次十字軍東征以來，聖殿騎士團協助收取了被稱為「二十分之一」的教宗稅，並且與醫院騎士團和當地神職人員一起擔任委員會成員，總管從基督教世界各地收取的款項。為了盡可能讓更多的人加入十字軍，這筆錢是以區作為基本單位來分發的。[34]

那年七月二十四日，教宗何諾給樞機主教寫了一封信，說明了聖殿騎士團和醫院騎士團是如何深入參與資金轉移的基礎設施。何諾在意的是，戰爭前線所徵收的十字軍稅不應該經由羅馬到達埃及，而這麼一來也就不會有教宗腐敗或挪用資金的跡象。這是一個崇高的目標，但這需要一種分散的資金轉移方式，在十字軍東征的每一個領域中都要有值得信賴和虔誠的人，還要有護衛大量的硬幣和財寶安全轉移的這種現實能力。聖殿騎士團、醫院騎士團和新成立的條頓騎士團便是理想的代理人。

何諾在信中承認，軍事修會確實能夠調動大量資金。然後，他列出了聖殿騎士最近從歐洲轉移到達米埃塔的一些事物：直接由教宗私人支付的五千金馬克；在英格蘭收集的一萬三千馬克，由四名聖殿騎士運送，分別是聖喬治的于格（Hugh of Saint-George）、諾維爾的約翰（John of Novill）、索圖里里奧的傑拉德（Gerald of Soturririo）和來自安格爾斯村（Angles）的英格蘭人羅傑；在匈牙利籌集了一千七百一十一金馬克，並且與匈牙利醫院騎士團共同交付；另外在英格蘭又籌集了五千金馬克，並透過巴黎聖殿騎士團的司庫伊瑪德弟兄轉移；在法蘭西收集的六千盎司黃金，也透過伊瑪德在巴黎的辦公室運送；來自西班牙和葡萄牙的巨額硬幣超過兩萬五千枚黃金，以及超過五千鎊的各種銀幣。

這些都是巨額的資金流動，證明了教宗對聖殿騎士團的正直和專業知識的信任。何諾寫道：「由於我們日益頻繁地習慣透過聖殿和醫院弟兄們來繳納稅款和其他款項，因此我們沒有其他似乎更值得信任的中間人。」（不過，他還是要求佩拉吉烏斯保持警惕，一旦佩拉吉烏斯懷疑有任何資金在運往埃及的途中被洩露要立刻通知他。）[35]在第五次十字軍東征期間，何諾發給其他地方的信件中也保持了類似的立場，他警告跟他通信的人們應該要無視有關聖殿騎士團腐敗或不當行為的謠言，因為「若是聖殿騎士和醫院騎士沒有每天花錢支持他們的軍士、十字弓手和其他必要的戰鬥人員……軍隊完全沒有能力能繼續留在達米埃塔」。[36]

聖殿騎士團在資助十字軍東征和保衛新占領的達米埃塔方面發揮著至關重要的作用，但是他們將兵力和資源集結在埃及，這開始在其他地方給他們帶來麻煩，尤其是在後方的朝聖堡。一二二〇年夏末這座城堡正遭受大馬士革蘇丹卡米爾的兄弟穆阿扎姆所領導的部隊攻擊。正如一一六〇年代一樣，聖殿騎士團無法同時在巴勒斯坦和埃及成功作戰。[37] 一二二〇年九月，大團長皮埃爾回到阿卡，他在寫給遠在庇里牛斯山的朋友埃爾恩（Elne）主教尼古拉的一封信中，描述了這種熟悉的困境。穆阿扎姆很有膽量，皮埃爾疲倦地寫道：

> 他（穆阿扎姆）發現阿卡和泰爾城不具備足夠的守備騎士和士兵，他在明處與暗處持續不斷地重創這些地方；除此之外，他經常紮營在我們名為朝聖堡的陣地，造成我們各種各樣的傷害；又圍困並拆毀了巴勒斯坦的凱撒里亞城堡，但仍有許多朝聖者留在阿卡。[38]

皮埃爾也密切注意達米埃塔愈來愈混亂的局勢，十字軍領導人之間在主要戰略上的分歧愈來愈大。皮埃爾解釋說，卡米爾在尼羅河上游正在集結一支龐大的軍隊，但他們卻視而不見因而將自己置於險境：

> 教宗使節和神職人員希望推進基督軍隊的目標，經常懇切地規勸人們攻擊異教徒，但是，軍隊的貴族們，以及十字軍國家的貴族們和我們這邊的人，都認為軍隊不足以保衛前面提到的

那些城市和城堡……不同意這個計畫。

撒拉森人的船隻在埃及海岸巡航。資源正逐漸吃緊。來自東方的情報說，危險的阿什拉夫（卡米爾和穆阿扎姆的兄弟）正在加強軍隊力量。他可能很快便會將目光投向阿卡、安條克、的黎波里或埃及當中的任何一個或多個。聖殿騎士團大團長認為，如果他真的發動攻擊，每座城市「都將處於極度的危險之中，如果他要圍攻我們的任何一座城堡，我們根本沒有能力趕走他」。[39]

一二二一年，皮埃爾回到了埃及。皮埃爾在六月時來到這裡，當時卡米爾再次提出與基督徒達成和平協議的請求，這與他兩年前提出的停火協議大致相同，在親眼看到巴勒斯坦危險的情況後，聖殿騎士團大團長現在敦促要接受這協議，但是他的意見被推翻了。佩拉吉烏斯、布里恩的約翰和其他一些人決定，現在應該是要徹底解決埃及軍隊的時候了。皮埃爾的意見被否決，因此，他同意支持一個激烈的選擇：向尼羅河上游進軍，挑起與埃及人的戰爭。這是一個勇敢的舉動，但是已經為時已晚所以相當危險。當十字軍在前一年猶豫不決時，卡米爾和他在整個地區的盟友一直忙於準備一個陷阱。現在它即將浮出水面。

皮埃爾在寫給英格蘭聖殿騎士團團長亞倫．馬特爾（Alan Martel）的一封信中，描述了針對卡米爾軍隊的災難性進軍。[40] 一二二一年六月二十九日，基督教軍隊從達米埃塔城外的帳篷裡出來，帶著划槳船隊向上游進發。在他們前面的卡米爾軍隊不斷撤退，放棄了他們的營地並且拒絕交戰。這樣的美妙局面似乎難以置信。十字軍熱切地向前推進，他們突襲村莊，並且用弓弩瞄準任何進入視線的穆斯林，聖殿騎士則作為後衛部隊。編年史家伊本．阿西爾寫道：「他們還有所有人都確信他們將征服埃及。」[41]然而，事情開始啟人疑竇。布里恩的約翰對於軍隊已經太深入到不熟悉的地區相當緊張，許多人明確同意他的看法。根據皮埃爾的說法，大約有一萬人未經許可便逃離軍隊而消失無蹤。

在十字軍部隊的背後，卡米爾在敘利亞的兄弟們所派遣的增援部隊正在陸路與海路上尾隨著基督徒的行進。更糟糕的是，尼羅河河水開始上漲。儘管十字軍已經在這一地區待了兩年多，但他們並不了解流入尼羅河的天然和人工河道的複雜網絡。他們也沒有恰當地去理解這些河道的季節性變化規律，河水會在夏末急劇上升，一般而言會漫過兩岸，但是在埃及這一切會在短時間發生，氾濫成災。卡米爾非常了解這條河的規律，隨著十字軍在七月下旬闖入愈來愈危險的地形，他的船隻和士兵繼續追蹤他們，阻擋住河流以及返回達米埃塔的路。

到了八月十日，十字軍已在重兵把守的曼蘇拉（al-Mansurah）營地前方停了下來，這裡也是尼羅河的達米埃塔支流和坦尼斯支流的分流之處（曼扎拉湖附近的坦尼斯要塞便得名於這條河）。他們被圍在兩條水道的V字處。他們同時被徹底包圍，在他們身後的河流現在被封鎖了，而且穆斯林軍隊已經占據河流各個分支旁的所有陸上道路。兩個星期後，尼羅河氾濫，大部分十字軍的輜重車隊被河水沖走。大團長皮埃爾寫道：「基督徒軍隊在沼澤中失去了馱馬、裝備、鞍袋、推車以及幾乎所有的必需品。」

情況本來已經夠糟糕了，但是卡米爾現在秀出了他的王牌。當地農民為了控制尼羅河的洪水而挖了運河和溝渠。蘇丹下令調整閘門，讓盡可能多的水沖向十字軍陣地。軍隊行進的土地現在變成了黏稠的泥漿，部隊因此陷入停滯。受驚的人們試圖從一個巨大、滑溜且具吸力的泥潭中逃出來，就連聖殿騎士團也無法應付這種恐慌場面，皮埃爾寫道，十字軍「就像網中的魚」被捕獲。他們的戰鬥結束了。八月二十八日，佩拉吉烏斯意識到除了投降別無他法。

在過往的談判中相當大方的蘇丹消失了。他將布里恩的約翰召到他的帳內，文明且堅定地告訴耶路撒冷國王，除非十字軍同意新的和平條款，否則他的士兵們全部都要餓死。他要求達米埃塔和坦尼斯的堡壘要歸還給蘇丹，而且占領埃及北方的軍隊要撤離。在阿卡和泰爾受奴役的穆斯林必須被釋放。必須要確保八年的和平。這是無條件的投降，約翰別無選擇，只能同意。

皮埃爾聽說了這所有消息，並且心裡有數，因為他是被派回達米埃塔講述這個羞辱性消息的代表團成員。起初，人們對這次敗戰感到驚訝。接著發生暴動，房屋被摧毀。最後，占據達米埃塔的人們沮喪地打包離開。上游的軍隊開始往回走，全身泥濘不堪又濕又餓。他們在緩慢而痛苦的撤退過程中之所以沒有餓死，是因為卡米爾出於一個取得完勝的人的寬宏大量，同意提供十五天的麵包讓他們得以離開埃及，返回荒蕪的耶路撒冷王國。作為投降協議的一部分，布里恩的約翰和佩拉吉烏斯被體面地囚禁了一小段時間。這並未持續太久，他們不久後便狼狽且筋疲力盡地踏上回阿卡的路。皮埃爾在寫給英格蘭的聖殿騎士團同僚亞倫．馬特爾的信中沮喪地詳述了這一切，並且說到「要同情我們的不幸」，「並且盡你所能幫助我們」。

第五次十字軍東征這種既驟然又令人極為難堪的失敗，對所有參與其中的人都造成了負面的影響。攻擊敵人的陣地耗費了大量金錢，但是又一次地無法取得任何永久收益。耶路撒冷仍在穆斯林手中。面對這種可悲的結果，基督教作家們又回到了慣常的悲觀解釋。皮埃爾寫道：「我們在埃及土地上所遭遇的災難，都是因為我們的罪惡。」[42] 教宗何諾非常沮喪，這是可以理解的，他將大部分的責難集中在腓特烈二世身上，教宗在一二二〇年替腓特烈二世祝聖為神聖羅馬帝國的皇帝，因為他堅信腓特烈最終會以加入十字軍作為回報。但恰恰相反，腓特烈拖延、逃避了自己的義務，寧願集中精力處理作為西方最有權力的統治者在即位後所面臨的複雜政治問題。他要在許多年過去之後才抵達東方。但是當他確實到了東方的時候，卻對聖殿騎士團造成了戲劇性的後果。

第十五章　敵意和仇恨

皮埃爾·德·蒙塔古臥倒在地上，親吻了皇帝的膝蓋。士兵和城鎮居民都在他周圍歡呼。這個時刻是一二二八年九月，整個阿卡的居民都出城來目睹腓特烈二世，這位西方最有權勢的君王，率領著一支由七十艘大帆船組成的艦隊和數千名士兵來到東方。[1]甚至埃及的蘇丹也透過送禮給這位貴客來紀念這個場合，禮物包括了金銀、絲綢、珠寶，以及包括駱駝、大象、熊和猴子在內的許多珍稀動物。聖地多年來接待了許多貴賓，但少有人像神聖羅馬帝國皇帝腓特烈二世那樣聲名顯赫。他是一個莊嚴肅穆、知識廣博的人，他的崇拜者稱他為「世界奇蹟」（stupor mundi）。

老實說，他的外表第一眼看去並不像是那樣偉大的人。腓特烈二世身材中等、禿頂、有一張永遠通紅的臉而且視力很差。他四肢健壯、身材結實，但是缺乏了濃密鬍鬚來彰顯無可置疑的男子氣概，儘管他在一二二八年九月來到阿卡時，距離三十四歲生日只剩幾個月。他一生都是國王，兩歲時就被加冕為西西里統治者，二十一歲時被眾人承認為日耳曼人的國王，並在二十六歲時正式當選為神聖羅馬帝國皇帝。現在，他正在為自己的領土添加上最後一塊土地。他乘船經過賽普勒斯到達阿卡，聲稱自己是耶路撒冷的國王，並且瞄準了占領聖城的蘇丹發動十字軍。

蒐集頭銜是腓特烈的專長之一，他透過婚禮獲得了耶路撒冷的王冠。一二二五年，他跟布里恩的約翰十三歲的女兒伊莎貝拉結婚，後者是耶路撒冷法理上的女王。在這交易的一部分中，腓特烈繼承了她父親的權力，擔任了十字軍國家名義上的統治者。三年後，伊莎貝拉生了一個兒子，他們命名他為康拉德。伊莎貝拉不久後便死於產褥熱，這對她而言是不幸的，但對腓特烈而言則有些幸運，因為這讓他有了一位能夠繼承十字軍國家的嬰孩。因此，他在一二二八年發動十字軍東征同時有兩個動機：奪回耶路撒冷並奪下王冠。就理論上而言，王國是屬於康拉德的，但是對於腓特烈而言這些法律上的細節並不重要。他下定決心要成為聖地的下一位基督徒國王，任何阻擋他的人都要遭殃。

腓特烈的身材矮小，但他的人格力量彌補了這個不足。一位認識他的作家直言不諱地描述他：

> 一個機敏的人：狡猾、貪婪、放蕩、惡毒、脾氣暴躁。但有時，當他希望表現出他的善良和有教養的特質時，他便會是一個值得尊敬的人，這些特質包括令人感到安慰、機智、愉悅和勤奮。他可以閱讀、寫作和唱歌，還可以創作音樂和歌曲……他也會說很多種語言……若他是位熱愛上帝的教徒……就很少有人能夠望其項背了。[2]

對他不信神的指責將伴隨其終生，因為據說他在私下會嘲笑所有的信仰，而在公開場合，他周圍都是來自西西里島穆斯林群體等外邦人長相的僕人，當然還有常見的基督徒僕人。這種好懷疑的性情似乎是出自好奇和遊蕩的心態，他不僅喜歡科學的發現，也喜歡藝術和體育運動的樂趣，尤其是狩獵鳥類的活動，他認為自己是這類活動世界首屈一指的權威。

這就是皮埃爾跪下來要親吻的那個人。但他跪下來不是要認可皇帝的博學，相反地，這是聖殿騎士團與十字軍東征領導人之間謹慎的政治妥協。無論腓特烈的動機是什麼，他始終是自三十年前獅心王理查之後拜訪東方的最負盛名的君王。軍事修會有責任盡其所能地與他合作，並且承諾要維持腓特烈和貝魯特領主伊伯蘭的約翰（John of Ibelin）之間的和平，後者是當地有權有勢的領主，他對於皇帝的到來高度懷疑。皮埃爾的跪拜完全出自虛情假意，這對聖殿騎士團還有皇帝來說都是不幸的。他們之間的關係在幾週之內就破裂到了暴力相向的地步。

腓特烈在阿卡遇見聖殿騎士團的大團長之前，與這個修會並沒有太深的淵源，但是他的性格和政策中對於未來發展預示著許多不祥的徵兆。首先，我們很難不這樣想，腓特烈在內心深處對十字軍東征的整個過程並不特別感興趣，這或多或少是有充分理由的。腓特烈需要管理神聖羅馬帝國這個龐大而複雜的政治遺產，這讓他沒有太多餘暇可以深入研究東方事務，而霍亨斯陶芬王朝對於東方戰爭的經驗淺薄，這也很難讓人樂觀得起來。腓特烈的祖父腓特烈一世·巴巴羅薩在參加第三次十字軍東征的途中淹死在小亞細亞，而他的父親亨利六世一生中最傑出的作為便是在返回阿卡的路上將獅心王理查劫為人質。亨利六世以十萬馬克贖金將理查歸還給英格蘭人，並迅速將巨額贖金中的大部分用於征服西西里王國。[3]

腓特烈二世自己的統治也有許多問題，成為人們不信任他的理由。聖殿騎士團和醫院騎士團在西西里島長期存在，但在腓特烈作為少數派的統治期間，他們被新近成立的條頓騎士團排擠到邊緣，後者不斷積極爭取要超越歷史悠久的騎士團。一些人認為這種發展對他們非常危險，於是許多西西里騎士為了逃避皇帝的惡意，特別跑到東方加入聖殿騎士團。[4]

腓特烈的重要顧問之一是條頓騎士團的大團長薩爾扎的赫爾曼（Hermann of Salza），他是一個非常能幹的政治家，並且深受部下的敬重。在赫爾曼的影響下，腓特烈授予在西西里的條頓騎士團在西西里進出口所有貨物皆免稅，並且正式批准了他們提出的要與聖殿騎士團和醫院騎士團享有同樣的「自由、習俗和各種權利」的要求。一二二一年在經過腓特烈懇求後，教宗何諾三世同意豁免日耳曼弟兄的宗教稅和監管。當腓特烈在一二二五年與伊莎貝拉二世結婚而成為耶路撒冷的國王後，他便利用這個新獲得的權力來讓條頓騎士團完全免於東方任何世俗政權的侵害。[5]所有這一切都必然與聖殿騎士緊密相關，因為聖殿騎士的整個成功模式正是取決於西方國王的最高恩寵和特殊地位。

最後一點，腓特烈的滑頭臭名昭著。他兩次發誓過要加入十字軍東征，一次是在他被加冕為日耳曼人國王的一二一五年，另一次是在他被加冕為皇帝的一二二〇年。他最終花了十多年的時間才出發前往聖地，即使到了這個時候他也聲稱生病而遲到了整整一年。教宗最終開始喪失耐心，而當腓特烈最終於一二二八年九月以十字軍戰士的身分抵達阿卡時，結果卻有些諷刺，教宗對他的到來大發雷霆。

這種態度轉變的主要原因是教宗的更替。何諾三世在一二二七年三月去世，接替他的是一位年長但言辭尖銳的義大利人，即教宗格列哥里九世（Gregory IX）。格列哥里性格反覆無常又暴躁，因此很容易被激怒，在他擔任教宗的期間，他曾將怒氣對準了巴黎的異端學者、波羅的海的異教徒，甚至他懷疑是撒旦化身的貓。他建立了宗教裁判所以便剷除整個歐洲的異端，並採取了非常嚴厲的措施迫害猶太人，還下令大規模焚燒《塔木德》（*Talmud*）。

然而，在格列哥里留意到貓、異教徒和猶太人之前，他最初的注意力是投注在神聖羅馬帝國皇帝身上。他擔任教宗後的第一個重要作為便是將腓特烈逐出教會，作為針對他不斷拖延的懲罰。教宗在宣布其決定的詔書中痛斥皇帝「拋棄了對上帝所有的恐懼，不敬仰耶穌基督，不理會教會的責難」，並且斥責這個人「拋棄了基督教軍隊，把聖地暴露在異教徒面前，並且斥責這個人藐視了基督人民的奉獻精神，並且沉迷於他王國中的日常享樂，因此讓他自己和基督教蒙受恥辱」。[6]在皇帝抵達阿卡之後，這封將他逐出教會的詔書不久後也跟著抵達。它的出現粉碎了腓特烈和聖殿騎士團之間所有表面上的善意，皇帝也很快地便養成對不公正的教宗進行猛烈抨擊的習慣。結果是，就在皮埃爾戲劇性地用鼻子擦皇帝的腿之後的短短數週內，聖殿騎士團就跟西方最有權勢的世俗統治者爭執不下，而後者當時正在領導後來所謂的「第六次十字軍東征」。

雙方的爭執開始於當皇帝在十一月十五日決定從阿卡向南進軍到雅法，以便與埃及蘇丹談判。一二二七年十一月十二日，大馬士革的統治者穆阿扎姆死於痢疾，王位由他二十歲的兒子納塞丁繼承，阿尤布世界的權力從此便陷入混亂。[7]卡米爾喜好強化政治權力多過於一個幸福的家庭，他企圖推翻他的姪子，將大馬士革占為己有。這場麻煩將第三名家族成員傑濟拉（Jazira）的統治者阿什拉夫牽扯進來，結果，埃及和敘利亞的阿尤布帝國進入了另一個艱難的內亂時期。

腓特烈正確地意識到這是一個好機會，他決定利用這次不和來重新收復基督徒的一些失地。由於他人手不足，因此要全面征服阿尤布王朝是不現實的。儘管如此，各個十字軍國家表現出的團結或許足以說服卡米爾做出讓步，甚至還可能歸還耶路撒冷。腓特烈在穆斯林和基督教文化交織的西西里島的經歷，使得他比起任何一位西方十字軍領導人都要更熟悉穆斯林世界的性格和習俗，他的這種深入熟悉有名到他「享受撒拉森式生活」的故事廣為流傳，包括他對「會唱歌、會變戲法的跳舞女孩」的偏愛。撇開他個人的品味不談，他深信，先展示武力後再以簽訂合約為條件，是一種富有成效的戰略。[8]

聖殿騎士團和醫院騎士團卻抱持著不同的看法。他們與刻薄而有力的耶路撒冷宗主教洛桑的傑洛德（Gerold of Lausanne）結盟，拒絕與腓特烈的其他軍隊一起進軍，主張跟一個被逐出教會的人一起行動對他們而言是種恥辱。教宗格列哥里在這個問題上的措辭明確：「我們命令所有人都要嚴加避開他。」皮埃爾和醫院騎士團的新大團長塞西的伯特蘭（Bertrand of Thessy）①決定他們將嚴格履行自己的職責。他們同意跟隨軍隊，但是在僅限於軍隊行進一天的距離之外——這足以使他們光明正大地參與戰鬥，但同時在實際上毫無用處。

腓特烈不是慣於受挫折的人。為了彌補願望落空的挫折感，他把目標對準了朝聖堡，這是聖殿騎士團位在阿卡以南的一座大型海濱城堡。這是聖殿騎士團在十字軍國家最壯觀和最有價值的財產之一，它對聖殿騎士團非常重要，以至於在第五次十字軍東征期間，大團長和許多弟兄從達米埃塔趕回來保衛它抵禦穆阿扎姆的攻擊。[9]它的位置也很便利，就位在阿卡和雅法之間的道路上。腓特烈在城堡前停下腳步，要求聖殿騎士團將其交給他，由他的士兵來占領。幾乎可以肯定的是，他的

① 作者注：前任團長加蘭在一二二八年三月一日於西頓去世。

意思是要把它移交給條頓騎士團。

無解的僵局不久便浮上檯面。腓特烈對聖殿騎士團非常氣憤，但他無暇投入寶貴的時間和資源，去進攻那座基督教朝聖者按照最高軍事規格建造出的城堡。這在一位作家看來，光是他有這種想法這件事情本身就犯了「叛國罪」。[10]朝聖堡裡的聖殿騎士將皇帝的士兵擋在門外，默默地等著他們離開。腓特烈讓步了，但是，騎士團的這種斷然拒絕會讓他的怒火在心中延燒不斷。聖殿騎士團在那之後聲稱皇帝企圖藉由背叛來「殺死他們」，而腓特烈的線人則聽說聖殿騎士團正密謀要先下手為強來殺死皇帝。

情況在接下來的幾個月裡並沒有好轉，腓特烈到達雅法，並且耗費整個冬天逼迫卡米爾簽訂協議，讓耶路撒冷再次向基督教信徒開放。皇帝是個恃強凌弱的人，但他並不愚蠢，他精確地評估了阿尤布王朝的立場。以大馬士革為中心的家庭鬥爭是卡米爾的首要任務，蘇丹認為與基督徒的和平條約對他來說是一大優勢。就腓特烈而言，他天生具有能力去迷住那些他認為值得去吸引的人，再加上他對伊斯蘭文化的同情。「皇帝的生活和穿著完全像個撒拉森人。」傑洛德主教悲嘆道，這幫助他獲得了自一一八七年耶路撒冷陷落以來最有利的和談條件。[11]

一二二九年二月十八日，卡米爾正式同意將聖城和聖墓教堂交給基督徒管理，以換取十年的休戰。基督徒和穆斯林都被允許進入這座城市，而且基督徒被承認為伯利恆、拿撒勒、西頓、雅法和阿卡的合法統治者。十字軍王國在被肢解了四十多年之後，現在部分恢復了。它再次包括了從雅法到貝魯特的整個海岸線，在有些地方甚至延伸到內陸的約旦河。耶路撒冷被允許進行一些重建工作，而十年前阿尤布人為了阻止基督教軍隊再度占領夷平了防衛牆，雙方對於這面牆能否被重建並沒有共識。這並非對薩拉丁的所作所為的全部逆轉，更不是在重現一〇九九年第一次十字軍東征期間發生的奇蹟。但儘管如此，這仍然是一項驚人的成就，腓特烈在給他的堂弟英格蘭金雀花王朝國王亨利三世的一封信中大肆宣揚。他寫道：「在過去的幾天裡，這項事業與其說是靠力量，不如說是靠奇蹟而得出一個結論……這是許多世界上的領袖和統治者……到目前為止都無法透過武力實現的。」[12]日耳曼詩人和十字軍戰士福萊丹克（Freidank）想知道，「罪人除了墳墓和聖十字架還能渴望什麼？」[13]許多基督的忠實信徒會點頭表示同意。即便真十字架沒有被歸還（顯然在大馬士革消失了），這座聖城終究再次回到了基督教的占領之下。然而，聖殿騎士們對此卻無動於衷。

聖墓教堂對基督徒而言是耶路撒冷最重要的地方，因為在這座宏偉的教堂裡頭安放著上頭覆蓋厚重大理石的基督墳墓，每一位來到聖地的朝聖者都會來對它表示敬意。當然，收復耶路撒冷是一件值得驕傲的大事；當然，和地中海東部的其他主要城市一樣，它為基督教商人帶來了商業利益。但是，聖墓教堂才是最重要的。對於聖殿騎士團而言還有另一個非常重要的場所，他們稱為所羅門聖殿的地方，他們在一一一九到一一八七年間便是在此建立了騎士團。他們被趕出他們視為家園的聖殿。歸還所羅門聖殿對他們作為一個修會的尊嚴具有深遠和決定性的重要性，但這並未被納入腓特烈的談判條件中。

「法蘭克人占領了耶路撒冷，穆斯林感到憤怒，認為這太可怕了。這使他們感到筆墨無法形容的軟弱和痛苦。」編年史作家伊本．阿西爾憤憤不平地這麼記述腓特烈和卡米爾的交易。[14]事實上，這座城市並未完全被基督教異教徒占領，因為談判中並不包括聖殿山。對穆斯林來說，這是「崇高聖所」，其中包含阿克薩清真寺和岩石圓頂，這是伊斯蘭教中僅次於麥加和麥地那最神聖的地方。當薩拉丁征服耶路撒冷後，他拆掉了聖殿騎士團在清真寺周圍的附屬建築，並且用玫瑰水淨化了整個地方，恢復了古蘭經的銘刻，並且裝潢上了「無與倫比的大理石」、「鍍金馬賽克」、「精美的古蘭經抄本和精美的閱讀台」。[15]把清真寺歸還給受汙染的基督徒是不可原諒的，這也正是為何清真寺應該繼續由穆斯林控制，是腓特烈與卡米爾的和平協議中的一個關鍵條款，因為如此一來朝聖者就可以不受騷擾、不用被收費在那裡敬拜。聖殿騎士團的舊總部將不會重建。聖殿騎士團必須搬遷到其他不那麼神聖的居所。

聖殿騎士在其他地方的財產也受到條約條款的限制。耶路撒冷和雅法之間的道路上有幾處房產將被歸還，如此一來弟兄們便能監督一條從海上直接通往城市的安全路線；但是用宗主教傑洛德的話說，除此之外「沒有一寸土地被歸還」。[16]白堡和托爾托薩是他們在的黎波里伯國的兩座較大的城堡，它們將「維持現狀」，換句話說，不會被改進或升級。[17]相比之下，根據該條約，薩爾扎的赫爾曼的條頓騎士團被允許繼續在阿卡附近的山上建造屬於自己的巨大孟福爾（Montfort）城堡，日耳曼弟兄們於一二二七年在此破土動工。

我要替腓特烈說句公道話，他所達成的協議並不完全是要故意怠慢聖殿騎士團。耶路撒冷的喪失是相當嚴重的，必須設法讓蘇丹感到滿意。然而，在協議的各條款中有足夠多的部分讓聖殿騎士團感到受辱，並且也讓人有足夠的理由懷疑，皇帝休戰並不是為了所有在東方的法蘭克人的利益，而是為了保住他的王位以及商業利益，而這一切都依賴於西西里和耶路撒冷之間有利的貿易環境。[18]但是他們能怎麼辦呢？一二二九年三月十七日，腓特烈在聖墓教堂敬拜，儘管他已被逐出教會仍將耶路撒冷的王冠從祭壇頂上取下，將其放在自己頭上。當腓特烈離開建築物後，赫爾曼就向會眾們替他的庇護者所做的行為辯護，提醒他們皇帝完成了一件真正具有歷史意義的事情。他後來回憶說：「人們的喜悅根本是筆墨難以形容。」[19]

當然，聖殿騎士團的喜悅無法被描述，因為這個東西並不存在。刻薄的反帝國編年史作家諾瓦拉的腓力（Philip of Novara）寫道，這位皇帝完全不是人們普遍奉承的對象，「到目前為止，所有阿卡人都不歡迎他，（而且）聖殿騎士們特別討厭他」。[20]這種厭惡情緒很快就演變成公開的叛亂。聖殿騎士團相當憤怒，索性放手一搏，他們在阿卡集結了軍隊而且宗主教傑洛德也在部隊當中，準備要違抗腓特烈，因為他竟然膽敢簽下如此空洞的和平協定。

儘管一二二九年的耶路撒冷協議旨在讓聖地基督徒和穆斯林之間的緊張關係緩和十年，但它有一個明顯的缺陷。從根本上說，這是皇帝和蘇丹之間的一項契約，它可以被解讀為個人與個人之間的保證，而不是一種約束所有擁有共同信仰的王公和貴族的東西。腓特烈和卡米爾都只會經過巴勒斯坦，而且兩人很快便計畫要離開，這已經不是什麼祕密了。腓特烈雖然是新加冕的國王，但他還必須關心他在日耳曼和義大利的事務，而且卡米爾在開羅也有他自己的事情要處理。而且雖然卡米爾已經同意休戰，但沒有跡象表明他的親戚準備好要坐下來擁抱他們的基督徒鄰居。如果簽訂和平條約的兩人不在，這份條約根本毫無意義。

為了強調這一點，宗主教和聖殿騎士團開始集結軍隊，首先進軍大馬士革，後來又攻打耶路撒冷，他們計畫正式以教宗的名義來占領耶路撒冷。這很清楚是個荒謬的主意，其背後是出於惡意和不信任，而非任何合理的軍事戰略。但現在私人的厭惡情緒已經形成，無法輕易被化解。這位宗主教開始譴責皇帝是一個暴力、詐欺的敵基督，聲稱「從他的腳底到頭頂，找不到任何符合常理的地方」。[21]皇帝確實被激怒了。

一二二九年復活節前不久，腓特烈來到阿卡與宗主教當面對質，要他下令解散聖殿騎士團和他正在組建的軍隊。傑洛德告訴皇帝，他不會執行被逐出教會者所下的命令。作為回應，憤怒的腓特烈命令阿卡的公告員把所有居民都召集起來，以便他可以跟全體城民講話。然後，他陳述了他的理由。諾瓦拉的腓力寫道：「他向他們講話並且表明他想追求的東西，而且他的講話中有相當部分都在抱怨聖殿騎士團。」[22]根據宗主教的描述，腓特烈的所做所為更為誇張：

他開始對我們大發牢騷，堆積起一堆不實的指控。接著，他又把話鋒轉到聖殿騎士團德高望重的大團長，他企圖用各種各樣的空話來公開敗壞後者的聲譽，並且企圖把那些至今已很清楚是他自己所犯下的過失推給別人來承擔，最後又說，我們召集軍隊是為了要傷害他。

腓特烈命令聖殿騎士們離開阿卡，並宣布要在城樓上部署十字弓手，如此一來，一旦騎士團離開之後就不能返回。「接著他在教堂和其他高處築起有十字弓手的陣地，特別是那些控制聖殿騎士和我們之間溝通的陣地，」傑洛德責罵道，「而且你可以肯定他從來沒有對撒拉森人表現出這種敵意和仇恨。」[23]

正如他所說的，皇帝現在在阿卡城中布滿了軍隊，而且為了平息他的憤怒，他還在路上鞭打了幾名修士。阿卡的聖殿騎士團被包圍，帝國士兵封鎖了宗主教的宮殿，阿卡有整整五天的時間成為了戰爭區域。腓特烈已經被逐出教會，但這位宗主教還是威脅說，他要把懲罰範圍擴大到所有「向皇帝提供建議或效力，反對教會、聖殿騎士團、聖地的其他僧侶或朝聖者」的那些人。[24]

腓特烈現在有兩個選擇：升高衝突或是退兵。他選擇了後者。他得到消息說，他在西西里遭遇到的麻煩已經開始嚴重過在阿卡的麻煩。耶路撒冷的回歸便是他對聖地的貢獻。是時候回家了。

腓特烈希望能夠愈快抽身愈好。他從阿卡的軍械庫中取出所有可能的武器，銷毀所有無法運走的東西，讓聖殿騎士無法拿下這些東西來提升力量。帝國軍人加入城市的衛戍部隊，而條頓騎士團從他們緩慢擴張的孟福爾城堡監視這座城市。腓特烈任命了數名被稱為地方行政長官（bailis）的代理人來管理耶路撒冷和賽普勒斯兩個王國（他在造訪後者的時候也試圖要表明自己擁有所有權）。他給自己在西方最顯赫的聯繫人寫了回信，陳述他對事件的看法。然後在一二二九年五月一日，他急忙趕到阿卡的碼頭乘船前去義大利。

諾瓦拉的腓力很高興有機會羞辱他所厭惡的皇帝，根據腓力的說法，當腓特烈離開後，「那些最討厭他的屠夫和街上長者，追趕到他身邊用牛肚和肉塊砸他」。[25]腓特烈二世來到這片聖地時得到如雨點般落在他膝上的親吻，如今卻是以在肩膀上懸掛著動物內臟的模樣狼狽離開。這真是種悲慘的告別方式。

✛

在腓特烈二世的這次十字軍東征中，參與其中的各陣營十字軍戰士可能彼此充滿了敵意，而且這可能也讓皇帝的支持者、伊伯蘭貴族家族以及聖殿騎士團所領導的貴族黨派之間造成了無法揮去的派系分歧。不過，他與蘇丹達成的協議確實替十字軍國家帶來了一段安全的時期，並且在皇帝離開之後仍持續了很長一段時間。從第三次十字軍東征開始的收復基督教土地運動，由於皇帝的短暫訪問而取得了顯著進展。三十年前薩拉丁讓他們面臨到的生存危機如今早已消散。

從南部的雅法開始，黎凡特海岸其中很長的一段道路再一次處於法蘭克人的控制之下，基督教的勢力從阿卡和泰爾一路延伸到北部的黎波里伯國的托爾托薩和馬格特堡（Margat）。除此之外，安條克公國的領土雖然比十二世紀的鼎盛時期減少很多，但仍然是有能力獨立生存的政治實體。此外，賽普勒斯島是由呂西尼昂家族的國王統治，儘管腓特烈曾嘗試要迫使他們離開，並將這個島據為己有。

在一二三〇年代末，在英格蘭亨利三世的兄弟康沃爾伯爵理查和納瓦拉的詩人國王香檳的希奧博德（Theobald of Champagne）的帶領之下，又有新一批的外國十字軍抵達聖地。[26]這些被統稱為「貴族十字軍」的軍事行動是建立在腓特烈所擴張的領土之上，並且奪回了以前的基督教土地：包括北部的博福特、貝爾沃（Belvoir）、薩法德和太巴列城堡，以及南部的阿什凱隆城堡。他們甚至為基督徒進一步控制耶路撒冷鋪平了道路：一二四一年，穆斯林若要進入耶路撒冷開始受到限制，基督徒重新被允許進入聖殿山，這種情況持續了三年，直到四處劫掠的花剌子模突厥人（Khwarizmian Turks）於一二四四年八月到來。這尤其是一個奇蹟般的成就，聖殿騎士團的最高指揮層在給英格蘭分團長的一封信中自豪地描述道：

> 所有五十六年來未曾求告神名的聖所現在都已得到修復和潔淨，稱頌耶和華！現在神聖的儀式每天都在那進行。所有遊客現在都可以安全地來造訪這些聖地。[27]

從這個意義上而言，腓特烈二世替法蘭克人奠定了一個極佳的解決方案的基礎，這個方案具備自一一八七年哈丁戰役以來最有利的條件。

而阻礙這個解決方案的則是腓特烈離開後留下的不斷內鬥。可以肯定的是，許多的領土和城堡被收復，但各個十字軍國家之間，完全沒有一個可以統領全局的領導層。霍亨斯陶芬王朝奪取了耶路撒冷的王權，但是腓特烈和他的兒子康拉德都沒有親身赴任的打算。有兩派人發生了激烈爭鬥，其中一派人支持皇帝以及他對埃及阿尤布蘇丹的和平政策，而另一派人憎恨皇帝專橫的影響力，因而轉向與大馬士革反埃及的蘇丹結盟。軍事修會也便是按照這些界線而分開，醫院騎士團支持皇帝派，聖殿騎士團則支持另一邊。

這種分崩離析的狀態若發生在其他年代，對於阿尤布王朝的攻勢而言無疑是很容易攻擊的點，但是在一二三〇年代和一二四〇年代早期，阿尤布王朝自己也被內訌和權位爭奪弄得四分五裂。撒拉森帝國的疆域依然遼闊，從紅海埃及那側到另一側的聖城麥加和麥地那，北起約旦河谷，穿過巴勒斯坦和敘利亞，一路到傑濟拉。然而，帝國在現實中對這片廣闊的土地的掌控力非常薄弱。開羅和大馬士革經常不和，寧願尋求基督教盟友互相對抗，選擇接納十字軍國家的人，而不是聯合起來消滅他們。在薩拉丁之後，所有的阿尤布蘇丹都不具備強力的個性或存在感，因此沒有一位蘇丹可以將這些不同的領土統合成真正的聯盟。結果是，兩個信仰世界至少在一段時間內都陷入了同樣嚴重的失序狀態，雙方反而因此達到一種混亂的平衡。

對於聖殿騎士團而言，腓特烈的逗留令人不愉快而且造成許多問題。他們決定違背世俗國王的意願推行自己的政策，或者在十字軍國家貴族內部經常爆發的激烈爭論中選擇偏袒其中一方，這些在當時都屢見不鮮。畢竟，聖殿騎士在一一六〇年代公開蔑視阿馬里克，並在十三世紀初期陷入安條克公爵的繼承權爭執中。但是，他們從未真正跟戴有冠冕的西方國王開戰。他們也因此遭受了痛苦。身為國際性修會的缺點之一是，在基督教世界一側犯下的罪行可能會在另一側受到懲罰。皇帝返回西西里後，他對那裡的聖殿騎士採取了嚴厲的行動，根據後來的記載，「奪取並摧毀了他們的動產和不動產」。[28]腓特烈並不傻。他深知該如何最深刻地傷害聖殿騎士團——攻擊他們的財富。

皇帝離開後不久，大約在一二三一年或一二三二年，大團長皮埃爾去世了。阿曼德・德・佩里戈爾（Armand de Périgord）當選為新大團長，他的家族來自法蘭西的多爾多涅（Dordogne）地區，不過他的騎士團生涯則是先在西西里和卡拉布里亞（Calabria）擔任分團長。因此，一個長期存在的模式得以延續下去，在此模式下聖殿騎士團為了應對前一位大團長的動蕩統治時期，他們會選舉（或接受）出一個折衷人選作為繼任者。但是，在這次的例子中，和解並不容易實現，因為教宗曾抱怨皇帝不放棄其所沒收的聖殿騎士團財產，羅馬皇帝針對此辯稱道，他完全有權這麼做，很明顯地拒絕達成和解。

在霍亨斯陶芬王朝領土之外，聖殿騎士團繼續發展，而且在一二三〇年代和一二四〇年代特別在商業活動上蓬勃興盛。他們的艦隊在戰時部署以外的時間，來回航行於地中海上，將乘客運送到聖地。聖殿騎士團在馬賽有強大的勢力，這裡是朝聖者前往阿卡和雅法的熱門出發港口。從一二一六年起，他們被允許可以讓自己的商船和朝聖船在不用繳交關稅的情況下，出入港口。在一二三三年，或許是要回應蓬勃的商業發展（這是受到耶路撒冷向基督教朝聖者重新開放的刺激），馬賽市政府要求修改條款，將聖殿騎士團和醫院騎士團的航運班次減少到每年四次，以保護私人商業活動。但在馬賽、巴塞隆納、比薩、熱那亞和威尼斯之外，聖殿騎士團的商品、人力和物資源源不斷地持續在流動，這顯然是來自於他們西方地產帝國那幾乎沒有上限的供給。

聖殿騎士團的銀行業務也在這一時期迅速成熟。到了一二四〇年代，該騎士團已經在為基督教世界一些最富有、最有權勢的人物提供多樣化的金融服務。在英格蘭和法蘭西，他們為敏感的外交文件提供了安全存放場所；當政府高級官員不在國內時，他們負責保管憲章和官印。他們還保護著特別珍貴的王室寶藏，就法蘭西而言，它們還是王室收入的官方儲蓄機構。[29]

聖殿騎士團提供了許多機敏的服務，它們被運用來向戰時盟友分發君主所承諾的養卹金，而且會作為交戰對手之間都尊重的第三方來一同締結協議。②他們為債務提供擔保、提供貸款以贖回人質和戰俘，並可以安排非常大的借款，比如一二四〇年發放給君士坦丁堡皇帝鮑德溫二世的貸款，他用真十字架碎片作為擔保。聖殿騎士團在飽受內戰困擾的領土上格外有效率。在十三世紀的前幾十年中，英格蘭聖殿騎士團的高階官員在國王約翰的宮廷中扮演了相當吃重的角色，這位國王從登基到駕崩期間，跟他的臣屬的關係幾乎永遠處在兵戎相見或不甘不願的妥協之中。聖殿騎士團是約翰少數沒有迫害的修會，而且當他被教宗英諾森三世逐出教會時，聖殿騎士團反而站在他那邊，捍

② 作者注：英格蘭國王約翰在十三世紀初和法國的腓力·奧古斯都之間的戰爭便是如此。約翰國王承諾在拉羅謝爾周圍的盟友，他們如果在戰時效忠他便會拿到報酬，但是這些盟友不願意信任約翰。這筆交易之所以達成是約翰透過將這筆錢存入位於拉羅謝爾的聖殿騎士團，讓他們獨立地來分發這筆錢。約翰在他的統治期間還從聖殿騎士那裡借來了大筆錢幣，以相當於貸款金額的黃金寶藏作為擔保。事實上，他典當了自己王冠上的珠寶。

衛他們作為國王之主要債權人以及國王慷慨大方下的受益者這兩種身分。[30]到了一二三〇年代，約翰的兒子亨利三世已經成年，聖殿騎士團也確保與他保持著親密聯繫。

當國王和皇帝拿著他們的貴重物品向聖殿騎士借貸時，為數更多的臣民自然開始模仿這種做法。貴族、騎士和富有的市民，像他們的王公貴族一樣，看到了把他們的財富儲存在聖殿騎士團的明顯優勢，聖殿騎士團之家不僅建築本身相當安全，而且它們還有身為宗教機構所受到的保護，因為若是襲擊了騎士團的房舍，就會招致教會的憤怒，並且在死後會受到永恆詛咒。一些人在朝聖或十字軍東征前將他們的全部財產交給聖殿騎士團，並且給予騎士團指示，如果他們無法返家的話該如何處置這些財產。

另一些人利用聖殿騎士團這個機構的財富和涵括廣闊的地理網絡來安排資金轉移，在一座城市的聖殿騎士團集會所中留存數百甚至數千馬克，然後在另一個國家甚至另一個大陸兌換。一二四〇年，教宗格列哥里九世採用了一個特別複雜的版本，並且命令法蘭西聖殿騎士團幫助他償還債務：教宗在蘇格蘭、愛爾蘭和英格蘭收集的款項先被匯至巴黎的聖殿騎士團集會所；然後，教宗的債權人就可以帶著信用狀出現在巴黎的弟兄們面前，藉此贖回羅馬教廷積欠他們的款項。法蘭西國王路易九世的母親卡斯提爾的布朗什（Blanche of Castile），她在一二二六年出任兒子的攝政，僱傭了聖殿騎士團來處理她所有的私人財政事務，包括管理她在莫布森（Maubuisson）創立並出資修建的修道院的數千里弗爾款項的支付事宜。像是路易九世的兄弟阿方索（普瓦捷伯爵）也利用聖殿騎士來管理個人財務，而且從一二四〇年代開始，西方基督教世界各地的貴族和女性都開始流行這樣做，甚至成為了普遍現象。

到了十三世紀中葉，聖殿騎士團已經成為一個非常成熟的組織。他們在聖地是一個自治權日益強化的軍事實體、占領了許多城堡，並且奉行最適合自己的政策，即使這些政策違背了最高世俗權威的意志和利益。在西班牙半島以外的西方，聖殿騎士團的日常活動並不涉及戰鬥，與修道院中的修會沒有什麼不同。聖殿騎士團最初為了資助其十字軍東征任務而開發出的基礎設施，現在仍被用於許多其他目的。聖殿騎士團在實際上遠不止是支戰鬥部隊，它是一個國際商業網絡，既對於尋求安全路徑前往耶路撒冷的朝聖者相當實用，對於尋求綜合金融服務的國王、王后和貴族也一樣有用，騎士團會替他們管理賬戶、保管貴重物品，並在遭遇麻煩時提供貸款。姑且不論好壞，所羅門聖殿中那些貧窮的修士已不再住在聖殿中，也不再貧窮。

但這不是說聖殿騎士團已經放棄十字軍東征的任務。完全不是如此。聖殿騎士永遠無法擺脫他們與聖地基督教命運的緊密聯繫，儘管一二三〇年代和一二四〇年代初是相對平靜的時期，但最後一波的十字軍東征在不久後即將爆發。敵人不斷在改變，但是十字軍的根本使命是一樣的：不惜一切代價保衛耶路撒冷王國。

第十六章　展開並舉起我們的旗幟！

一二四四年，敘利亞學者、編年史家伊本・瓦希爾（Ibn Wasil）在前往開羅的途中途經耶路撒冷。這座城市仍在基督徒手中，他對眼前的景象感到沮喪。儘管穆斯林被允許進入這座城市以及登上崇高聖所（聖殿山），但迎接他的卻是褻瀆神靈的場面。基督教神職人員在圓頂清真寺內舉行儀式，唸著聖父、聖子和聖靈之名——但穆斯林認為三位一體是一種多神論。比這更糟糕的是，葡萄酒瓶被放在穆罕默德夜行登霄的圓頂最上頭。阿克薩清真寺也遭到褻瀆，而且被掛滿了鈴鐺。[1]

伊本・瓦西爾長期以來一直對卡米爾與腓特烈二世在一二二九年達成的協議抱持懷疑態度。消息一公布，他就在大馬士革的大清真寺（Great Mosque）宣講反對該計畫，並且哀嘆道：「通往耶路撒冷的道路現在對虔誠拜訪者關閉了！」並且高呼「這是穆斯林統治者的恥辱！」現在，看到法蘭克人十五年的占領所帶來的影響，他一樣灰心喪氣。耶路撒冷的協議顯然讓十字軍受益，但穆斯林從中得到了什麼呢？

卡米爾已經沒有閒暇來沉思這些問題。蘇丹於一二三八年去世，隨之而來的是一如往常的權力爭奪。在兩年內，卡米爾的兒子薩利赫・阿尤布（al-Salih Ayyub）繼承父親的蘇丹地位，並且在理論上擁有凌駕於其他野心勃勃的親戚的地位。但他的統治經常受到挑戰。尤其令他感到不安的是，他叛逆的叔父，大馬士革的領主薩利赫・伊斯瑪儀（al-Salih Isma'il），曾與耶路撒冷王國的法蘭克人結盟，保證他們在聖城的權利並且移交給他們許多城堡，包括位於加利利海正上方，約旦河畔的薩法德城堡，聖殿騎士們正要將其重建得相當雄偉。對薩利赫而言，這已經超越了政治的權宜行為。他的叔叔跨越了和解和全面結盟之間的界線。作為新蘇丹，他無法袖手旁觀。

他的叔叔或許確實將法蘭克人視為盟友，但是薩利赫則要將注意力轉向更重大也更危險的事情。在美索不達米亞和敘利亞北部，一個新的群體正在積聚力量：花剌子模突厥人是來自波斯和中亞的遜尼派部落，他們在家園被蒙古人占領後被迫流離失所，現在他們正在向西遷移，尋找可以定居的土地。他們是強悍的戰士和技巧高超的騎兵，相當難以預測、難以應對，在戰場上是致命的。薩利赫與他們建立了軍事夥伴關係，並且在一二四四年準備用花剌子模人來對付在大馬士革的叔叔，以及背信棄義的耶路撒冷基督徒。

七月十一日，在伊本・瓦希爾造訪的數個月後，花剌子模人席捲了聖城。根據法蘭克人所接受的條件，耶路撒冷的城牆沒有被重建，所以騎兵很容易便衝進了城。驅逐基督教統治者和占領者比入城更加容易，花剌子模人在城中肆無忌憚：斬殺祭司、將前往教堂尋求庇護的朝聖者開腸剖肚、搗毀聖墓教堂聖殿周圍的大理石裝飾、摧毀法蘭克國王的陵墓，並且將成群難民趕出城市，他們所能緊握不放的只有自己的性命。軍事修會試圖保護要前往雅法的逃亡市民，但人數太多了。醫院騎士紐卡索的傑拉德（Gerald of Newcastle）描述了這些市民被強盜和花剌子模人的警衛部隊追殺的命運：

敵人……從四面八方包圍他們，用劍、箭、石頭和其他武器攻擊他們，把他們殺成碎片……約有七千名男女，這樣一場大屠殺，使那些信仰者的鮮血……像水一樣從山的兩側流下來。

在耶路撒冷城內，傑拉德寫道，他們「像殺綿羊一樣割斷了修女、年老體弱人們的喉嚨」。[2]他們搗毀了這座城市，用了一個月時間掠奪周圍地區，然後全軍前往加薩與薩利赫的軍隊碰頭，並為下一次進攻做準備。

隨著耶路撒冷再次陷落，一個新敵人隨心所欲地穿越他們的領土，基督徒別無選擇只能開戰。他們與大馬士革的盟友一起集結了約一萬人的軍隊，準備作戰。

十月十七日，基督徒、大馬士革聯軍在距離加薩不遠的村莊拉佛比（La Forbie，又名哈比亞〔al-Harbiyya〕）與花剌子模、埃及聯軍對峙。基督徒們勇敢地戰鬥，少數的倖存者描述道：「宛如上帝的運動員一般。」他們抵擋了規模遠勝過自己的敵軍一整天，但是當他們第二天早上起來要重新再戰時，他們的大馬士革盟友已經失去了信心。[3]他們逃離了戰場，十字軍王國軍隊在失去了他們之後軍力嚴重不足，全軍因此覆滅。

聖殿騎士與數百名醫院和條頓騎士團一道，將所有能徵集的部隊都投入到拉佛比的戰鬥中。[4]在將近三百五十名聖殿騎士中，只有三十六名倖存下來。聖殿騎士團大團長阿曼德失蹤了，再也沒有人見過他的身影。醫院騎士團的大團長夏托納夫的威廉（William of Chateauneuf）被帶到開羅俘虜了六年。泰爾大主教和其他幾位地位顯赫的神職人員都受了重傷。貴族領袖層中的重要人物布里恩的沃爾特（Walter of Brienne）伯爵被帶到雅法，在那裡他被釘在城牆的十字架上折磨了（雖然沒有被殺死）相當一段時間。十字軍國家軍隊倖存下來的一般士兵被賣為奴隸。投石器操作兵和步兵在一場「難以計數的屠殺」中受害。[5]以軍事慘敗而言，拉佛比的嚴重程度幾乎等同於哈丁。

耶路撒冷宗主教南特的羅貝爾（Robert of Nantes）也有參與這場戰鬥，但他成功地逃到了阿什凱隆避難，他對自己所見所聞極為沮喪。他在寫給從英格蘭和聖地之間所能想到的所有重要神職人員的信中悲嘆道：「我們在戰鬥中失去了一切，沒有任何東西可以安慰我們」；「如果沒有援助前來的話，那麼基督教領土的毀滅和損失很快便會發生。」[6]

在南特的羅貝爾看來，在拉佛比的慘敗是整個基督教世界的失敗。不過並非所有人都這麼認為。神聖羅馬帝國皇帝以及耶路撒冷的缺席國王腓特烈二世人在阿普里亞的福賈（Foggia），他坐在高位上對戰爭結果提出了深具其個人特色的尖銳看法，他指責聖殿騎士團所領導的派系無視與埃及維持和平的命令。他輕蔑地寫下這是一場他認為永遠都不應開打的戰鬥，並且斥責「聖殿騎士團在宗教上的驕傲過分膨脹，而這種心態是被地方貴族的美味佳餚所養出來的」。[7]

腓特烈身處於在安全無虞的福賈，所以他可以輕鬆把怒火集中在聖殿騎士團身上，特別再加上，他根本不打算親自回到耶路撒冷去收復王國。最終幫助十字軍國家的人另一位帶有不同情緒的國王，他對聖殿騎士團要來得友善得多。

一二四四年十二月中旬，路易九世躺在床上將不久人世。三十歲的法蘭西國王蒼白而瘦弱，身體日漸衰亡。他得了痢疾，這是一種痛苦的疾病，即使是最強壯的士兵也會因為它而內臟深受折磨，國王被迅速拖進了墳墓。自從路易在針對英格蘭人的軍事行動中感染了這種病以來，他已經斷斷續續承受了兩年的痛苦，但現在籠罩他的病魔攻擊似乎是致命的。他的母親卡斯提爾的布朗什來到蓬圖瓦茲（Pontoise）他的床邊，用王家禮拜堂最神聖的聖物觸摸兒子的指尖。根據王家法令，整個法蘭西王國都在為他的康復祈禱，但即使這樣也沒有奏效。國王看來在聖誕節左右將會死去，與他同名的幼年兒子還不到一歲將接替他的王位。

隨著時間流逝，國王的病情愈來愈嚴重，兩位仕女站在他的床邊，守護著他一動不動的身體。她們在看著路易何時停止呼吸。最後的時刻似乎已經到了，一位仕女伸手去拿國王的床單，把它拉上來遮住他的眼睛。

但他真的死了嗎？她在床另一側的同僚認為沒有。他沉默不語而且昏迷不醒，同時沒有明顯的呼吸，但是她堅持說國王的靈魂還在他的身體裡，不讓床單被拉起來。仕女們開始認真地辯論這個問題，只有當路易在她們眼下睜開眼睛，然後張開嘴巴，要求她們拿給他一個十字軍的十字架時，這場爭論才被打斷。[8]

一二二六年，路易九世在十二歲時被加冕為法蘭西國王。路易在他的在位期間，將大部分的時間和精力都投入要在十二世紀曾受英格蘭統治的法蘭西地區，樹立起王室的權威。他也進行了法律改革，同時樹立了一個在中世紀其他國家很難與之媲美的王家氣派形象。路易是一個醒目的人物，有著細直的鼻子和高顴骨，無論是穿著華麗的宮廷服裝，還是穿著作為十字軍戰士的鑲有廉價松鼠毛皮的深色絲綢，他總是小心翼翼地表現出自己的威嚴。他是一位偉大的建築家、收藏家和藝術贊助人，其最高成就是巴黎的聖禮拜堂（Sainte-Chapelle），這座建築物是座高聳的哥德式傑作，由精雕細琢的直立石雕和彩色玻璃構成，於一二四四年接近完工。它被建造用來放置基督的荊棘冠冕，這冠冕是他在一二三八年從君士坦丁堡的拉丁帝國皇帝那購得的。[9]他還擁有一塊真十字架的碎片、耶穌被釘在十字架上喝醋時所用的神聖海綿、還有一支羅馬士兵插在基督身邊的長槍的鐵頭。然而，建築物、金碧輝煌和聖髑等等事物的積累並無法用來衡量一位偉大的基督教君王。路易的康復是個奇蹟，這使他相信自己作為一個成年國王的使命，是要追隨祖父腓力二世和曾祖父路易七世的腳步。他將率領十字軍離開法蘭西東征聖地。

巴黎聖殿騎士團與法蘭西王室有著密切的聯繫，國王臨終前的復活將直接且深刻地影響到修會。他們的首要任務是幫助國王支付這次冒險的費用。四十年來，法蘭西國王把國庫的職能從位於巴黎西岱島的王宮，外包給往北一英里左右聖殿騎士團的奢華建築群。自路易七世首次授予巴黎聖殿騎士團這片土地以來，巴黎的聖殿已經進行了大規模的翻新，而且人們認為它用來接待來訪的王室宮廷相當恰當，就像之後一二六五年英格蘭亨利三世訪問巴黎時也有來造訪一樣。[10]當路易九世決定承擔起十字架時，司庫是一位名為吉爾斯的弟兄，他被派去領取法蘭西教會徵收的沉重十字軍稅的收據，稅率是動產的十分之一（比二十分之一的標準稅率高出一倍）。①

① 作者注：可移動財產的概念，在中世紀歐洲是稅收的中心，它按照的便完全是字面上的意思。這個概念會計算可以從一個地方搬到另一個地方的財產之價值，包括食品、家具和織物，但不包括建築物或土地。

聖殿騎士團還負責要確保法蘭西國王到達聖地時有足夠的現金。[11]當路易派船將他的軍隊載離艾格莫爾特（Aigues-Mortes），這個位於馬賽以西特地打造的新港口時，他向法蘭西分團長雷納德・德・維希爾斯（Renaud de Vichiers）尋求幫助，後者曾在阿卡的聖殿騎士團擔任過一段時間的分團長，所以他在戰爭物資供應方面有著寶貴經驗。一二四六年，雷納德與法蘭西最高階的醫院騎士修道院長安德魯・波林（Andrew Polin）一同前往熱那亞和馬賽，兩人便在此替王家軍隊租借船隻，並且直接向國王回報。[12]路易最終起航，並且於一二四八年九月中旬在賽普勒斯的利馬索爾登陸，首先在此迎接他的東方要人之一便是聖殿騎士團大團長紀堯姆・德・索納克（Guillaume de Sonnac），他是一位資深的十字軍戰士，最近前來阿卡接掌聖殿騎士團，但他的大部分職業生涯都在阿基坦度過。阿基坦主要由英格蘭人統治，不過最高的封建領主權則在法蘭西王室手中。

賽普勒斯成為路易十字軍東征的前線基地，一個儲備糧食、葡萄酒和彈藥的供應倉庫。他登陸後不久，新十字軍的目的地便被確定，達米埃塔再一次成為了目標，這裡曾經發生過痛苦的兩棲作戰，短暫的勝利和第五次十字軍的悲慘撤退。這是一個不光采的先例，但是四分之一個世紀的時光距離、新一代十字軍領導者的崛起，以及路易高昂的自信心都要比不久前的歷史前例來得更重要。埃及蘇丹看起來是一個脆弱的目標。儘管蘇丹在拉佛比大勝，但他在一二四六年跟盟友花刺子模人決裂，並在次年將他們趕出了耶路撒冷。他的親戚們繼續密謀反對他，而且他在開羅的權力受到不安分的埃米爾們的威脅，他曾試圖透過建立一支由馬穆魯克組成的龐大私人軍隊來對抗這些埃米爾，但這些奴隸兵卻愈來愈不受他控制。最重要的是，薩利赫患了重病。他患有肺結核，這嚴重削弱了他的體力和對權力的掌控。

一二四九年五月十三日星期六，路易和他的軍隊歡呼雀躍地出發前往埃及，載著他們的船隻多達一千八百艘，「在視線所及的範圍內，彷彿整片大海都被大量隨風飄揚的帆布上的布料所覆蓋滿了」。[13]一支數量可觀的聖殿騎士團隨著艦隊駛往達米埃塔，領導他們的是被任命為元帥的紀堯姆大團長和雷納德軍團長。他們渡海的過程並不輕鬆。貴族出身的法蘭西編年史家茹安維爾的約翰（John of Joinville）所寫的路易傳記，旨在提高法蘭西國王的聲譽，他描述了向南前往埃及海岸途中的惡劣天氣，幾乎有三分之一的國王船隻被吹離了航道。然而這還不足以使路易感到不安，因為他正渴望一戰。他奪取達米埃塔的計畫並不是祕密，當一二四四年六月五日十字軍艦隊停靠在海岸時，約翰和他的同伴看到了薩利赫的士兵列隊在海岸線上吹著號角和小號。蘇丹本人便在這些士兵行列中，穿著如太陽一般閃閃發亮的全副黃金盔甲。[14]

十字軍並未被嚇倒。他們計畫進行一次大規模的海灘襲擊，並按照這樣子的企圖進行。國王和他的士兵不顧岸上的嘈雜聲，從淺底的船上縱身一躍，把嘶鳴的馬拖到海裡，蹚過齊胸深的水向敵人衝去。沙場老將布里恩的沃爾特（他在拉佛比被捕後被贖回）乘坐一艘內外都塗有色彩的划槳船抵達，金色的背景上劃有一個閃閃發光的紅十字。圖斯庫魯姆（Tusculum）主教夏托魯的奧多（Odo of Châteauroux）手裡拿著上戰場必備的真十字架碎片。被稱為「金焰旗」（Oriflamme）的法蘭西旗幟被豎立在沙灘上，而當聖殿騎士團登陸時，會圍繞他們的黑白旗幟集結部隊。他們也構成了一幅令人生畏的景象。

激烈戰鬥在海灘上持續了數個小時。十字軍們成群結隊湧向沙灘，殺死了大約五百名穆斯林，其中包括四名埃米爾。[15]路易九世是認真的。蘇丹的戰地指揮官法赫爾丁（Fakhr al-Din）開始謹慎對戰，將他的士兵撤回，讓法蘭西國王不受抵抗地順利登陸。更令人驚訝的是，他下令部隊撤離達米埃塔。在第五次十字軍東征期間，這座城市堅守了一年多；但在一二四九年它在一天之內就被放棄了，守軍將這座城留給了基督徒占領者之前，燒毀了他們能燒的東西，然後逃到上游去保衛開羅。對十字軍來說，這似乎是神聖的天意。然而，這次撤退的背後有其軍事意義。歷史過往的陰影籠罩著雙方，對路易的挑戰很簡單：他敢派遣他的軍隊溯尼羅河而上嗎？

當他在思考這一點的時候，薩利赫的部隊在曼蘇拉集結，這裡是尼羅河的達米埃塔支流與坦尼斯支流分開之處，也正是樞機主教佩拉吉烏斯和布里恩的約翰在第五次十字軍東征中慘敗的地點。與此同時，下游部隊對駐紮在達米埃塔周圍的十字軍發動突襲。此外，蘇丹還懸賞基督徒的項上人頭，只要有人將割下的頭顱呈到他面前，就可以得到十拜占庭幣的賞金。十字軍陣營在數個月當中不斷地受到騷擾，但這沒有造成決定性的影響。夏天過去了，尼羅河漲了起來，與此同時，路易一直堅定地待在達米埃塔，把清真寺改造成教堂，並且抵抗著這個誘餌。

僵局在十一月被打破。尼羅河洪水已經消退，夏天的酷熱已經減弱。如果路易要繼續他征服埃及的計畫，現在正是時候。唯一的問題是要從哪裡攻擊起。一個戰爭委員會聚集開會，並且辯論是否要沿海岸向西移動並襲擊亞歷山卓，但這一計畫在路易好戰的三十三歲弟弟阿圖瓦（Artois）伯爵羅貝爾的建議下被否決。這便只能意味著一件事：冒險向尼羅河進軍並且要席捲開羅。羅貝爾說「要殺死一條蛇應該從頭部開始」，而且他的主張獲得採納。[16]

離開達米埃塔的決定可能是在蘇丹於十一月二十三日去世時做出的。他去世的消息被保密了好一段時間，這段時間長到足夠讓法赫爾丁穩固其控制權，並且開始組織埃及人回擊路易的進攻計畫。作為一名能力卓越的將軍，法赫爾丁有充分的理由認為他能夠抵抗朝開羅而來的軍隊，尤其是因為他擁有一支龐大的軍隊，包括已故蘇丹的數千名精銳馬穆魯克奴隸兵軍團，又被稱為巴赫里耶（Bahriya）。像聖殿騎士團一樣，巴赫里耶得名於他們最初的作戰基地：開羅中部尼羅河上的一個島嶼。就像聖殿騎士一樣，他們是毫不妥協的戰士，而且可以從戰鬥中的重大損失中多次谷底反彈。他們即將表現出這些特質如何讓他們變得更具效率。

當基督徒沿著尼羅河東岸向南緩慢前進時，聖殿騎士位於先鋒部隊。弟兄們對此任務的看法並不容易判斷。紀堯姆因為與埃及人展開祕密和談，在戰爭的初期便受到譴責：這一事件表明聖殿騎士們的態度比他們所陪同的熱情法蘭西十字軍更趨於謹慎。紀堯姆在寫給英格蘭最高司令部的一封信報告了達米埃塔的陷落，只有用最平鋪直敘的語言提及路易在思考要攻擊埃及的哪一部分，而沒有對該計畫的優劣發表評論。[17]當大團長有疑慮的時候，他會將其藏在心中。但在天性謹慎的紀堯姆和鷹派的國王弟弟阿圖瓦伯爵之間的緊張關係，正在逐步升高。隨著軍事行動的推演，兩人之間的衝突將產生致命的後果。

十字軍耗費十二月這一整個月沿著尼羅河緩慢前進，路易的軍隊直到聖誕節才在坦尼斯河對岸的曼蘇拉集結。在第五次十字軍東征時，這裡曾是一個軍事營地，但是在這中間的三十年當中，這裡變成了一座城鎮，現在就位於十字軍軍隊和開羅之間。它必須被奪下或是被摧毀。

由於埃及大軍聚集在河的另一邊，這絕非易事。坦尼斯的激烈戰鬥一直持續到二月。路易的主要工兵們在浮橋上工作，而法赫爾丁的士兵則用大規模的投石攻擊來反擊，向基督徒的方向發射石頭和希臘火，造成恐慌和可怕的破壞。茹安維爾的約翰在看到穆斯林於夜間引發的大火轟炸後，敬畏地寫下紀錄。他寫道：「噪音就像雷聲一樣，而且好像有一條巨大的火龍在空中飛舞」；「其火焰亮光極為強烈，以至於我們眼中的營地就像白天一樣明亮清晰」。[18]每次當希臘火發射時，路易便會倒在地上痛哭流涕，祈求耶穌基督保護他的子民。這是一場非常虔誠的奇特景象——不過這條河仍舊沒有被跨越。

直到四旬期開始，十字軍才找到了抵達遙遠對岸的方法。一二五〇年二月初，一個貝都因人來到基督徒營地，向他們指出在坦尼斯河河道中一個可以騎馬渡河的點，藉此賺取到五百拜占庭幣的重賞。他建議採取的是一種在本質上很危險的行動，因為穿盔甲的騎士在涉水過河時特別脆弱（馬穆魯克戰士受過專門訓練，如果他們在水中落馬，可以透過倒立游泳來脫下他們的盔甲，但這可不是一個容易做到的動作）。但是除了撤退之外，幾乎沒有更好的選擇了，而且路易絕不容忍撤退。所以在二月八日（懺悔星期二），路易從他的部隊中選出了最優秀的騎士（大約是整體騎兵的三分之一），並在黎明前與他們一起出發前往貝都因人所說的渡河點。

在半明半暗的夜色中涉水而出，準備攻擊敵人的營地，這需要高超的騎術和勇氣。路易要他的弟弟阿圖瓦伯爵帶領一群騎士穿越河流。不過他並不是最前頭的先鋒，因為在他前面是高舉著黑白大旗的聖殿騎士。

就像埃及人在前一年夏天獲悉路易抵達達米埃塔的消息一樣，他們也獲知了路易準備渡過坦尼斯河的計畫。當十字軍要從水中上岸時，一支約三百名穆斯林騎兵組成的偵察隊發現了他們。這種規模的部隊如果立刻發起進攻，足以嚴重打擊十字軍的渡河行動，但是他們沒有這樣做。相反地，他們眼睜睜看著十字軍涉水過河，然後掉轉馬頭奔向曼蘇拉。

另外一支埃及防禦部隊也是看到從水中冒出來的基督徒騎士便潰散而逃。對於路易的部隊而言，謹慎的做法是等待、集合而後集體進攻。不幸的是，當時的緊張局勢讓阿圖瓦伯爵沉不住氣。他沒有遵守計畫，而是立即向城鎮發起進攻。他放棄了紀律和謹慎行事，派遣他的軍隊去追趕撤退的穆斯林偵察隊。突然之間而且遠早於預期，曼蘇拉之戰便展開了。

紀堯姆和他的軍團長雷納德高聲喊著要部隊克制。根據茹安維爾的約翰的說法，伯爵沒有理會他們的呼叫，而替他牽馬的人則是根本沒有聽到。梅勒的傅科爵士（Sir Foucqualt of Melle），他既有可能全聾，也有可能是假裝的。阿圖瓦伯爵下達了命令，傅科的工作便是轉達這些命令。聖殿騎士驚恐地看著他「不停地大喊：前進，前進！」[19]但是他們也都往前衝了。

根據英格蘭編年史家馬修．帕里斯（Matthew Paris）的說法，伯爵之所以要搶在其他軍隊前頭純粹是為了滿足虛榮心。「他的意圖是要獨自取勝，不讓所有人共享……因為他既傲慢又自大。」[20]這位編年史家帶有偏見，但他擁有極佳的資料來源，他的資訊來自前線發送給英格蘭王家宮廷的快信。根據帕里斯的說法，紀堯姆和阿圖瓦的羅貝爾在曼蘇拉城外進行了長時間的意見交換，聖殿騎士盡力使伯爵保持理智，但伯爵堅決不聽。帕里斯稱紀堯姆是「一個謹慎周到的人，而且在戰事上非常熟練且饒富經驗」，帕里斯提到了大團長的長篇大論，他在其中禮貌地稱讚阿圖瓦伯爵的極大勇氣，但是也提出警告，說他們已經完全失去了攻敵不備的特色。紀堯姆說，如果他們不等待國王和全部增援部隊前來就直接進攻曼蘇拉，他們將會一頭栽進「毀滅與滅亡」。[21]

在帕里斯的敘述中，羅貝爾毫無掩飾地憤怒回應了這一請求。他詛咒聖殿騎士團的「自古以來的背信忘義」，指控軍事修會蓄意妨礙他們的十字軍同胞，而且想從持續的戰爭中獲利，並宣稱

「所有異教徒的毀滅以及基督教信仰的不斷提升都即將來臨，這位聖殿騎士……要用他虛構和謬誤的論點來竭力阻止這一切」。[22]更加致命的是，他援引了神聖羅馬帝國皇帝腓特烈二世與聖殿騎士團的鬥爭，以此作為他們說謊成性的典型例證。

敘述中的這種尖銳交鋒究竟有多少是實際發生的事情，又有多少是來自帕里斯豐富的想像力，我們不得而知。可以肯定的是，羅貝爾贏得了這場辯論。帕里斯跟茹安維爾的約翰兩人的說法有一個共同之處，那就是羅貝爾逼著聖殿騎士團跟隨他發動自殺性攻擊。隨著羅貝爾的第二軍團發起衝鋒，行動必須取代嚴厲的言語交鋒，聖殿騎士團決定他們除了策馬跟隨他們向前之外，別無選擇。「展開並舉起我們的旗幟！」在帕里斯對事件的記載中，紀堯姆如此高喊道。「讓我們繼續戰鬥，就在這一天來測試戰場上的命運以及死亡的機會。」[23]

十字軍在曼蘇拉的登陸行動，是一個草率的構想而且執行地十分倉促，結果完全可以預見是一場大屠殺。十字軍衝進狹窄的街道追趕逃跑的穆斯林，但他們掉入圈套之中，很快便寡不敵眾被包圍了。茹安維爾的約翰參與了戰鬥並親眼目睹野蠻的戰鬥，看到一個人的鼻子被嚴重割傷，以至於掛在他嘴上；另一個人從他的肩膀上噴出鮮血，就像一桶新開的葡萄酒。近六百名騎士在巷戰中喪生，其中兩百八十名是聖殿弟兄。紀堯姆活了下來，但失去了一隻眼睛。唯一讓他感到安慰的是阿圖瓦伯爵陣亡了。他曾用力鞭打他的坐騎，要馬兒死命地游過河助其脫逃，但他自己卻從馬鞍上滑了下來，在盔甲的重壓下被拉入鬼門關。當他的屍體浮上水面時，被當作戰利品來供人挑選。後來，在蘇丹的士兵們投入戰鬥之前，羅貝爾的外衣便被當作戰利品來激勵他們。[24]

國王跟在他弟弟的後頭越過河，因此逃過了最糟糕的時刻，然而當他的士兵們在河的南岸建立陣地之後，他們為了保衛陣地便被迫幾乎每一天都要進行戰鬥。死亡人數不斷攀升。戰役一結束，紀堯姆就幫助約翰驅散了一群試圖從王室營地偷竊營帳的穆斯林。三天後，他再次展開戰鬥。二月十一日星期五，法赫爾丁的士兵在十字軍陣地上前進，馬穆魯克人向他們發射希臘火。紀堯姆指揮著一支由少數幾個在懺悔星期二的戰鬥中倖存下來的聖殿騎士組成的連隊，但是他和他的士兵都因受傷而虛弱不堪，極度疲憊且裝備不足，無法應付他們周圍的混亂。

茹安維爾的約翰描述了隨後發生的大屠殺。大團長用繳獲的投石器為他的士兵們築起了堡壘，它們雖然是種幫助，但是也造成了不利的情況。「撒拉森人用希臘火焚燒他們，」茹安維爾的約翰寫道，「而且當他們看到沒有多少人起而反抗，不待騎士團被燒死便奮力猛攻，在很短的時間內便擊垮了他們。」在戰線後頭，約翰看到了「有一英畝的土地上面密布著弩箭、飛鏢、弓箭和其他武器，多到你看不到下面的土地」。在二月八日失去了一隻眼睛的紀堯姆大團長，現在又失去了另一隻，因此傷重身亡。[25]

十字軍前來曼蘇拉然後被擊潰，這跟三十年前的情形幾乎一模一樣。雖然路易九世堅守陣地達一個多月，但是情況到了四月初已經相當明朗，若是再繼續堅守下去很快便會踏上徹底毀滅。新的蘇丹突蘭沙（Turanshah）已經抵達開羅繼承其父親，雖然他的宮廷被馬穆魯克人各派系之間的爭吵所撕裂，但突蘭沙完全沒有意願要跟四面楚歌的基督徒簽定平等的和平條約。

曼蘇拉周圍的鄉村發生了一段荒蕪、飢餓和疾病的故事。坦尼斯河充滿了浮腫的屍體，以至於有些地方以為河流完全被封阻了。尼羅河布滿了穆斯林划槳船，阻止達米埃塔向外求援或有人從中逃離。還倖存的人則受營養不良困擾。當他們彎曲的牙齦在嘴裡腐爛時，手術師必須切掉腐爛的肉，讓士兵們有辦法吃飯。路易本人的痢疾復發非常嚴重，以至於他不得不在內褲上打洞。撤退是唯一的選擇。

四月五日星期二黎明時分，撤離尼羅河的行動混亂無序，人們爭先恐後地登上船隻或在泥濘中跋涉，絕望地想要離開這個可悲的營地。那些設法順利離開的人往背後望去，夜晚的火堆中所發出的光照亮了蜂擁而至的穆斯林士兵，他們奔跑的步伐穿越過那些病重到無法從床上爬起來逃跑的人們。

倖存下來的為數不多聖殿騎士們高舉起他們的黑白旗幟，可悲地試圖把路易剩下的軍隊引回達米埃塔，但這是完全不可能的任務。十字軍戰士部隊步履蹣跚，他們一艘船接著一艘船、一個分團接著一個分團被捕獲，任何被俘虜的人若是無法證明自己身價不菲就會被毫不留情地殺死。（茹安維爾的約翰的船擱淺在尼羅河的泥灘上，他縱身跳入水中，聲稱自己是路易國王的表弟，因此才逃過殺身之禍。）等到距離達米埃塔十幾英里的最後一批逃亡的十字軍士兵被殲滅時，只剩下三個聖殿騎士活著。

阿拉伯詩人賈邁勒・丁・伊本・葉海亞・伊本・馬特魯（Jamal ad-Din ibn Yahya ibn Matruh）後來寫了一首歡慶的小調，諷刺地譴責十字軍和他們的國王：

> 你來到東方吹噓著要征服這裡，以為我們的軍鼓只是風的呼吸……你的愚蠢將你帶到一個地方，你的眼睛在那兒再也看不見任何逃生的途徑……五萬人當中沒有一個人不是死亡、受傷或是淪為階下囚。[26]

隨著消息傳回到基督教世界，世人陷入了深深的憂愁。馬修・帕里斯寫道：「法蘭西人日益憔悴、內心悲痛，他們的國王也無法安慰他們。」[27]

法蘭西路易九世之所以無法安慰他們，是因為法王被俘虜了，就像陪同他去埃及冒險的法蘭西貴族中的佼佼者一樣。他現在完全任憑他本來想要毀滅的那些人擺布。突蘭沙要求歸還達米埃塔，並且支付八十萬枚金拜占庭幣的贖金，這大約相當於四十萬枚里弗爾，約莫王室兩年的收入。這筆贖金也包括了數千名尚未被割喉的其他囚犯。

一二五〇年五月二日，突蘭沙在一次馬穆魯克人政變中被謀殺，談判陷入了混亂。襲擊者用短彎刀攻擊蘇丹，而後蘇丹被困在燃燒的塔中，接著自己投入了尼羅河中。他的屍體後來被打撈起來，並且將其心臟摘除。伊斯蘭世界領導層的一次重大動盪已經開始，最終巴赫里耶的馬穆魯克人完全控制了埃及，推翻將近八十年的阿尤布王朝統治。對十字軍來說更緊迫的是，國王路易和他的另一個兄弟，普瓦捷伯爵阿方索，仍然是一名囚犯。贖金仍然必須支付。

五月六日星期五，路易被送到他的營地來清點他的第一筆贖金：四十萬拜占庭幣或二十萬里弗爾。阿方索基於安全起見被扣留，十字軍放棄達米埃塔時被迫留下的大量武器和補給也被扣留。這些人與物在錢款被交付之前都不會被釋放，國王也不允許離開尼羅河三角洲。

路易國王的贖金是一筆巨款，路易從他帶到埃及的錢幣儲備中秤量出二十萬里弗爾，花了將近兩天的時間。到五月八日星期日晚上已經秤出了十七萬里弗爾，財庫這時候也已見底。國王距離他的目標還少了三萬里弗爾。人們對於籌集這筆未付款項的最好辦法爭論不休。

和路易在一起的茹安維爾的約翰，建議國王向倖存的少數聖殿騎士們商借三萬里弗爾。倖存的聖殿騎士中位階最高的兩位是：分團長奧斯特里庫爾的史蒂芬（Stephen of Ostricourt），以及路易的老助手和軍團長雷納德．德．維希爾斯。

如果要滿足這種急需用錢的需求，那麼聖殿騎士團自然是最適合的人選。然而，茹安維爾的約翰將發現，騎士團非常重視他們的銀行協議。史蒂芬最初拒絕了這一請求，主張聖殿騎士團的誠信建立在每個存款人對於他們將錢放在弟兄手中的安全性的信任。聖殿騎士們在接受這些存款時曾發過誓，除了將存款交還存款人外，他們絕不會將這些存款提取出來。即使在現在這個時刻，他們也不會改變規則。[28]

史蒂芬在最艱難的環境下仍竭盡全力維護聖殿騎士的商業慣例，但他這樣做卻無法幫助到路易。對路易而言幸運的是，雷納德則更加足智多謀。當戰役剛開始，他於一二四六年代表國王在馬賽委託製造了幾艘船，他曾跟隨國王從賽普勒斯前往埃及，他也參與了懺悔星期二那場激烈駭人的戰鬥，因此他很可能有更多的個人情感投入，認為自己應該幫助路易挽回任何一絲一毫的尊嚴，幫助他蹣跚地離開達米埃塔。[29]雷納德反駁史蒂芬說：確實，如果聖殿騎士提出其客戶的存款，會「違反我們的誓言以及犯下偽證罪」，但是如果國王的人馬強行拿走了這筆錢，那麼當國王回到阿卡時，聖殿騎士則將被迫接受賠償。

茹安維爾的約翰明白了軍團長的意思，他轉身詢問國王，他是否應該親自登上聖殿騎士的划槳船，並且強行奪取三萬里弗爾？國王點頭表示同意。約翰和雷納德一起前去聖殿騎士團的財庫，並玩了一個約翰在其編年史中所描述的字謎遊戲：

我看見一只他們拒絕交出鑰匙的箱子，正準備以國王的名義用楔子把它撬開。但是軍團長觀察到我是認真地要這麼做之後，便下令將鑰匙交給我。我打開錢櫃取出所需要的金額，並且交給因我的歸來而非常高興的國王。二十萬里弗爾的全部付款就這樣完成了。[30]

路易現在可以自由離開達米埃塔了，這要歸功於最初協助他抵達那裡的那個人。應該可以說，沒有人會對於離開感到遺憾。

✠

一二五〇年五月十三日，路易九世抵達阿卡，他雖然受到了重創，但是沒有被打倒。他在尼羅河上失去了一位弟弟、一場戰鬥和一定程度的王室尊嚴。他被捕時穿著的斗篷，一件襯有紫貂並用金扣固定的紅色羊毛服，現在在大馬士革，在那裡曾有一位阿尤布埃米爾在公開場合披戴著它。[31]但是國王仍然保有性命，而且他為耶路撒冷王國而戰的願望，就像六年前他從幾乎致命的痢疾襲擊中恢復過來的那天一樣，明亮地燃燒著。路易在阿卡停留了將近四年，努力解救他在達米埃塔失去的俘虜，並以處理如此艱巨的任務所要求的勤奮和嚴謹來監督耶路撒冷王國的政府。

腓特烈二世在一二五〇年十二月十三日死於痢疾，並被埋葬在巴勒莫（Palermo）大教堂的一具紅色石棺中。他在位的大部分時間都是在跟教宗還有他在義大利的敵人，進行漫長且錯綜複雜的戰爭，但他成功做到自第一次十字軍東征以來所有人都無法辦到的事情：他為十字軍王國的基督徒奪回了耶路撒冷城。他一直到死之前都跟教會結怨甚深，曾四次被逐出教會，許多教會人士因此認為他是魔鬼的化身。腓特烈疆土規模巨大，這意味著他將自己的許多積怨和戰爭擴散到這些地區，因此源自西西里和義大利北部的派系衝突，也隨之在賽普勒斯和十字軍國家出現。他也把戰爭留給了他的兒子和繼任者康拉德，後者繼續進行對抗教宗的霍亨斯陶芬戰爭，而他對東方的十字軍國家的興趣遠比不上其父親。從康拉德於一二五〇年登基為皇帝到一二五四年去世為止，他從未到過聖地。他的兒子和繼承人康拉丁（Conradin）也沒有到過聖地，而且他在一二六八年十六歲時被他的敵人，那不勒斯的查理一世（Charles I of Naples）斬首，從而斷絕了霍亨斯陶芬家族的血脈。

因此在一二五〇年時，耶路撒冷是一個國王不在城內的脆弱王國，而路易九世從達米埃塔抵達這裡並且受到歡迎。法蘭西國王批准了對聖地最重要的防禦工事急需的升級，並改善西頓、阿卡、凱撒里亞和雅法等沿海據點的防禦措施。他沒有設法就耶路撒冷的歸還問題進行談判，但是他給予一無所有的十字軍國家，他們最需要的領導權和資源。

路易抵達阿卡後的最初作為之一就是支持雷納德被選為聖殿騎士團的大團長，鑑於他所做出的奉獻、他所參加的戰役，以及拉佛比和曼蘇拉的兩次重擊對騎士團成員造成的巨大破壞，這是一個很難被否定的晉升。

他們的關係從那以後一直很親密，而且路易的第四個兒子彼得於一二五一年在朝聖堡的聖殿騎士堡壘中出生，這是國王和大團長之間非凡友誼的展現。路易他勇敢的妻子瑪格麗特（Margaret），在他整個十字軍東征中一直陪伴著他，當路易率領注定要失敗的軍隊沿尼羅河行進時，瑪格麗特一直住在達米埃塔，期間她生下了另一個男孩約翰．特里斯坦（John Tristan）。瑪格麗特在身體上的堅毅程度，和她的丈夫一樣都是十字軍戰士。對於聖殿騎士而言，允許一位女性（無論是不是王后）在他們最負盛名的堡壘之一（據信只有男性的地方）生產，顯示出他們對她相當有好感。在眾多不合乎常規的行為中最嚴重的是，雷納德成為了年幼王子的教父，這直接違背了《聖殿騎士會規》，此會規指出：「我們從今以後禁止所有弟兄膽敢於洗禮盆撫養孩子，任何人都不應該以拒絕成為教父為恥。……這種恥辱帶來的榮耀勝過犯罪。」[32]

雷納德是一個實用主義者，而不是一個恪守紀律的人，正如他為路易九世服務的關係所顯示的那樣。儘管有時大團長會因為追求騎士團利益而違背王室政策因而惹惱國王，但在西方十字軍戰士和聖殿騎士大團長之間，很少有比這兩人更富有成效的關係了。茹安維爾的約翰在十字軍國家與他的國王住在一起，他記錄下了國王與聖殿騎士團在戰場上和戰場外合作的豐富實例。當然，這與腓特烈二世治下的事態相比是顯著的改善，在腓特烈統治的時候，騎士團與皇帝互相對抗的激烈程度，要比他們對抗共同敵人還要高。

然而，路易無法永遠停留在此。他的母親，卡斯提爾的布朗什，在他離開的期間一直擔任攝政，但她在一二五二年十一月去世了，為法蘭西政壇留下了一個只有國王本人才能填補的鴻溝。他聽從耶路撒冷王國貴族們的勸告，在哭了整整三天後於一二五四年四月啟航離開阿卡返家。路易的生活因為六年的苦戰而有了深刻改變，他回到法蘭西後採取了一種樸素、虔誠的生活方式，這後來讓他被封為聖人。

當時的人們不會知道，但路易是最後一位偉大的十字軍國王。他的統治將被視為未來所有法蘭西君主的典範：一個將代代相傳的基督教王權光輝典範。這也是法蘭西王室和聖殿騎士團關係的最高點。在路易離開後，聖地是由東方軍隊與軍事修會負責防衛，西方基督教世界的君主鮮少提供任何幫助。雖然聖殿騎士團繼續為富人和權貴提供急需的財政援助，但他們的財富和聲譽開始慢慢地衰落，因為他們曾勇敢挺身捍衛的聖地基督教國家正在逐漸衰微。這既是時代的標誌，也是路易離開後的結果。儘管如此，一旦法蘭西國王在一二五四年消失在東方的地平線外時，事情就從此不復相同。歐洲政治和東方帝國建設兩方面所發生的態度轉變即將席捲地中海世界。

聖殿騎士團將發現自己正處於這些變化的核心，在十字軍東征於他們周遭轟然瓦解之際，他們正拚死搏鬥時，同時也發現自己在西方愈來愈受到懷疑。在十三世紀下半葉，聖殿騎士團發現自己有兩個致命的敵人拚命跟他們做對，而且都想方設法要毀滅騎士團。第一個是馬穆魯克人，他們從尼羅河沿岸崛起，將他們的勢力擴展到黎凡特的穆斯林地區，試圖實現甚至連薩拉丁都沒有做到的事：徹底消滅基督教在東方的存在。

第二個是聖路易（路易九世）的孫子，法蘭西國王腓力四世。

第四部

異端者

Heretics

(1260–1314)

結局往往與開始截然不同。
——中世紀諺語[1]

第十七章　喉嚨裡的腫塊

馬利克・扎希爾・魯克丁・拜巴爾・班度克達里（Al-Malik al-Zahir Rukn al-Din al-Bunduqdari）身材高大、皮膚黝黑，有著一雙令人驚嘆的藍眼睛，其中一隻眼睛上醒目地點綴著白色斑點。他是個可怕的人物。像贊吉一樣勇猛，跟努爾丁一樣精於算計，與薩拉丁一樣富有魅力，拜巴爾的私人祕書伊本・阿布杜・扎希爾（Ibn ʻAbd al-Zahir）寫道，他的「勇敢是從未有人見過的」。[2]他的臣民稱他為「征服之父」和「埃及雄獅」。後世則是簡單地稱他作拜巴爾。

拜巴爾於一二六〇至一二七七年間統治著地中海東部一個復興的遜尼派帝國，這個帝國是在薩利赫去世後的十年中從阿尤布帝國崩潰後的廢墟中崛起。這是一個馬穆魯克國家，其核心本質是一台既無情又令人恐懼，有效率的戰爭機器。作為蘇丹，拜巴爾可以支配由四萬名訓練有素的奴隸士兵組成的常備軍隊、受過訓練可以從馬鞍上射出浸過希臘火之弓箭的輕騎兵，還有最新、最強大的攻城火砲。拜巴爾領著這個戰士階級，來將自己以及繼任者推向敘利亞和埃及的絕對統治地位，由於極為成功，以至於他自己的人民有時候也感到不敢置信。「他們對巴赫里耶內部紛亂的嚴重性，還有其與他人打交道的壓迫性和暴虐方法感到震驚。」伊本・阿布杜・扎希爾寫道。[3]他接著解釋說，拜巴爾還通過減稅和建設學校計畫來吸引埃及人民，他身邊圍滿了學者，他們「朗誦慶祝詩歌，並獲得象徵榮譽的長袍」。儘管如此，拜巴爾的成功乃是建立在絕不妥協的軍隊這種理念之上。

拜巴爾於一二二〇年左右出生在黑海北部的大草原上，他的種族是欽察突厥人（Kipchak Turk），大約十四歲時被賣為奴隸，並被帶到埃及受訓練成為一名戰士。他加入了精銳的巴赫里耶部隊，這是主導薩利赫蘇丹宮廷中的馬穆魯克部隊，並且在曼蘇拉戰役中與路易九世的軍隊作戰。幾個月後，他參與了刺殺薩利赫的兒子和繼任者突蘭沙的行動。他由於背信棄義被埃及人流放，他遊歷了敘利亞，作為僱傭兵為許多時運不濟的阿尤布埃米爾們效力，他們因領土分裂而爭吵不休。一二五九年，他回到埃及與同為馬穆魯克人的勁敵庫圖茲（Qutuz）結盟。庫圖茲來自一個敵對拜巴爾和巴赫里耶的派別，不過和平對雙方都是有利的，因為他們正要準備面對來自東方更為可怕的威脅——蒙古人。

從十三世紀早期開始，全世界都會因為蒙古人的名字而顫抖。他們的故事始於一位名叫鐵木真的孤兒軍閥，他將東北亞大草原上的游牧部落集結起來，並且開始襲擊他周圍的王朝。在取得一系列初步成功後，鐵木真取了成吉思汗（意為偉大的統治者）的封號。他和他的後代建立了歷史上最大的陸地帝國，從東中國海一直延伸到波蘭，把數百萬人團結在一個許多方面開明和寬容的統治之下，不過這個統治將其基礎建立在全面戰爭原則之上。在成吉思汗死後，他的兒子和孫子延續著他的不斷征服。一二五九年，他們把帝國分裂成四個稱為汗國的巨大陣營：東部的元朝，包括中國和蒙古；中亞的察合台汗國（Chagatai），主要在河中地區①周圍；西北部的金帳汗國（Golden Horde），從西伯利亞一直延伸到東歐；還有伊兒汗國（Ilkhanate），則在波斯快速興起。各個蒙古汗國的共同之處是他們征服的基本方法：屠殺和徹底摧毀反抗他們的人民，並且要求所有敵人都無條件服從。他們的戰士是熟練的騎兵，他們的軍事工程師精於將城市和防禦工事夷為平地。雖然有這種種條件，但是蒙古人最強大的力量展現在他們將恐慌和恐怖散布給敵人的能力，他們的惡名昭彰，因為他們會刻意針對平民，而且對於所有愚蠢到膽敢反抗的人無比殘忍。一二四四年，耶路撒冷宗主教稱蒙古人是「一個未知的民族」，他們「無差別地迫害所有人，不分基督徒或是異教徒」。[4]

人們早已獲悉蒙古人正在向聖地逼近。聖殿騎士團大團長湯瑪斯·貝拉德（Thomas Béraud）在雷納德於一二五六年死後接管了聖殿騎士團，他從阿卡向英格蘭和法蘭西發出了帶有可怕訊息的信函，警告蒙古人入侵。他給英格蘭的亨利三世和英格蘭聖殿騎士團長阿瑪迪斯（Amadeus）弟兄寫道：

> 韃靼人帶著不可勝數的部隊前進，已經占領並摧毀了聖地幾乎達到阿卡……基督教世界除非得到上帝有力的支持，否則也不能抵抗他們……除非迅速提供援軍，一個可怕的毀滅將迅速降臨世界，願上帝保佑。[5]

這些和其他此類惡意警告的反應並不平衡，因為西方的一些人積極歡迎蒙古人，將他們視為趕走撒拉森人這個威脅的救星。民間的基督教預言早就預言了一位偉大的東方國王的到來，他將幫助恢復基督在世上的榮耀。歐洲人認為蒙古人（他們稱之為韃靼人）符合這一需求。②在一二四九至五〇年達米埃塔戰役之前，路易九世曾經支持讓異教的可汗改信基督教，並聯合力量迫使埃及和大馬士革的蘇丹屈服的這種提議。這並不完全是幻想，因為蒙古人對宗教信仰轉變持開放態度，經常接受他們征服的土地的信仰。伊兒汗國的統治者旭烈兀（Hülagü）從波斯往西向聖地擴張，娶了一位聶斯脫利教派女性為妻，而且在一二六二年，他確實在考慮建立一個類似的同盟，向法蘭西寄出書信來試探路易。[6]旭烈兀向路易稱自己是「叛亂的撒拉森人的驅逐者，基督教的朋友和支持者，積極的與敵戰鬥者和您忠實的朋友」。[7]這個夢幻聯盟從未實現，但是在某些西方君王的腦海中，這仍然是一個極具吸引力的可能性，而且也是在阿尤布君王及其馬穆魯克繼任者的腦海中隱約即將到來的毀滅景象。

蒙古人不經意地為拜巴爾提供了直接掌權的途徑，因為後者在馬穆魯克和蒙古軍隊之間發生在一二六〇年的大規模戰鬥中，擔任軍團中的一位領導者（後來誇大成是核心角色）。一二五〇年代末，旭烈兀在波斯一路殺戮。一二五八年，一支蒙古軍隊洗劫了巴格達，將阿拔斯王朝的哈里發捲

---

①編按：河中地區（Transoxiana），指中亞錫爾河和阿姆河流域以及澤拉夫尚河流域，包括今天烏茲別克全境和哈薩克西南部。河中為古代歐亞陸路主商道絲綢之路的重要通道。

②作者注：十三世紀中期的祭司王約翰（Prester John）傳說講述的是一個信仰聶斯脫利教派的異國之王的故事，這位國王即將參與攻擊撒拉森人的戰爭。

在地毯中，然後騎著馬踩死了他。他們還摧毀了這座城市著名的圖書館，據說連底格里斯河都被潑入水中的墨水染黑了。開羅和大馬士革認為這是一場史無前例的災難，似乎威脅到伊斯蘭中東的生存。[8]兩年後，蒙古部落越過幼發拉底河，旭烈兀的軍隊在敘利亞北部過得相當快活，他們占領了阿勒坡並將其夷為平地。他們似乎銳不可當。拜巴爾與埃及蘇丹庫圖茲似乎看到徹底毀滅迫在眉睫，於是他們孤注一擲，派遣了一支龐大的軍隊穿過巴勒斯坦來阻擋蒙古人。他們的任務是如此緊迫，以致耶路撒冷王國的拉丁人允許他們不受騷擾地通過。安條克公爵和的黎波里伯爵博希蒙德六世（Bohemond VI）採取了不同的策略，他積極支持蒙古人，並且說服自己蒙古人是兩害中較輕者。另一位北方基督教君主，他的岳父奇里乞亞國王海屯（Hethum）也加入了他的行列。

一二六〇年九月三日，馬穆魯克王朝部隊在加利利的艾因賈魯特（Ayn Jalut，又名歌利亞之泉）與蒙古人作戰，取得了幾乎奇蹟般的勝利，使穆斯林敘利亞免於被征服。埃及學者希哈卜丁·努韋里（Shihab al-Din Al-Nuwayri）寫道：「蒙古人被打得潰不成軍，他們被用刀殺死並且被俘。」[9]他們害怕的怯的不花（Kitbugha）將軍也在死者之列。拜巴爾因為自己在這一不可思議的壯舉中扮演的角色而備受鼓舞，此外他總是對機會保持敏感；他啟程返回埃及，並且在回程的路上謀殺了庫圖茲。這是拜巴爾第二度殺死蘇丹，而他下定決心不會再發生第三次。他為自己贏得這個頭銜，選擇在開羅而不是在巴格達的廢墟上建立了一個新阿拔斯哈里發國，並且扶持了一位哈里發作為他的傀儡，然後著手進行幾個宏偉的建設工程，開始大規模的重整軍備計畫。

拜巴爾從那時起同時追求兩個平行的目標。他的第一個目標是將埃及和敘利亞的伊斯蘭人民團結起來，建立一個統一的馬穆魯克國家，而且有一支訓練有素、紀律嚴整的常備軍作為後盾，就算是蒙古人捲土重來也有能力加以抵抗。第二個目標是根除巴勒斯坦和敘利亞的西方基督徒。

殲滅法蘭克人部隊部分是出於宗教責任，部分則出於實際需要。誠然，在經歷了一個半世紀無情且代價高昂的失敗後，西方對十字軍東征的興趣似乎有所減弱。十字軍東征的熱情正轉向離家鄉較近的異教徒和不信教者。對抗西班牙南部穆瓦希德王朝的戰爭仍在繼續，但歐洲的宗教征服戰爭也把目標對準了法蘭西南部的卡特里派（Cathar）異端、巴爾幹半島的異教徒、北歐的斯拉夫人、斯堪地納維亞人、立窩尼亞人（Livonians）和波蘭人。東方法蘭克人的處境愈來愈可憐也是事實。一二六〇年時，腓特烈二世的孫子耶路撒冷國王康拉丁八歲大，人遠在兩千多英里之外的巴伐利亞。在他缺席的情況下，耶路撒冷幾乎沒有重要的政治領導階層，也缺乏一定規模的武裝力量，除了聖殿騎士、醫院騎士和條頓騎士團，這三者派兵駐守著幾乎全部的重要防禦前哨並控制著西方基督徒治下不斷縮小的領土。熱那亞和威尼斯商人之間的激烈競爭在阿卡和泰爾趨於白熱化，他們分別獲得了醫院騎士團和聖殿騎士團的支持，這將造成法蘭克人世界的毀滅性破壞。③但是，基督徒只消擁有沿海城市如雅法、凱撒里亞、阿卡和泰爾便會構成潛在的危險。只要有一些新的十字軍國王到來，希望透過聖戰來榮耀自己的名字，他們就有可能得到支持，十字軍—蒙古聯盟的噩夢也因此會陰魂不散。[10]

在他統治初期，拜巴爾與法蘭克人進行了相當溫和的往來，用他的軍隊威脅他們，同時也表明

③作者注：一二五六年至一二七〇年間，所謂的「聖撒巴戰爭」（War of Saint Sabas）持續了十四年，席捲阿卡及其周圍的陸地和海洋。

自己對休戰持開放態度，並與個別領主就進入雅法等貿易港口討價還價。聖殿騎士團和醫院騎士團的態度讓這種權宜性的和解變得更加困難，儘管他們的派別不同，雙方都反對跟拜巴爾打交道，因為他們將被迫釋放大量的穆斯林奴隸，後者既是技藝高超的工匠，也是非常有用的俘虜。[11] 一二六三年，蘇丹下令將拿撒勒的聖瑪利亞教堂夷為平地，這表明蘇丹的態度日趨不再妥協。他還對聖殿騎士團採取了直接行動，透過挖掘地道來摧毀了達克（Doc）一座設防的工廠，而達克是從阿卡所展開的防禦圈的一部分。

一二六五年二月，拜巴爾展開了正式攻擊。他進軍耶路撒冷王國並且襲擊凱撒里亞，殺得居民措手不及，占領了這座城市，並用他的五座新投石車轟擊城堡。由於守軍無法捍衛自己，他們便於三月五日從海路離開放棄了凱撒里亞，前往阿卡的安全地帶。拜巴爾派了工兵部隊來夷平這座城市的防禦工事，好讓這座城市對未來有希望可以奪回這裡的基督徒軍隊而言，毫無用武之地。

看到凱撒里亞的下場後（路易九世曾強化此地防禦用的花崗岩工事，本來應該堅不可摧的），鄰近的海法駐軍便棄城並且駕船駛離。排在其後的是朝聖堡。拜巴爾還沒有準備好包圍這座聖殿騎士團據點，但他在該地區夷平了一些聚落作為警告。然後拜巴爾在一場持續了幾個星期的戰鬥中重創了阿蘇夫城。耶路撒冷王國名義上的攝政王、賽普勒斯國王于格三世（Hugh III）為了解除圍困，對占領軍發動了一次無精打采的攻擊。于格的軍事行動毫無激情而且人員不足，也因此毫無成果。阿蘇夫於四月三十日陷落後便被摧毀，如同凱撒里亞和海法一樣。

拜巴爾返回開羅，但在第二年的春夏兩季，他又回到了基督徒的領地。這一次，他前往的黎波里伯國，橫掃了一系列較小的城堡，恐嚇阿卡、泰爾和西頓附近的佃農和農民。拜巴爾派軍隊北上攻打奇里乞亞國王海屯，後者因為在艾因賈魯特協助蒙古人而遭到嚴厲懲罰。他的城市被燒毀，四萬人被俘。

拜巴爾從此時開始將注意力轉向在薩法德城堡中的聖殿騎士團。一二六六年六月，當他的一隊人馬北上向海屯國王復仇時，拜巴爾親自前往聖殿騎士團城堡。

薩法德城堡由聖殿騎士建造，其規模與朝聖堡相同。用一位觀察者的話來說，它是「難以接近且堅不可摧」的城堡，由高五十公尺的塔樓保護，並由八十名聖殿騎士和軍士，五十名輕裝騎馬弓兵和三百名十字弓兵鎮守。[12]它於一二四〇年受委託建造，它的存在述說聖殿騎士團為了捍衛聖地，因而轉化了自身職責的發展。薩法德位於基督教阿卡和穆斯林大馬士革之間，控制著高度敏感但利潤豐厚的邊界地帶，其中包括眾多基督教朝聖地，例如約瑟被其兄弟出賣的水井、耶穌施行了五餅二魚奇蹟的地方，以及幾個使徒和抹大拉的瑪利亞的出生地。先前那座較小的城堡被薩拉丁破壞了，最初的重建計畫是納瓦拉國王香檳的希奧博德在一二三九年的十字軍東征中制定的。然而，儘管希奧博德說得天花亂墜，他要支付七千馬克來重建城堡的承諾卻從未兌現，而是要留待聖殿騎士來完成這個工程。聖殿騎士團承擔了一個為期二十年的建設工程的巨額費用，還加上駐軍以及配置哨所，「這整個基督教領地和……是有用且必要的……對異教徒來說……是有害的」。[13]埃及編年史家伊本・福拉特（Ibn al-Furat）曾寫過一本令人欽佩的拜巴爾傳記，他稱薩法德是「敘利亞喉嚨裡的腫塊，和伊斯蘭胸腔中呼吸的阻礙」。[14]

薩法德的位置優越、建築固若金湯，而且駐守著「優秀的士兵，弟兄和軍士」。拜巴爾抵達後向城堡的駐軍發送禮物，表明如果他們在不抵抗的情況下交出城堡，他將真誠地對待他們。六月二十一日，他的禮物被強力地送還，守軍用投石器從城堡的城垛中扔回了禮物。拜巴爾受到了侮辱，發誓要以穆罕默德為名殺光守軍。然後，根據一位被稱為泰爾的聖殿騎士④的編年史家的記載：「他準備了他的圍城機具，他們攻擊了城堡。」[15]拜巴爾的部隊挖掘了城牆下的地道，並且用石塊和希臘火焰轟炸城牆。

到七月中旬，蘇丹變得灰心喪氣，暫時囚禁了幾十位埃米爾，理由是他們沒有盡力來摧毀這座城堡。隨之而來的進攻強度激增，七月二十日攻下了薩法德的外堡（城堡外圍設有防禦工事的門樓），但即使是這細微的成功，也讓馬穆魯克軍隊在過程中遭受非常嚴重的傷亡。泰爾的聖殿騎士寫道：「蘇丹擔心他若是不犧牲（過多）的人馬，就無法用武力攻下（薩法德）。」他停止了襲擊，提出另一個計畫。[16]

在聖殿騎士團所擁有的所有城堡中都不是只有騎士團成員，而在薩法德的例子中，身穿白袍的騎士弟兄和穿著黑色長袍的軍士僅占少數。有許多僕人、僱傭弩箭手、輕裝騎馬弓兵還有從附近城鎮和村莊逃出來的平民，他們在面臨拜巴爾的到來時到此尋求庇護。這是一個多元化的群體，蘇丹決定利用他們之間的潛在差異，採用針對士氣而不是城牆攻擊的經典策略。他首先確保薩法德的增援或救援被切斷了，他指示那些向公眾喊話者要站在城堡中民眾可以聽到他們聲音的周圍區域，並且宣布他準備要給所有敘利亞人安全通行證——為數眾多的輕裝騎馬弓兵和傭兵對這個提議表示感謝。蘇丹想挑撥離間在城堡內的人們，他做到了。不久，許多人便離開了。現在，在外堡仍被占領的情況下，聖殿騎士團被「嚴重削弱」，並且處於「嚴重的分裂狀態」。[17]

弟兄們在城堡內召集了一個委員會。他們在經過一番考慮後，決定派出一名軍士里昂．卡薩列爾（Leon Cazalier，人稱里奧弟兄），他會說拜巴爾的母語土耳其語，並且要求給予法蘭克人基督徒和敘利亞人相同的權利。蘇丹很有禮貌地聽取了這個請求，但沒有做出明確答覆。後來，他把里奧弟兄帶到一邊私下開會，他在會議中告訴里奧，聖殿騎士拒收他所送的禮物是對他的極度冒犯，他因此計畫將所有駐軍部隊處死，這當然也包括里奧弟兄，如果他不回到城堡向同袍們傳達某些特定訊息，那麼他便要遭受最沉重的苦難。

里奧軟弱、恐懼並且不願意嘗試拜巴爾在折磨人上的創意，他帶著新聽來的滿口謊言匆匆回到他的聖殿騎士弟兄身邊。泰爾的聖殿騎士寫道：「他回到城堡，告訴他們蘇丹已經授權所有人安全通行證，而且蘇丹本人也會當著他們的面發誓。」[18]他正在把他們送進地獄。

第二天早上，拜巴爾出現在薩法德前，宣布如果聖殿騎士放下武器，交出城堡，他將護送他們安全抵達阿卡，這裡不久之後便成為法蘭克人基督徒在沿海地區唯一安全的地方。這筆交易被接受了，弟兄們和他們的侍從們準備離開。

對於聖殿騎士而言不幸的是，這位拜巴爾並不是真的拜巴爾。蘇丹選了一位長得最像他的埃米爾，給他穿上華麗的王家服裝，並且派他出去進行這場假交易。任何一個見過蘇丹的人，只要看到他那明亮的藍色眼睛中的白點，就能看出兩個人之間的差異，但是位在城堡高聳城垛上的聖殿騎士們被愚弄了。

④ 作者注：泰爾的聖殿騎士（Templar of Tyre），他的編年史是關於東方騎士團最後歲月的珍貴和給予正面評價的描述，這位作者本身並不是立誓過的弟兄，而是為騎士團效力的文士。

七月二十四日戰鬥停止，薩法德的城門被打開。居民蜂擁而出，還有聖殿騎士團的騎士和軍士，以及一千多名在城堡中避難接近兩個月的人們。他們在護衛隊的護送下向阿卡的方向出發，但還沒走半英里，他們就被攔了下來，被圍在一個小山丘附近，聖殿騎士團自己曾把這裡當作行刑的地方。他們一個接一個被斬首。這場處決的正當性理由是：有幾個聖殿騎士把武器帶出了城堡，而且有人試圖以敘利亞基督徒為名將穆斯林帶走。這可能是真的也可能不是。無論何種情況都可以看出，聖殿騎士以為自己被承諾的安全通行證其實非常脆弱，完全可以被無視。拜巴爾表現出自己具備創意和完全的冷酷無情。他除了留下兩個人以外，殺死了薩法德多達一千五百名的俘虜，把這些屍體堆積起來，在他們周圍築起一道小牆，藉此給子孫後代留下一口用骨頭和頭骨組成的井。

里奧弟兄倖免於難，被帶到蘇丹的帳篷裡賞賜了一杯母馬奶，他於是背教轉信為穆斯林。另一位隨機挑選的基督徒被派往阿卡講述這段故事，並讓他的基督徒同胞了解未來的情勢。與凱撒里亞、阿蘇夫和海法不同的是，薩法德並沒有被摧毀，拜巴爾在此安置了一支穆斯林駐軍，並把這座城堡變成了加利利馬穆魯克的權力樞紐。

+

薩法德的淪陷動搖了聖殿騎士的核心。他們仍然控制著各個十字軍王國的許多城堡，但只有極少數城堡能與薩法德相媲美，而拜巴爾卻在不到兩個月的時間成功征服了薩法德。情勢很難樂觀。醫院騎士團懦弱地派遣一個使團，請求拜巴爾放過他們最寶貴的兩個城堡，的黎波里伯國的馬格特堡和騎士堡。拜巴爾同意了一項為期十年的互不侵犯協議，不過條件是醫院騎士團必須把從周邊地區收繳的貢品轉移給他。

薩法德淪陷後不久，一位名叫瑞考特．博諾梅爾（Ricaut Bonomel）的聖殿騎士寫了一首詩，痛苦地反省聖殿騎士團所遭受的損失，以一種不同尋常的坦率表達了他的感受。博諾梅爾詛咒教宗居然允許參加十字軍的西方基督徒在西西里與霍亨斯陶芬王朝戰鬥，而未堅持要求他們履行誓言來抵抗拜巴爾。然後他暗示道也許基督不再關心十字軍了。

「憤怒和悲傷根深柢固在我心中，」他寫道：

我瀕臨了斷自我的邊緣，棄絕我出於尊敬那被釘在十字架上的人所背負的十字架。因為十字架和信仰都不能幫助我，也不能保護我不受那些土耳其惡棍的傷害，上帝詛咒他們！相反地，我們從事情的發展可以看出，上帝要支持他們對我們不利……由於過去保持警戒的上帝睡著了，穆罕默德因此全力以赴進攻，並且煽動（拜巴爾）也這樣做。[19]

令人吃驚的是，博諾梅爾表達他對馬穆魯克人仇恨的用語，與穆斯林用來形容法蘭克人的措辭遙相呼應。「上帝詛咒他們！」這句話在過去幾十年來，從無數伊斯蘭詩人、編年史家、行政官員和抄寫員的口中和筆中倏地湧現。事實上，馬穆魯克和聖殿騎士非常相像，而且由於他們的卓越表現因此更加憎恨彼此。他們都是近東的精英戰士階層和外來者。聖殿騎士團的成員是自願加入的，而且是被宗教使命感所吸引前來的，他們大多是從法蘭西、西班牙和英格蘭前往十字軍國家；馬穆魯克則是被強行從大草原帶到埃及當奴隸。雖然他們可以生兒育女（聖殿騎士因為發誓守貞所以不能），但馬穆魯克的地位不是世襲的，個人的福祉和生存遠比不上組織重要。馬穆魯克人以他們非凡的軍事能力而自豪，其中馬術最受重視。正如《聖殿騎士會規》在某種程度上像是本軍事手冊，記載野戰策略的基本內容一樣，馬穆魯克也有大量有關伊斯蘭騎士準則的文獻：一位熟練的馬穆魯克騎士應該掌握的技術、訓練和生活方式。雙方都有精心設計的授勳儀式，馬穆魯克在完成訓練後會被贈予儀式用的褲子，就像西方受人尊敬的戰士被束上騎士腰帶一樣。[20]最後，這兩個組織都高度稱頌殉道，使命的本質是願意為神和聖戰犧牲性命。

最大的不同之處在於，聖殿騎士團並沒有成為國家。馬穆魯克曾經是王家親兵，現在則掌管著從開羅到大馬士革的政府機構，指揮著自己的軍事行動並制定政策。開羅的阿拔斯哈里發現在是馬穆魯克蘇丹的傀儡。軍事精英已經完全控制了大局。

相比之下，聖殿騎士團、醫院騎士團和條頓騎士團共同承擔著在十字軍東方領土上保衛基督教國家這個日益沉重的負擔，諸如防衛城堡、作戰、承擔重大損失，並從他們在西方的產業和房屋中籌集資金用於戰爭。這是一項日益艱巨的任務。如今要發起再一次的十字軍東征已經鮮少有人會支持，耶路撒冷國王的不在位讓東方貴族陷入彼此的鬥爭，而且能夠徵稅的土地愈來愈少，城堡和城市的防禦費用也愈來愈難以負擔。現在他們一肩扛起十字軍國家的安全。但是從根本上來說，軍事修會仍然是要對政治化的羅馬教宗負責的僕人，並且受制於西方基督教世界高層的政治角力。在一定程度上，他們可以而且實際上也確實奉行自己所選擇的政策和聯盟，無論王室是否支持。然而，他們終究是脆弱的，正如教宗克雷芒四世在一二六五年的一封信中向湯瑪斯·貝拉德大團長指出的那樣。由騎士團軍團長希西的史蒂芬（Stephen of Sissy）行為所引發的爭論，讓克雷芒再三告誡湯瑪斯事物的自然秩序：「如果教會把對你們的保護暫時拿開……那麼你們在任何情況下都無法抵抗主教的進攻或是君王的部隊。」[21]聖殿騎士團富有、獨立而且自信，但是並非真正自主。在遙遠的歐洲東北部波羅的海地區，條頓騎士團在霍亨斯陶芬君王們的庇護下，已經開始建立自己的國家，從普魯士一直延伸到愛沙尼亞。這種形式的聖殿騎士團國家不曾存在過，也永遠不會出現。

✠

一二六八年，拜巴爾又一次向如今已嚴重衰落的十字軍王國發起進攻。他在春天從埃及出發，在三月十七日襲擊雅法，並且半天之內將其攻陷。蘇丹沒收了聖喬治的頭這個城民所珍視的聖物，作為他進入耶路撒冷港口的紀念。他的攻擊以熟悉的場面作收：基督徒們跳上從港口散去的船隻，前往北方更安全的港口。這樣子的港口所剩無幾。在雅法淪陷後，基督徒完全失去了阿卡以南的領土，除了聖殿騎士團在海濱的朝聖堡以外。

拜巴爾再次決定要晚點再處理朝聖堡，他將目光投向另一個聖殿騎士的據點：的黎波里伯國泰爾以東的博福特城堡，該城堡建在雙重防禦工事後面的岩石露頭上。聖殿騎士團於一二六〇年接管了博福特，並且加強其防禦牆。在平時，他們本來可以輕鬆地防禦這座城。但是在一二六八年的春天，他們士氣低落，而且人數遠遠被敵人超過。在拜巴爾到來的兩週之後，聖殿騎士團駐軍要求簽訂和平協定，同意投降後被囚禁起來，但條件是必須允許附近村莊的婦女和兒童自由、安全地前往泰爾。拜巴爾同意了，將自己的部隊重新部署在城堡中，拆掉了聖殿騎士團所建造的新城牆，接著繼續向北進攻安條克的博希蒙德六世，這位蠢到跟蒙古人結盟的君主。到了這個階段，蘇丹只需要經過一個基督教城鎮或城堡，它的居民就會奔跑出來乞求憐憫。一聽說博福特陷落，托爾托薩和白堡的聖殿騎士團便派出使者請求馬穆魯克人不要消滅他們。拜巴爾同意了，但條件是他要在不透過任何戰鬥的情況下，取得安條克公國內的沿海聚落和賈巴拉（Jabala）要塞。負責與蘇丹談判的聖殿騎士是托爾托薩的分團長馬修・索瓦熱（Matthew Sauvage），他在過去的三年中與蘇丹建立了親切的關係，儘管是建立在綏靖與順從的基礎上。索瓦熱交出了聖殿騎士團在賈巴拉的收益，與他們共享此城鎮的醫院騎士團很快也效仿了。[22]

抵抗正在逐漸瓦解。到了五月初，拜巴爾已經來到安條克這座大城，並將其團團包圍。它的統治者博希蒙德六世人在的黎波里，而安條克居民在他不在的情況下只想挽救自己的生命。泰爾的聖殿騎士寫道：「（城民）幾乎沒有擺出什麼防禦姿態。」但即便如此，他們也沒有得到任何憐憫。「當這座城市被占領的時候，超過一萬七千人在裡頭被殺害，超過十萬，包括宗教人士和平民（有男人、女人和孩子）都被俘虜了。」[23]這些數字被誇大了，但是其中的怪誕殘酷卻毫不誇張。安條克的城門被馬穆魯克人封鎖，他們在街道上肆意殺戮，奴役那些他們沒有殺死的人，而且捕獲了大量戰利品，以至於用整整兩天的時間來瓜分。城堡裡燃起的大火席捲了周圍的建築，東方基督教世界中最大的城市，也是在一〇九八年第一個遭到十字軍攻擊的敘利亞城市，淪為宛如一座死城。

當拜巴爾進攻時，博希蒙德六世人在的黎波里，他因此失去了自己在東方的一個頭銜。失去了安條克，公國也就不復存在，控制該地區的城堡很快就失去存在的必要性。其中一些城堡是由聖殿騎士團控制的，他們別無選擇只能撤離。自一一三〇年代以來，聖殿騎士團一直守衛著連接小亞細亞和敘利亞西北部的阿馬努斯山口。在一個多世紀之後，他們現在悄悄地放棄了自己的據點，從拉羅什德魯塞爾堡和加斯頓（Gaston，巴格拉斯）的城堡撤退，幾乎沒有發出任何怨言。伊瑪丁令人難忘地將加斯頓描述為「屹立在難以逾越的山頂上……籠罩在霧中，與雲密不可分，與太陽和月亮懸浮在一起……所有渴望它的人都無法到達那裡，所有抬頭注視它的人都無法定睛凝視」。[24]對於不戰而勝奪下此地的拜巴爾而言則並非如此。一位名為貝林的金斯（Gins of Belin）的弟兄把鑰匙交給了他，金斯是在其他弟兄用餐之際主動騎馬去和蘇丹講和。

在此之後，任何一絲一毫的希望都破滅了。弟兄們匆忙離開加斯頓，以至於他們忽略了要銷毀所有設備，這嚴重違反了規定，後來指揮官因此在阿卡受到懲罰。湯瑪斯．貝拉德大團長與他的高級幹部商議後，對違背贖罪聖事的人處以一年零一天的重刑，在受刑期間，他們被剝奪了原有的生活習慣，不得不和狗一起在地板上吃飯。他們的案件被書面記錄下來，並被添加到至少一個版本的官方《聖殿騎士會規》中，理由是他們的這種懲罰被認為格外寬大。[25]

✠

到一二六八年，拜巴爾已經消滅了安條克公國和耶路撒冷王國在巴勒斯坦的產業。只有的黎波里伯國和在近海上的基督教賽普勒斯王國還存在。東方的基督教王國正在滅絕的邊緣載浮載沉。如果沒有來自西方的增援，他們將無法倖免於下一次馬穆魯克人的攻擊。然而，十字軍東征的想望在西方大多數君王心中幾乎已煙消雲散。法蘭西詩人魯特伯夫（Rutebeuf）寫了一部作品，譴責他的同胞對耶路撒冷的忽視。這首〈聖地輓歌〉哀嘆現代的英雄無法跟第一次十字軍東征的英雄們相媲美。他寫道：「相反地，他們將讓貝都因人占領我們的聖地，這是因為我們自己的失敗而被奪走的」；「韃靼人即將到來……毀滅一切，不會有人會捍衛它……世界即將走向滅亡」。26

西方的兩個小型代表團的到來稍微延後了這種終結。路易九世許諾的第二次來訪永遠不會實現，相反地，法蘭西國王選擇襲擊北非的突尼斯，而痢疾最終在一二七〇年奪去了他的生命。來到十字軍國家的第一個代表團是由亞拉岡國王詹姆斯一世的兩個私生子領導的。他們於一二六九年十月抵達阿卡，希望能夠跟蒙古人協調發動共同攻擊拜巴爾，但是，當他們第一次試圖在戰場上與馬穆魯克軍隊交戰時，後者毫不費力就消滅他們了。第二個代表團由愛德華爵士率領，也就是英格蘭國王亨利三世的長子和繼承人，他於一二七一年登陸，在軍事修會的陪同下向耶路撒冷發動了幾次突襲，但第二年離開前只贏得了幾次小衝突。愛德華唯一持久的成就是促成一項為期十年的和平條約，旨在保護阿卡和僅存的幾座沿海城堡，直到一支規模大得多的十字軍部隊能被派往那裡，或者在東方的十字軍國家能夠恢復元氣到某種程度，可以在未獲得任何幫助的情況下守住自己的家園。兩者似乎都不太可能。在這短暫的混亂中，拜巴爾繼續攻城掠地，於一二七〇年四月占領了醫院騎士團的騎士堡，並於一二七一年六月占領了條頓騎士團引以為傲的蒙福特城堡。

一二七二年四月，蒙福特陷落十一個月後，由愛德華斡旋達成的和約得到了批准，這終於結束了拜巴爾對法蘭克人領土的一系列無情攻擊。蘇丹在五年後的一二七七年六月一日離奇死亡，死因可能是中毒。他的統治改變了聖地的整個面貌。對於所有法蘭克人來說，這是一段令人痛苦的創傷時期，對於聖殿騎士來說尤其如此，他們失去了許多弟兄、一些最好的城堡，以及他們不屈不撓的聲譽。他們和醫院騎士團與條頓騎士團一樣無力抵抗馬穆魯克人的猛攻——這次失敗帶來的後果愈來愈令人不安，因為人們開始尋找十字軍國家衰亡和毀滅的理由。

一二七三年，湯瑪斯・貝拉德去世，西西里聖殿騎士團的分團長紀堯姆・德・博熱（Guillaume de Beaujeu）被選為他的繼任者。紀堯姆推遲了東行的旅途，先去參加由教宗格列哥里十世召集的一個大型的基督教公會議，又被稱為第二次里昂公會議，他們討論了西方該如何回應拜巴爾的計畫。該會議會於一二七四年夏天舉行，紀堯姆在會後便前往阿卡，並且再從那裡向國王報告了他的第一印象。一二七五年十月二日，他寫信給愛德華，他現在繼承了父親的王位成為英格蘭國王愛德華一世（Edward I）。

「我們發現這塊土地及其居民極為沮喪，」威廉寫道：

> 我們發現聖殿騎士團之家的狀態比過去都要更虛弱、脆弱。食物缺乏，有很多花費，但幾乎沒有收入……所有弟兄的財產……都被強大的蘇丹掠奪了。來自海外的收入不足以維持我們的生存，我們在捍衛聖地和鞏固剩餘現金方面付出了無數的代價。
>
> 我們擔心，所有這一切都將使我們無法履行職責，並將聖地拋棄在荒涼之中。由於這個原因，我們請求陛下採取適當的補救辦法，這樣一來，如果日後發生災難性事件我們也不會受到指責。[27]

儘管紀堯姆自己渾然無知，但他寫給英格蘭國王的不僅僅是封懇求信。他所寫下的是預言。

第十八章 此城必將淪陷

當紀堯姆·德·博熱聽到撒拉森人的鼓聲時，他急忙地投入戰鬥，甚至沒來得及扣上盔甲。大團長住在蒙特穆薩德（Montmusard）的聖殿騎士之家中，該地區位於阿卡北部一個大郊區，與舊城區隔開，但仍在其外牆雙環內。敲擊聲來自東面聖安東尼門附近，通常這段城牆是交由醫院騎士團看守。[1]紀堯姆聽見這又響亮又近的鼓聲便知道發生了最糟糕的情況。經過六個星期又一天的無情轟炸，一二九一年五月十八日星期五，馬穆魯克軍隊終於攻入阿卡。如果馬穆魯克部隊無法被即刻驅除，一場爭奪街道的戰鬥便將展開，單是人數上的不平衡便意味著基督徒末日的來臨。馬穆魯克軍隊估計有幾十萬人，阿卡的守軍人數大約是敵人的十分之一。

碼頭上已經開始疏散婦女和兒童，儘管波濤洶湧的海面使救援船難以離開港口。留在城內的人不會期待任何憐憫。圍城軍隊的指揮者是一二九〇年成為新馬穆魯克蘇丹的阿什拉夫·哈利勒（al-Ashraf Khalil）。他最近寫信給紀堯姆自我介紹，雖然毫不謙虛但也並非完全不準確，他是這樣寫的：

蘇丹中的蘇丹、萬王之王、萬主之主……強者、令人恐懼者、反叛分子之剋星，法蘭克人、韃靼人和亞美尼亞人之狩獵者，不法之徒城堡之奪取者、兩大洋之王、兩聖地之守護者。[2]

這個人會用「憤怒」和「勝利」來命名自己的重型火砲。他做人處事從不寬容或是慈悲。當紀堯姆匆忙採取行動時，他召集了盡可能多的能幹人才。阿卡的聖殿騎士大多駐紮在碼頭邊要塞的舊城，但是紀堯姆在蒙特穆薩德有十到十二個弟兄，還有他的私人護衛隊，包括兩名騎士、一名軍士、一名輕裝騎馬弓兵、一名侍從和兩名步兵。雖然人數不多，但這已經是他能做的最好程度了。這支小騎兵隊疾馳過蒙特穆薩德的街道，朝聖安東尼門飛奔，在途中與醫院騎士團大團長維利爾斯的約翰（John of Villiers）會合，他也有一支規模和組成都相似的隨行人員。[3]當他們及時趕到大門口時，便見到馬穆魯克士兵要從牆縫擠進來，於是他們奮不顧身投入了戰鬥。

泰爾的聖殿騎士寫道：

> 他們彷彿向一堵石牆猛衝過去。投擲希臘火的敵人投擲得如此頻繁密集，以至於煙霧瀰漫到每個人都看不到彼此。弓箭手們在煙霧中密集地射出羽箭，以至於我們的士兵和騎兵受到了極大的傷害。[4]

一位英格蘭護衛在他的坐騎死後徒步作戰，被一枚燃燒的導彈直接擊中，他的外衣隨之起火，火焰灼傷了他的臉然後燒到整個身體，「他彷彿像是一大鍋瀝青」。馬穆魯克人將自己的隊伍擋在盾牌牆後面，用長矛、箭和燃燒彈緩慢地推進入城。聖殿騎士團和醫院騎士團向盾牌牆發起了數小時的騎兵衝鋒，但每次都被一陣砲彈擊退。到了上午十點左右，士氣開始低落。當馬穆魯克人的部隊在街壘後頭緩慢前進時，更多的入侵部隊填補了他們後頭的缺口。

紀堯姆騎在馬上與他的部下並肩作戰，用他的右手揮舞著長矛。當他舉起左臂，也許是要向敵人戰線發出另一個衝鋒的信號時，從大門方向投擲出的一枚標槍正好擊中了他的左腋窩，他的輕裝甲片在這個部位沒有相連起來。「槍桿陷進他的身體足足有一隻手掌那麼深。」泰爾的聖殿騎士如此寫道，他是紀堯姆的家僕之一，正在觀察戰鬥的進展。

大團長沒有從馬鞍上摔下來，但他知道這個傷是致命的。他策馬轉向，看似要離開戰場。他的私人隨從出於習慣跟隨他，包括拿著黑白旗幟的軍士。一群參加戰鬥的義大利十字軍看到他離開，認為聖殿騎士已經失去了信心。「長官，看在上帝的份上，不要離開，否則這座城市會立刻陷落！」他們大叫道。

紀堯姆警覺到群眾恐慌的危險，盡可能大聲地喊道：「諸位大人，我再也無能為力了，因為我已經受了致命傷，看看這裡的傷口！」他指著仍然插在腋窩上的標槍，但當他要舉起胳膊展示傷勢時便倒下不省人事了。大團長手中的長矛掉落，他的頭低垂下來，開始從他的坐騎上滑落下來。在他周圍的僕人們奔跑過來把他緩緩拉下馬，並用一面被丟棄的盾牌作為擔架，把他帶到一個安全的房子裡平躺下來，檢視其受傷情況。他們設法切斷了胸甲的皮帶，但卻無法將肩膀上的盔甲脫掉，所以他們將卸下一半裝甲的他捲在毯子中，然後將他帶到海灘，試圖讓他坐船離開城市。在他們身後，蘇丹的旗幟在阿卡的牆上被高高地豎立起來。

逃離海灘是不可能的。海浪把紀堯姆的同伴們驅趕回來，於是他們和他們的大團長繼續往前走，此時他們俯身而靜默，來到城西南方的騎士團駐地，從側門進入，並且抬著他經過一個馬廄中庭，地面上疊著成堆的馬糞。進入主屋後，大團長紀堯姆在接下來的一天裡躺著不發一語。傍晚時分，他聽到外面一陣騷動，便打手勢要他的侍從告訴他發生了什麼事。「他們跟他說人們在戰鬥，」泰爾的聖殿騎士回憶道，「他命令侍從應該要設法讓他可以平靜地躺著。」

✝

紀堯姆．德．博熱在那天晚上去世了。阿卡陷落了。馬穆魯克人從牆上的三個缺口湧進來，撕裂街道並且隨心所欲地肆意殺人。泰爾的聖殿騎士看到貴族和修女在碼頭上狂奔，一些婦女懷孕或將嬰兒抱在胸前。那些無法逃脫的人與他們的孩子被拆散，要麼被當作奴隸，要麼被踩死在入侵者的馬蹄之下。嬰兒被開膛破肚並且被壓碎。撤離行動在暴風雨不斷的海灘繼續進行，熱那亞人的划槳船把平民運送到近海的大船上，等待前往賽普勒斯。賽普勒斯國王于格三世逃回了他的王國，許多西方貴族們也逃之夭夭，但是耶路撒冷宗主教阿納普的尼古拉（Nicholas of Hanapes）在試圖登上一艘擁擠的船時滑入水中淹死了。一群聖殿騎士在經驗豐富的分團長希奧博德．戈丹（Theobald Gaudin）的帶領下逃到了西頓，他們躲藏在這裡的聖殿騎士城堡中，並且選舉出希奧博德為該修會的新大團長。那些在船上找不到鋪位的人，只能前往城市裡唯一安全的地方——聖殿騎士團的要塞，那是在海濱的反抗燈塔，它的塔頂有許多跟驢子大小相當的金獅。

隨著他們的大團長的死，阿卡的聖殿騎士現在聽從軍團長塞弗雷的彼得（Peter of Sevrey）的指揮，他將盡可能多的平民引導到聖殿騎士建築群中，並且封鎖了大門。幾天後，蘇丹哈利勒派遣一支特使團前往聖殿騎士團，主動提議要護送非戰鬥人員出城。塞弗雷的彼得表示同意，但當護送安全通行的部隊被允許進入騎士團城堡牆內後，這支由四百名訓練不良的騎兵組成的部隊，甚至在婦女和兒童出城前就開始攻擊她們。[5]

軍團長拒絕接受這樣的作為。他下令再次關閉城堡牆內的大門，將四百名穆斯林困在裡面。戰鬥在城堡庭院展開。這一次，基督徒占了上風，他們幾乎毫無例外地殺了所有俘虜，將他們全部砍頭。泰爾的聖殿騎士寫道「沒有人活著逃脫」。但事實並非如此，哈利勒的一名士兵後來寫道，他奮戰了一個小時，然後和另外九個人逃到了城堡在海邊的一座塔，然後從那裡跳入海中。他寫道：「有些人死了，有些人殘廢了，有些人倖存了一段時間。」[6]戰鬥激烈且不懈，原因很簡單，每個人都知道這不僅僅是阿卡的最後一戰。這是十字軍國家的終局之戰。

戰鬥結束後，塞弗雷的彼得收到了蘇丹的另一封信。他說，他了解自己的手下的死是他們自作自受，並要求團長出城來和他一起協商。對於彼得來說，要如何做決定一定令他相當苦惱。如果他離開了城堡，他將把自己和他的人馬置於蘇丹的擺布之下。如果他留下來，就沒有希望得到增援或救濟。每個可以離開阿卡的人現在早已都離開了，那些留下來的人如今只能自立自強。彼得仍然希望平民的生命在他的保護下能獲救，他帶著一支由聖殿騎士弟兄組成的代表團出現了，但是他們一到達敵人的營地就被斬首了。馬穆魯克的工兵們開始挖地道，要讓城堡的一座塔樓倒塌。在三天之內，即五月二十八日星期一，這座塔倒塌了，部隊隨即衝入城內。

牆內區域被占領，阿卡也完全投降。

雅克·德·莫萊（Jacques de Molay）是一位年約四十七歲的勃艮地騎士，在阿卡陷落的那一年他人在賽普勒斯的尼科西亞。當馬穆魯克人蜂擁穿過各條道路時，雅克就像聖地的其他沒有被切成肉片的聖殿騎士一樣，他會從倖存者那裡聽到關於戰後可怕情況的第一手消息。[7]

大部分撤離阿卡的船在賽普勒斯將人員卸下。其他逃離黎凡特海岸最後幾個聚落點的人很快就加入了流亡者的行列。聖殿騎士團的新任大團長希奧博德·戈丹幾乎在他一當選後就放棄了這個職位，並且來到賽普勒斯，聲稱他將尋求幫助。其餘的弟兄們並未一直待下去等待他是否會成功，他們在七月十四日離開了西頓，讓這座城市自生自滅。

在阿卡以北，馬穆魯克騎馬進入泰爾時發現城內幾乎空無一人。貝魯特大約也在同一時間被放棄。到了八月初，基督徒手中只剩下兩座聖殿騎士團的城堡，而且它們靠自己的力量也無法再堅持多久。八月三日托爾托薩投降，十一天後朝聖堡守軍也放棄了抵抗。「他們清楚地意識到他們已經沒有能力保衛城堡了，」泰爾的聖殿騎士寫道，「所以他們放棄了城堡，前往賽普勒斯島，而撒拉森人徹底摧毀了這片土地……基督徒喪失了一切，所以他們在敘利亞就連手掌那麼寬的一塊土地都沒有。」[8]

目睹這一切的發生必定是雅克作為聖殿騎士生涯中最令人沮喪的經驗之一，而且他早先已經歷了一連串的挫折和失望。雅克一生都是聖殿的僕人，他在一二六五年二十歲出頭時加入了聖殿騎士團，當時盛大的入團儀式是由拉羅什的埃梅里（Aimery of La Roche）主持的，埃梅里是法蘭西最資深的聖殿騎士，而且英格蘭聖殿騎士團分團長也前來參加。[9]正常的招募模式是把年輕和精力充沛的新人送到聖地，而讓身體較弱的老年人留在西方。這正是雅克所經歷的情況，他在一二七〇年代末的某個時間點登陸東方。[10]在他抵達的時候，十字軍國家已經受到拜巴爾致命的破壞，儘管現在是愛德華一世所促成的十年休戰時期。雅克後來回憶說，他覺得這種休戰難以忍受，曾對大團長「絮絮叨叨」並且怨恨他願意遵守與教會的敵人的停戰協定。直到後來他才明白，「那位大團長別無選擇只能那樣做」。[11]就像他這個年紀的任何年輕士兵一樣，雅克加入聖殿騎士團是為了戰鬥，而不是在基督教聖地被撕裂時袖手旁觀。然而這正是他被迫要接受的，因為關於發動新十字軍東征的討論毫無結果，而蘇丹哈利勒完成了拜巴爾所開始的大業。

一二九二年，隨著短命的大團長希奧博德．戈丹的去世，雅克．德．莫萊的職業生涯發生了轉變。[12]當時能夠接任大團長的人選一定相當少。在四天的時間當中，雅克藉由一場快速、巧妙（後來飽受批評）的競選活動成功地擊敗了對手佩羅的于格（Hugh of Pairaud）贏得選舉。後來有人說他是這麼做到的：他先聲稱自己無意擔任這職位，並且提議自己要以公正和臨時性的過渡領導人的身分，來監督選舉進程，結果卻利用這一職務來為自己贏得正式大團長職位。雅克知道如何操縱騎士團的程序和協議。當然，他也樹立了許多敵人。泰爾的聖殿騎士（他與聖殿騎士團的直接聯繫在其主子紀堯姆死後終止）稱雅克貪婪，而且「吝嗇到無法理解的程度」。[13]

無論如何，贏得選舉的就是雅克。然而，領導者要面對的仍然是相當棘手的狀況。聖殿騎士團元氣大傷，又被剝奪了許多城堡，並被驅逐出它原先所要保護的土地。然而，雅克在混亂之中抓住了機會。他全力以赴投入重建東方聖殿騎士團的工作，為了在他看來勢所難免的十字軍運動復興做準備。

他不太可能會指望在賽普勒斯推動這種復興，因此他在當選後不久便前往西方進行漫長的旅程，巡迴各個王室的朝廷，希望激發人們對發起新一波解放聖地行動的熱情。

✠

關於阿卡淪陷的可怕消息在八月初抵達巴黎。最早出現的新聞之一是來自醫院騎士團大團長維利爾斯的約翰，他向法蘭西一位同僚寫了封悲傷的信，報告阿卡「不幸而可憐的淪陷」。[14]來自聖地的壞消息並不罕見，但是這次的消息是一個沉重的打擊。聽到這個「非常殘酷和痛苦」的消息後，教宗尼古拉四世下令各省級教會委員會在基督教世界各地集會，並且向羅馬彙報他們對於如何奪回失去的一切的最佳建議。[15]教宗尼古拉在下令舉行這些會議的信件中要求他們要提出明確的行動計畫、如何支付新十字軍東征費用的具體建議，以及對目的地的建議。他引導各地會議去思考一個幾年前就開始流傳的想法：將各個軍事修會合併為一個統一的單一機構，而且它會有能力贏回並且永久占領耶路撒冷。

合併修會的想法並不新鮮。這個想法早在一二七四年第二次里昂公會議上就被首次提出了，當時這場會議是為了討論拜巴爾征服後的抵抗問題而召開的。但是，西班牙國王們否決了將聖殿、醫院和條頓騎士團與其他仿效而生的各色群體，合併在一起的提議，因為他們不願放棄自己的地區性修會（例如卡斯提爾的卡拉特拉瓦騎士團或萊昂的阿爾坎塔拉騎士團）。然而在一二九二年，這個想法被再次提起。用教宗尼古拉的話說，這是因為「地位尊爵的人」和「普羅大眾」都呼籲統一修會和改革。[16]

不管這說法是否屬實，當馬穆魯克所帶來的災難性損失需要一個簡單的解釋時，聖殿騎士團和醫院騎士團都很容易受到批評。自一二二〇年代他們與神聖羅馬帝國皇帝腓特烈二世發生衝突以來，他們一直是聖地政治局勢中與黨派有關的一群人。熱那亞商人和威尼斯商人從一二五八年到一二七二年為了爭奪阿卡貿易發生了毀滅性的衝突，兩個騎士團在其中各自選邊站，聖殿騎士團支持威尼斯人，而醫院騎士團則支持熱那亞人。這兩個修會在城鎮周圍和港口外的水域進行了多場戰鬥，在十字軍國家當時已經缺乏人力的狀況下，數百人因而死亡。關於這場爭端的消息已經傳開，至少有一位編年史家把這場「悲慘的不幸」歸咎於「醫院騎士團和聖殿騎士團之間的不和」。[17]

聖殿騎士團也捲入了的黎波里伯國的一場激烈爭鬥中，他們支持吉貝勒特家族（Giblet）去抵制博希蒙德七世，那是博希蒙德六世十四歲的兒子，於一二七五年和平登基。的黎波里本身（聖殿騎士團之家被憤怒的伯爵摧毀）、西頓和托爾托薩都爆發了圍攻和小規模衝突。此外，聖殿騎士團在賽普勒斯的利馬索爾有軍事總部，而且在尼科西亞有第二個基地，他們也一樣惹惱了賽普勒斯的主人。[18]一二七八年，賽普勒斯的于格三世與路易九世的弟弟安茹的查理之間為了爭奪耶路撒冷王位而爆發爭端。聖殿騎士團支持查理的主張引起了于格的極度不滿，于格便透過摧毀利馬索爾的聖殿騎士團之家進行報復，並且不斷地騷擾弟兄們到了需要教宗提出警告的地步。[19]儘管那些命喪阿卡的人經常被稱頌為殉道者，但倖存下來的人也往往會招致懦弱者的罵名，編年史家，例如那不勒斯大團長那不勒斯的賽迪斯（Thaddeus of Naples），便這麼指責他們。[20]所有這一切意味著，當雅克・德・莫萊準備回家時，他所要回到的世界雖然仍然強烈渴望十字軍東征，但是聖殿騎士在其中要面臨公開的批判。

響應教宗尼古拉改革號召的人中，包括了方濟會修士雷蒙．柳利（Ramon Lull），在阿卡失陷之前的三十年當中，雷蒙大部分時間都在遠離家鄉馬略卡島的地方流浪試圖讓異教徒皈依，同時不斷思考基督教該如何調整在近東的方針才是最好的。他作為一個巡迴四處的傳教士，毫不意外地將思緒集中在教育和皈依上。他建議教宗建立四所世界一流的學院，來培養無所畏懼的雙語傳教士，讓他們向猶太人、蒙古人、希臘人和阿拉伯人說明自身信仰的罪惡，並且說服他們採取羅馬認可的方式跟隨基督。

正如雷蒙喜歡指出的那樣，基督本人曾倡導使用兩把刀的政策。在接下來的十年當中，隨著他思想的發展，他變得更加好戰，進而得出「你應該用傳教和武器來與不信仰者戰鬥」這樣子的結論。[21]雖然雷蒙本人並不是戰士，但他對組建一支十字軍的最佳方式毫不懷疑。他寫道：「教宗大人和樞機主教應該選擇和建立一個高貴的修會，稱之為騎士團。」

這個修會的首領既被稱為大團長，又被稱作戰士國王……如果可能的話，應該將耶路撒冷的王國指派給他……因此，這個戰士應該是國王的兒子，這既是基於要給他的榮譽或職位，也是為了使所有的（宗教）騎士團更願意服從他的命令……此外，教宗大人……應該頒布命令，規定這一個單獨修會（或）騎士團應該將聖殿、醫院和條頓三個騎士團合併起來……以及所有其他騎士團，無論他們是誰和身在何處都無一例外。

雷蒙對其計畫之效果毫不懷疑，他願意打賭上帝也有同樣的想法。他寫道：「如果有任何人反對，他將被視為既不忠誠也不虔誠。而且他應該顧慮到主耶穌基督在最後的審判時所說的：你們這些被詛咒的人，離開這裡，到永恆之火裡去吧。」[22]

+

雅克很幸運地可以暫時迴避掉修會合併的問題。尼古拉四世於一二九二年四月去世，選舉他的繼任者所必需的樞機團陷入了難以解決的困境。他們花了近兩年的時間才確定了一位候選人的荒謬資格，他是來自西西里島的七十九歲隱士，名叫莫羅尼的彼得（Peter of Morrone），他在違背自己意願的情況下被加冕為教宗雷定五世（Celestine V）。（雷定這次當選教宗也是最後一次未事先舉行密室會議〔conclave〕的選舉，在此密室會議中選舉人會被召集在一塊，而且他們在做出決定之前都不准離開。）他的教宗任期是一場持續了四個月的鬧劇，直到雷定於一二九四年十二月辭職並且逃走。①雅克在羅馬目睹了這一切，而且他在聖誕夜見證了好鬥的、律師出身的義大利樞機主教貝內德托・凱塔尼（Benedetto Caetani）當選，他的封號是博尼法斯八世（Boniface VIII）。

造訪羅馬是雅克重建東方聖殿騎士力量計畫的第一步。他日後說道，他發現博尼法斯對此計畫感興趣，但最終仍然懷疑統一所有修會的想法。「教宗提過這個想法幾次，」雅克回憶道，「但從各方面考慮，他都寧願完全放棄這件事。」[23]這很可能是雅克本人直接遊說的結果。他在一二九五年頭六個月停留在羅馬，而他這次訪問在兩個方面取得了實質成果。大刀闊斧的重組得以不必進行，而且他確保了東西兩邊的聖殿騎士團產業在交換貨物時可以有優惠的稅收減免。教宗博尼法斯於六月發表詔書，讚揚聖殿騎士是「無所畏懼的基督勇士」，並懇請他們「時刻注意對塞普勒斯王國的監護」，為此教宗授予他們在塞普勒斯享有和聖地「一樣的自由和豁免權」。[24]

博尼法斯還命令英格蘭國王愛德華一世允許運往賽普勒斯的出口品，可以自由地通過英格蘭港口，並且授予賽普勒斯的聖殿騎士團不必獻禮給教會的自由，理由是他們一定嚴重短缺物資。[25]那不勒斯國王查理二世堅決支持透過合併軍事修會來收回耶路撒冷，他也聲稱自己是耶路撒冷名義上的國王。但是他沒有堅持這個立場，而且還同意那不勒斯領地內的聖殿騎士團，可以暫時免收運往賽普勒斯的貨物關稅。

一二九五年下半年，雅克前往英格蘭和法蘭西。他的旅程一定需要各種圓融進退。坎特伯雷和蘭斯兩地的教會委員會都得出結論，軍事修會應該承擔收復聖地的主要成本，這顯然意味著他們已經失去了聖地，可以清理自己的爛攤子。另一個英格蘭委員會贊成合併這些修會，並將其交給愛德華一世指揮，愛德華一世曾親自參加十字軍東征，在當今的統治者中獨樹一幟。[26]雅克在法蘭西的職位（通常是聖殿騎士團招募和後援的中心）甚至更加微妙，因為他試圖同時討好法蘭西國王以及他在南方的對手，後者是在庇里牛斯山另一面的亞拉岡國王詹姆斯二世。他們兩人之間有段舊恨：法蘭西國王曾在十年前入侵亞拉岡，並且說服出生於法蘭西的教宗馬丁四世（Martin IV）賦予他這場戰爭十字軍戰役的地位。亞拉岡當時的國王彼得三世呼籲聖殿騎士團為他而戰，要求他們加入軍

①作者注：由於新教宗博尼法斯八世擔心雷定會被自己的敵人推舉為對立教宗，所以阻止了雷定想回歸隱士生活的想法。相反地，雷定被博尼法斯囚禁在一間不是他自己選擇的單人房裡，並且於一二九六年去世。

隊和部署他們的划槳船來將法蘭西運輸船趕離他的海岸線。這是一個相當詭異的情況，因為亞拉岡的聖殿騎士發現自己要拿起武器抵禦法蘭西和十字軍軍隊。[27]

到了年底時，雅克準備返回賽普勒斯。他的巡迴演出並未取得驚人成果，他沒有激起一場發動十字軍東征的狂熱風暴，當然也沒有消除對軍事修會的批評，因為這些軍事修會參與了東地中海熱那亞和威尼斯之間再次爆發的衝突，這對他們所追求的整體目標毫無幫助。不過，雅克確實減緩了教會要廢除他的騎士團的念頭，將這個問題降溫到可以受控制的程度，就像是教會人士拉扯鬍鬚思考的嚴重程度。從這個意義上說，一二九一年的危機已經過去，重組的過程正在展開。到本世紀末，人們又具有足夠的信心，開始考慮對敘利亞和巴勒斯坦的失地進行新的入侵。

在十四世紀初的近兩年之間，聖殿騎士重新占領了聖地的一部分。這只是微不足道的進展，不過在某一段時間裡頭，這樣的成果便足以表明還有更多的可能性。在雅克的治理下，他們一直緩慢地擴充海軍力量，從威尼斯訂購了新的划槳船，為一場既要在海上作戰、又要在塵土飛揚的陸地上進行的戰爭做準備。一三〇〇年七月二十日，由十六艘划槳船組成的艦隊高調地從賽普勒斯的法馬古斯塔向敵人的海岸線進發。大團長、賽普勒斯國王亨利二世，他的兄弟泰爾的阿馬里克，以及醫院騎士團大團長維利爾斯的約翰一起登上了船。這不是一次全面性的十字軍東征，但它是一支能夠造成嚴重破壞的艦隊，它在阿卡附近的海岸巡遊並且襲擊聚落。

當時的人有足夠的理由去相信基督教的命運是它們將會再次興盛。在東方幾百里的地方，蒙古伊兒汗國的首領合贊汗（Ghazan）正忙著密謀對付馬穆魯克王朝。在賽普勒斯問題上，蒙古人與基督徒之間的定期使節繼續往來，並承諾互相協助。在一三〇〇年夏季的襲擊之後，他們策劃了一項針對托爾托薩的聯合進攻計畫，聖殿騎士在這裡曾擁有的城堡還沒有被摧毀。在這一年的晚些時候，大約三百名聖殿騎士和醫院騎士加入了一支王家部隊，航行到托爾托薩幾英里外的魯阿德小島。他們下了船，將魯阿德作為推進的基地，然後再次出發奪取大陸上的要塞，並且要與合贊汗強大的軍隊會合。

不幸的是，蒙古人沒有準時出現。基督徒們奮力進入托爾托薩，但無法控制局面，不到一個月，他們就被迫返回魯阿德，大部分部隊隨後返回賽普勒斯。聖殿騎士團同意派遣一支由一百二十名騎士、四百名軍士和五百名弓箭手組成的部隊駐守小島，所有部隊皆由他們的軍團長昆西的巴托洛梅奧（Bartholomew of Quincy）指揮。上帝審判的雷鳴聲還沒有響徹馬穆魯克王國，但至少這是一個開始。

到了一三〇二年，一切再次全部喪失了。魯阿德的駐軍與賽普勒斯之間大約隔了一百五十英里的東地中海，這是一條很容易受到封鎖甚至惡劣天氣影響的補給線。一支馬穆魯克艦隊在一三〇一年秋天出現，指揮艦隊的是桑達穆爾（Sandamour），他來自信奉基督教的喬治亞，不過已經轉信成為穆斯林。他和他的部下進攻該島，並且開始了一場持續了近一年的圍攻，直到一三〇二年守軍要求停戰，但是守軍的人數因為消耗戰從將近一千人減少到只剩兩百八十人。雙方達成協議，聖殿騎士的投降條件是必須能夠安全離開這座島。如果這些人當中有任何一位曾在阿卡作戰的老兵，他們會心知肚明接下來的發展將會是如何。根據泰爾的聖殿騎士的報告：「撒拉森人砍下了所有敘利亞步兵的頭，因為築起了堅固防線的人是他們……而聖殿弟兄們則不光采地被帶到巴比倫。」在那裡等著他們的是像奴隸一樣的生活。

又一次，聖殿騎士團們從絕對能夠脫身的要塞中被強拉出來，並且遭到背叛。要讓聖殿騎士團的勢力從賽普勒斯擴張出來非常困難，除非發動一場具相當規模的遠征。雅克大團長任期從一開始就充滿艱難的挑戰，儘管發動一場新十字軍東征的建議經常被提起，但是情勢絲毫沒有好轉的跡象。他現在被困在賽普勒斯，進退失據。

接著，雅克在一三〇六年被一位新教宗召見。起初，這看似很有希望，不過結果卻完全相反。事實上，這是聖殿騎士團陷入黑暗的開始。

第十九章　在惡魔的驅使之下

一三〇五年十一月十五日，基督教世界的半數大人物似乎已經蒞臨里昂城。國王和公爵、伯爵和樞機主教、修道院院長和大主教。這座城市擠滿了顯要人物和市民，他們渴望看到一場百年一遇的奇觀。身著鮮艷主教長袍的大使們從英格蘭和亞拉岡趕來，帶來了價值數百英鎊的禮物。法蘭西國王和他的兩個兄弟帶著浩浩蕩蕩的成群家僕前來。空氣中交雜著各種語言。所有人都聚集在聖茹斯特（Saint-Just）的大教堂，只為見證波爾多大主教戈特的伯特蘭（Bertrand of Got）受加冕成為教宗克雷芒五世（Clement V）。

里昂是由多個司法管轄區拼湊而成的一個城市，長期以來一直因為被夾在要效忠神聖羅馬帝國皇帝或是法蘭西國王之間左右為難。到了一三〇五年時，它已經決定性地朝著法蘭西方向發展。當然在十一月十五日寒冷的早晨，城裡顯要人物中最有資格大肆慶祝的人：一位在加斯科涅出生和長大的教宗，在法蘭西貴族階層中的鍍金精英面前接受加冕，並且獲得坐在上方國王讚許的目光。這是一場相當成功的政變，它也清楚地展現出伯特蘭作為教宗的統治會深受法蘭西影響。過去教宗們因害怕霍亨斯陶芬王室而四處奔波，或者是要屈從於有影響力的義大利貴族的利益，這些日子都將成為歷史。此刻，上帝對著鳶尾花和金焰旗王國露出了最親切的微笑。①

一三〇五年十一月，伯特蘭大約四十歲。就擔任那麼崇高的職位而言，他還相當年輕，而且由於他從未擔任過樞機主教，所以欠缺足夠的經驗。但是，他毫無疑問是一位老練且具備韌性的政治家，他在波爾多所主導的縱橫捭闔相當成功，沒有遇到太大的挫折。這是一個不小的壯舉。加斯科涅本由英格蘭人統治，但根據一二五九年的一項條約，加斯科涅最終被認為應該受法蘭西國王管轄。這種關係導致了兩國之間的爭端、緊張和偶爾的戰爭。作為大主教，伯特蘭嫻熟於平衡大國之間相互衝突的期望，同時能夠跟所有國家保持良好關係。他基本上是一個很有彈性的人，這是很有幫助的一點。加斯科涅人在國際上惡名昭彰，通常被認為貪婪、唯利是圖，但伯特蘭展現出這種簡單的刻板印象是由謊言建立起來的。他飽受腸痛的折磨，儘管這往往讓他委靡不振並耗盡了體力，但他仍舊維持和藹可親的性格，對大人物大加讚揚卻不顯得阿諛奉承，而且極具幽默感。[1]

儘管如此，從大主教升到聖彼得的寶座意義重大，而且這讓氣氛惡劣、陷入僵局的樞機團整整花了十一個月的時間，才就伯特蘭的當選達成共識。選舉延遲的部分原因是，人們普遍認為法蘭西樞機主教們試圖強迫選舉出一位願意服從國王的要求的教宗，事實上他們確實這麼做。在選舉結束相當長時間之後，出席教宗選舉密室會議的一名親法樞機主教承認，他認為伯特蘭這個人選具有被塑造成擔任腓力四世的中間人的潛力。[2]當然，伯特蘭所選擇的教宗稱號，讓人對他的忠誠無法質疑。他選擇被稱為克雷芒五世，這代表他要追隨克雷芒四世，而克雷芒四世正是腓力祖父路易九世的密友和盟友。甚至加冕的地點也先得到了法蘭西宮廷的批准。[3]而後來的發展是，伯特蘭的整個教宗任期都是在阿爾卑斯山北部度過的。他被羅馬凶殘的派系政治嚇壞了，他經過盤算後認為緊緊跟隨著法蘭西國王，對於他發動新的十字軍東征最為有利。伯特蘭在義大利毫不意外落得聲名狼藉。佛羅倫斯銀行家、歷史學家喬凡尼·維拉尼（Giovanni Villani）用義大利人的視角描述了腓力與伯特蘭之間的關係：「你指揮，我服從，所有事情應該要解決。」[4]

在里昂舉辦的加冕典禮非常壯觀。在小蠟燭和香爐的煙霧繚繞中，拉丁語的聖歌充滿了教堂，在那裡的儀式由受人尊敬的樞機主教拿破崙·奧爾西尼（Napoleone Orsini）主持，他向新教宗呈上了漁夫之戒（一個印著聖彼得釣魚圖案的戒指），並為他戴上了鑲有綠寶石和藍寶石的大銀冠，這標誌著他作為基督在人間之代表的地位。當各種儀式結束後，一群大人物的遊行隊伍離開教堂，穿過里昂的街道，將克雷芒五世展示在信徒們眼前。

遊行隊伍出現時，最引人注目的是腓力國王，他身材高大、金髮、腰背直挺，而且他自然而然地透露出帝王氣勢以及紅潤的雙頰，這要歸功於他投入許多時間在打獵上——這是國王們的一項傳統喜好，他為之深深著迷。腓力的漂亮外表為他贏得了「美男子」的綽號。泰爾的聖殿騎士聲稱，腓力很明顯地比大多數人都要高，而且他的臀部寬闊、兩腿修長，以至於當他坐在馬鞍上時，雙腳似乎都踩到地面上。腓力的私人醫生稱他「英俊而虔誠」。[5]腓力對人冷漠而疏遠，他刻意培養出一種難以接近的威嚴感，以提醒他的臣民他的王權具有神聖的一面。

里昂當時不是一個大城市，並沒有舉辦加冕儀式的習俗。所以當遊行隊伍穿過街道前往主教宮

---

① 編按：鳶尾花（fleur-de-lys）是法蘭西王室紋章中的重要圖素，金焰旗（oriflamme）則是法蘭西王國的軍旗。

殿時，人們蜂擁而入，只為一睹新教宗、法蘭西國王和他們周圍的名流們的風采。那裡有一段陳舊的牆壁將觀眾隔開，但是這道牆因為被人群用力擠壓，伴隨著人群的呻吟聲，這面牆往前倒塌在教宗的遊行隊伍上頭，將許多旁觀者壓在下面。

克雷芒當時穿著教宗的盛裝騎在馬上，當城牆倒塌時，他以頭朝下的姿勢摔了下來。他的頭飾隨之飛起，並且重重地砸在地上，許多珠寶都不見了，其中包括一顆巨大的紅寶石，它滾進了碎石堆後便消失無蹤了。[6]攬著教宗韁繩的兩位君王，國王的弟弟瓦盧瓦的查理以及六十六歲的布列塔尼公爵約翰，都被擊倒在地。查理受了重傷，離牆最近的布列塔尼公爵在幾天後因傷而死。受傷的還有克雷芒的一位兄弟。國王受了輕傷，教宗一行人驚慌失措地趕到主教的宮殿。九天之後，當支持教宗的加斯科涅人在鎮上與反對任命他的義大利人打鬥時，又發生了一場騷亂。

這些騷亂被許多人視為不祥的預兆。新教宗一直與腓力國王和瓦盧瓦的查理待在里昂，直到聖誕節。克雷芒極力遊說，希望能盡可能緩解腓力與查理對法蘭德斯與英格蘭宿敵的敵意，藉此讓他們將注意力轉向東方。他發現兩個人都可以接受這主意，而他們唯一的分歧點是應該進攻何處。他們爭執以下何者較為理想，是進攻君士坦丁堡（拉丁帝國的皇帝在一二六一年被推翻）②，或者是出兵援助受南方馬穆魯克軍隊威脅，信奉基督教的小亞美尼亞王國。一三〇五年十二月二十九日，腓力四世在沒有決定最終答案的情況下向克雷芒許諾，他將接過十字架並且率領新的十字軍東征。

他的條件之一是，他必須能夠自己決定要在何時何地發表正式的十字軍誓詞。另一個條件是，他的十字軍東征應該包括對軍事修會的重大改革。國王後來說，他告訴教宗，他聽說了聖殿騎士團之家發生違紀行為的傳聞。舊有的改革計畫將被重新提起，聖殿騎士團和醫院騎士團將被統一在單一的上帝軍隊中。作為領導者的則應該是法蘭西王室的一位王子。[7]

✝

一三〇六年夏末，教宗的信件抵達賽普勒斯，收件人分別是維拉雷特的富爾克（Fulk of Villaret）、醫院騎士團團長和雅克・德・莫萊。[8]這些信是六月六日從波爾多發送的，信件當中的指示一定讓兩位大團長既興奮又憂慮。教宗說，一場新的十字軍東征正在籌劃，要「消滅背信棄義的異教徒」，奪回聖地。為此目的，兩位大團長被召集要在萬聖節（十一月一日）或是之後的兩週內，前往普瓦捷的教宗宮廷。他們還被要求準備兩份報告：收回聖地的最佳計畫，以及針對他們的修會應該合併在一塊這種想法的回應。

雅克在賽普勒斯並沒有閒著。一三〇〇至一三〇二年之間，他針對托爾托薩和魯阿德那次時運不濟的突襲中損失了許多人馬，檢討這次的行動，大幅度改變了由他直接指揮的聖殿騎士團人員。聖殿騎士大團長通常會吸收大量新成員，不過人員流動率相當高。在賽普勒斯的一百一十八名聖殿騎士團騎士和軍士中，其中有法蘭西人、英格蘭人、日耳曼人、亞拉岡人、葡萄牙人、義大利人、賽普勒斯人、羅馬尼亞人和亞美尼亞人，大多數是年輕人，而且幾乎所有人都是騎士團的新成員。其中大約有八成的人是在一二九一年阿卡陷落之後才發誓加入聖職。[9]

---

② 編按：拉丁帝國存續於一二〇四到一二六一年，尼西亞帝國（原拜占庭流亡政權）攻下君士坦丁堡，拜占庭帝國復國，直到被鄂圖曼人滅國為止。

當阿卡和朝聖堡陷落時，聖殿騎士設法保存了他們的財寶和寶貴的文件檔案，例如一三〇二年五月，當著名的伊伯蘭的貝里昂男爵及其家人被海盜綁架時，聖殿騎士們擁有足夠的現金支付四萬拜占庭幣的贖金。但是對金錢的需求永遠都在，當來自西方的聖殿騎士分團長們去見大團長時，他們總是被叨唸著要記得帶上他們的「答覆」，亦即地方收入的三分之一，他們有義務要將其繳交到東方。

除了戰爭，還有許多其他的事務。聖殿騎士團從西方進口貨物和物資，包括馬匹馱畜、製作長袍的布料、醃肉和奶酪。他們擁有諸如「福孔號」（Faucon）這樣的船隻，這是一二九一年曾用於疏散阿卡的划槳船，他們用它來運輸貨物、在賽普勒斯周圍水域巡邏，並且封鎖希望與馬穆魯克埃及進行貿易的船隻。船隻還被借給了義大利的多間貿易公司，後者將棉花、香料和糖運輸到馬賽和巴塞隆納等港口。[10]最後，當然還有最古老的任務：朝聖者的責任。儘管旅行有明顯的危險，而且教宗禁止前往東方旅行，好阻止馬穆魯克人對朝聖者的巡訪課稅，但是人們仍然有前往聖地旅行的想望，朝聖者絡繹不絕地出現在賽普勒斯。他們需要被接待、保護並且送上旅程。有些人是來拜訪賽普勒斯本地的使徒巴拿巴（Barnabas）之墓，但許多勇敢的人必須被勸阻不要嘗試跨海前往耶路撒冷。

但儘管如此，雅克對收到教宗的信一定會感到有些激動。租船和接待新兵固然都是好事，但這不是聖殿騎士的目的。克雷芒的召喚清楚地表明，終於聚集了在政治上足夠的支持，發動又一次的十字軍東征。他要求提供一份書面計畫這件事情也表明了，他願意聆聽發動另一次雄心勃勃的遠征的建議。

當然，克雷芒的邀請帶有充滿惡意的弦外之音。如果要發起一場十字軍東征，其代價可能是各個修會長久以來受到威脅的合併計畫。因此，當雅克準備以大團長的身分進行第二次西歐之旅時，他開始撰寫兩封信：拯救聖地的計畫和拯救聖殿騎士的計畫。

「以主的名義，阿門，」他的第一封信這麼開頭，「這是聖殿大團長為聖地的事所想出的主意。聖父啊，您詢問我最好的行動方案是大規模還是小規模的軍事遠征。」[11]他接著提出一個非常直截了當的觀點：給予撒拉森人迎頭痛擊的唯一方法是部署一支他稱之為「大規模十字軍」③的龐大軍

---

③譯者注：中世紀後期用於「大規模十字軍」的一個術語，拉丁文原文為passagium generale，或可譯為「一般遠征」，與其相對的是下文會提到的「小規模十字軍」，拉丁文原文為passagium particulare，也可譯為「特殊遠征」。在中世紀，passagium的意思是「越過」或「過境」，它也可能代表一次旅程，因此也可以代表一次朝聖。所以在十二世紀時這個詞也代表著十字軍東征。在法蘭克人統治十字軍國家時，通常一年會有兩次從歐洲到十字軍國家的這種「旅程」，一次在春天或是復活節，另一次在夏天。

到了十三世紀，passagium依舊可以被用來代表十字軍東征，不過本身並沒有精確的意思。因此當十字軍的策劃者要說明在哪些特定情況下需要何種十字軍時，會特別區分出大規模十字軍和小規模十字軍。這種細緻分化反映出對戰爭之規劃日益成熟，特別是在後勤和財政方面。

大規模十字軍代表的是極其昂貴、愈來愈不現實、老式的大型國際十字軍遠征，擁有大量訓練有素、裝備精良的軍隊，但也可能包括那些響應了教宗召喚但未受過良好訓練的新兵。對於許多十字軍理論家和狂熱分子來說，它仍然是一個「真正的」十字軍之典型，儘管那變成了一個烏托邦式的理想。

而小規模十字軍這個名詞尚未出現前，類似的活動便已經存在。其前身是規模相對較小的十字軍冒險行動，通常與來自特定地區的單個貴族有關。確切而言，小規模十字軍概念開始形成，可能是在第二次里昂公會議（1274）之後，以及阿卡陷落（1291）之前。它的出現標誌著十字軍東征計畫的一個轉折點，也清楚表明傳統大規模的十字軍東征正在接近尾聲，過去多次的東征失敗需要全盤的檢討。

隊，「這是一支人數眾多、涵括所有族群的遠征隊，目的是要消滅異教徒，並且收復滿地鮮血的基督土地」，其部隊是一支由「一萬兩千名至一萬五千名武裝騎兵和五千名步兵組成的軍隊……請注意，這些全副武裝的騎兵中兩千名應該是十字弓手」。他們將由一隊運輸船運輸和補給。整支軍隊應該在賽普勒斯紮營，休養和恢復元氣，然後前往一個他拒絕透露名字的地方，「因為這將給撒拉森人提前發出警告」。

雅克認為，關鍵在於壓倒性的軍力：

如果您願意接受有關人數的一些建議，我將重複（拜巴爾），這位在其教派歷史中的軍事事務上最有名、強大和睿智的人，在許多場合曾經說過的：他會率領其軍隊與三萬名韃靼人在戰場上對抗，但是當對方的人數更多的時候，他便會離開戰場避免跟他們交戰。

同樣地，他說如果有一萬五千名法蘭克騎士來到他的土地上，他會與他們交鋒並且開戰，但是如果來的騎士人數更多，他便會撤退並離開戰場。

大團長在其他地方擺出謙虛的姿態。「我對遠征部隊應該在何處集結沒有意見，因為這是諸位國王的權限。」顯然，雅克知道自己正在準備的這份文件既要能夠吸引克雷芒，也要能吸引腓力四世，他小心翼翼地暗示出自己對相關情形的掌握。「如果您和法蘭西國王陛下願意，我將祕密地向您提供許多有用的情報，讓您一定會聽從我的建議，因為我將非常清楚地指出哪些地方適合（作為入侵點）。」事實上，他力勸克雷芒不要等到抵達普瓦捷才開始準備前置工作，並且要求在勞里亞的羅傑昂（Rogeron of Lauria）船長的指揮下，完成部署一支由十艘大帆船組成的艦隊來準備過冬。羅傑昂同時是西西里戰爭英雄，著名的義大利艦隊司令勞里亞的羅傑（Roger of Lauria）的兒子，這些措施形同於對埃及實施貿易禁運，而且因為教宗禁止熱那亞人和威尼斯人與穆斯林進行武器貿易而得到加強。雅克禮貌而懷有期待地結束了這封信。「我請求全能的上帝賜予您恩惠，讓您決定怎麼做會對這些事情最好，以及祈求您在有生之年，有能力恢復我們的主耶穌基督為了人類的救贖而降生以及死亡的聖地。」

將雅克和維拉雷特的富爾克兩個人的信件相互比較後，可以發現一個明顯的分歧之處。聖殿騎士大團長提倡沿著達米埃塔十字軍的模式進行一次大規模的海上登陸，並且對壓倒性的力量深具信心，而醫院騎士團大團長則建議分兩步進行入侵：透過一支「小規模十字軍」，其中一支載著精銳部隊的戰艦將用一年的時間，以海上封鎖作為後盾，用閃電襲擊弱化海岸防禦，然後是緊接著發動「大規模十字軍」，即大規模入侵。[12]這具體而言呈現了當時領導階層之間對於十字軍東征想法上的廣泛分歧。這兩個計畫都有其優點。雅克的主張雖然較不複雜，但是需要更多前期投入和費用。然而，如果他的第二封信沒有收到預期的效果，這兩份計畫之間的差異也沒有任何意義。

聖殿騎士團大團長饒富興致地為他的修會辯護。他先是試圖把這個想法一筆勾銷，因為它在過去已經被研究過、也被否決過許多次，根本不值得重新挖出來討論。他說，三位教宗都曾考慮過將這些騎士團聯合起來，不過他們也都認知到這種想法的錯誤，所以教宗博尼法斯八世曾宣布這件事情「永久結案」。[13]

教宗的確說了永久結案，但是雅克明白這並沒有解決問題。五年前，雷蒙・柳利曾造訪過賽普勒斯，這位著名的傳教士和改革理論家，如今比過去任何時候都要更熱衷將各個騎士團聯合起來的想法，煽動性的法蘭西小冊子作者皮耶爾．杜布瓦（Pierre Dubois）也是如此，後者與法蘭西宮廷關係密切，並且沿著雷蒙的思路撰寫了名為「聖地的收復」的文章。杜布瓦堅稱軍事修會的這種統一早就該進行，並且寫道：

> 這些修會在最迫切需要的時刻始終處於分裂狀態中……如果他們要對聖地的利益有所貢獻，最好和明智的做法便是把他們結合成一個修會，無論是在外顯、等級、習慣或是財產各方面。[14]

僅僅把這次合併描述成過去的方案並且相信克雷芒會同意他，這樣做是不夠的。因此，大團長逐一仔細地分析了贊成和反對這個觀點的論據。

他在信的一開頭寫道，一切都很好。軍事修會的分離在過去產生了「正面的影響」，干預這個模式本身就是不好的，「因為創新幾乎或是每次都會造成嚴重的危險」。這是一個相當大膽的推論思路，因為就算是特意詮釋也很難將失去整個聖地解釋為「積極的進展」。然而，雅克堅持這個角度並且繼續往下寫。他說，要求已經宣誓遵守某個修會會規的人突然轉換並且接納新的身分，這種做法是不光采的。接著，他開始切入主題。聖殿騎士團和醫院騎士團之所以成功是因為他們是競爭對手。把他們放在一起會導致糾紛，甚至可能引發暴力，因為「在魔鬼的鼓勵下，他們之間可能會發生爭吵，例如『我們比你更有價值，做得更好』。……如果這類謠言在他們中間傳播開來，很容易會成為嚴重醜聞爆發的原因。」此外，任何試圖把平行的等級制度和財產網絡放在一起的做法，都會使有關人員感到混亂。將修會各自的慈善職能結合起來也很困難，其結果可能是對窮人和貧困人群的援助減少。

再者，雅克寫道，聖殿騎士團和醫院騎士團之間的競爭，不僅是應該避免將兩方成員置於同一面旗幟下的原因，這還是兩個修會成功的原因之一。競爭促使兩個修會都展露出傑出表現：

如果聖殿騎士團把大量的弟兄、馬匹和其他動物運到十字軍國家，那麼醫院騎士團在完成同樣或更多的工作之前是不會鬆懈的……如果其中一個修會擁有優良的騎士，以其戰鬥和其他良善作為而聞名，那麼另一個修會總是會竭盡全力爭取更好的騎士……如果這兩個修會已經被聯合起來，我相信他們現在不會付出如此大的努力。

雅克不放過任何一絲一毫的機會，在信件的最後爭辯道：聖殿騎士團和醫院騎士團在十字軍東征中一直是王家軍隊的先鋒和後衛，如果只有一個修會存在的話，這將不再可能，而且對「無論地位高低的所有朝聖上帝者」的款待標準也無法加以保證。

最後這點含糊不清，而且帶有特定立場，但是雅克由此導向了備忘錄的最後一部分，他在其中盡可能模糊地承認了修會聯合的一些優勢。他寫道，人們不再高度尊重修道院制度，也許一個單一修會可以改變這種情況。減少這兩個修會所維護的房屋和城堡數量的做法，可以因為顯而易見的財務理由而獲得支持，因為這麼做「將能節省下巨額資金」。除此之外，他的信中只是畢恭畢敬地懇求教宗像過去那樣捨棄這個想法，並且許諾他可以親自告訴教宗更多。為了達到這個目的，一三〇六年十月，大團長準備好了赴西方的長途旅行。他讓瓦斯萊的艾莫（Aimo of Oiselay）留下作為他的代理人，他是一位擁有三十年經驗的老兵，自一三〇〇年以來擔任軍團長。然後，雅克離開賽普勒斯，前往克雷芒五世的教廷和腓力四世的王國，希望在返回的時候可以確保他的騎士團在未來的安全，並且讓下一次十字軍東征的方向稍加明朗化。

這是他有生之年最後一次見到賽普勒斯。

✝

渡海的過程相當緩慢，聖殿騎士大團長錯過了與教宗會面的日期，但是這無關緊要。克雷芒在去年秋天被一場嚴重的腸道疾病擊倒在床，他病得很重直到新年才能夠與人會面。因此，雅克在抵達法蘭西後可以從容地繼續他的行程——很可能是藉由馬賽港上岸，那裡的聖殿騎士擁有強大的海軍力量，還有一座管理賽普勒斯和西方之間航運的房屋。他的最終目的地是普瓦捷的教宗宮廷，普瓦捷是克蘭河（River Clain）上一個優雅的法蘭西小鎮，有一座輝煌的宮殿，其中有為阿基坦的埃莉諾建造的一間巨大接待室，被稱為「失落足音的門廊」。他在前往那裡的路上有很多時間來熟悉法蘭西王國的狀況。

腓力四世所屬的卡佩王朝已統治了法蘭西四個多世紀。在十三世紀期間，他們極大地擴展了王權在整個領土的直接支配影響力，宣稱對諾曼地、安茹、布列塔尼和土魯斯擁有直接權威，這些地方在過去實際上是由實質獨立的王公貴族或是外國國王所統治的。從巴黎周圍一小塊王家直屬領地開始，卡佩王朝已經控制了王國西部的大部分海岸，並將其統治權向南延伸到庇里牛斯山脈，向東到達隆河。

該王朝宣稱自己繼承了查理曼（Charlemagne）。他們悠久的歷史和近年來的急劇擴張，在後代國王身上培養出對於聖事上的顯著妄自尊大。一二九七年，腓力為他顯赫的祖父路易九世封聖，而且正如他崇拜路易一樣，他也自認為是一位真正特殊王國的最高基督教國王。他渴望其他所有人也應承認這一點。

腓力對宗教的篤信程度幾乎到了浮誇的程度，他統治下的一些臣民難免會竊笑。不過他們很快就發現這是一個壞主意。一三〇一年，帕米耶（Pamiers）主教伯納德．塞瑟（Bernard Saisset）稱腓力是一隻無用的貓頭鷹：「世上最漂亮的鳥卻毫無價值……這就是我們的法蘭西國王，除了盯著人看之外毫無作為。」這種說法既不明智也不準確，而且它讓主教因為巫術、褻瀆、淫亂、異端和叛國的罪名受到審判。腓力是一個缺乏熱情，沒有太大求知欲的人，但他是一個精於算計的狂熱者，全心投入他那種滿足自我的虔誠，能夠說服自己別人心中滿懷惡意，並且不怕摧毀擋在他面前的任何人。

腓力在一二九六至一三〇一年間對教宗博尼法斯八世的惡毒和幾乎出自個人恩怨的仇殺，正是他那自以為公正的憤怒最臭名昭著的例子。這場戰爭開始於腓力企圖從法蘭西教會攫取稅收，用於他的軍事計畫，但是這很快演變成一場爭奪絕對權威的惡戰（因為塞瑟主教被捕而引起的激烈爭論是這場激烈戰爭中的一場戰鬥）。博尼法斯試圖用一連串教宗詔書來威脅腓力，最終以《至一至聖詔書》（*Unarn Sanctam*）④達到了高潮，這則詔書咄咄逼人地確立了教會的精神至上地位，並且主張所有人都應該服從羅馬，包括國王在內。它毫不含糊地指出：「每個人類若要得到救贖都必須要服從羅馬教宗」。[15]

國王對此的回應既簡單又殘酷。一三〇三年九月，腓力信任的大臣諾加雷特的威廉（William of Nogaret）帶著幾千名僱傭兵來到羅馬附近的阿納尼（Anagni），團團包圍人在教宗宮廷中的博尼法斯，闖入並且毆打他。後來傳說威廉打了博尼法斯一巴掌，姑且不論這是不是真的，教宗被扣為人質好幾天，他的房子被洗劫一空。他深受打擊以至於在回到羅馬後不到一個月就死了，死前極為憤怒而且因為發燒而精神錯亂。⑤博尼法斯的繼任者本篤十一世（Benedict XI）僅在位九個月就去世了，最後法蘭西人依照自己的意思讓克雷芒當選為教宗。

在腓力統治期間，教會人士並不是唯一受到虐待的群體。國王對金錢的迫切需求，是他與博尼法斯第一次衝突的催化劑，這源於法蘭西不斷捲入對鄰國的戰爭。當年僅十七歲的腓力於一二八五年登基時，他也繼承了與亞拉岡仍在進行的艱苦而徒勞無功的爭鬥。嚴格來說，這是一次十字軍戰爭，儘管實際上是一場在南方的地盤之爭，只不過被一位有黨派之見的教宗給荒謬地神聖化了，而且法蘭西輸掉了這場戰爭，並為此承擔了沉重債務。

法蘭西在結束與亞拉岡的戰爭之後，他們在一二九〇年代後期針對英格蘭發動了一連串削弱自身力量的戰爭，而起因是出於英格蘭年邁的戰士國王愛德華一世拒絕在加斯科涅的土地扮演法蘭西的封臣。一三〇五年，讓腓力的女兒和愛德華的兒子訂婚的這個和平條約解決了這個衝突，但一系列針對法蘭德斯的大規模戰役也讓敵對行動的結束變得更為複雜。最重要的是，腓力結髮二十年的妻子納瓦拉的瓊（Joan of Navarre）於一三〇五年三月底去世，而腓力出於迷信以及疑神疑鬼，漸漸相信她是被特魯瓦主教吉夏爾（Guichard）所施的巫術謀殺的，國王因此把吉夏爾驅逐出了王國。[16]

雅克於一三〇六年抵達法蘭西時，法蘭西面臨最大的問題既不是腓力的喪妻之痛，也不是外國國王的威脅。問題在於財政，整個王國正處於一場全面的財政危機的痛苦之中。對抗英格蘭和法蘭德斯戰役的開銷巨大，政府採取了一系列不停改變的財政策略來處理其國庫所面臨的壓力。其中最具破壞性的做法是操縱貨幣。路易九世對錢幣進行了重大的檢視，於一二六六年發行了一種幾乎純銀的新硬幣，被稱為「圖爾格羅斯幣」（gros tournois）。格羅斯幣價值十二但尼爾（denier），後者是法蘭西通用的實體貨幣。格羅斯幣的官方貨幣價值最初是穩定的，而且該貨幣受到信賴。但這種情況在一二九五年發生了變化，當時腓力和他的部長開始貶值貨幣以滿足國王戰爭政策的需要。[17]為了替緊張的國庫籌集資金，格羅斯幣被重新估價為十五但尼爾，同時減少了每枚硬幣中的銀含量。八年後的一三〇三年，格羅斯幣再次被重新估值至二十六又四分之一的但尼爾。到一三〇六年，一枚格羅斯幣價值四十一又二分之一但尼爾，而且政府禁止臣民把硬幣帶出國，藉此保存國內貨幣流通中所剩不多的白銀供應量。這一毀滅性的政策使法蘭西貨幣崩潰，導致迅速而破壞性的通貨膨脹，並使貨幣的實際價值減少了三倍多。

---

④ 作者注：詔書之名源於其開頭的一句話，「在一個聖而公的，從使徒傳下的教會……」。

⑤ 作者注：當博尼法斯的屍體於一六〇五年被挖出並且詳加檢查時，關於他啃掉自己雙手後而死的傳說才終於平息。

一三〇六年夏天，腓力的大臣們曾試圖透過從流通中撤走大量資金來扭轉這個政策。這個新舉措甚至用一種不可能實現的欺騙說法來推動，號稱是要回歸聖路易時代的「良幣」（good money），只不過一項嚴厲的通貨緊縮政策甚至要比貨幣貶值更不受歡迎，因為這意味著人們必須把硬幣吐回給王家鑄幣廠，他們在那裡能拿到的金額會比當初所投入的要少得多。與此同時，債務和食品的計算單位仍然是舊的「不良」貨幣——這些貨幣仍在流通。

生活費用在短時間內上漲了一倍，而且十二月三十日時巴黎爆發了嚴重的騷亂（惡劣的天氣和洪水使騷亂更加嚴重），逼使國王要躲在聖殿騎士團的宮門之內，他認為這是一個比西岱島王宮更安全的堡壘。

腓力財政政策的第一個受害者是法蘭西的猶太人。西方的猶太人傳統上受到他們的基督教君主的保護，允許他們從事高利貸活動——羅馬教會的信徒在理論上被禁止從事這種行業。通過大量的一次性稅收和帶有威脅性的勒索貸款，許多世俗統治者發現猶太人是寶貴的收入來源。十三世紀晚期，義大利銀行業的興起削弱了猶太人對王室財政的重要性，正如歐洲各地出現了惡毒的反猶太主義態度，使得虐待猶太人社群成為一種輕鬆的民粹政策工具。猶太人在公共戲劇中被諷刺、被暴徒攻擊，並且成為荒謬神話的主題，這些神話把猶太人描繪成兒童謀殺者和性特徵異於常人的怪物。腓力四世相信並鼓勵了一種普遍的偏見，認為猶太人會設法取得聖餐餅，並且用水、火和刀子加以攻擊，藉此將基督重新釘在十字架上，因為基督被認為存在於聖餐餅當中。[18]

在財政投機心態和露骨的偏執心之驅使下，國王和貴族開始驅逐猶太人、沒收或拍賣他們的財產。一一八二年，腓力二世．奧古斯都曾命令猶太人離開巴黎周圍的王家領地。一二四〇年，猶太人被趕出布列塔尼。一二八九年，腓力的堂弟安茹的查理二世將猶太人趕出了自己的領土。愛德華一世需要為自己籌措巨額的軍費，他分別在一二八八年和一二九〇年通過王家法令驅逐了加斯科涅和英格蘭的猶太人，接著攫取了猶太人的財富、地產、商店和房屋，幫自己發了筆橫財。

由於王家鑄幣廠急需白銀儲備，腓力於一三〇六年六月二十一日發布命令，要求其官員彼此協調在一個月零一天後執行全面性的逮捕。在七月二十二日，大約有十萬名⑥猶太男子、婦女和兒童被逮捕和監禁，他們的財富和財產被清點造冊。他們被告知在一個月內必須離開王國，否則將被處死。對猶太人的迫害並不局限於國王直接統治的土地，迫害是有針對性地進行的，特別發生在那些其他領主在嚴格意義上對猶太人擁有主權的地區。「凡猶太人都不可離開我的地，連自己的產業也不可帶去。或者他為自己選擇一位新神，我們就成為一國之民。」後來，一位猶太作家用《出埃及記》中的這句話來指涉腓力四世，因為一群又一群飢腸轆轆、支離破碎的難民在此時必須長途跋涉前往庇里牛斯山脈、低地國和神聖羅馬帝國。

在諾加雷特的威廉的密切監督下，驅逐猶太人的行動在大團長雅克到達法蘭西的前幾週就完成了，大團長在事情發生的當下一定有親耳聽說到。這個政策本身與聖殿騎士，以及他前來討論的政策沒有任何關係。但是它的結果卻與這兩者息息相關。對猶太人的實際驅逐成功地完成了，但並沒

---

⑥ 作者注：法國有四萬到十四萬之間的大量猶太人，這些人數在某種程度上來自從別處被驅趕來的猶太人，這些估計數字來自 Jordan, W.C., *The French Monarchy and the Jews: From Philip Augustus to the Last Capetians* (Philadelphia: 1989) 203-4。歐洲的猶太人會逃到法蘭西的王室領地，尋求安全。

有帶來國王要將貨幣恢復到原先價值所需的白銀數量。這使得腓力的政府幾乎沒有選擇餘地，並且四處尋找其他富人集團來進行襲擊。

聖殿騎士團在這方面極為顯眼。他們在亞拉岡、英格蘭和賽普勒斯的財庫中藏有數百公斤的白銀，巴黎聖殿中的金庫也有數百公斤。[19]一三〇六年，聖殿仍然在其司庫圖爾的約翰（John of Tour）的管理下，為國王提供基本的會計業務。這些業務使聖殿騎士團變得有價值，但也會使他們變得脆弱。

腓力在那年夏天的情緒特別高張，他比在位期間的任何時候都更堅定地企圖要證明自己作為「基督教最虔誠之國王」的特殊身分。驅逐猶太人既是權宜之計，也是國王對一切虛假信仰的強烈憎恨的證明。他的「良幣」財政政策明確地將他塑造成祖父聖路易的真正繼承人。為了強調自己與祖父的關係，腓力還重新規劃了聖德尼修道院的王家陵墓，以便讓自己的長眠之所與祖父的墓相鄰。

一三〇七年五月，腓力四世在普瓦捷的教廷上，威嚇不情不願的克雷芒五世，要他允諾對前教宗博尼法斯進行死後審判，是世所周知的荒謬指控，包括異端邪說、雞姦、巫術和謀殺。⑦抹黑博尼法斯的名聲有雙重目的：一方面滿足了腓力對教宗的怨恨，另一方面也使人深刻認識到，法蘭西國王的地位背後有上帝撐腰。

克雷芒深感不安，並試圖讓雙方妥協達成共識：如果國王撤回對博尼法斯名聲的迫害，他將正式原諒所有與阿納尼事件有關的人（其中最主要的是諾加雷特的威廉）。雙方沒有達成任何協議，腓力在五月十五日左右離開，不久大團長雅克抵達教廷。威廉和他的同僚，另一位腓力四世的主要官員，普萊西昂的威廉（William of Plaisians）繼續停留在教宗這裡相當長的一段時間，因此很可能兩人有跟聖殿騎士團大團長碰面。當時眾人唯一可能的情緒便是緊張。眾所周知，法蘭西國王與教宗共同提出了聯合聖殿騎士團和醫院騎士團的議題。在教廷的一位使節寫信告訴他在亞拉岡的團長說：「根據持續不斷的傳聞，教宗一定會處理各個修會的合併，並且打算與他們合作來進行。」[20]

當雅克在普瓦捷與諾加雷特的威廉交鋒時，威廉已經開始編寫聖殿騎士團的檔案，他悄悄地採訪了被驅逐或者是受到懷疑而因此心懷不滿的騎士團成員。這份檔案的目的尚不清楚，但它充其量只不過是一份見不得人的祕密賬簿，將被保存起來，作為將來對付聖殿騎士團和教宗的彈藥。不管最初的意圖是什麼，它的內容已經十分聳人聽聞。

威廉的檔案的第一個受訪者是一位生活放蕩的城鎮居民，名為弗洛伊蘭的埃斯奎因（Esquin of Floyran），他來自朗格多克（Languedoc）的貝濟耶（Béziers）。一三〇五年前後，他和一個逃離騎士團的聖殿騎士一起被關在監獄中，他聲稱，當他們被關在一起的時候，他的獄友向他吐露了一些不道德的故事，特別是在接待新騎士和軍士的儀式上。

埃斯奎因曾向獄卒講述過這些淫穢的故事，出獄後他曾試圖兜售自己的故事給出價最高的人。他最初試圖接觸亞拉岡國王詹姆斯二世，與國王的告解神父取得了見面的機會，並提出，他願意讓出自己的故事來換取每年一千里弗爾的收入和三千英鎊的現金，如果他的說法查證屬實。詹姆斯將

---

⑦ 作者注：距離博尼法斯過世已經三年了，但是這件小事並不是阻礙。教宗的屍體至少曾經被審過一次，在西元八九七年時，已故的教宗福慕（Formosus）的屍骨被挖出並且因為偽證而接受審判，最終被宣判有罪。他的教宗任期被適當地從紀錄中刪除。

他拒之門外，但埃斯奎因並未因此灰心，他將這個故事帶到法蘭西國王那裡。一到宮廷後，他就被推到諾加雷特的威廉面前，而威廉認為，在現在這個敏感時刻，盡可能地記錄那些可能對聖殿騎士團不利的八卦消息極具價值。埃斯奎因被仔細盤問，他的故事被記錄下來，並且開始尋找進一步的證據。在法蘭西的聖殿騎士的房子內部被安插了內奸。因此，法蘭西宮廷開始搜羅各種指控、傳聞、謠言和八卦。當雅克抵達普瓦捷的教宗宮廷時，監視已經進行了長達兩年之久。威廉還沒有準備好根據他正在彙編的證據採取行動。但他日後將會準備好，並且會採取行動。

✝

一三〇七年初夏，雅克從普瓦捷往北前往巴黎，這裡於六月二十四日舉行了該修會的全體修士大會，這是重要官員會議，會上討論的首要問題必然是關於修會合併的威脅，大團長在會上經常與佩羅的于格在一塊，後者曾擔任過許多高級職位，包括法蘭西團長、普羅旺斯代理團長以及英格蘭和法蘭西的監察長（一個負責監督的高級職位）。雅克在知道了一些事情的發展之後多了不少信心，首先于格在腓力與博尼法斯的衝突中堅定支持了前者。其次是巴黎聖殿在他的監督下仍舊負責王國的許多財務職責、與羅浮宮的王家會計師一起工作，並且在圖爾的約翰的監督下代表國王支付軍隊和王室的薪資。

雅克於七月底回到教宗宮廷，而在八月四日，大團長從普瓦捷撤出，前去造訪昂古萊姆的蒙高格（Montgauguier in Angoulême）。在這裡，他寫了幾封關於亞拉岡和加泰隆尼亞新地方團長選舉的信，其中一封是寫給國王詹姆斯二世的。到九月八日，他已返回普瓦捷，仍專注於亞拉岡的團長人選，現在決定是倫達的西蒙（Simon of Lenda）。[21]接下來的幾天裡，關於西蒙就任新工作的微觀管理占據了他的時間，雅克口授了幾封長信，規勸他對上帝、騎士團和自己盡自己的職責，並告訴他如何處理他前任團長的財物和僕人。另一封信發給亞拉岡女王布朗什，推薦了這位「公正，值得信賴」的新團長。[22]

所有這些都照往常一樣進行。然而，當雅克繼續他的工作時，他愈來愈感到事情有些不對勁。⑧後來有人說，那年夏天他去腓力的宮廷時，他曾在國王和一些大臣面前，「解釋了其教團規章中的幾條條文」。

教會經由埃斯奎因首次獲知了聖殿騎士在入會儀式上的不檢點行為。新成員們將會被告知聖殿騎士的繁重職責和艱苦的生活，被問到他們是否願意獻身於東方騎士的嚴酷生活，並且保證他們將會獲得「麵包、水、簡陋的衣服以及許多痛苦和折磨」。[23]然後，他們將被賦予白色或黑色的披風，然後得到來自聖殿神職人員的祈禱，接著帶領入會儀式的弟兄（通常是修會的高級成員）「會扶他起身並且親吻他的嘴，而且按照慣例神職弟兄也會親吻他」。[24]

彼此親吻是封建關係中被眾人接納的一種做法，也是基督徒表達和諧的一種常見方式。如果說

---

⑧作者注：在泰爾聖殿騎士團的編年史上有一個奇特而且充滿問題的故事，暗示國王和聖殿騎士團不和的根源是司庫圖爾的約翰放給國王的一大筆貸款，據推測這筆錢未經過雅克許可。根據這種說法，雅克解僱了司庫，然後拒絕應國王的要求將他恢復原職，並且將一封透過教宗轉寄而來的信扔進了火裡。很少有歷史學家認為這個故事有可信度，其似乎是一個消息不靈通、斷章取義的反雅克的偏見文章，而且與泰爾的聖殿騎士關於一二九一年阿卡淪陷的描述中的那種出色目擊者證詞形成了鮮明對比。Crawford, P. (ed.), The 'Templar of Tyre', *Part III of the Deeds of the Cypriots* (Aldershot: 2003) 179-80。

這件事震驚了國王或他的大臣們，他們在與雅克的第一次會面中卻沒有提到這件事。但他們也沒有要大團長去處理弟兄之間在性接觸方面的任何其他問題，儘管在《聖殿騎士會規》中必然有提到這些問題。《會規》中有一些條款譴責雞姦是「骯髒、發臭的罪行」。在關於贖罪聖事的案例研究當中有一則關於三個弟兄的故事，他們因為彼此發生性關系被逮住，並且被判處終身囚禁在朝聖堡。[25]

國王選擇去處理另一種看似無害的行為：未按照規則的懺悔。雅克承認，作為一名大團長，他有時會聆聽其他騎士的懺悔，他們不願向神父講述自己的罪行，擔心他們會因輕罪而受到嚴厲懲罰。他解釋說，他經常傾聽弟兄們告解並且私下赦免他們，但是卻忽略了自己在精神層面上沒有這樣做的權責，因為他並未被任命為神職人員。[26]

我們尚不清楚雅克如何或為何自願提供這些資訊。最合理的解釋是他中了圈套。在他承認了聖殿騎士團親吻新入職者的既定做法後，大團長很可能試圖用捍衛聖殿騎士團毫不妥協的紀律來加以抵銷。畢竟，他在反對修會合併的備忘錄中吹噓了聖殿騎士團的極端嚴謹。現在，他或許想透過一個純粹自嘲的軼事來向國王證明，對犯錯的弟兄們的制裁是多麼嚴厲，意在說明聖殿騎士團的贖罪聖事是多麼嚴厲——嚴厲到他有時會同情他的弟兄們，並且親自赦免他們。雅克可能提起一個微小過錯並將其視為美德。如果真是這樣，那他對其聽眾的理解便是徹底的錯誤。因為在聖殿騎士團的問題上，腓力四世和他的大臣們並不想要被說服。他們想要的是證據。

與腓力的會面並沒有消除聖殿騎士行為不端的謠言。到了八月下旬，這些擔憂已經足夠讓雅克決定他需要親自採取行動，而他求助的人正是教宗。八月二十四日，克雷芒寫信給法蘭西國王，解釋說聖殿騎士團的大團長親自來找他，要求對「陛下獲悉的誹謗」進行調查。他接著說，雅克懇求他「調查一下他們受到不公正指控的行為，這樣，如果他們被判有罪，就可以得到懲罰；如果他們是無辜的，就可以免於這項指控」。[27]教宗表示同意，確實有「許多奇怪和前所未聞的事情」散布在關於修會的謠言中。因此，克雷芒說，他將親自檢視《聖殿騎士會規》。他將於九月一日至十月十五日接受腸道問題的治療，一旦康復之後，他便會展開正式調查，徹底解決這一問題。這聽起來像是一個機會，可以進行公正的聽證，也讓聖殿騎士們做出小規模、自願性的改革。

隨著教宗請病假，諾加雷特的威廉和法蘭西黨人抓住了他們的時刻。九月十四日，在蓬圖瓦茲附近聖瑪利亞王家修道院所撰寫的用印信件被分發給政府官員。信件中指示收件人應該在一個月之中採取下列措施：他們要經過協調之後再同時對聖殿騎士團發動攻勢，而效率要跟他們驅逐猶太人一樣。

八天後，國王的私人告解神父巴黎的威廉（William of Paris）又發出了一連串的信件，威廉是一位精力充沛的道明會修士，也是法蘭西首席教宗裁判官。他是教會在公務意義上的僕人，要對根除異端邪說和不受約束的信仰負起全責。他的最高效忠對象是克雷芒五世，但他在王室中的地位使他成為國王的寵兒，因為他可以直接接觸腓力。九月二十二日，他寫信告訴自己在全國各地的調查小組要準備好對付聖殿騎士團。這些信件是保密的。九月三十日，一個弟兄逃離了聖殿騎士團，但三天之後，弟兄們仍在接受新成員，顯然毫無戒心。

十月初，雅克前往巴黎與腓力一同參加國王的小姨子凱瑟琳的葬禮，她是君士坦丁堡的拉丁皇后。聖殿騎士團大團長被任命為護柩者，這完全沒有任何他不受歡迎的跡象。

葬禮後的第二天清晨，國王的地方行政長官和總管在法蘭西各地開始行動。全國各地從諾曼地到土魯斯的聖殿騎士團之家的大門前，都有身穿王家制服、手持蓋有王家印璽的逮捕令的人出現，命令裡面的弟兄們投降。他們必須離開自己的房子並且受王室拘留。他們被指控的罪狀徹底令人髮指而且天理難容，簡直是筆墨難以形容。

逮捕令中寫道：「聖殿騎士團的弟兄們宛如披著羊皮的狼，陷入在侮辱我們宗教信仰的惡習中，他們再次將我們的主耶穌釘在十字架上。」執達吏奉命「把他們抓起來，帶到教會法庭上。你們將沒收他們的動產和不動產……直到你們收到我們關於此事的進一步指示」。[28]

圍捕便這麼展開了。這沒有激起太大的反抗，而且只有少數弟兄試圖逃跑。相反地，基督和所羅門聖殿的貧苦騎士團，長久以來以他們在戰場上的英勇著稱，他們成群結隊地走入光芒閃爍的秋日黎明，溫順地被帶去面對他們的命運。

那天是一三〇七年十月十三日星期五。

第二十章　異端者般的墮落

最近有一件事在我們之間口耳相傳，並且引起了我們相當大的震驚和強烈的恐懼，這是經過許多值得相信的人所擔保，一件痛苦、可悲、可怕，想起來恐怖、聽起來可怕的事情，令人髮指的罪行、令人生厭的恥辱，完完全全泯滅人性的一件事。在權衡了其嚴重性之後，我們感到我們的悲痛與日俱增，因為很明顯，這種性質和重要性的罪行是如此之大，以至於構成了對神聖尊嚴的冒犯，是對正統信仰和整個基督教的損失，是對人類的恥辱，是邪惡的糟糕例子以及全世界的醜聞。1

這些以國王的角度寫下來的信件，其中充滿被聖殿騎士卑鄙罪行所點起的正義怒火。這些信是寫給執達吏和總管們的，他們都是有爵位的人，有權以國王的名義進行逮捕。信中還談到了新弟兄被接受入修會時所發生的一些暗黑行為和奇怪儀式。指控的靈感來自於每一個新兄弟所接受的平和吻禮，但是在諾加雷特的威廉領導的王室宣傳機器加工後，這已經變成了一場將會震驚所有虔誠基督徒的狂歡墮落儀式。

據「非常可信的人」說，弟兄們在接受入修會時將被迫否認基督三次，向他的像吐口水，而且脫下衣服並赤身裸體地站在接受者面前，接受者為了慶祝他們進入修會，「首先親吻他們的背脊下部，然後是肚臍，最後是嘴巴，按照他們修會的褻瀆儀式，這樣做有損人的尊嚴」。透過這種方式加入聖殿騎士團後，弟兄們便受其誓言束縛而不得不與彼此發生性關係，「這就是為什麼上帝的憤怒落在這些不忠的兒子身上」。雞姦、異端、對耶穌基督形象的攻擊，以及一些黑魔法，凡是迄今為止與法蘭西腓力四世發生過衝突的人都會很熟悉這些指控。有人提到聖殿騎士「向偶像獻祭」，這點隨著調查的進行將變得非常重要。政府曾經聽說過，弟兄們用來固定長袍的繩子被「祝福」了，其具體做法是將繩子去接觸「人頭形狀的偶像，其上有長著大鬍子，他們在各省分會中都會親吻和崇拜這顆頭顱」。

儘管他們滿口汙言穢語，但授權逮捕他們的信件大多是夸夸其談，以及對腓力個人正義的熟悉斷言（國王稱自己是「上帝派我們站在至高無上的瞭望塔上，保衛教會信仰的自由」）。國王聲稱，隨著他的調查「愈深入與愈全面」，他所「發現的可憎之事便愈多，正如人們撞倒一堵牆時會發生的事情一樣」。至於這些更可憎的事是什麼，從來沒有具體的說明。因此，儘管國王已經通知王室有意審判法蘭西的每一名聖殿騎士，也宣布由他的告解神父巴黎的威廉，「異端墮落的裁判官」，來領導這項工作，並且承諾要凍結聖殿騎士的資產，直到真相大白。但若是仔細閱讀逮捕令，裡面並沒有新發現，除了對聖殿騎士團獨特的入會儀式進行歇斯底里的誇大說明外，就只有滿篇的侮辱和煽動性的傳聞。

九月二十二日發出的第二份公文更能透露出實情。它對執行逮捕的執達吏和總管做出了具體指示。[2]根據王室命令，他們要去扣押、清查和保存聖殿騎士團的財產，並準備繼續在葡萄園和田地上進行任何必要的耕作工作。與此同時，他們將把弟兄們單獨監禁，而且他們應該「在必要時藉助酷刑來嚴密地確立真相」。

✚

一三〇七年十月至十一月間，在諾加雷特的威廉和巴黎的威廉的指導下，雅克．德．莫萊和其他數百名兄弟被捕並被加以審查。國王的大臣審問賽普勒斯分團長卡隆的蘭波（Raimbaud of Caron）、法蘭西的監察長佩羅的于格、諾曼地分團長沙爾尼的若弗魯瓦（Geoffrey of Charney），以及國王倚重的財政顧問和巴黎聖殿的司庫。除了這群高階官員之外，大多數被捕的男子都是中年人，而且顯然都不是戰士。法蘭西大多數的聖殿騎士都不是戰士。他們是農場管理者、牧羊人和養豬戶、木匠或葡萄酒商人。[3]只有極少數的成員是騎士，因為到了十四世紀早期，一些分團的全部成員皆為軍士，在香檳、皮卡第（Picardy）、奧弗涅、普瓦圖和利穆贊等地區都是如此。[4]被調查者中有四成的人年齡超過五十歲。三分之一是聖殿騎士團的退伍軍人，他們在這個明顯是雞姦和無宗教信仰的溫床中服務了二十多年，毫無怨言。[5]

儘管如此，國王的命令要求嚴刑拷打，沒有理由認為這些命令遭到違抗。當時的方法並不新穎，但都久經考驗：飢餓、剝奪睡眠、單獨監禁、無休止的審問、鐐銬、鞭打、燒腳，以及倒吊刑架，一種將被綁住的手臂從身後拽起，直到被拖離地面、肩膀脫臼的裝置。一位名叫吉西的龐薩（Ponsard of Gisy）的聖殿騎士後來描述說，他的手臂被緊緊綁在背後，以至於鮮血從指甲下面流出，而且被關困在一個極小的坑中，他只能朝四周邁出一小步。他說與其受這種苦刑，不如被斬首或被滾燙的水燒死。[6]

自從對異端之恐懼於一一六〇年代首次籠罩羅馬教會以來，清除異端一直是西歐教會領袖和虔誠的世俗統治者們念茲在茲的事情。在十三世紀初，教宗英諾森三世批准了所謂的「阿爾比十字軍」（Albigensian Crusade），這是對法蘭西南部被稱為卡特里派信徒的不順從基督徒（non-conformist Christians）的大規模迫害。從一二三〇年代開始，宗教裁判所已經成為一個完全成熟的機構，由教會組織與世俗當局一起運作，而後者有權力對那些不願改變其行為方式的異教徒（包括異端者）實施肉刑。宗教裁判所的目的是使異教徒回歸到教會的正確教導，並防止他們腐化其他人。就實際做法而言，這意味著迫害那些偏離官方教義的人，或者那些在其他方面被認為異端而令人反感的人。[7] 那些坦承是異端並同意悔改的人會被授予贖罪聖事，而且被重新接納進教會。那些拒絕的人經常都要承受折磨直到改變想法為止。教宗英諾森四世在一二五二年的一項教宗裁決中明確批准對異教徒使用酷刑。那些認罪後來又復犯的人被認為是最糟糕的，他們會被宗教裁判所移交給世俗當局執行死刑，這通常意味著被活活燒死。教宗的宗教裁判所大多採用托缽修道會的人，例如道明會和方濟會人士作為裁判官。這些人傾向於把對公認的教會教義的堅實認知，與對肉體痛苦的自我選擇的興致兩者結合起來，有時還會加入對於暴力的徹底喜好。在一三〇七年，他們知道自己行動的意義，也知道自己要尋找什麼。

裁判官的工作是提取與腓力四世信件中指控相符的供詞。這並非不帶偏見的訊問工作，而是確認的工作：要找出證據來證明不信教像毒藥一樣在聖殿騎士團中蔓延。異端是必須加以證明的罪名，因為這種罪行已被教會根除，但是仍然受到世俗當局的懲罰。如果能證明聖殿騎士團中普遍存在這種情況，那就可以讓國王從教宗手中搶下終結此修會，並且重新分配其資源的工作。

雅克在他參加拉丁帝國皇后葬禮之後，在逮捕發生的那一夜停留於巴黎。十一天後，他仍然在巴黎，那是一三〇七年十月二十四日，他在這天於巴黎聖殿的審問官面前供認不諱，他是兩個星期來到同一個法庭受訊的一百三十八名弟兄之一。這位聖殿騎士團大團長被帶到巴黎的威廉和他的公證人和證人面前，他把手放在福音書上，並且聲明說他正在講述「關於他本人和其他人完整、全部和徹底的真相」。[8]

雅克說自己成為聖殿騎士已經四十二年了，他是在博訥（Beaune，介於第戎和里昂之間）聖殿騎士之家，由佩羅的亨伯特（Humbert of Pairaud）和其他幾位弟兄接待入會的，其中大多數人的名字他都不記得了。根據裁判官的報告，雅克當時說：

> 在他針對要遵守該修會的儀式和規定做出許多承諾之後，他們在他的脖子上放了一件斗篷。他說：上述的接待者差人把一個刻有受難像的銅十字架帶到他面前，就吩咐在這個像前否定基督的存在。他出於百般不願意照做了。然後那個接待者命令他吐口水在像上，不過他是朝著地上吐。在被問及吐了多少次口水時，他發誓說自己記得很清楚只有吐過一次。

大團長否認曾與他的弟兄們有過肉體關係，但他說其他兄弟的接待儀式與他的相似，而且他擔任大團長期間，也命令儀式這麼進行。

大約在同一時間受審問的其他高階聖殿騎士給出了相同的答案。由於這些答案確實如此相似，以至於審判員的紀錄表明，他們只是被誘導承認了一份具體的罪行清單，紀錄中還附有一些挽回面子的警語。諾曼地的分團長沙爾尼的若弗魯瓦曾有一次拒絕承認耶穌像，並且說他不記得自己是否曾對這幅像吐口水，因為那是「三十七或三十八年前的事」，而且他們做這些事情的時候總是相當匆促。他承認自己「親吻了接待他的團長的肚臍」，並且曾經在一次分會會議上聽到有人說，弟兄之間發生性關係比起「在女人身上發洩自己的欲望」要好。他承認自己用相同的方式接納了一個弟兄，然後才意識到「他過去被接納的方式是邪惡、褻瀆和違反天主教信仰的」。[9]

十一月九日，法蘭西的監察長佩羅的于格受到審訊時，檢察官給予了特別的注意，且遠遠超過對雅克的注意。大團長的整個成年生涯幾乎都是在東方度過的，而于格則是一位服務了四十四年的老兵，其中大部分時間都是在西方度過。他曾在英格蘭、法蘭西和普羅旺斯擔任最高職位，並且是法蘭西政界的一位傑出人物，與國王關係密切深到當國王與教宗博尼法斯發生衝突時，他選擇支持國王。他的招供有著最大的價值，因為他的認罪可以象徵聖殿騎士團在整個法蘭西的行徑。國王的裁判官對于格作證所投入的時間精力比起對其他任何聖殿騎士都要更多。

于格的作證從描述他於一二六三年入會開始。他告訴他的審問者自己拒絕承認過基督一次，但他違背了吐口水在十字架上的命令，只是以傳統的平和吻禮親吻了他的接吻者的嘴。然後他說當自己替其他人舉行入會儀式時，會把新兵帶到了「一個祕密的地方」，並且強迫他們經歷了整個邪惡的冗長過程：親吻他的脊椎和肚臍、否認基督三次並且吐痰在十字架上。顯然，這個消息是從于格口中套出來的，因為審問者承諾于格，只要他承認這些行為並且說自己很後悔，事後就會被原諒。在他對這些變態入會儀式的描述中還添加了以下陳述：「儘管這是他命令他們做的，但是他並不是出於真心下達這個命令。」他承認自己曾允許一些兄弟與其他兄弟一起減輕「人性之熱」，在這個說法後頭也有類似的免責聲明。他堅稱自己之所以這樣做，只是「因為這是根據修會規矩所做出的慣例」。[10]

一直到這個時候，于格說的都是樣板答案：他監督的墮落，與國王的信件中描述的完全一樣，描繪了一幅雞姦和褻瀆神明的畫面，從上到下腐蝕著法蘭西的這個修會。然而，在他的供證進行到一半時，于格似乎迷失了。首先，他開始含糊其辭。當被問及聖殿騎士團的其他高階成員是否也進行與他相同的入團程序時，他說，「他不知道，因為分團中發生的事情都不會以任何形式透露給不在場的人」。然後，當被問及他是否認為上述修會的所有弟兄都是這樣入團的，他回答說那不是他的意見。

這對他的裁判官來說足夠了。代理巴黎的威廉的道明會弟兄埃內扎的尼古拉（Nicholas of Ennezat）將聽證會延後到當天稍晚的時刻，于格便被帶離了房間。在這段時間發生了某些事情改變了于格的想法，當聽證會恢復時，于格說：「恰恰相反，他認為所有的弟兄都是以這種方式被接受入團的，而不是另一種方式。他要更正他先前說的話。」他接著又對聽供期間所展開的另一項調查增補了一些細節，也就是偶像崇拜的問題，這是雅克和沙爾尼的若弗魯瓦都沒有提到的。但是，他現在準備對此或多或少地說些什麼。于格描述了一個存在於蒙彼利埃（Montpellier）的「有四個腳的頭顱，下面有兩隻腳，後面有兩隻腳」，他只是「口頭而非真心，而且只是假裝地」崇拜這個頭顱。這個「偶像」聽起來很像一個聖髑盒，一種鑲著珠寶的棺材，通常是人體形狀，其中保存著聖人的遺骨，目的是為了完全正統的天主教徒崇拜。但這無關緊要。于格滿足了裁判官的要求，並發誓他沒有「因為威脅或擔心遭受酷刑或監禁而撒謊或遺漏任何事實……」後便被帶下。

審訊在巴黎聖殿和法蘭西各地的省級聽證會展開，並且一直持續到一三〇七年秋天和新年。關於聖殿騎士團活動的統一說法被建立起來。聖殿騎士被囚禁在痛苦的環境中，身體被鏈條鎖住，而且靠麵包和水果腹。他們經常遭受酷刑，而且由於這是在追捕異端時被眾人認可的做法，因此裁判官在與王室宮廷法庭的通信中直言不諱，而沒有刻意去隱瞞這一點。確實，在一三〇七年九月寫給裁判官指示中，對於這件事情說得相當明確：

他們將把這些人一個個置於隔絕和嚴密的看守之中，並將首先對他們進行調查，然後再招集訊問專員，並將在必要時使用酷刑以便仔細查明真相。

當騎士被傳喚要進行訊問時，會有相同的說明指出：

他們會被告知，國王和教宗已經透過聖殿騎士團中幾位非常可靠的證人得知他們所犯的錯誤與雞姦，特別是在他們入團以及宣誓的時候。如果他們供認實情並且恢復對神聖教會的信仰，他們將得到赦免。若不然的話，他們將被判處死刑。[11]

六十歲的卡隆的蘭波是少數曾試圖抵抗施加在自己身上壓力的聖殿騎士之一，他是賽普勒斯的分團長，而且顯然認為自己會比上了年紀的法蘭西會計員與農民更為強悍。[12]在佩羅的于格受審訊後第二天，蘭波在巴黎接受質問。他最初拒絕承認有過任何不當行為，並且說自己曾發誓要貧窮、守貞和順從，而且「他在接待弟兄入會時以及在修會中的時候，皆從未聽說過任何邪惡或不光采的事」。關於他作證的簡短筆記記錄下他這個非常令人不滿意的陳述，當時埃內扎的尼古拉弟兄也在場。「但到了同一天的晚些時候」，他完全認罪。[13]顯然，裁判官有一些折磨人的方法，就算是極為堅強的十字軍戰士都會屈服。其他受審的人更是不太有希望能堅持不屈服，招供的人數也因此源源不絕地增加。從年輕人到乾癟的老人，從最高級別的軍官到最粗鄙的勞動者，聖殿騎士弟兄們在身穿黑衣的審問者面前大排長龍，逐一招認了相同的異端行為：在祕密的儀式上非法親吻、在十字架上吐口水、否認基督、弟兄之間的性行為以及崇拜偶像。他們幾乎就是在跟某個人說出他想聽到的那些東西。[14]

✝

迅速圍捕聖殿騎士團並說服他們開始認罪是法蘭西戰略的關鍵因素。但是圍捕聖殿騎士比圍捕法蘭西猶太人更難，因為如果聖殿騎士團與十字軍東征運動緊密相關，並深深地融入整個基督教社會，那麼普遍性的偏見就不那麼容易操縱。當局必須速戰速決。這不能夠慢條斯理地進行。在聖殿騎士團能夠組織起任何有力的抵抗之前，必須要將他們推入永遠無法救贖的深淵。

一三〇七年十月二十五日和二十六日，在雅克認罪後，大團長和其他幾位弟兄被迫在特別邀請來的巴黎大學學者和學生面前，複述他們的罪行。而這群人的觀點、著作，以及跟其他國家的聯繫可以用來傳播國王的故事，並使其深入大眾的內心。這是一群受過教育的聽眾，對雅克和他的高階部屬來說，這可能是一個表明立場的機會。但不幸的是，在這個階段聖殿騎士團的首領是一個心力交瘁的人，他判斷擺脫困境的唯一辦法就是盡可能充分地遵守王室的要求。他向學者們重複了他的認罪，並將法蘭西國王形容為全能的「光明使者」。然後他默許了以他的名義寄出的信件，要求其他聖殿騎士跟隨他的領導做出懺悔。簡而言之，他放棄了維護聖殿騎士團良好聲譽的所有責任，給予狂熱的迫害者所有他們想要的答案，只希望他們感到厭倦後快點轉向下一個受害者。

如果雅克具有更敏銳的政治認識，他可能會意識到腓力破壞聖殿騎士聲望的欲求並未得到其他統治者的認同。除了在巴黎爭取知識分子的支持外，法蘭西國王還寫信給亞拉岡的詹姆斯二世和英格蘭新國王愛德華二世（愛德華二世於一三〇七年夏天接替了他去世的父親愛德華一世），解釋他的發現，並且敦促他們開始在自己的管轄範圍內抓捕聖殿騎士。兩個人都對他的說法感到莫名其妙。與詹姆斯二世通信的另一個人則從世俗角度表達了對這次逮捕的看法，他從熱那亞寫信給亞拉岡國王，並且解釋道：「教宗和國王這樣做是為了獲得（聖殿騎士）的錢，因為他們希望將醫院騎士團和聖殿騎士團合併成單一修會……國王打算並且希望他的一個兒子成為該修會的統治者。」[15]

教宗對腓力四世的嚴厲行為感到厭惡。克雷芒五世身體狀況不佳，正在接受治療，但他幾乎無法忽視腓力對騎士團規章和教宗權威方面所做的攻擊。教宗成為法蘭西王室的盟友是一回事，但完全被牽著鼻子走則是另一回事。在雅克認罪後三天，克雷芒從普瓦捷禮貌地寫信給國王。信件的開頭相當客氣，稱讚了卡佩王朝國王們無與倫比的聖潔，他們就像「閃耀的星星」，但他向腓力指出，他們之所以聖潔是因為他們擁有「智慧和服從」，而且最重要的是他們理解「當教會和宗教人士有可能受到傷害時，他們會……把一切都交給教會法庭」。[16]

教宗心想道腓力也許已將這點忘得一乾二淨了。「你已經對聖殿騎士的人員和財物下手了，而且不僅是隨便做做，甚至還把他們關押起來，彷彿我們對這件事情已經深入知情一般。」克雷芒明確表示，他知道弟兄們正在遭受折磨：「讓那些早已經受囚禁折磨的人遭受更大的苦痛。」

他告訴腓力，他感到很失望，因為他是「你在世時所有羅馬主教中對你最好的」。他曾告訴腓力，他打算調查聖殿騎士團，但腓力完全不理會他，並且逮捕了「上述我們和羅馬教會直接管轄的人員及其財產」。教宗希望現在由他監護所有聖殿騎士囚犯及其財產，並希望由自己指揮調查。「我們熱切地、竭盡全力地希望徹底清理教堂的這座花園……要是真有上帝所不准發生的感染的話……我們也要藉此將任何感染的火花徹底根除！」

教宗或許生病了，而且他可能因為住在法蘭西而不是羅馬而受到牽連，但他不會因為法蘭西國王決定要肢解教會中的好戰分子而變成國王的看門狗。

✝

一三〇七年十一月二十二日，克雷芒向西方所有重要基督教國王，包括英格蘭的愛德華二世、亞拉岡的詹姆斯二世以及卡斯提爾、葡萄牙、義大利和賽普勒斯的諸位統治者，發送了一篇名為《牧者至上》（*Pastoralis praeeminentiae*）的詔書。此篇詔書內容力陳教會的地位高於國王。這對於那些了解教宗和法蘭西國王之間的關係的人來說是熟悉的主題，但因為它出自克雷芒之手而引發了特殊的迴響。教宗不願意也不能夠讓卡佩王朝摧毀聖殿騎士。《牧者至上》詔書便是將他的意圖公諸於世。

克雷芒遇到的麻煩是他正在打一場無望取勝的戰鬥。已經有太多的證據浮出檯面了，無論這些證據看起來多麼難以置信，他也不可能把它們一掃而空。法蘭西國王是一個狂熱的獵人，他從不放棄追逐。博尼法斯在下葬後的四年仍被追捕這件事情，警告著克雷芒不要直接攻擊腓力。

教宗採取了另一種方法。聖殿騎士團的案件會在教宗的監督下進行，教宗將其範圍擴大到整個基督教世界。他邀請了所有收到詔書的統治者，使用法蘭西所採取的模式逮捕他們各自國家的騎士團成員。克雷芒在詔書中先交代了騎士團的不當行為，但他也小心翼翼地指出自己抱持著開放的態度，因為指控也有可能不實。而如果指控為真，一切都將得到相應解決。[17]克雷芒大筆一揮，就把自己加入了對抗聖殿騎士團的戰鬥中心。代價是他含蓄地接受了腓力的政策，從都柏林到法馬古斯塔的所有地方都要緝捕聖殿騎士，直到目的達成為止。

這對法蘭西國王和他的群臣們來說，是令人沮喪的，但他們可能不會感到驚訝。他們迅速而公開地向聖殿騎士施壓，是因為他們知道終結這個修會的時間所剩不多。克雷芒出手干預意味著他們將失去興訟的控制權。確實，對聖殿騎士團施加的壓力仍然很大，例如在一三〇八年一月七日，英格蘭的所有聖殿騎士團成員都被逮捕，王家軍官在一月十日還逮捕了蘇格蘭、愛爾蘭和威爾斯的弟兄。三天後，那不勒斯國王查理二世執行了教宗的命令。[18]這個案子突然像氣球一樣膨脹起來，迅速解決的機會幾乎消失了。

新年過後不到兩個月，教宗突然中止了對法蘭西聖殿騎士團的調查。一三〇七年十二月，樞機主教被允許探視巴黎最高級別的聖殿騎士囚犯。面對友善的訊問者，該修會的領導者開始撤回他們的陳述。聖誕節前後，雅克撤銷了他的供詞，雖然這樣做有被認為是故態復萌的異端者的風險，但也加強了人們對於迄今所有其他聖殿騎士聲明的質疑。到了一三〇八年二月，教宗日益擔心法蘭西當局收集的證據已經變得毫無用處。儘管他之前發出在法蘭西境外逮捕聖殿騎士的命令仍在執行中，但他下令調查人員停止調查。指控依舊懸而未決，兄弟仍被監禁，但現在有一段時間可以讓修會恢復元氣，甚至是發動反擊。

腓力變得焦躁不安，他的官員改變了策略。國王無法重啟對聖殿騎士團的訴訟，但他一定可以設法團結法蘭西其他地方的人支持他。他從巴黎大學開始，那裡的學者享有可以提前看到聖殿騎士認罪的特權。二月，國王向該大學最優秀的學者發出了一系列法律權利的問題，確認國王是否有權在自己的領地上反異端。腓力和他的大臣們希望有利的法律意見能促使教宗重新召開聽證。

這次的磋商與其說是一次漂亮的勝利，不如說它是一次表達歉意的低聲抱怨。學者們感到侷促不安，而且國王在三月二十五日收到了一封低聲下氣的建議，其中解釋說雖然國王「對信仰的熱情」必然值得讚揚，但他可能做得有點過頭了。他們主張道：「如果對（聖殿騎士）的聲明有疑義，那便要由建立這個宗教修會的教會來加以裁決。」他們還主張道，從該修會沒收的所有收入都應該要用在其最初的用途：拯救聖地。[19]

這一步相當麻煩，但國王並未因此放棄。五月五日至十五日，他召集王國各級代表，包括來自全國各地城鎮和農村的代表到圖爾開會，向國王提供建議。實際上，這意味著他們被迫要聽他和他的大臣們對聖殿騎士團的抱怨。各級代表與王室意見一致，認為聖殿騎士團是邪惡、腐敗、異端的，應該被處死。腓力受到這種令人愉悅的服從態度的鼓舞，策馬前往羅馬教廷與克雷芒舉行個人會議。他帶著一大群隨行人員，包括他的兒子、弟弟瓦盧瓦伯爵查理、許多主教、貴族，以及來自法蘭西各地盡可能多的顯要人物。這支龐大的代表團於五月底抵達普瓦捷。

法蘭西人帶著微笑來到普瓦捷，不過很快便表明他們的來意為何。在與教宗克雷芒及其顧問舉行的一系列會議上，王室官員和支持者發表了長篇演講，用愈來愈歇斯底里的語言譴責聖殿騎士團。其中大部分的演講是普萊西昂的威廉發表的，他是一名律師，在一三〇三年對博尼法斯的抨擊中與諾加雷特的威廉保持密切合作。根據一封寄給亞拉岡國王的信件，五月三十日，普萊西昂的威廉站在凳子上，就腓力四世與生俱來便受神的恩典這個熟悉的主題，與教宗和他的聽眾進行了詰問：

> 上帝的旨意選擇了法蘭西國王來處理這件事，他在他的王國中是替上帝處理世俗事務的牧者，而且一定沒有比他更合適的人選。因為他是最虔誠的基督徒、最富有、最有權勢的君王。因此，所有那些誹謗者都應該保持沉默。

威廉說，國王的動機不是貪婪，也不是渴望聖殿騎士的財富，而是出於崇高的基督教目標，即淨化他的國土上的教會。如果他自己的兄弟或兒子（他們都在會議上）本身就是聖殿騎士，他也會這麼做。他向教宗所提出的要求就只是宣布譴責該修會，如此一來他才可以繼續審判和懲罰這些弟兄。[20]

威廉是一位技巧嫻熟的律師和一位巧妙的修辭學家（他也代替諾加雷特的威廉發言，因為當教宗在場時他不受歡迎）。但是威廉的對手相當堅決。克雷芒提出了一些和緩性的言論、稱許國王的虔敬，並且否認他曾懷疑國王對聖殿騎士的追捕是出於貪婪。除此之外，他的立場不會動搖。六月十四日，普萊西昂的威廉再次嘗試，這一次的力道更強。他在演說的最後對克雷芒本人發出了一連串毫不掩飾的威脅。他說假設教宗繼續拖延下去，國王可能會逕自行動。腓力完全有權利在自己的國土上管控異端邪說，而教宗若是繼續阻撓他，就是在教唆異端邪說。這聽起來有一絲罷黜教宗的意思。然而，教宗的立場依舊堅定。他認為，他自己一個人便有足夠的資格審判聖殿騎士，而且他不會回應威脅。他似乎不動如山。不過，他的立場正一點一滴地逐漸軟化。

✠

一三〇八年五月六日，教宗的《牧者至上》詔書終於抵達賽普勒斯島。由於在地中海風暴肆虐的冬季，交通聯絡速度下降，這過程耗時近六個月。與此同時，有關法蘭西聖殿騎士團命運的消息傳到了島上居民的耳裡。閃電逮捕、虛假的招供以及聲稱他們進行怪異儀式等種種說法，足以表明他們的命運岌岌可危。騎士團的代理領導人，瓦斯萊的艾莫軍團長已經開始為可能針對他們展開的訴訟程序做準備。寶藏和其他貴重物品已經從內陸的尼科西亞轉移到南海岸的利馬索爾，聖殿騎士團在那裡的划槳船開始祕密地把弟兄們從島上轉移走。當五月十二日，即教宗的詔書抵達六天後，所有騎士團成員和其貨物被下令逮捕與沒收，這時候已經有大約三分之一的騎士們消失了。

發布這條命令的人是呂西尼昂的阿馬里克（Amalric of Lusignan），他是賽普勒斯國王亨利二世的弟弟。他在一三〇六年領導了一場反對亨利國王統治的叛亂，並任命自己為賽普勒斯終身攝政，他在獲得這個位置的過程中也得到聖殿騎士團的幫助。從理論上講，阿馬里克本來應該是盟友，但是面對其大團長承認褻瀆上帝，而且所有成員都遭到逮捕的這個組織，他根本無從幫起。

與那群被法蘭西執達吏和總管如羊群一般馴服的騎士們相比，阿馬里克要面對的是更為精幹強悍的一群人。首先他們有武力。第二，他們有船。他們是島上最優秀的戰士之一，能夠在城堡中抵禦全面性圍攻。簡而言之，他們只有在願意的情況下才會被逮捕。阿馬里克不得不禮貌地請求，而不是訴諸暴力。經過幾天的談判，軍團長艾莫建議讓該修會退回到他們的一座莊園，在那裡等待法蘭西案件塵埃落定，他們並且發表了一份同意合作的集體聲明。在五月二十七日星期二，一百一十八名弟兄出現在尼科西亞並發表公開講話，宣布他們無罪。他們概述了他們在東方的盡忠職守，列舉了他們與馬穆魯克人最著名的一些戰鬥，並聲明他們對基督教事業的絕對奉獻。他們就離開城堡，前往在利馬索爾的騎士之家。

如果他們自認為已經解決了這個問題，很快就會大失所望。第二天晚上，阿馬里克舉行了自己的騎士和教會領導會議，向他們宣讀了各種文件，說明針對聖殿騎士團案件的進展情況，並命令他的部隊集結起來，以便抓獲聖殿騎士並將他們繩之以法。六月一日，騎士團在利馬索爾遭到伏擊，被關進監獄直到受審為止。這將是漫長而痛苦的等待，在賽普勒斯的訴訟開庭前花費了將近兩年的時間。

✢

在六月底的普瓦捷，腓力的大臣們改變了談判的基調。鑑於克雷芒不會對直接威脅和騷擾做出回應，他們決定給他一份精心策劃的被告名單，請他得出自己的結論。這是一個漂亮的策略。克雷芒在這種情況下進退失據，他既不能撤銷逮捕令，也無法在看起來像是法蘭西國王的傀儡的情況下展開行全面審判。六月二十九日，從七十二名聖殿騎士中精挑細選的第一批人被帶到教廷，在接下來的四天中，他們再次講述了他們的罪行，希望能迅速得到寬恕和贖罪聖事。在許多人的例子中，他們的故事自第一次認罪以來變得更加豐富多彩：有些故事給人的印象是，為了給教宗帶來合理的恐懼感，故意誇大事實。他們補充了一些詳細背景情況，諸如一些人說在入會時被人為操縱或用劍威脅。還有人描述他們自稱崇拜過的奇怪偶像的形體和實物。特魯瓦的史蒂芬這位弟兄（從一開始就是諾加雷特的威廉的內應）說，他被迫崇拜一個代表著于格・德・帕英的頭顱，上頭鑲滿珠寶。[21]

到了七月二日，克雷芒五世已經得到了足夠的證據來說服自己，要麼是聖殿騎士團有罪，要麼相信自己可以不用表現出被迫屈服的樣子，但同時又順應法蘭西的要求（後者更有可能）。對於在他面前認罪的聖殿騎士，他給予了個人赦免。然後他將針對整個修會行動。八月十二日，他發布了《寬恕敕令》（*Faciens misericordiam*），開啟兩個平行的調查作業：一系列教區聽證會，由主教、主教座堂教士和道明會或方濟會各修士組成的小組，對個別聖殿騎士團進行調查；以及一個由羅馬教宗組成的中央委員會，負責研究聖殿騎士團的組織結構。在法蘭西，這項工作將在桑斯（Sens，實際上是在該地區最大的城市巴黎）進行，並且將在英格蘭、賽普勒斯、亞拉岡和聖殿騎士團占據重要地位的其他各個國家，都將舉行類似的聽證會。每一場這樣的聽證會都將調查一百二十七項條款，以確定該修會的信譽與純潔，以及該修會是否能夠繼續存在。在這項工作完成後，會眾將在法蘭西和神聖羅馬帝國邊界的里昂近郊的維埃訥（Vienne），召集以舉辦羅馬教會的公會議，日期訂於一三一〇年十月一日。在此，根據所有彙編的證據，將對修會的未來做出最終決定。

教宗準備離開普瓦捷，向阿爾卑斯山飛奔而去。他的目標是盡可能遠離巴黎、腓力四世、諾加雷特的威廉，以及那些讓他任職的前三十個月變得如此不愉快的人們。他不能再回羅馬了，因為腓力已經說過他們並存的條件是克雷芒必須繼續住在法蘭西。因此，他選擇前往亞維儂，此處位於法蘭西國王領土的邊緣，但是非常接近羅馬方便迅速溝通。八月初，普瓦捷的教廷開始疏散，準備十二月初在新家重新集結。「亞維儂教廷」就這麼成立了，教廷將在此處繼續存在近七十年，而教宗在這段時間裡頭則被稱為「巴比倫之囚」。

第二十一章　上帝將為我們的死復仇

教宗正在前往亞維儂的一種囚禁形式，大團長雅克・德・莫萊、法蘭西監察長佩羅的于格、賽普勒斯分團長卡隆的蘭波、諾曼地分團長沙爾尼的若弗魯瓦，以及普瓦圖與阿基坦分團長戈納維爾的若弗魯瓦（Geoffrey of Gonneville），他們正在忍受另一種更為真實的囚禁。他們被囚禁在希農（Chinon）城堡裡，這是座建造在位於維埃訥河的一個彎處上的巨大圓塔石頭城堡，在普瓦捷以北約六十二英里處。所有的人因為在這裡的經歷而飽受痛苦。根據記載，雅克曾向一名樞機主教展示自己上半身的傷疤，這是當他撤回最初的供詞時裁判官所留下的。儘管如此，他們對於如此引人注目的俘虜也絕不鬆懈。一三〇八年二月，著名的聖殿騎士團會計，倫巴底分團長潘尼的奧利佛（Oliver of Penne）逃離了軟禁，這讓監視他的獄卒們極為困窘。絕對不可以再有另一個逃犯。

儘管普瓦捷距離希農相對很近，但是沒有一位聖殿騎士領袖被帶到普瓦捷教宗面前作證。官方的解釋是他們不適合旅行——確實有可能如此，儘管六月下旬被送到教宗克雷芒面前的兄弟們也事先經過仔細的審查，藉此讓教宗相信他們有罪。當然，聖殿騎士團的高階成員可能會破壞這種精心策劃的演出。

八月十四日，也就是教宗啟程的前一天，一個由樞機主教和王室大臣組成的代表團被派往希農。這群人包括兩名法蘭西樞機主教，貝倫加爾．弗雷多（Bérengar Frédol）和蘇西的史蒂芬（Stephen of Suisy），以及一名義大利樞機主教蘭多夫．布蘭卡奇（Landolf Brancacci）。他們十七日抵達城堡的大門，五名聖殿騎士一個接一個地講述了他們的故事，而抄寫員則忙著寫下這些新陳述。後來這些被寫在一張大片羊皮紙上，接著送到克雷芒手上並存放在教宗檔案中。①

首先接受質問的是卡隆的蘭波，他是強悍的賽普勒斯分團長。他承認在獲准加入聖殿騎士團後曾經否認過基督一次，但他說除此之外不知道自己有任何不當行為。他說，在聖殿騎士團的從古至今的所有歷史中，他所知道的唯一雞姦事件，就是東方的三位弟兄在朝聖堡被捕並被判終身監禁的那件事。而那是一件如此不同尋常、令人髮指的案件，也因此被記錄在《聖殿騎士會規》中作為極端放蕩的例子。

當他的審問結束之後，蘭波在樞機主教面前跪下來懇求寬恕，而他也如願地被寬恕。他從自己的罪孽中被赦免了，並且「在信徒的聖餐與教會的聖禮中」得以恢復。

他的四個同僚也經歷了相同過程。沙爾尼的若弗魯瓦是諾曼地的分團長，他也曾在賽普勒斯擔任騎士團的掌旗官，他承認在入會時曾譴責過一次十字架，並且親吻了收受他入團的人的嘴，和「隔著衣服親吻胸部以示尊重」，這是他在第一次懺悔時沒有透露的新訊息。他請求寬恕並且得到釋放。戈納維爾的若弗魯瓦（他曾是雅克大團長的信使，往來於賽普勒斯和教廷之間）說他曾經拒絕否認耶穌，但他承認自己曾假意答應這樣做，以免收他入團的人陷入麻煩。佩羅的于格承認曾蔑視十字架，但他說這完全是發生在他受到威脅之後。于格說，他強迫別人親吻他的後背和腹部，而且他寧願寬恕雞姦，因為這至少比跟女人發生性關係好，但是他堅稱自己從未沉迷於這種行為。他還重複了先前關於在蒙彼利埃那顆怪異頭顱的說法。兩個人都被寬恕並且被歡迎重新加入教會的聖餐禮。

八月二十日，雅克・德・莫萊終於出現了。去年十二月，他重新供認，但現在他又改變了主意，希望自己能獲得教宗的赦免。他承認的唯一指控就是否認基督，但這足以滿足他的訊問者。公證人為後代人記錄下了大團長「在我們面前譴責了上述內容和其他異端邪說」，並且受到了與他同袍同樣的仁慈對待。那天晚些時候，他用他的母語大聲朗讀了每個男人的懺悔錄，他發誓說這是真的。這五個人在被赦免後依舊被監禁，因為教宗調查人員正在調查修會的腐敗行為，該機構將於今年晚些時候在巴黎展開調查，並且也想聽聽他們那邊的證據。但是關於這群人的個人供認，這一過程已經完成。樞機主教收拾行李離開了希農，想像著他們已經拯救了他們的兄弟。

✠

如今，由教宗發起的大規模調查正在慢慢展開。在法蘭西和整個天主教世界中，主教們開始設

①作者注：這就是俗稱的「希農羊皮紙」，遺失在梵蒂岡檔案館當中許多年，並在二〇〇一年由芭芭拉・弗萊爾（Barbara Frale）博士發現。該文件在二〇〇七年製作了八百份複本，有些在私人手中，有些在世界各地的公共圖書館。Processus contra Templarios (Vatican City: 2007)。

立委員會，審查聖殿騎士團在其教區內的行為，目的是誘使他們招供，然後可以得到赦免和贖罪聖事。在法蘭西，將宗教裁判所的責任從國王移交給教宗，並沒有改善列隊要承認罪行的弟兄們的景況，因為負責地區調查的大多數主教都與王室有密切聯繫。頑抗的聖殿騎士面臨著長時間的監禁、身上沒有保暖的衣服、只有少得可憐的麵包和水果腹、被鐐銬著、反覆審訊、暴力威脅，最後還有酷刑。許多兄弟因為受到嚴厲的對待而發瘋或死亡，其中一些人被數月的隔離和毆打弄得昏頭昏腦，根本無法回答問題。[1]那些能夠說話的人被要求回答一系列的問題，這些問題的目的是要清點出他們可能犯下的錯誤。向每位弟兄提交了八十七或八十八條問題，他們依次承認或否認。供認時的任何有趣特徵都會被記錄下來，但除此之外，這是一種官僚主義的恐怖活動。

這些問題具有高度重複性、公式化而且令人麻木：兄弟在入會時否認基督了嗎？這是整個共同體都會做的嗎？之後有重複嗎？他們是否被教導說耶穌不是真神，或說耶穌是假先知？他們有在十字架上吐口水嗎？他們踐踏了十字架嗎？他們經常這樣做嗎？他們有在十字架上小便嗎？他們會踐踏十字架後小便在其上嗎？這是在復活節做的嗎？他們是否否認教會的聖禮？他們是否向大團長懺悔而不是向具聖職的神父懺悔？他們是否曾不恰當地親吻過另一個弟兄？他們親吻他的哪個部位？他的背？他的肚子？他的陰莖？他們有被告知可以與弟兄發生性關係嗎？他們有這麼做嗎？他們是插入的人還是被插入的人？有沒有人告訴他們這不是一種罪？他們有崇拜偶像嗎？這個偶像長得像頭顱嗎？這偶像看起來像三張臉的頭嗎？他們是怎麼崇拜它們的？他們有沒有稱它們為「上帝」？他們有沒有稱它們為「救世主」？他們的一些弟兄有這樣做嗎？他們的大多數弟兄都這樣做嗎？有沒有人告訴他們偶像會拯救他們？會讓他們變得富有？讓土壤肥沃？使樹木開花？[2]

諸如此類的眾多問題。最終，大多數弟兄被肉體痛苦以及過程的毫無喘息空間所打敗，他們紛紛招供了，儘管有時要耗費好幾個月的時間才能擊垮他們。維埃訥公會議原訂於一三一〇年十月召開，最終將推遲到一三一一年十月。時間站在審訊者的一方，他們也充分利用了這段時間。在一年或更長的時間當中被關在寒冷地牢吃著稀薄牢飯，大多數的聖殿騎士不是放棄就是死去。在某一個地區，一三〇七年被捕的弟兄中在五年後有三分之一死了。[3]

✝

到一三一〇年春天時，從愛爾蘭到賽普勒斯的調查人員收集了他們的證據，訊問了聖殿騎士團和中立的證人。在大多數地方的訊問結果都表明了，由腓力四世的官員炮製並且由教宗散發的指控未經證實，而且在很大程度上是幻想的。然而在這個修會的心臟地帶法蘭西，幾乎每一個殘酷的宗教裁判呈現的形象都是惡魔般的腐敗修會。從一三〇九年復活節開始，法蘭西王室開始出租沒收的聖殿騎士團的財產以牟利，這麼運作的前提是這些財產永遠不需被歸還，因此不僅要對個別調查進行先發制人，還要對整個聖殿騎士團的腐敗進行中央調查。這種不公不義是顯而易見的。聖殿騎士團的中央領導層因為殘缺不堪根本無法抵抗。雅克在希農得到個人赦免，但是漫長且暴力的監禁重創了他。他在巴黎和希農經歷了艱苦審訊之後，現在被帶回法蘭西首都的教宗委員會面前，該委員會的目的是收集聖殿騎士團作為一個整體的相關證據。

一三〇九年十一月二十六日星期三和十一月二十八日星期五，虛弱不堪的聖殿騎士大團長被帶到古老的聖女熱納維耶芙修道院（Abbey of Sainte-Genevieve）出庭，這些法官主要由法蘭西主教和樞機主教組成的。該小組的主席納邦大主教艾斯林的吉爾斯（Gilles of Aycelin）同時是國王委員會的成員。雅克給了模糊、不明確的答案。起初，他說自己既不聰明，也沒有足夠的學識來維護聖殿騎士團，他只能說，他認為教會想要摧毀聖殿騎士團是「非常令人吃驚的」，因為他們曾威脅要罷黜腓特烈二世長達三十二年，但是腓特烈卻從未企圖要摧毀他們。[4]當他自己先前認罪的陳述被宣讀給他聽時，他變得非常生氣並且劃了個十字說：「願神喜悅撒拉森人和韃靼人所做的事，能在這件事上被用來對付作惡的人，因為撒拉森人和韃靼人要麼砍掉他們發現的作惡的人的頭，要麼把他們劈成兩半。」就在這時，從房間外面聆聽的普萊西昂的威廉走了進來，用手臂摟住了大團長，告訴他「小心不要貶低或無謂地摧毀自己」。大團長要求再給他一些時間思考自己先前說的話，他的證詞陳述被推遲到本週稍晚時候。

當雅克於二十八日星期五回來時，他的心智狀態似乎似乎無法回答問題。當被問及是否願意為修會辯護時，他告訴他們，他是一位「貧窮的騎士，不懂拉丁文」，但他明白有一封信件存在，而其中記載教宗保有親自處理此案的權力。在得知自己的行為與負責調查整個教會的巴黎委員會無關時，雅克說他只有三件事要說：該修會的教堂比任何競爭對手都要好，他們分發了更多的救濟品，而且「他不知道有任何其他修會……會比他們更願意為了保衛基督教信仰不受敵人侵犯而投入死亡的危險之中」。接著，他又一次開始對爭奪聖地的戰爭大聲疾呼，開始講述路易九世的弟弟阿圖瓦的羅貝爾於一二五〇年在達米埃塔帶領聖殿騎士走向死亡的故事。

這次，當大團長講話時，諾加雷特的威廉進入了房間。普萊西昂的威廉一直都很有耐心，但是諾加雷特的威廉是個險惡且令人不快的人。當諾加雷特的威廉聽到雅克在重述歷史時，就說他自己曾在聖德尼王家修道院讀過那裡的歷史記載，而且更聲稱聖殿騎士背信棄義地向薩拉丁效忠，但蘇丹鄙視他們，認為他們在一一八七年的哈丁戰役中落敗是因為「他們在雞姦的罪惡下勞動」。[5]

以上說法根本說不上是有憑有據的歷史辯論。它唯一說明的一點是，雅克現在是一個精神渙散的老人，他幾乎完全不具備任何能力可以將自己的修會從毀滅中拯救出來，而且雖然這個委員會由主教領導，國王的大臣們卻是幕後的主使者。一三一〇年三月二日，雅克第三次被召去作證，他現在連趣聞軼事都說不出來，只要求被送到教宗那裡接受裁決。

當這位大團長胡言亂語般地完成他那份極不恰當的證詞時，聖殿騎士團的一般成員之間開始湧現了一股反抗的情緒。在整個法蘭西，數以百計的弟兄到巴黎為該委員會提供證據。從巴黎的聖殿到設置有牢房的主教宅邸，他們在整座城市的現身場所都受到宵禁管制。然而，有些人被允許有限的自由旅行和彼此溝通，弟兄們於是開始組織一次嚴肅且士氣高昂的辯護行動。二月時，有五百多名聖殿騎士在修道院中出席，他們自願作證來讚揚自己的修會。委員們聽取了他們的一些證據，不過那麼多弟兄在短時間之內要被帶到首都，因此必須安排一種官方表述的形式。

三月下旬，一場露天會議於修道院舉行，數百名聚集在那裡的聖殿騎士憤怒地宣稱對他們的指控是子虛烏有。委員們要求他們提出可能為整體騎士團兄弟辯護的「檢察官」。四個人被選出：兩名神職人員和兩名騎士。這兩位神職人員分別是四十四歲的波隆納的彼得，他曾代表騎士團的大使出使教廷，以及普羅萬的雷納德（Reginald of Provins），他是奧爾良的分團長。兩位騎士們是香邦尼特的威廉（William of Chambonnet）和薩提斯的伯特蘭（Bertrand of Sartiges），他們都是久經沙場的老兵。在一系列的陳述中，他們抱怨兄弟被關押的物質環境、質疑審判的法律依據，並且質疑國王與大臣們的行動干涉了嚴格意義上的教會事務。

四月七日，波隆納的彼得率領其代表團進入聽證會，並提出要決定聖殿騎士團存續與否的案子。彼得在他的陳述中猛烈而無畏地瓦解了自一三〇七年十月十三日星期五以來，國王和他的手下所做的一切。

他認為，委員們收集的每一份證據都應該被捨棄，因為那些自己認罪的聖殿騎士所「說的話是出於……強迫、暴力、貪汙、勸說、賄賂或恐懼」。在未來，他要求任何非神職人員（眾人在此時心照不宣的名字是諾加雷特和普萊西昂的兩位威廉）不應該出現在任何一次聖殿騎士的審訊中，「也不應該出現任何他們有理由害怕的人……因為所有的弟兄們都被恐懼和恐怖所震驚，有些人會因此說謊也就不足為奇了。」彼得說，只有在法蘭西，才能找到「說過這些謊話的」聖殿騎士弟兄。那些試圖說出真相的人「在監獄每天都遭受痛苦，遭受如此多的酷刑、懲罰、磨難、艱辛、侮辱、災難和苦難，只有他們的良心才能驅使他們繼續活下去」。[6]

然後彼得講述了聖殿騎士的成立故事：「他們是在慈善事業中發展並且熱愛真正弟兄情誼的修會……沒有任何惡習的汙穢或汙垢。過去一直遵守著嚴格的修道院般的紀律，（並且）為了我們的救贖嚴格地遵守一切。」該修會的入團儀式並不是性變態的褻瀆神明儀式：

> 凡進入該修會的人都要承諾四個要領，即服從、守貞、貧窮和竭盡全力為聖地效力……他以純潔的平和吻禮受到歡迎，以胸前永遠佩戴的十字架帶走了他的習慣……並被教導要遵守《聖殿騎士會規》以及羅馬教會和聖父傳給他們的古老習俗。

對他們的指控是「不可能的，因為這些指控是淫穢的……虛假和虛偽的」。那些提出這些指控的人「是被強烈貪婪和嫉妒所驅動」。它們是由「說謊者和腐敗者」提出的，只是透過弟兄們的證詞得到證實，因為弟兄們「被死亡威脅逼迫而做出了背叛自己良心的認罪」。

彼得宣布這個委員會是非法的，並抱怨說，他的弟兄們仍然對他們的生命感到恐懼，無法收回他們虛假的供詞，因為他們每天都被告知，這將使他們再次淪為異端，除了忍受火刑柱和公眾篝火的痛苦外，別無他法。「他們說，退縮不可避免地意味著被燒死。」他在演講一開始就承諾，聖殿騎士團將出席維埃訥公會議（原定於一三一〇年十月舉行，克雷芒五世將在會上對此案做出最後裁決），讓教宗來決定他們的生死。如果他們這樣做，考慮到在其他國家的調查結果是軟弱無力的，這會是相當有力的一個案例。

聖殿騎士的湧入巴黎還有他們在法庭上推出的堅實律師團，都不會讓腓力四世太開心。更令人煩惱的是，四月四日時教宗克雷芒把維埃訥公會議推遲了一年，推遲到一三一一年十月，因為需要很長的時間才能將證據收集充分。聖殿騎士團的苦難是以審判從黎明閃電襲擊這種方式展開的，但如今他們的苦難在多年下來變成了無盡的黃昏。現在所需要的是果斷的干預。

當局開始挑選誰將被允許在巴黎作證。軟弱的證人被帶到委員會面前，重複著習見的誹謗，盡可能放大其中的荒誕內容：猥褻的親吻之處現在從肚臍變成了肛門。國王還向巴黎大學尋求第二輪法律意見，以確認他有權淨化其領土上的教會。[7]然後他轉而採用對他最有用的策略：恐嚇。

當教宗委員會正深思斟酌聖殿騎士團猛烈的自辯時，許多前來作證的兄弟仍然因異端和褻瀆而受到個人調查。考慮到這一點，國王轉向了遍布巴黎市的教會調查工作，這座城市位在桑斯教區，由腓力最親密的顧問之一大主教馬里尼的腓力（Philip of Marigny）監督。

五月的第二週，大主教突然對五十四名聖殿騎士團成員做出了最後判決，他們先前在大主教的地方問訊時已經接受了調查，不過如今在巴黎卻支持對聖殿騎士團這整個修會的回擊答辯。腓力的意圖是指出他們在主教調查下的供詞，與同一弟兄在教宗委員會面前提供的證據之間的差異，以證明證人實際上是故態復萌的異端。

納邦大主教吉爾斯是調查該修會的小組主席，他隨即心懷厭惡地缺席了自己要主持的聽證會。他的任務繼續在沒有他的情況下進行，但在一三一〇年五月十二日星期二上午，他們被一名信使打斷並被告知，向他們提供證據的五十四名桑斯聖殿騎士被發現確實是故態復萌的異端者，必須立即被燒死在火刑柱上。儘管前面提到波隆納的彼得和其他檢察官同伴們，正熱血激昂地試圖發起在法律層面上的異議，但王室現在已經踐踏了正當程序。桑斯的聖殿騎士被國王的軍官們集結起來綁上馬車，穿過巴黎的街道來到巴黎郊外的一塊田地，那裡已經豎起了幾十根木樁和柴堆。他們每個人都被活活燒死。

國王一怒之下，便將抵抗的聖殿騎士們付之一炬。普羅萬的雷納德來自桑斯，雖然他不是五月十二日化為灰燼的五十四個人之一，但是這些事態也暗示著他仍有可能也被燒成灰燼。如果他繼續抵抗，就會被判死刑。

波隆納的彼得曾向委員們痛苦地抱怨證人遭受恐嚇，但現在國王表明了威嚇的真實面目：波隆納的彼得自此完全人間蒸發。委員會被斷然地告知說，彼得已從夜間被關押的牢房脫逃。再也沒有人見過他。由於彼得這一背信棄義的行為，聖殿騎士的法律辯護終結，基層騎士團成員的抵抗也隨之瓦解。幾週之內，志願者們不再前來捍衛修會，而一連串的證人似乎在重複著整個令人遺憾的事件開始時的那套陳詞濫調。聽證會持續了數月，委員們繼續調查證據，以證明該修會在制度上是異端。除了那些希望逃離火刑的驚恐男子的奇異幻想以外，過去蒐集到的證據少之又少，但是認罪的重擔很快就變成了詛咒。一三一一年七月五日，委員們被召集到蓬圖瓦茲與腓力四世會面。國王要他們停止工作，他們已經有足夠的材料。文書工作已轉交給克雷芒五世，並且將於十月在維埃訥公會議上審議。

✝

在法蘭西以外，對聖殿騎士團的起訴因不同統治者的關注之處和性格而大相逕庭。這一點在英格蘭表現得最為明顯，愛德華二世於一三〇七年七月登基，就在法蘭西大規模逮捕發生的前三個月。他對指令的第一反應就是嘲笑。這恰好與他的性格保持一致，他偶爾頭腦非常清楚，但在政治上往往非常愚蠢。在他登基的二十三歲時，愛德華與腓力四世的女兒伊莎貝拉訂婚了。有些人可能會建議他謹慎行事，但愛德華接到聖殿騎士被捕的消息後，立即寫信給亞拉岡、納瓦拉、卡斯提爾、葡萄牙和那不勒斯的國王，告訴他們這些指控是荒謬的，而且他們應該謹慎對待自己的信仰。一三〇八年一月，當一百四十四名英格蘭聖殿騎士團成員（其中只有十五人是騎士）被逮捕時，負責逮捕他們的治安官收到警告不要把弟兄們關進「又艱困又骯髒」的監獄。[8]英格蘭團長拉莫爾的威廉（William of la More）被允許在坎特伯雷有間不錯的房間，每日的津貼和幾名僕人，而且他可以隨心所欲地在小鎮上漫步。同月晚些時候，愛德華到法蘭西去迎娶腓力的女兒，但即使在他回英格蘭後也對執行他新岳父希望見到的迫害沒有太大興趣。

最終改變愛德華對聖殿騎士團態度的是他自己膚淺的私心。雖然他於一三〇八年一月在布洛涅娶了法蘭西的伊莎貝拉，但他並不怎麼喜歡她。他更感興趣的是他年輕時的一位老朋友，名叫皮爾斯・加韋斯頓（Piers Gaveston）。在英格蘭政治階層的眼中，國王和加韋斯頓是一對非常令人討厭的愛侶，而且從五月開始，由英格蘭主教和貴族組成的聯盟迫使國王將他的最愛流放到愛爾蘭，而且如果他返回英格蘭就會被逐出教會。從這一刻起，愛德華生活中除了要把加韋斯頓安全地帶回家，其他一切都變得次要。由於克雷芒五世有權力解除加韋斯頓暫不宣判的逐出教會令，因此教宗的支持突然變得重要起來，愛德華的聖殿騎士團政策也隨之改變。十一月，愛德華下令重新逮捕英格蘭所有被允許生活在相對自由中的聖殿騎士。

這確實達到了預期的效果。一三〇九年春天，將加韋斯頓逐出教會的計畫被取消了，到了六月，他回到了故鄉，這讓愛德華身邊的貴族們非常不快。九月，愛德華允許兩位教宗裁判官進入他的國土，開始調查聖殿騎士團的瀆職行為。

英格蘭的聖殿騎士團仍未像法蘭西那樣受到重創。在某種程度上，這是因為宗教裁判所這整個概念對於英格蘭人而言是陌生的，他們的法律制度是建立在陪審團的證詞之上，而不是基於那些受苦的嫌疑人的懺悔。酷刑並沒有被廣泛使用，在對聖殿騎士的調查中，有幾次有人提出酷刑，但大多數情況下都未獲採用。調查中心在倫敦、林肯和約克等三處設立，幾乎每一個來到教宗代表面前的弟兄都全盤否認了擺在他們面前的冗長指控罪名。從絕大多數弟兄身上可以找出最嚴重罪名是，當弟兄因為違反了聖殿騎士團的規定而受到鞭打時，他們絕大多數都錯誤地認為大團長給予的寬恕是神聖的赦免，而不認為這只是紀律案件在內部宣布結案的聲明而已。英格蘭的這些指控確實是無足輕重的事情。

對聖殿騎士團的訴訟一直持續到一三一一年夏，在此期間，法蘭西裁判官寫信表達了他們的挫敗感，並懷疑他們是否可以進行非常規的引渡，把他們所有的犯人帶到法蘭西的蓬蒂厄（Ponthieu，由愛德華二世擁有，但是腓力四世擁有最高的封建宗主權），在那裡他們可以接受適當的審訊。最後，所有這些努力都落空了。當一對逃亡者被抓住並試圖透過承認他們在入會儀式上為了擺脫困境，所以否認了基督來擺脫困境，這讓當時出現了一陣短暫的騷動，但是最後卻沒有什麼結果。調查結束後，大多數弟兄被送進修道院，有些人是為了贖罪，另一些人只是為了加入不同的宗教修會。只有兩名最高級別的嫌疑人要面臨嚴厲的懲罰，其地位遠勝於其行為。拉莫爾的威廉，英格蘭的團長被送到倫敦塔，在一三一二去世前仍在等待教宗的寬恕。奧弗涅的分團長英伯特・布蘭克（Imbert Blanke）也入獄了，他過去在一三〇七年時曾藉由跑到英吉利海峽的另一端成功逃離法蘭西的追捕。他可能在一三一四年後的某個時間點在監禁中去世。兩人都沒有承認任何不道德行為。愛德華二世控制聖殿騎士團的土地長達十年之久，並將騎士團物業的收入（若弗魯瓦・費茲斯芬團長曾經極為認真地分類）納入王室的金庫，這些土地直到一三二四年才由醫院騎士團接管。這種結束既安靜又不引人注目。

在其他地方，訴訟程序的模式因各地情況而異。在愛爾蘭，裁判官們無精打采地進行著調查，只是敷衍了事地進行了幾次面談，並在一三一二年直接給予他們養老金要其退休，甚至不需要他們加入別的修會。西班牙半島上的聖殿騎士團，比法蘭西和英格蘭的同僚更接近是一支戰鬥部隊，這也是逮捕他們的主要考慮因素。國王詹姆斯二世和愛德華一樣抱持懷疑態度，而且他和愛德華一樣最初也拒絕對他們採取行動。在法蘭西逮捕發生之前的五年之間，詹姆斯實際上一直在幫助該騎士團在他的另一個王國瓦倫西亞取得更多土地。[9]然而，騎士團在亞拉岡的軍事能力很快便成為他們被快速摧毀的原因之一。當法蘭西的逮捕行動一開始，亞拉岡的聖殿騎士們也馬上開始為襲擊做準備：囤積貨物，將他們的財富轉化為黃金以便運輸，並且加固其為數眾多的城堡。詹姆斯並不是天生就對騎士團懷有敵意，但固守城堡對抗國王的這種走向是無法被接受的。在一三〇八年的新年，他逮捕了當地的團長，並開始圍攻聖殿騎士團的城堡。一位憤怒的弟兄詛咒詹姆斯二世的忘恩負義，並且一一數出聖殿騎士們為亞拉岡王國出生入死的次數。詹姆斯對此毫不在乎。一場小規模的內戰隨之爆發，王家軍隊包圍了聖殿騎士在米拉韋特（Miravet）、蒙桑、阿斯科（Ascó）的據點，以及其他幾個原本是為了與摩爾人進行聖戰而修建的城堡。國王花了幾個月的時間才把最後的守軍餓死在他們避難處。蒙桑（詹姆斯的祖父受聖殿騎士團監護下在此長大）以及卡拉梅拉這兩座巨大城堡直到一三〇九年七月才投降。

這些人被囚禁起來，而且當中有些人受到折磨，但是這種做法在亞拉岡的效果與在英格蘭一樣是徒勞無功的。沒有一位亞拉岡聖殿騎士承認自己有任何嚴重的不當行為，而且在一三一二年時，在不特地想辦法取得任何招供的情況下，針對聖殿騎士團的訴訟就被棄置了。[10]這些弟兄拿到養老金後被遣散，而且在修道院中作為虔誠信徒繼續生活下去，他們的財產則被國王、醫院騎士團和瓦倫西亞蒙特薩（Montesa）所建立的新軍事修會瓜分，這個新軍事修會以卡拉特拉瓦騎士團為藍本。聖殿騎士團很快就只存在人們的記憶中。

卡斯提爾—萊昂的聖殿騎士團於一三一〇年經過審訊後被宣布清白無罪。馬略卡島上沒有發現嚴重醜聞。在義大利的各個城邦中，人們對起訴聖殿騎士團的興趣不大。雖然一些弟兄承認了常見的不檢點行為，從行走在十字架上到雞姦和偶像崇拜，但造成的震動相對較小，而且在義大利西北部等地區，調查人員禁用酷刑，並積極試圖證明他們所調查的被囚禁者是無辜的。[11]在西西里島，當局對迫害聖殿弟兄基本上不感興趣，儘管有人被逮捕和審判，但這些案件的調查結果並不淫穢，而且似乎只牽涉到少數幾位兄弟，沒有人因此失去性命。[12]日耳曼地區的情況雷同，個別統治者對聖殿騎士團成員採取了小規模的行動，而且沒有多大的激情。愈往基督教世界的東北方前進，聖殿騎士的蹤跡也就愈少。在日耳曼各公國中的條頓騎士的人數要多出許多。在日耳曼的反聖殿騎士團運動中有一個特別之處，它與米倫（Mühlen）一處修道院的修女有關。自一二七二年起，她們的修道院就被官方承認，並由沃爾姆斯（Worms）主教安排讓聖殿騎士團管理，主教可能是受到條頓騎士團承認女性是遠離前線的姊妹的影響。當聖殿騎士團被解散時，米倫的修女們被強行轉移到醫院騎士團中，儘管她們對此不滿意，並且抱怨所受的待遇。[13]

賽普勒斯的情況和亞拉岡一樣，聖殿騎士代表著一支貨真價實的軍隊以及所謂的精神威脅。自一三〇七年初夏以來，他們就被囚禁在島上的各個地方。一直過了三年之後聽證會方於一三一〇年五月五日召開。[14]在最初被捕的一百一十八名聖殿騎士中，當時只有七十六名活著而且健康條件適合回答問題。其中有一半以上是騎士，這比西方的比例要高得多，西方只有十分之一的人是騎士。全體無例外地，每一名聖殿騎士都斷然否認了全部指控。他們所說的只有在歡迎每一位新成員時，都會有一個完全符合規範的平和吻禮。他們申明在一般的聖殿騎士規範中，分會的會議是對外界不公開的祕密事務。

為了擴大調查範圍，還有五十六名非聖殿騎士證人提供了證據，包括島上最高貴的一些人物，諸如王家總管伊伯蘭的腓力（Philip of Ibelin）、貝魯特名義上的領主蒙福特的魯本（Rupen of Montfort）、貝魯特主教以及兩位修道院院長。這群人的組成跨越了政治立場壁壘分明的亨利二世和他的弟弟阿馬里克這兩個陣營，阿馬里克之前廢黜了國王並且將其放逐到亞美尼亞。所有人都發誓恪守聖殿騎士的誠實和正直的特質。許多人指出，他們曾看過聖殿騎士們參加了聖餐，並向窮人分發了大量施捨物：「麵包、肉類，有時甚至是金錢，而且每星期都會進行。」[15]對他們人格的見證沒有更光明的可能性了。證詞中充滿了對該修會深植於心的驕傲和熱愛，儘管該修會有種種缺點，但是在這個對抗伊斯蘭教的戰爭前線，騎士團仍深受尊崇。當中的一位證人諾里斯的約翰（John of Norris，利馬索爾的財務主管和帕福斯的司鐸）說了一句賽普勒斯人的俗語：「無論你是對還是錯，我都會以聖殿騎士的方式為你辯護。」[16]

維埃納公會議於一三一一年十月召開，並於一三一二年三月二十二日發布判決。來自基督教世界各地的許多高級神職人員，包括四位主教、二十位樞機主教和數十位大主教和主教都針對聖殿騎士團的指控表示懷疑，並要求聽取他們的辯護。這本身並不是不合理的，但令他們感到不滿的是法蘭西國王人就在附近，法蘭西國王在里昂外十八英里駐有一支軍隊，並寫信給教宗，要求鎮壓聖殿騎士和成立可以恢復與異端者鬥爭的新修會。這件事情的意義很明確：克雷芒五世必須做出選擇。

自從一三〇五年教宗的頭飾落在他的頭頂上以來，他要麼必須遭受博尼法斯八世的命運，要麼就得承受壓在他身上的重擔。他是法蘭西裔的教宗，而且他最終聽從了法蘭西國王的命令。

針對聖殿騎士團的決定被總結在教宗的《高處之聲詔書》（*Vox in excelso*）。克雷芒引用舊約聖經中的一句話，從一開始就總結了聖殿騎士團的事件。他描述教會是如何尊敬和尊重聖殿騎士團，但「他們違背了主耶穌基督本人……陷入不虔誠的背教之罪，陷在崇拜偶像的可憎惡行、陷在雞姦者的致命罪行，以及各種各樣的異端裡」。教宗討好了腓力四世，他是「我們親愛的基督之子」，而且他「無意從聖殿騎士的財產中索取或挪用任何一絲一毫……他對正統信仰充滿熱情，遵循祖先的鮮明腳步」。詔書中重複了不當行為和褻瀆行為的清單，並且總結道：「該修會的大團長、眾分團長和其他弟兄，以及修會本身都參與了這些以及其他罪行。」以上種種都被裁判官所匯編的許多供詞所證實。克雷芒特別提到雅克大團長、佩羅的于格、卡隆的蘭波和他們的弟兄在希農所做的供詞，並指出他們已獲赦免。接著他宣布了最終判決：

> 這些供詞令人非常懷疑聖殿騎士團。這種恥辱和猜疑使天主的神聖教會、祂的主教、國王和其他統治者以及天主教徒普遍憎惡這個騎士團。人們還相信，從現在起很可能不再會有任何好人願意加入這個騎士團，因此，它將對全體上帝的信徒和對聖地的事業毫無用武之地。

在維埃訥，聖殿騎士團沒有機會捍衛自己，儘管有不切實際的謠言說，有兩千名聖殿騎士團成員在維埃訥郊外等候，等著闖入會議廳，但這樣的事情完全沒有發生。在決定他們命運的那次集會上頭，他們既沒有辯護人，也幾乎被視而不見。在《高處之聲詔書》中，教宗巧妙地繞過了這種公然的不公行為，他主張，如果自己為了有足夠的時間聽取反對意見推遲決定，就會使聖殿騎士團的財產毀於一旦，而它們對十字軍使命的助益也會受到損害。拖延更長時間並不會帶來任何好處。

> 因此（我）懷著悲傷的心情……在神聖會議的批准下，我們以不可侵犯的永久性法令禁制了聖殿騎士團及其會規、長袍與名銜。並且我們完全禁止任何人從現在起加入修會、或者接受或戴上它的長袍，或者擅自表現得像是聖殿騎士。如果有人有上述行為，他會自動被逐出教會。[17]

經過抄寫員用筆一劃，接著再蓋上教宗的印璽，已經存在一百九十二年的聖殿騎士團就這麼被廢除了。他們唯一的小小勝利，如果可以這麼解釋的話，就是其財產並未被交到腓力四世手中，而是像教宗所說「留給我們和使徒們來處置」。當中也沒有提到軍事修會的合併。一三一二年五月，聖殿騎士團的財產被決定授予醫院騎士團，以支持他們在東方的任務。這對醫院騎士團來說一則以喜、一則以憂。雖然他們理論上獲得了兩千英里範圍內的大量財產，但是他們為了要確保新獲得的賞金的所有權，因而被糾纏入長達十多年的法律角力。

在西班牙半島，聖殿騎士團的土地將被世俗統治者、醫院騎士團和駐紮在亞拉岡蒙特薩的新軍事修會瓜分。巴黎聖殿騎士團財庫裡的銀器極有可能消失在國王的鑄幣廠裡，但是，腓力從來沒有能夠進行全面的土地掠奪，也從來沒有為自己或他的兒子樹立起十字軍國王的形象，掌管一個統一的軍事修會。他的勝利完全是私人的，他戰勝了一個他自己確信充滿祕密、異端、汙穢、淫亂、褻瀆、淫蕩和邪惡的組織。

隨著聖殿騎士團的財產被瓜分，數百名囚犯需要被重新安置。頑固不化的人被判終身監禁，許多人坦承犯下那些所謂的罪行，並得到了寬恕。在亞維儂教宗宮廷支付的年金支持下，這些人被送往其他修道院居住。在很大程度上，他們的生活不會和過去在聖殿裡的生活有太大不同。在聖殿騎士團從事過軍事任務的地區，他們有時可以改頭換面繼續工作。一三一九年，在葡萄牙有一個新修會被建立了：耶穌會，聖殿騎士團的財產被歸入到此修會中，而且在某些情況下，還讓聖殿騎士團的戰士換上耶穌會的制服，並允許他們繼續駐守以前的聖殿騎士團城堡，並參與對摩爾人的聖戰。

一些流浪的聖殿騎士完全沒有受到騎士團解散的影響。一三四〇年，日耳曼歷史學家蘇海姆的魯道夫（Ludolph of Sudheim）在巴勒斯坦偶遇兩位老人，他們自稱是聖殿騎士，在一二九一年隨著阿卡的陷落而落入馬穆魯克人之手。[18]

在穆斯林世界，聖殿騎士團的消失根本不是人們會去慶祝的事情，因為在哈丁戰役之後，薩拉丁在他的斬首大遊行中成功地消滅了這個修會。聖殿騎士已經有超過一代人的時間沒有在聖地出現了。所以實際上而言，它們很久以前就被消滅了。

雖然聖殿騎士團享有崇高的軍事名聲，他們實際進行的戰鬥卻相當少。但有些人不能僅僅因為養成一種新習慣而被遺忘。一三一〇年，大團長雅克、佩羅的于格、沙爾尼的若弗魯瓦和戈納維爾的若弗魯瓦從希農被移送到塞納河以北、巴黎和里昂之間的巨大城堡吉索爾（Gisors，卡隆的蘭波似乎死於希農的監獄）。雅克在調查聖殿騎士團的委員們前最後一次露面時，他可憐兮兮地請求教宗從寬處理——他在整個受苦過程中始終堅持這個策略，但最終仍未贏得任何好處。在修會被解散後自然也不會有。

一三一三年十二月，克雷芒把注意力轉向大團長和他的三位倖存的同僚身上。他們本來希望親自去向他上訴，但克雷芒顯然已經見過夠多的聖殿騎士。他任命了一個樞機主教小組來審查這四位弟兄。阿諾德．諾維利（Arnaud Novelli）、奧赫的阿諾德（Arnaud of Auch）和傅瑞維爾的尼古拉（Nicholas of Fréauville）將負責聽取最後一輪證據並決定他們的判決。

一三一四年三月十八日，一群人聚集在巴黎聖母院教堂外面的一個高台周圍，前來目睹這些曾經指揮過世界上最著名軍事修會的長者們，因為他們在該修會的崩解中所扮演的角色而被判刑。人群中有馬里尼的腓力，他是桑斯的大主教，他的主教調查已經發送了五十四名聖殿騎士。三位戴著寬邊帽子的樞機主教視察了被告，並宣布他們遭受的懲罰。

名為南吉斯的威廉（William of Nangis）的聖德尼修道院神父寫了一本編年史，而這本書的續作者則記載道，自己曾經親眼目睹雅克和他的同僚受審當天的現場。他們接受了簡短的審訊，四人都堅持自己的供詞。他們的罪已經被赦免了，但他們接下來要承受的贖罪聖事將會相當嚴厲，並且是要用來以儆效尤的。這些編年史家寫道：「他們被判處嚴厲的終生監禁。」[19]

對於已經入獄六年半的雅克而言，這實在太過分了。在一次教宗官員面前的審問中，他回憶起自己年輕時被派往聖地與撒拉森人作戰的經歷，發現自己對當時的大團長紀堯姆．德．博熱十分惱火，後者唯一的願望就是保持和平。那時他很沮喪，並且這種挫敗感從那之後一直持續著。事實上，雅克的整個職業生涯是一連串令人失望的事情，這最終導致了在一場審判中，他被迫承認曾犯下一些行為，這些行為玷汙了他的名聲、危及了他的靈魂，並且破壞了他所被賦予的修會。現在，他被告知自己要在石牆內孤獨地度過餘生，並且承受一個做偽證的失敗者之名而死去。

他為了要震懾自己面前的觀眾所以決定高聲疾呼。當其中一位樞機主教在人群中講話時，雅克打斷了他，並開始再次爭辯他的清白。沙爾尼的若弗魯瓦加入了他，譴責兩人遭受的不公正待遇。他們譴責了樞機主教和桑斯大主教，「並且未表現出任何尊重就開始否認他們所供認的一切」。[20]

佩羅的于格和戈納維爾的若弗魯瓦站在雅克與沙爾尼的若弗魯瓦後面，他們緘口不語。每個人都明白發生了什麼。保持沉默就是接受被監禁的判決。而若是說出任何意見那便是故態復萌的異端者，因此會被定罪燒死。人群驚呆了。一個精心安排的奇觀發生了意想不到而且不受歡迎的轉變。雅克繼續滔滔不絕地說自己是無辜的，直到站在旁邊的一個軍士走上前，「打了（大團長）一巴掌，讓他不能再說下去，然後他就被揪著頭髮拖進了教堂」。[21]

本應該要採取的正當程序全被棄之不顧。沙爾尼的若弗魯瓦和雅克一起被抓走了。他們的動機是「等到第二天時審判者們可以對他們進行更全面的審議」。但是聖母院裡所發生的事情很快傳遍了全城，而且幾個小時之內就傳到了腓力四世的耳裡。他完全失去耐心了。「他與自己的顧問進行了協商，」編年史家寫道，「並沒有向神職人員討論，接著他謹慎地做出決定，決定將兩名聖殿騎士放到火刑台上。」[22]

三月十八日晚上，騎士團大團長和諾曼地分團長乘坐小船被帶到塞納河上一個被稱為加維歐島（Île-des-Javiaux）的島上，這裡離王宮的花園不遠。兩堆柴堆已經在那兒等著他們，而且木柴已經悶燒出煙來。

泰爾的聖殿騎士記錄了一位三月人在巴黎親眼目擊的商人說道，他見到了島上發生的事情。他寫道：「大團長懇求他們讓他唸祈禱詞，而他的確對上帝說了」；「然後他們便按照自己的意思將大團長的身體綑綁起來」。[23]

另一位法蘭西編年史家以詩歌形式記錄了兩位聖殿騎士生命的最後時刻，他描繪了一個平靜的場景：雅克・德・莫萊脫下內衣，沒有顫抖或是出現任何害怕的跡象。當他被綁在木樁上時，他請求允許祈禱。他補充說：「上帝知道誰是錯的，知道誰犯了罪。將有禍患臨到那些錯判我們的人。上帝將為我們的死復仇。」他接著便說已經準備好赴死了。火焰被點起，木頭劈啪作響，大團長不久後便離開人世。詩人寫道：「死亡如此溫柔地帶走了他，每個人都驚嘆不已。」[24]基督和所羅門聖殿的貧苦騎士團最後一位大團長遺留在世的，便只有他臨死時嘴裡所吐出的咒詛。

✠

在巴黎的暴力事件多年之後，佩羅的于格和戈納維爾的若弗魯瓦在獄中死去。沙爾尼的若弗魯瓦也在三月十八日被燒死，有各種各樣的報導寫道，他的骨骸還有雅克的骨骸如果不是作為聖髑被保存下來，就是被燒成骨灰後散落四方。聖殿騎士的大團長希望上帝為他的死報仇，這說法本來就可以意味著任何事情，但它似乎確實起到了一些作用。在摧毀聖殿騎士團這件事著力最深的兩個人，法蘭西的腓力四世和教宗克雷芒五世在一年內相繼去世。克雷芒的健康狀況始終不好，他在四月死於長期的腸道疾病。一三一四年，年僅四十六歲的腓力在打獵時遭受致命的中風打擊，並且被安葬在聖德尼修道院中，就在他聖潔的前任國王路易九世附近。

他們兩位從摧毀聖殿騎士團當中是否有獲得任何好處？在一三〇六年時，或許聖殿騎士團和醫院騎士團改革和合併的時機已經成熟。他們在阿卡淪陷後失去了存在的目的，在接下來的二十年支撐他們的是發動一場新十字軍東征的野心，像其他許多人一樣，他們拒絕接受東方局勢在蒙古人和馬穆魯克征服後急遽變化的現實。從這個意義上說，克雷芒對基督教資源的重整做出了貢獻，儘管是以一種笨拙和沒有必要的摧毀性方式。除此之外，他的所作所為沒有什麼可取之處。但丁（Dante Alighieri）在一三二〇年完成了《神曲》，他的讀者會在地獄中發現克雷芒，他被倒掛起來並且火焰從他的腳開始烤遍全身。但丁形容克雷芒是「西方無法無天的牧者」，他已經買下了自己的位置，而且被法蘭西國王「溫柔地」對待。[25]

與此同時，腓力在其統治期間一再證明，只要他察覺到有任何人或修會，對他的王室威嚴或者是他作為「最虔誠的基督教國王」之自我形象有任何一絲的輕視，他便會對他們冷酷、殘酷並且存心要與他們敵對。在他去世前不久，他將自己在道德上的偏執狂投射在自己的家庭上。有傳言說他的兩個兒子的妻子和一對諾曼騎士在名為奈斯勒塔（Tour de Nesle）的河邊瞭望塔上通姦，他已將他們全部逮捕，同時逮捕的還有生下他第三個兒子的妻子，據信她對該案有一些了解。騎士們在公共場合被拷打、審問和殘忍處決。他的媳婦們被判終身監禁。

奈斯勒塔醜聞給腓力帶來的只有痛苦。教宗博尼法斯、法蘭西猶太人和聖殿騎士團遭到迫害的方式幾乎如出一轍，所有這些迫害背後的動機是來自以下三者的結合：國王對新收入來源的需求、要在其新領土確立國王權威的願望，還有腓力的非凡能力——他能說服自己相信，任何偶然與他相遇的人身上都具有最惡劣的道德偏差。即使是他那個時代的標準，他仍是一個暴力的偽君子，針對他的行為所能夠給出最好聽的評價則是，聖殿騎士團只是眾多受害者中的一員。

在一三〇七年十月十三日至一三一四年三月十八日期間，聖殿騎士團被全面粉碎。他們的財產被扣押。他們的財富被拿走了。他們的聲譽被徹底摧毀。他們的成員被監禁、拷打、殺害、驅逐出家園並受到羞辱。在這一過程中倖存下來的人要麼在獄中死去，要麼被連根拔起並被送往新的住所，或者在極少數情況下被重新部署到新的軍事修會。儘管有各式各樣認為聖殿騎士團變成一個祕密修會存活下來的傳奇，但是到了一三三〇年代時，聖殿騎士團在實質意義上已經完全不存在了。聖殿騎士團的中央檔案是他們在東方最珍貴的資產，僅次於他們的金庫，它被保存在賽普勒斯，並由醫院騎士團接收。但後來資料散失了，很可能是在十六世紀當賽普勒斯被鄂圖曼帝國征服之時。因此到後來，聖殿騎士團的身軀被為建立修會做出巨大貢獻的法蘭西王室給奪走，而且人們對他們的記憶也被伊斯蘭敵人吞噬了，後者還是王室最初與騎士團並肩合作所要一起對抗的敵人。「他們是所有法蘭克人中最凶猛的戰士。」一摩蘇爾的編年史家伊本·阿西爾如此寫道。最終，他們再也無法作戰了。

✝

由聖殿騎士團在其中發揮關鍵作用的十字軍東征並沒有隨著騎士團的消失而結束。因戰爭而能成聖的觀念在歐洲的信徒心中已根深柢固，即使在一〇九六至一二五〇年之間，已經幾乎不可能再召集一支能夠在耶路撒冷、大馬士革和達米埃塔之間行軍的軍隊，但是重新征服聖地的夢想依然存在。羅馬教會也依然樂意繼續討好世俗統治者，教會的做法是同意這些統治者的乞求，將十字軍戰爭的名義授予他們所進行的邊境戰爭，還有針對歐洲邊緣的各種「異教徒」的進攻。

在西班牙，收復失地運動在整個十四和十五世紀期間持續進行。在此期間，仍有大量穆斯林生活在格拉納達埃米爾國，名義上而言這裡是卡斯提爾王國的附庸國，但實際上是一個傲然獨立的穆斯林王國。當卡斯提爾積弱不振時，或者是他們與鄰近的亞拉岡王國和葡萄牙王國爆發戰爭，在這些時候往往會導致格拉納達爆發暴力衝突。這些局勢使得卡拉特拉瓦騎士團與聖地牙哥騎士團必須要駐守在基督徒和穆斯林領土之間的邊界，戍守這些地區的城堡以及山間通道。直到一四七九年，亞拉岡國王斐迪南五世與卡斯提爾女王伊莎貝拉結婚後，格拉納達埃米爾國才被摧毀。兩個強大的王國從此聯合起來，形成統一戰線，共同對抗殘暴的統治者穆罕默德十二世。這對「天主教雙王」開始逐步瓦解這個埃米爾國。一四九二年一月，穆罕默德被趕出了他在首都格拉納達的阿爾罕布拉宮（Alhambra Palace），再也不曾返回。

除了西班牙以外，計畫要在聖地重新建立基督徒立足點的計畫比比皆是，但是絕大部分這些激勵人心的計畫，都是由那些空想多過實際經驗，而且從未見過一名馬穆魯克的人所寫的。一三一八年，腓力四世的兒子和繼任者腓力五世設想出了一個以貴族為主的特使團，由他的堂兄克雷芒的路易來領導前往十字軍國家，腓力任命路易為「所有披甲戰士的隊長、領袖和總督，在海路或陸路的大型十字軍發動之前，我們會派遣這些戰士提供聖地援助」。[26]幾年後，威尼斯地理學家馬里諾・薩努多・托塞羅（Marino Sanudo Torsello）贈送給教宗若望二十二世（John XXII）一本巨著，書中便有敘利亞和埃及沿岸的詳細地圖和圖表，所有這些內容都是為了說明他對尼羅河三角洲進行大規模封鎖、海上入侵和陸上巡行的複雜構想。參與者將會來自熱那亞、威尼斯、克里特島、羅得島、賽普勒斯島和亞美尼亞，在軍事行動的第一階段時，僅僅海上封鎖就需要五千名騎士。[27]當然，這樣的十字軍東征從未付諸實行。

隨著中世紀的發展，十字軍精神找到了新的目標。在一三三〇至一三四〇年代，威尼斯人、賽普勒斯人和醫院騎士團組成了海軍聯盟，攻擊土耳其在地中海的多個港口。在一三六二至一三六九年間，賽普勒斯國王彼得一世組織了巡迴全歐洲的招募十字軍之旅，然後將他們部署在船上然後用他們來劫掠，並且在某些情況下短暫地征服穆斯林城鎮，包括土耳其沿岸的安塔利亞和科里庫斯（Corycus）、尼羅河三角洲的亞歷山卓和羅塞塔，以及馬穆魯克帝國的西頓、貝魯特、的黎波里、托爾托薩和拉塔基亞（Latakia）。但西方教會在一三七八年陷入分裂，敵對的兩位教宗分別在亞維儂和羅馬選出，此時雙方都招募國王和貴族，並宣布他們針對敵對派別的戰爭便是場聖戰。在一四二〇到一四三一年之間，波希米亞將十字軍戰爭的地位正式授予捷克精神領袖揚．胡斯（Jan Hus）追隨者的軍事行動。

歐洲東北部已經成為另一個熱鬧的基督教戰場，這裡的許多工作是由條頓騎士團完成的。一三〇九年，他們在馬林堡（Marienburg）建立了自己的官方總部，其位於幅員遼闊但自治的普魯士國家的中央地區，他們的領土從波蘭北部綿延數百英里，一直延伸到立窩尼亞。他們表面上的目的是幫助異教徒皈依基督教，他們的官方編年史家兼騎士馬爾堡的維甘德（Wigand of Marburg）所寫的編年史，當中充滿了雷森戰（Reisen，一種針對本地敵人的小型十字軍）的各種故事。一三四四年的一篇典型紀錄解釋道，當時的條頓騎士團大團長盧多克．科尼（Ludolk König）與荷蘭伯爵威廉結盟，並且「進入立陶宛，他在此大肆蹂躪了兩天，而且因為那裡的土地肥沃，所以造成了巨大的損失」。但是由於積雪和結冰融化導致洪水氾濫，他被迫離開。[28]這是十四世紀大部分時間的狀況。不久之後，條頓騎士團的命運開始走下坡。由於條頓騎士團成員在皈依和征服上過於成功，他們不再有可以繼續進攻的異教徒敵人，所以轉而與他們的基督教鄰國發生持續衝突。普魯士發展成為現代歐洲最偉大的國家之一，但那時它已經脫離條頓騎士團的控制。到十六世紀初，他們在神聖羅馬帝國只占有一小部分領土。一八〇九年，拿破崙．波拿巴（Napoleon Bonaparte）正式解散他們作為軍事修會的身分。如今，他們只是一個由天主教神父和修女組成，在各個國家為德國僑民提供照應的小規模修會，他們幾乎縮減到在一一九一年第一次圍攻阿卡時的最初模樣。

醫院騎士團因為得到聖殿騎士團的財產而變得富有，但也被要主張這些財產的所有權的複雜性壓得喘不過氣。但是醫院騎士團倖存了下來，聖殿騎士團則不然。他們成功轉型的關鍵是征服了羅得島，這是一個位在佐澤卡尼索斯群島最南端的大島，與君士坦丁堡、賽普勒斯、貝魯特和亞歷山卓有航運聯繫。他們基於一個設防的港口小鎮來統治該島，並且取得了包括科斯島（Kos）和萊羅斯島（Leros）在內的一小串附近島嶼。該修會在那裡存在了兩個多世紀，參與了愛琴海的繁忙貿易，偶爾與義大利冒險家一起對土耳其港口發動軍事襲擊，例如小亞細亞西海岸的士麥拿（Smyrna）。但到了十五世紀，羅得島本身已經成為一個有價值的珍寶，醫院騎士團被迫要擊退來自海上的入侵，首先是在一四四〇年代的馬穆魯克軍隊，然後是新的伊斯蘭超級大國鄂圖曼帝國，它就像之前的許多帝國一樣，是崛起自黑海南部的突厥部落之地。鄂圖曼人橫掃了馬穆魯克人，並且最終征服君士坦丁堡、小亞細亞、希臘、塞爾維亞、馬其頓、波士尼亞、匈牙利、敘利亞、巴勒斯坦和埃及。醫院騎士團在羅得島上的統治於一五二二年結束，鄂圖曼帝國蘇丹蘇萊曼大帝（Suleiman the

Magnificent）在這一年率領了一支據說由四百多艘船隻組成、載有十萬人的艦隊，迫使羅得島的醫院騎士團屈服。

不可思議的是，醫院騎士團仍然沒有被消滅，西班牙國王查理二世於一五三〇年授予他們在馬爾他島（Malta）的新基地，而他們在一七九八至一七九九年間被拿破崙驅逐出該島。醫院騎士團至今仍然存在，「耶路撒冷、羅得島和馬爾他聖約翰主權軍事醫院騎士團」（或簡稱馬爾他騎士團）是總部設在羅馬的天主教修會，國際法承認它是擁有自己的國歌、國旗、護照和軍隊的主權機構。該修會的其他變體在芬蘭、法國、德國、匈牙利、荷蘭、瑞典和瑞士等國家／地區仍然存在。醫院騎士團在英國的發展於十九世紀進行了重組。一八八八年，耶路撒冷聖約翰騎士團獲維多利亞女王頒予皇家特許狀。如今它是一個基督教修會，其成員主要是新教徒，並且服從國王的權威。其成員是以個人功績為參考獲邀加入，並且宣誓支持修會所進行的慈善事業。它的附屬機構包括提供志願急救的聖約翰救護組織（St John Ambulance）。

一五三〇年，荷蘭學者伊拉斯謨（Erasmus）寫了一本拉丁文小冊子，名為《論向土耳其人發動戰爭的問題》（*The Consultatio de bello Turcis inferendo*）。根據他書中所寫的，蘇萊曼大帝的軍隊占領了巴爾幹半島、匈牙利、保加利亞和羅馬尼亞的大片地區。前一年，他們圍困了維也納，一個新的伊斯蘭帝國似乎正在無情地向西進軍。

這種情況給開明的人文學者思想家伊拉斯謨帶來了幾個問題。他鄙視基於民粹的偏見，並且警告說：

> 當無知的群眾聽到有人提及土耳其人，他們立即變得憤怒且嗜血，將他們標記為狗和基督徒的敵人……他們不去思考戰爭的目的是否正當，也不思考拿起武器是否有利，就算會激怒敵人並使他更加惡毒。[29]

他還提到了早期宗教改革的暴力行為，其呈現出與穆斯林犯下的許多嚴重惡行相比，「基督徒對基督徒所做的事情更加殘忍」。

然而，伊拉斯謨絕對不是和平主義者，他對「那些認為基督徒完全沒有發動戰爭之權力的人抱持相同的蔑視態度……這種觀點荒謬到不值一駁……我所教導的是：除非萬不得已，除非所有一切手段都已失敗，否則絕不要進行戰爭」。他寫道，鄂圖曼人當然是一個危險的敵人，他接著針對幾個主題詳加思索：戰爭在哲學層面的正當性、幾個世紀以來困擾十字軍的腐敗以及他的最終信念，即實現伊斯蘭教和西方世界之間的和平最好的途徑是讓異教徒皈依耶穌基督。

伊拉斯謨在他的文章行文到一半中間，以幾乎是岔題的形式提及已經消失的基督教模範戰士，在這樣一個麻煩與混亂的時代中，這樣的戰士被眾人所緬懷。這種戰士是最為崇高的十字軍類型，這種典範對於十六世紀的人而言，只能在夢想中才有辦法與之匹敵。他稱他們為「聖伯納德筆下的那些士兵，他不知道該稱他們為僧侶還是騎士，因為他們的道德正直和戰士勇氣都極為巨大」。[30]

聖殿騎士早已不復存在。但是，只要十字軍仍在不斷前行，他們也就會一直在人類的想像中占有一席之地。

結語　聖杯

在一二〇〇至一二一〇年之間，日耳曼作家沃爾夫拉姆・馮・埃申巴赫（Wolfram von Eschenbach）創作了一首名為《珀西瓦里》（*Parzival*）的浪漫詩。它引用了幾十年來在歐洲廣受歡迎的亞瑟王傳說，長達數萬行。這些故事以愛情、騎士精神、探尋、背叛、魔法和戰鬥等劇情取悅貴族觀眾。埃申巴赫的贊助人是圖林根（Thuringia）邊境伯爵赫爾曼（Hermann），但他的作品最終的讀者人數巨大且影響深遠。至今還有八十多份這首詩的中世紀手稿保存著。

在《珀西瓦里》中，年輕的同名英雄出現在亞瑟王的宮廷中，並且直接捲入了與一名「紅色騎士」的爭執當中，他在戰鬥中將其殺死。當珀西瓦里必須離開這裡去學習讓自己更具騎士精神，他便開始尋找聖杯，這既是實地去尋找賦予生命的神祕寶石，也是尋求上帝啟明的精神之旅。聖杯最初在一座魔法城堡當中由一個名為漁夫王（Fisher King）的角色看守，他的腿上一直受著傷痛的折磨，這是上帝對他未能保持貞潔所施加的懲罰。珀西瓦里遇到了漁夫王，然後被其他事件所困擾。最終，在與一個原來是自己親兄弟的騎士進行戰鬥之後，他得知自己已經成為了注定要守護聖杯的新國王，這個故事也終於劃下句點。

以上由埃申巴赫所寫的《珀西瓦里》，當中有許多地方都並非是原創的。時代稍早的作家們像是蒙茅斯的若弗魯瓦（Geoffrey of Monmouth）和克里蒂安．德．特魯瓦（Chrétien de Troyes）已經建立了他所描述的世界，並且提供了許多情節。埃申巴赫的故事在本質上對其有所更新，擴大了角色的冒險經歷，並且將這個故事加上他認為自己的讀者（和聽眾，因為有許多人會聽到主人大廳中高聲朗讀的詩句）所喜歡的風味。他添加的要素之一是被稱為聖殿騎士團（Templeise）的軍事修會的出現，他們是發誓要守貞的戰士，並且在「聖殿」中幫助漁夫王守望聖杯。這些人與聖殿騎士並不相同，他們的象徵是一隻斑鳩，而不是十字軍的十字架，而且他們似乎沒有一個完備的會規。儘管如此，兩者的相似之處還是很驚人，故事也歷久不衰。聖殿騎士團首次由十字軍士兵轉變為神話般的聖杯守護者。①

即使是在聖殿騎士團仍存在的時代，作家也開始寫作有關他們的虛構故事，這不足為奇。到了十三世紀的第一個十年，該修會已經廣為人知。雖然它在埃申巴赫所居住的日耳曼地區存在感不強，但是對於聖地多少感興趣的人都一定會聽過聖殿騎士的事跡。他們跟薩拉丁發生了衝突，在獅心王理查的十字軍東征中擔任重要角色，駐守在聖地的數十座城堡中，與收復失地運動緊密相關，在歐洲的大部分王家宮廷中都有一席之地，在基督教世界各地都擁有財產，並且樹立了許多強敵。因此他們變成文學中的比喻也算不上是激烈的跳躍。

在某種意義上，聖殿騎士團一直存在於現實和想像這兩個領域中。從一開始，聖殿騎士這個概念就被認為是超脫塵俗的。當克萊爾沃的聖伯納德撰寫《歌頌》，讚頌一〇三〇年代的第一代聖殿騎士時，他並不是在寫關於于格．德．帕英和他的手下的事實敘述。透過他那激昂的語言、騎士們被理想化的道德品格，以及他遵從聖經直譯主義所描述的聖地，伯納德把自己的夢想覆蓋在聖殿騎士的現實情況之上，他將聖殿騎士描述為既像戰士一樣揮舞著劍，又像熙篤會修士一樣生活。

在聖殿騎士團被瓦解之前，編年史家之所以就開始描述他們，也是出於各方面的目的。在穆斯林這一方，有些人欽佩聖殿騎士的軍事技能，並將這些弟兄描繪成在被詛咒的法蘭克人中最不墮落的一群人。奧薩瑪．伊本．蒙基德刻劃聖殿騎士們的性格為思想開明、深諳人情世故並且具備騎士精神，還指出聖殿騎士們允許他使用耶路撒冷的一個教堂來進行每日的祈禱。但在之後不到十年的時間中，當薩拉丁下令處決在哈丁俘獲的所有聖殿騎士和醫院騎士時，伊瑪丁把他們描述為「兩個骯髒的修會，他們的所做所為毫無可取之處，他們永遠不會放棄敵意，作為奴隸也毫無用處。這兩個修會是異教徒中最糟糕的」。伊本．蒙基德講故事的目的是將榮譽和騎士精神置於戰爭的骯髒之上，而伊瑪丁則試圖將薩拉丁描繪成擊敗了眾多伊斯蘭教敵人的光榮蘇丹。聖殿騎士團僅僅是兩人表達截然不同的關注重點的工具而已。

十二世紀和十三世紀的基督教作家則沒有如此分歧，每個時代都有類似克萊爾沃的聖伯納德的作家，同時也一定有類似泰爾的威廉的作家，他們兩人對於耶路撒冷王國在阿馬里克一世及其家族領導下的描述極具影響力，並且對聖殿騎士團的故事造成了明確的影響。威廉認為聖殿騎士團起源

① 作者注：聖杯雖然經常被認為是可以追溯到「最後的晚餐」中的實物，但實際上是中世紀晚期亞瑟王傳奇故事的發明，這些傳奇深受克里蒂安．德．特魯瓦於一一八〇年代寫成的《珀西瓦里：聖杯傳奇》（*Perceval: The Story of the Grail*）的影響。

於一個合法而高貴的概念，但認為他們被財富腐蝕了，他因此依照這種想法選擇材料，誇飾了聖殿騎士團草創階段的貧困，藉此來放大他們後來所犯下的錯誤，例如一一五三年對阿什凱隆的災難性進攻，或者是在那二十年後對阿薩辛派使節的謀殺作為。

《聖地旅程》的作者（他可能是名聖殿騎士）描繪了一個殉道者的修會，美化了一些英勇反抗的故事，比如馬利的詹姆斯的故事，他在克雷松泉之戰陣亡，不過被賦予了一個俗套但是又鼓舞人心的文學性來世，藉此作為一個奇蹟創造者。泰爾的聖殿騎士（幾乎可以肯定他不是聖殿騎士）則是位於中間地帶。他對於紀堯姆．德．博熱有很深的個人感情，紀堯姆在阿卡陷落時的逝世被他描述為史詩般的英雄事蹟，但是他認為雅克．德．莫萊是個傲慢的傻瓜，並且帶著近乎輕蔑的冷漠來記錄下他在一三〇七年於巴黎令人震驚的死亡。

姑且不論是好是壞，早在聖殿騎士團被腓力四世鎮壓之前，他們早已被作家和說書者改編進他們的作品之中，從寫實風格到怪異風格都有。有一幅描繪聖殿騎士衝鋒模樣的底圖被保存在克雷薩克（Cressac）教堂的壁畫上，這是聖殿騎士團於十三世紀所建造的教堂，圖中的弟兄們正在與穆斯林軍隊作戰，展現出他們最好戰以及英勇的一面。馬修．帕里斯的《大紀年錄》（*Chronica Majora*）大約成書於同一時間，其中包含了一張較為平和的素描圖，其場景是兩位騎在馬上的弟兄，而他們著名的黑白旗幟便在其側。聖殿騎士出現在許多作品中，像是《康布雷的拉烏爾》（*Raoul de Cambrai*），由多位作者所寫成的《玫瑰傳奇》（*Roman de la Rose*），這是大約完成於一二七五年的一首關於宮廷愛情主題的夢幻詩，還有在《桑德納塞》（*Sane de Nansai*）之中，這是十三世紀晚期的傳奇故事，其中一位愛爾蘭的聖殿騎士在北方勇士和失戀的女王之間充當媒人。除了在《珀西瓦里》和《桑德納塞》中，聖殿騎士很少扮演非傳統的角色，通常他們是典型的嚴格正直戰士，或者是英雄和反派的最終目的地，他們可以因為加入聖地的騎士團而被移出故事情節之中。

即使在他們那個時代，對小說家來說，聖殿騎士團也比醫院騎士團和條頓騎士團更有吸引力。相對於聖殿騎士，醫院騎士和條頓騎士無論在軍旅生涯或是在擔任牧靈職務上的時間都要比他們來得長久，但是在大眾的想像中，聖殿騎士所留下的印象深刻程度則是後者完全無法相提並論的。無論是在中世紀還是今天，似乎都沒有太多人（更不用說好萊塢電影了）對關於條頓騎士團或是寶劍騎士團的史詩故事感興趣。唯有聖殿騎士團可以說確確實實地已從現實世界轉變為神話，並且在大眾的想像中占有一席之地。

說句公道話，聖殿騎士團不同於其他主要的國際性軍事修會。獨特的是，他們從一開始便是承擔宗教使命的騎士團，而不是由醫院工作人員所組成的準軍事側翼部隊。這賦予了他們一種對於中世紀傳奇而言相當有用的特質：他們完全符合真正具備俠義精神的騎士原型，他們行使暴力但嚴守貞潔，性格粗魯但內心純淨，冷酷無情但信仰虔誠。他們是亞瑟王傳奇中所有騎士奮鬥的理想。

但這只是故事的一部分，聖殿騎士歷久不衰的聲望也必須歸因於他們垮台的方式。雅克．德．莫萊死後的半個世紀，佛羅倫斯詩人、小說家薄伽丘（Giovanni Boccaccio）寫了一本名為《那些著名人物的命運》（*De Casibus Vivorum Illustrium*）的書，其中收錄了許多偉人的生平，它們被選出來描繪出「命運之輪」的轉動。命運之輪在中世紀是一個文學上的常識，這是一個暗示著生活總是處於永恆變遷的隱喻，勝利的時刻後隨之而來的總是絕望（反之亦然）。薄伽丘的簡短傳記的傳主從薛西斯一世（Xerxes I）和亞歷山大大帝到亞瑟王，而且這本書取得了巨大成功，傳遍了整個歐洲，在當時比《十日談》更為有名。

《那些著名人物的命運》一書非常成功，被法蘭西作家普雷米耶爾費的勞倫斯（Laurence of Premierfait）和英格蘭作家約翰・利德蓋特（John Lydgate）複製、擴展和翻譯，而且後者在文本中添加了更具啟發性的示例。一四〇九年，貝瑞（Berry）公爵收到了一份精美的法蘭西式彩繪本，裡面有一幅栩栩如生的畫面（姑且不論是否符合史實）：雅克・德・莫萊和他的三位同僚在心滿意足的腓力四世面前被綁在火刑柱上燒死。[1]它還詳細介紹了雅克的生平。在這個說法中，他的死和騎士團的垮台是上帝的懲罰，而直到騎士團成員的罪受到最終懲罰以前，他們的財富和地位與其宗教信仰成反比。上述說法是對這段故事的一種粉飾，但它富有詩意的形式和適當份量的自然正義（natural justice）。這是一個非常吸引人的簡化敘事，其中象徵聖殿騎士團整體的命運之輪便圍繞著泰爾的威廉在他們身上所看到的道德缺陷（貪婪和驕傲）而轉動。

聖殿騎士的故事在大眾的認識之中至此便沿著這個軌跡發展。從薄伽丘一直到沃爾特・史考特爵士（Sir Walter Scott），後者在一八二〇年的小說《撒克遜英雄傳》（*Ivanhoe*）中創造了名為布萊恩爵士的反派聖殿騎士，他脾氣暴躁、淫穢且瘋狂。再到雷利・史考特（Ridley Scott）二〇〇五年的電影《王者天下》（*Kingdom of Heaven*）中將傑拉德・德・雷德福描繪為殘酷的惡角。一代又一代的作家在聖殿騎士的理想與現實之間的落差鴻溝中發現了豐富的創作素材。在最近的《刺客教條》（*Assassin's Creed*）遊戲以及電影中，聖殿騎士的模樣一樣墮落且野蠻，而且是更為高雅進行時光旅行的阿薩辛組織的敵人。獨眼的梅斯尼的沃爾特的精神依然存在。

在過去的兩百年當中，聖殿騎士團也為古怪者、陰謀論者和幻想家提供了豐富的素材。在關於聖殿騎士的假設歷史中有一個蓬勃發展的分支，其中很大一部分是基於以下這個錯誤假設：一個如此富有和強大的騎士團不可能如此簡單地被連根拔起且被解散。另類的歷史被炮製出來，其內容是各種古怪的後設歷史。是否有一小群聖殿騎士逃脫了法蘭西國王的迫害？他們是否帶著成堆財寶從拉羅謝爾揚帆離開？如果真是如此，那其中有包括杜林裹屍布（Turin Shroud）或約櫃嗎？聖殿騎士團是否在別處成立了一個祕密組織？他們是否還在某個暗處控制著世界的運轉？

人們只需要網際網路和想像力，就可以找到各種奠基在層層臆測上的理論，其中包括聖殿騎士團是現實生活中聖杯守護者的想法（無論是一個實際的杯子還是某些古老真理的隱喻），以及他們從卡特里派信徒（十三世紀早期法蘭西南部被迫害並被消滅的異端者的統稱）那裡所繼承的真理守護者的角色，正是他們垮台的原因。

一九八二年首次出版的暢銷偽歷史著作《聖血與聖杯》（*The Holy Blood And The Holy Grail*），提出並推廣了聖殿騎士與一個名為錫安會的組織的聯繫，該組織成立的目的是為了保護由耶穌基督和抹大拉的瑪利亞傳下來的國王的祕密血統。丹・布朗（Dan Brown）的暢銷書《達文西密碼》（*The Da Vinci Code*）於二〇〇三年出版，隨後改拍為一部暢銷的電影，其中煞有其事地表達了大致相似的觀點，對於小說的成功發揮了極大的推動力，但也留給讀者自己去判斷作者的假設是否有事實根據（許多人所得出的結論是肯定的）。翁貝托・艾可（Umberto Eco）於一九八八年出版的小說《傅科擺》（*Foucault's Pendulum*）同樣想呈現一種無謂的煞有其事，在書中有三位作家編造了一種方法，將所有的世界史編織成一個巨大的密謀，他們稱之為「陰謀」（The Plan）。這個陰謀的一個重點是聖殿騎士們的祕密牢房，他們在獄中希望有人為其報復法蘭西國王的滅團之仇。艾可這本小說極具後現代主義風格、明顯帶著諷刺意味，而且直接嘲諷那些將聖殿騎士團置於宰制世界的宏大計畫核心的人，不過這麼做的同時卻增加了該騎士團在人們心中的神祕感。要是故事帶有百分之十的真實性呢？

可悲的是，連一成都不到。儘管在歷史紀錄中，假想證據的碎片往往與方便的空白縫在一起，為與聖殿有關的假歷史提供「證據」，但是必須強調的是，幾乎所有的聖殿武士倖存下的理論都是從小說中借來的，或者僅僅是虛構的。這種事情在軍事修會的歷史而言相當獨特，儘管它在世界歷史上十分常見。新斯科細亞（Nova Scotia）的橡樹島（Oak Island）被認為是聖殿騎士團的避難所之一，該修會遺落的寶藏也被認為可能藏於此地。聖殿騎士還被跟以下種種聯繫在一起：能證明莎士比亞手稿真正作者的證據、瑪麗・安東妮（Marie Antoinette）珠寶的位置以及培根爵士（Sir Francis Bacon）領導的玫瑰十字會祕密社團的隱藏檔案。不用說，聖殿騎士的寶藏尚未被發現。

聖殿騎士的復興現象比陰謀理論更為有趣，這種現象從英格蘭和法蘭西的共濟會的興起開始。共濟會是一個致力於互助的祕密修會，其特色是使用隱密的符號、儀式和握手方式，他們在十八世紀早期自覺地開始試圖強調其古老的根源。傑出的蘇格蘭、法蘭西和日耳曼地區共濟會有意將這場運動與聖殿騎士團的歷史聯繫起來，主張自己與生活在「所羅門聖殿」的十二世紀十字軍有所淵源，並且要藉此來暗示他們承繼了高貴、智慧以及宗教祕密知識，這就算是虛假的也頗具吸引力。

今日，許多人仍然是共濟會的成員，而還有許多其他人是合法的貴族修會的成員，包括各式各樣變形的醫院騎士團，像是馬爾他騎士團，他們與歷史上的聖殿騎士團的間接關係在上文中已有描述。其他人則聲稱自己是聖殿騎士團復興後的成員。這些成員的範圍很廣，例如透過社交媒體上建立起來的信奉基督教的人權議題人士之非暴力組織網絡，以及不那麼令人愉快的組織，後者將歷史上聖殿騎士團在聖地的職責等同於基督教和伊斯蘭教在歐洲和美洲的現代衝突。二〇一一年，挪威法西斯和恐怖分子安德斯·貝林·布雷維克（Anders Behring Breivik）在奧斯陸和烏特烏亞（Utøya）的爆炸和槍擊攻擊中，殺害了七十七人，傷及三百多人。他聲稱自己是由九名成員在倫敦建立，國際聖殿騎士組織的一員，該組織目前在全世界中有幾十名「騎士」和為數更多的平信徒。

布雷維克聲稱與聖殿騎士團的連結表明了，聖殿騎士在今日的影響力並不總是良性的。二〇一四年四月二日，《紐約時報》報導了一名墨西哥毒梟恩里克·普蘭卡特（Enrique Plancart）的去世，他一直躲藏在克雷塔羅州（Querétaro）的一處出租房屋中。[2]普蘭卡特在街上行走時被海軍陸戰隊槍殺。墨西哥和美國帶著或多或少的喜悅宣布了他的死訊，因為普蘭卡特是臭名昭著的集團組織「聖殿騎士團」（Los Caballeros Templarios）中級別最高的成員之一。

「聖殿騎士團」於二〇一一年三月在墨西哥西部的米卻肯（Minchoacan）成立。該組織成員被指控與毒品交易有關的一系列暴力犯罪，包括謀殺、販毒和勒索，但他們試圖為自己的行動賦予更高的目標，將強烈的基督教狂熱與民粹主義的左翼政治融合起來：這是由巴布羅·艾斯科巴（Pablo Escobar）臭名昭著的麥德林集團（Medellín Cartel）於一九八〇年代成功制定的策略。在這個案例中，「聖殿騎士團」以原初的聖殿騎士團為原型。這個集團在他們成立後不久就出版了一本二十二頁的小冊子，名為《聖殿騎士團守則》（*Code of the Knights Templar*），靈感來自中世紀的《聖殿騎士會規》。「（我們）的主要任務是保護米卻肯……的居民和神聖領土。」《聖殿騎士團守則》制定了由委員會監督的入會程序，一個宣誓效忠的死誓，以及每個成員都有義務與包括物質主義、不公正、暴政、「道德價值觀的瓦解以及當今人類社會普遍存在的破壞性因素」在內的種種邪惡做鬥爭。

《守則》中寫道「聖殿騎士應該是紳士風度的典範」，並告誡其追隨者要避免「粗暴、酒醉到去冒犯他人、不道德、懦弱、說謊和懷有惡意」，以及「為錢綁架」和使用毒品「或是任何改變心智的物質」。《守則》可能沒有真實地再現了十二世紀嚴苛的修道院騎士團，這表現在少數跡象中，諸如「使用致命武力前需要授權」的指示，以及經常提醒人們犯下錯誤，以及對組織及其成員的不尊重將會面臨到被草率處死。

這個「聖殿騎士團」有一天可能會被一個不具同情心的國家強制解散，或許他們的成員也會死於詛咒。姑且不論別的，這是一個滿貼切的歷史平行比較。不管他們的命運如何，他們不會是最後一批向一一一九年在耶路撒冷由于格・德・帕英創立的那個組織致敬的人們。聖殿騎士的傳說還會繼續存在一段時間，鼓舞人心、娛樂以及吸引未來的世世代代。

或許這正是他們真實的歷史地位。

附錄

十

附錄一：主要角色列表

聖殿騎士團

于格・德・帕英：聖殿騎士團的創始人和第一任大團長。他出生在香檳的特魯瓦附近，一一三六年去世。

埃弗拉德・德斯・巴雷斯：聖殿騎士團第三任大團長，於一一四九至一一五二年間擔任團長，也是法蘭西國王路易七世的重要盟友。他曾為第二次十字軍東征提供資金，最終辭職成為熙篤會修士。

伯納德・德・特倫布雷：聖殿騎士團第四任大團長，在一一五三年帶領進攻阿什凱隆的自殺式襲擊中喪生。

伯特蘭・德・布朗什福德：聖殿騎士團第六任大團長，於一一五六至一一六九年間領導騎士團。他是與努爾丁交戰的老兵，曾經作為戰俘被關了兩年，並在一一六八年與阿馬里克一世就埃及政策發生衝突。

傑拉德・德・雷德福：聖殿騎士團第十任大團長。高度政治性、魯莽以及富侵略性。一一八九年，聖殿騎士在他率領下於克雷松泉、哈丁和阿卡圍攻中慘敗，他最終被俘並被殺。

羅貝爾・德・薩布利：聖殿騎士團第十一任大團長。理查一世的親密支持者，被任命加強騎士團和英格蘭十字軍國王之間的聯繫。

紀堯姆・德・沙特爾：聖殿騎士團第十四任大團長，一二一〇至一二一九年擔任團長，在第五次十字軍東征中被殺。

皮埃爾・德・蒙塔古：聖殿騎士團第十五任大團長，一二一九至一二三一年領導騎士團，他也是腓特烈二世的堅定反對者。

雷納德・德・維希爾斯：聖殿騎士團第十九任大團長，他與法蘭西國王路易九世密切合作，協助他組織十字軍東征，並幫助他支付了戰敗後所需的贖金。從一二五〇年到一二五六年領導聖殿騎士團。

紀堯姆・德・博熱：聖殿騎士團第二十一任大團長，一二九一年在阿卡被圍困時的撤離期間被殺。

雅克・德・莫萊：最後的聖殿騎士團大團長，於一二九二年當選。反對跟醫院騎士團合併。從一三〇七年開始被法蘭西的腓力四世和教宗克雷芒五世盯上，一三一四年在巴黎被囚禁、拷打並且被燒死在火刑柱上。

若弗魯瓦・費茲斯芬：英格蘭聖殿騎士的團長，在一一八五年詳細列出了屬於該修會的所有財產。

馬利的詹姆斯：聖殿騎士，於一一八七年在克雷松泉被殺。他的屍體和英勇犧牲的故事與許多奇蹟聯繫在一起。

特里克斯：一一八七年到一一八九年的聖殿騎士團總管，他從哈丁戰場逃脫，並在戰後幫助重建了聖殿騎士團。

沙爾尼的若弗魯瓦：聖殿騎士團的諾曼地分團長和雅克・德・莫萊的助手，他在一三一四年以叛逆的異端罪名被燒死。

佩羅的于格：西方的高階聖殿騎士，曾在英格蘭和法蘭西分別擔任過團長。他是被囚禁在希農城堡並得到赦免的高階領袖之一。

卡隆的蘭波：聖殿騎士團在賽普勒斯的分團長，一三〇七年在法蘭西被捕，與雅克・德・莫萊和其他人一起被囚禁在希農。

基督教王公

耶路撒冷國王鮑德溫二世：耶路撒冷十字軍國王，於一一一八至一一三一年在位。授予了聖殿騎士他們在聖殿山阿克薩清真寺的據點。

耶路撒冷國王富爾克一世：本是安茹伯爵富爾克五世，後來在于格·德·帕英和其他人的勸說下離開法蘭西領土成為耶路撒冷國王，他在一一三一至一一四三年間與其妻子梅利桑德一起統治王國。聖殿騎士團早期的贊助人。

耶路撒冷女王梅利桑德：耶路撒冷國王鮑德溫二世的女兒。一一三一至一一四三年，她與丈夫富爾克一世共同執政，然後與兒子鮑德溫三世共同執政，直到一一五三年鮑德溫成年。

耶路撒冷國王鮑德溫三世：於一一四三至一一六三年擔任耶路撒冷國王。藉由第二次十字軍的抵達來幫助他與伊馬德丁·贊吉和努爾丁的對抗。

耶路撒冷國王阿馬里克一世：鮑德溫三世的兄弟，他從一一六三至一一七四年在位，試圖透過入侵埃及來維護耶路撒冷以南的基督教利益，並且與破壞其政策的聖殿騎士關係疏遠。

耶路撒冷國王鮑德溫四世：患有麻瘋病的男孩國王，他在一一七四至一一八五年之間的統治飽受挫折，因為十字軍國家於此時遭到薩拉丁的襲擊。

耶路撒冷女王西碧拉：她是阿馬里克一世的女兒，她與呂西尼昂的居伊的婚姻災難性地分裂了耶路撒冷的基督教貴族。從一一八六年掌權到一一九〇年去世。

呂西尼昂的居伊：耶路撒冷女王西碧拉的丈夫，不過其挑選出的過程富有爭議。一一八七年率領基督教軍隊進行哈丁戰役後被俘。在一一九二年的選舉中失去了耶路撒冷的王位，但得到了賽普勒斯王位作為補償，並且從一一九二年統治到一一九四年。

布里恩的約翰：他是耶路撒冷一二一〇至一二二五年的統治者，其統治的根據是他的妻子瑪利亞，稍後則是他的女兒伊莎貝拉。他的女兒嫁給了腓特烈二世，後者取代了他的位置。約翰後來成為君士坦丁堡的拉丁皇帝，卒於一二三七年。

法蘭西國王路易七世：一一三七至一一八〇年在位。帶領法蘭西軍隊參與第二次十字軍東征。早期聖殿騎士團的重要贊助人。

阿基坦的埃莉諾：路易七世的妻子，在第二次十字軍東征時前往聖地。

法蘭西國王腓力二世・奧古斯都：路易七世的兒子，從一一八〇年開始統治法蘭西，直到一二二三年去世。法蘭西第三次十字軍東征的領袖，他與獅心王理查發生爭執，並在一一九一年阿卡淪陷之後離開聖地。

法蘭西國王路易九世：腓力・奧古斯都的孫子。於一二二六至一二七〇年統治法蘭西，並領導了兩次十字軍東征，分別是一二四八年對達米埃塔的大規模進攻和對突尼斯的失敗進攻。他以虔誠和興建宏偉的宗教建築而聞名，他於一二七〇年去世，並於一二九七年被封為聖徒。

法蘭西國王腓力四世：路易九世的孫子，一二九五年成為法蘭西國王。他虔誠、冷漠、好鬥，攻擊教宗博尼法斯八世，迫害法蘭西的猶太人，下令大規模逮捕和審判法蘭西聖殿騎士團。卒於一三一四年。

英格蘭國王理查一世：人稱獅心王，一一八九至一一九九年在位。一一九一年，他率領一支龐大的十字軍軍隊解救了阿卡，恢復了被薩拉丁占領的基督教領地，但在返回英格蘭的途中被俘，並於一一九二至一一九四年被關押在日耳曼。

英格蘭國王愛德華一世：他於一二七二年造訪阿卡，並與拜巴爾達成了一項為期十年的和平協議。當時被稱為愛德華爵士，他返回英格蘭時繼承了王位，並統治到一三〇七年。

英格蘭國王愛德華二世：他是愛德華一世的兒子，也是法蘭西腓力四世的女婿，他透過鎮壓英格蘭的聖殿騎士來換取教宗對抗他的敵人。他從一三〇七年統治到一三二七年。

日耳曼國王康拉德三世：康拉德是第二次十字軍東征日耳曼軍隊的領導人，他在耶路撒冷時與聖殿騎士團居住在一起，並於一一四八年領導了對大馬士革那場最終失敗的進攻。

腓特烈二世·霍亨斯陶芬：神聖羅馬帝國皇帝，西西里國王和日耳曼國王，並且在一二二五至一二二八年之間將統治範圍擴大到擔任耶路撒冷的國王。聰明絕頂、具有遠大眼光但相當好鬥。在他漫長的在位期間曾多次與教宗發生爭執，並被逐出教會四次。在一二二八至一二二九年訪問聖地期間與聖殿騎士團發生衝突，但與卡米爾達成協議，恢復十字軍對耶路撒冷的統治。卒於一二五〇年。

亞拉岡國王阿方索一世：也被稱為「戰鬥者」，這位基督教在「收復失地運動」中的英雄，於一一三四年去世，將其王國的三分之一留給了聖殿騎士團。

亞拉岡國王詹姆斯一世：他在一二一三年還是小男孩時便繼承了亞拉岡王位，由蒙桑城堡的聖殿騎士撫養長大。他是收復失地運動的英雄，在聖殿騎士的幫助下征服了馬略卡島和瓦倫西亞。卒於一二七六年。

亞拉岡國王詹姆斯二世：一二九一至一三二七年在位，監督亞拉岡聖殿騎士被清洗剿滅。

伊斯蘭教王公

艾爾加齊：敘利亞北部阿爾圖格王朝的統治者，於一一一九年在血田戰役上擊潰了一支基督教軍隊，因此促使聖殿騎士團建立。

伊馬德丁．贊吉：阿勒坡的土耳其人統治者，他在一一二七到一一四六年之間擴大了他的統治，征服十字軍城鎮埃德薩從而引發了第二次十字軍東征。

努爾丁：贊吉的兒子和阿勒坡的統治者，他在一一四六至一一七四年之間將統治範圍擴大到敘利亞大部分地區。他非常虔誠，被泰爾的威廉形容為「基督教之名和信仰的強大迫害者」。

納塞丁：埃及維齊爾阿拔斯的兒子，在一一五四年謀殺法蒂瑪王朝哈里發後逃離開羅。被加薩聖殿騎士團所俘虜。

阿迪德：埃及法蒂瑪王朝最後一任哈里發，在聖殿騎士團的斡旋下，他同意與基督教的耶路撒冷王國達成和平協議。他於一一七一年去世，此後埃及在薩拉丁的領導下轉投效忠於巴格達的阿拔斯王朝哈里發。

沙瓦爾：埃及法蒂瑪王朝的維齊爾，曾效力哈里發阿迪德直到一一六九年政變中被謀殺。

謝爾庫赫：在埃及為阿勒坡努爾丁效力的庫德人將軍。他是耶路撒冷國王阿馬里克一世的對手，也是薩拉丁的叔叔，薩拉丁在他一一六九年死後掌權。

薩拉丁：庫德人，一一七五至一一九三年去世前擔任埃及和敘利亞的蘇丹，並且是阿尤布王朝的開國者。一一八七年在哈丁戰役中取得勝利，並於同一年稍晚讓伊斯蘭教重新統治耶路撒冷。

阿迪勒：薩拉丁的弟弟和最終的繼任者，他在一二〇〇到一二一八年間統治埃及和敘利亞。有時也被稱為薩法丁。

阿法達：薩拉丁的兒子和將軍。在他父親死後，他曾於克雷松泉指揮軍隊，並短暫統治過大馬士革。

卡米爾：埃及蘇丹和阿迪勒之子。他於一二一八至一二三八年統治耶路撒冷，指揮部隊擊敗第五次十字軍東征，但隨後在一二二九年與腓特烈二世簽訂的條約中，將耶路撒冷割讓給了基督教。

薩利赫：阿尤布王朝蘇丹，一二四〇至一二四九年在位，死於路易九世十字軍東征達米埃塔期間。建立了巴赫里耶馬穆魯克人的力量，拜巴爾最終從中出現。

拜巴爾：冷酷無情又才華橫溢的馬穆魯克蘇丹，他在一二六〇至一二七七年間摧毀了許多十字軍的領地，並在一二六三年屠殺了薩法德城堡的聖殿騎士。

阿什拉夫・哈利勒：馬穆魯克蘇丹，他完成了徹底瓦解十字軍國家的工作，於一二九一年成功地包圍了阿卡。

基督教會

西沃夫：基督教朝聖者，可能是英格蘭人，在第一次十字軍東征後，大約一一〇一至一一三一年前往耶路撒冷朝聖。

安條克宗主教伯納德：安條克的第一位拉丁禮宗主教，在一一〇〇年第一次十字軍東征後就任。他是一名戰士僧侶，並於一一一九年組織了該城市對抗艾爾加齊的軍事防禦。

克萊爾沃的聖伯納德：有影響力的修道院長、作家和宗教改革家，他在克萊爾沃建立了熙篤會修道院，並對聖殿騎士團最初的《聖殿騎士會規》有重大影響。他於一一五三年去世。

教宗英諾森二世：一一三〇至一一四三年在位。授予聖殿騎士團《各樣美善的恩賜詔書》，授予該修會教宗認可的正式地位，以及占有戰爭中所有戰利品的權利。

教宗英諾森三世：中世紀教會的傑出人物，其教宗任期從一一九八至一二一六年。發動了洗劫了君士坦丁堡的第四次十字軍東征，也策劃了第五次十字軍東征，但在這次十字軍東征開始前便已辭世。

教宗何諾三世：英諾森三世的繼任者，協助第五次十字軍東征計畫的推動。他利用包括聖殿騎士團在內的軍事修會的協助，將從虔誠的基督徒籌集的資金引導到對抗伊斯蘭教的前線。

阿西西的方濟各（聖方濟）：義大利傳教士和佈道者，他創立了小兄弟會，又名方濟會。在第五次十字軍東征期間造訪埃及，並試圖使卡米爾蘇丹皈依基督教。

佩拉吉烏斯：阿爾巴諾主教和於一二一九年被派往第五次十字軍東征的教宗使節。他在一定程度上要為拒絕與卡米爾談和，還有做出順流而下攻打曼蘇拉這個災難性決定負責。

帕特伯恩的奧利佛：日耳曼教士，最終成為樞機主教，他在第五次十字軍東征時前往達米埃塔，幫助設計攻城機械，並且詳細記錄了這次戰役。卒於一二二七年。

教宗克雷芒五世：戈特的伯特蘭是出身自加斯科涅的大主教，一三〇五年在里昂加冕為教宗。從法蘭西來統治整個基督教教會，建立亞維儂教廷時期。無法阻止法蘭西王室對雅克．德．莫萊和聖殿騎士團的攻擊。卒於一三一四年。

其他

伊本．阿西爾：穆斯林編年史家，一一六〇年出生於摩蘇爾。在他一二三三年去世之前，一直詳細記錄著法蘭克人和穆斯林之間的關係。

泰爾的威廉：學者、編年史家，也與許多國王為友，他的《海那邊發生的一段歷史》是十二世紀耶路撒冷王國最重要的編年史之一。他深深不信任聖殿騎士團。

馬修・帕恩斯：十三世紀來自聖奧爾本斯的修士，其生動的編年史當中有從英格蘭國王亨利三世的宮廷中收集的聖殿騎士的資料。

山中老人：阿薩辛派的神祕領袖，他的真名是拉希德丁・錫南（Rashid al-Din Sinan），該組織位於邁斯亞夫（Masyaf）周圍山區中。曾試圖與基督教的耶路撒冷王國達成協議，但遭到聖殿騎士團的破壞。

旭烈兀：蒙古統治者，在一二五六至一二六五年間統治波斯的伊兒汗國。與基督教國王（包括法蘭西的路易九世）有所聯絡，尋求結盟對抗拜巴爾和馬穆魯克。

諾加雷特的威廉：法蘭西國王腓力四世的主要顧問，也是一三〇七年以降對法蘭西聖殿騎士團的那些攻擊背後的思想導師。

巴黎的威廉：道明會修士，法蘭西腓力四世的私人懺悔神父，他於一三〇七至一三〇八年領導對聖殿騎士的異端調查。

普萊西昂的威廉：一位效力於法蘭西王室的律師，他為毀滅聖殿騎士團而辯護，並且監督了對聖殿騎士團涉嫌罪行的司法調查。

附錄二：歷任教宗，一〇九九至一三三四年

巴斯加二世（1099-1118）
格拉修二世（1118-1119）
嘉禮二世（1119-1124）
何諾二世（1124-1130）
英諾森三世（1130-1143）
雷定二世（1143-1144）
盧修斯二世（1144-1145）
尤金三世（1145-1153）
阿納斯塔修斯四世（1153-1154）
阿德里安四世（1154-1159）
亞歷山大三世（1159-1181）

盧修斯三世（1181-1185）
烏爾班三世（1185-1187）
格列哥里八世（1187）
克雷芒三世（1187-1191）
雷定三世（1191-1198）
英諾森三世（1198-1216）
何諾三世（1216-1227）
格列哥里九世（1227-1241）
雷定四世（1241）
英諾森四世（1243-1254）
亞歷山大四世（1254-1261）
烏爾班四世（1261-1264）
克雷芒四世（1265-1268）
格列哥里十世（1271-1276）
英諾森五世（1276）
阿德里安五世（1276）
若望二十一世（1276-1277）
尼古拉三世（1276-1280）

馬丁四世（1281-1285）
何諾四世（1285-1287）
尼古拉四世（1288-1292）
雷定五世（1294）
博尼法斯八世（1294-1303）
本篤十一世（1303-1304）
克雷芒五世（1305-1314）
若望二十二世（1316-1334）

附錄三：耶路撒冷王國歷任國王與女王

布永的戈弗雷（1099-1100）①
鮑德溫一世（1100-1118）
鮑德溫二世（1118-1131）
富爾克與梅利桑德（1131-1143）
鮑德溫三世與梅利桑德（1143-1153）②
鮑德溫三世（1143-1163）
阿馬里克一世（1163-1174）
鮑德溫四世（1174-1183）
鮑德溫四世與鮑德溫五世（1183-1185）③
鮑德溫五世（1185-1186）
西碧拉與呂西尼昂的居伊（1186-1190）

呂西尼昂的居伊（1190-1192）④
伊莎貝拉一世與蒙費拉托的康拉德（1192）
伊莎貝拉一世與香檳伯爵亨利二世（1192-1197）
伊莎貝拉一世與阿馬里克二世（1197-1205）⑤
瑪利亞一世（1205-1210）
瑪利亞一世與布里恩的約翰（1210-1212）⑥
伊莎貝拉二世與布里恩的約翰（1212-1225）
伊莎貝拉二世與腓特烈二世・霍亨斯陶芬（1225-1228）⑦
康拉德二世（1228-1254）⑧
康拉德三世（1257-1268）

---

① 作者注：從未接受加冕，所使用的頭銜是「聖墓教堂的君王和守護者」。
② 編按：梅利桑德是鮑德溫二世之女，先後與先生（富爾克）、兒子（鮑德溫三世）共治。
③ 編按：鮑德溫五世是鮑德溫四世的外甥，兩人曾短暫共治。
④ 編按：西碧拉是鮑德溫四世的姊姊、鮑德溫五世的母親，鮑德溫五世死後接任王位，與丈夫居伊共治。西碧拉死後，居伊獨自成為耶路撒冷國王。
⑤ 編按：伊莎貝拉是前國王阿馬里克一世的幼女，先後跟三任丈夫共治。
⑥ 編按：瑪利亞是伊莎貝拉一世的女兒，與丈夫約翰共治。
⑦ 編按：伊莎貝拉二世是瑪利亞跟約翰的女兒，瑪利亞死後，約翰跟女兒伊莎貝拉共治，再後來伊莎貝拉跟丈夫腓特烈共治。
⑧ 作者注：到一二四三年之前由腓特烈二世掌握大權，之後則由其他攝政掌權。編按：康拉德是伊莎貝拉跟腓特烈的兒子。

于格一世（1268-1284）
約翰二世（1284-1285）
亨利二世（1285-1291）⑨

⑨作者注：從一二九一年開始只是名義上的國王。編按：耶路撒冷在一二九一年亡國。

附錄四：聖殿騎士團歷任大團長

1. 于格・德・帕英（1119-1136）
2. 羅貝爾・德・克朗（1136-1149）
3. 埃弗拉德・德斯・巴雷斯（1149-1152）
4. 伯納德・德・特倫布雷（1153）
5. 安德烈・德・蒙巴德（1153-1156）
6. 伯特蘭・德・布朗什福德（1156-1169）
7. 腓力・德・納布盧斯（1169-1171）
8. 奧多・德・聖阿芒（1171-1179）
9. 阿爾納多・德・托羅哈（1180-1184）
10. 傑拉德・德・雷德福（1185-1189）
11. 羅貝爾・德・薩布利（1191-1193）

12. 吉伯特・埃拉爾（1194-1200）
13. 腓力・德・普萊西斯（1201-1209）
14. 紀堯姆・德・沙特爾（1210-1219）
15. 皮埃爾・德・蒙塔古（1219-1231）
16. 阿曼德・德・佩里戈爾（1232-1244）
17. 理查・德・布爾（1245-1247）
18. 紀堯姆・德・索納克（1247-1250）
19. 雷納德・德・維希爾斯（1250-1256）
20. 湯瑪斯・貝拉德（1256-1273）
21. 紀堯姆・德・博熱（1273-1291）
22. 希奧博德・戈丹（1291-1292）
23. 雅克・德・莫萊（1292-1314）①

① 作者注：一三一四年為其辭世之年。聖殿騎士團在一三一一年的維埃訥公會議上被解散。

圖片來源

1. Map of Jerusalem, c. 1200; Wikipedia commons.
2. Al-Aqsa Mosque; Andrew Shiva / Wikipedia commons.
3. Saint Bernard of Clairvaux; Jastrow / Wikimedia commons.
4. Monzón Castle, Aragon; ecelan / Wikimedia commons.
5. Syrian horsemen in battle, fresco at Pernes-les-Fontaines, Vaucluse; Véronique Pagnier / Wikimedia commons.
6. Louis VII and Eleanor of Aquitaine; Wikipedia commons.
7. Saladin, as portayed by the sixteenth-century Italian painter Cristofano dell'Altissimo; Wikimedia commons.
8. Tomb of Richard I in Fontevraud Abbey, Anjou; Wikimedia commons.
9. Richard the Lionheart and Philip Augustus at Acre, 1191; Wikipedia commons.
10. Cressing Temple, Essex; Robert Edwards / Wikimedia commons.
11. Giotto di Bondone, St Francis before the Sultan, Upper Church, San Francesco, Assisi; Wikimedia commons.
12. Frederick II Hohenstaufen and the Ayyubid sultan al-Kamil; Wikipedia commons.
13. Louis IX sets off for Damietta, illumination from the Vie et miracles de Saint Louis; Wikimedia commons.

14. Hülagü Khan; Wikipedia commons.
15. Detail of a fourteenth-century brass basin known as the Baptistère de Saint Louis, made by Mohammed ibn al-Zain; Wikimedia commons.
16. Pope Clement V; Wikimedia commons.
17. The Paris Temple, c. 1795; Wikimedia commons.
18. Templars playing chess, from the Libro de los Juegos, (‘Book of games’), commissioned by Alfonso X of Castile; Wikimedia commons.
19. Arrest of the Templars, depicted in a fourteenth-century miniature, in Les grandes chroniques de France; Public Domain.

注釋

導言

1. Nicholson, H., *The Knights Templar: A New History* (Stroud: 2001) 1.
2. Summarized judiciously in Barber, M., *The New Knighthood: A History of the Order of the Temple* (Cambridge: 1994) 315–18.

第一部　朝聖者

第一章　一個盛滿蠍子的金盆

1. Brownlow (trans.), *Saewulf (1102, 1103AD)* (London: 1892) 7. For an alternative English translation of Saewulf's pilgrimage memoir, see Wilkinson, J. et al (eds.), *Jerusalem Pilgrimage 1099–1185* (London: 1988) 94–116.
2. Ibid. 7.

3. Ibid. 31 and 'Introduction' vi.
4. Ibid. 31.
5. Ezekiel 5:5.
6. Wilkinson et al, *Jerusalem Pilgrimage 1099–1185* 101.
7. Ibid. 102.
8. 在西沃夫之後好幾十年，有一位俄羅斯朝聖者修道院長丹尼爾詳細記錄下了他前往耶路撒冷的行程，這裡便是根據自他的說法：*Jerusalem Pilgrimage 1099–1185*, 128。
9. 古蘭經第十七章第一節：「光榮歸主。祂確在夜間把祂的僕人由神聖不可侵犯的禮拜寺（麥加聖寺）帶到我曾賜福其四鄰的遠方（耶路撒冷）的禮拜寺，以便我可以顯示我的一些跡象給他。祂確實是無所不聞、無所不見的。」
10. 例如，這便是大馬士革學者阿里・伊本・塔希爾・蘇拉米在他的《吉哈德之書》（*Kitab al–Jihad*）中所用的名稱。請參見Hillenbrand, C., *The Crusades: Islamic Perspectives* (Edinburgh: 1999) 71。《吉哈德之書》摘錄片段的法文翻譯收錄於Sivan, E., 'La genese de la contre-Croisade: un traite damasquin du debut du XIle siecle', *Journal asiatique*, 254 (1966)，英文翻譯則可參見 http://www.arts.cornell.edu/prh3/447/texts/ Sulami.html。
11. Richards, D.S. (ed.), *The Chronicle of Ibn al-Athir for the Crusading Period from al-Kamil fi'l Ta'rikh* I (Aldershot: 2006), 22.
12. 布永的戈弗雷與其他人致教宗的信件，一〇九九年九月，重印於Peters (ed.), *Chronicle of Fulcher of Chartres and Other Source Materials* 234; Hillenbrand, *The Crusades: Islamic Perspective*s, Jirkimish, *the Seljuq lord of Mosul*，引用自Cobb, P. M., *The Race For Paradise: An Islamic History of the Crusade*s (Oxford: 2014) 107。
13. Letter of Godfrey of Bouillon and others to the pope, September 1099, reprinted in Peters (ed.), *Chronicle of Fulcher of Chartres and Other Source Materials* 234; Hillenbrand, *The Crusades: Islamic Perspectives*; Jirkimish, the Seljuq lord of

Mosul, quoted in Cobb, P. M., *The Race For Paradise: An Islamic History of the Crusades* (Oxford: 2014) 107.

14. Wilkinson et al, *Jerusalem Pilgrimage 1099–1185* 104.
15. Ibid. 105.
16. Ibid. 100。被稱為修道院院長丹尼爾的旅行者也有相同看法，稱從雅法到耶城的道路「艱難而可怕」。Ibid. 126。
17. Ibid. 100–1.
18. Ibid. 109.
19. Ibid. 110.
20. Ibid. 112.
21. Ibid. 110.
22. Ibid. 109.
23. Ibid. 112–13.
24. Ryan, F.R. (trans.) and Fink, H.S. (ed.), *Fulcher of Chartres: A History of the Expedition to Jerusalem 1095–1127* (Knoxville: 1969) 149.
25. Wilkinson et al, *Jerusalem Pilgrimage 1099–1185* 126, 134, 156, 162–3.
26. Ibn al-Khayyat, *Diwan,* Mardam Bek, H. (Damascus: 1958), quoted in Hillenbrand, *The Crusades: Islamic Perspectives* 70–1.
27. Ali ibn Tahir Al-Sulami, *Kitab al-Jihad*, f. 189 b，由N. Christie翻譯為英文，請見http://www.arts.cornell.edu/prh3/447/texts/Sulami.html.
28. Collins, B. (trans.) and Alta'I, M.H. (rev.), *Al-Muqaddasi: The Best Divisions For the Knowledge of the Regions* (Reading: 2001) 141.

第二章　保衛耶路撒冷

1. 關於推斷出這個年代以及相關討論，請見Luttrel, A., 'The Earliest Templars' in Balard, M. (ed.), *Autour de la premiere croisade* (Paris: 1995) 195–6。另見Barber, M., *The New Knighthood: A History of the Order of the Temple* (Cambridge: 1994) 8–9。
2. 我們所依賴的關於聖殿騎士團最初起源的軼事和證據的四位作者是：泰爾的威廉（一一八〇年代早期）、敘利亞的邁克爾（一一九〇年代）、沃爾特・馬普（一一八一到一一九三年之間）和司庫伯納德合寫的歷史中的一篇記述（一二三二年）。自相矛盾的是，根據一位學者對一二二九年之前的資料的看法，上述各個記載之中，寫作時代愈晚的作品可能愈接近事件實情，可參見Luttrel, 'The Earliest Templars' 194。然而，沒有一個作者是聖殿騎士團的建立的同時代人，就泰爾的威廉而言，聖殿騎士卑微的出身很可能被誇大了來強調他們後來的占有欲和財富，而威廉強烈反對這種說法。
3. Ryan and Fink, *Fulcher of Chartres: A History of the Expedition to Jerusalem 1095–1127* 208, 210, 218, 220–1.
4. Ibid. 150.
5. Edgington, S.B., Albert of Aachen, *Historia Ierosolimitana: History of the Journey to Jerusalem* (Oxford: 2007) 881。阿爾伯特不是耶路撒冷王國種種事件的目擊者，後人是從他自日耳曼十字軍老兵那裡收集的口頭證詞中，整理出他漫長而詳盡的敘述。
6. Edgington, S.B. and Asbridge, T.S. (ed. and trans.), *Walter the Chancellor's 'The Antiochene Wars': a translation and commentary* (Aldershot: 2006) 88; Asbridge, T., *The Crusades: The War for the Holy Land* (London: 2010) 164–7.
7. Gabrieli, F. (ed.) and Costello, E.J. (trans.) *Arab Historians of the Crusades* (London: 1969) 37–8.
8. Edgington and Asbridge, *Walter the Chancellor's 'The Antiochene Wars'* 132–5.
9. Ryan and Fink, *Fulcher of Chartres: A History of the Expedition to Jerusalem 1095–1127* 227.

10. 關於這點以及更多關於伯納德的性格與經歷的細節，請參閱 Edgington and Asbridge, *Walter the Chancellor's 'The Antiochene Wars'* 34–42。
11. Edgington and Asbridge, *Walter the Chancellor's 'The Antiochene Wars'* 138.
12. Ibid. 139.
13. Ibid. 140.
14. 關於基督教聖戰思想的文獻非常豐富，而下面這本書對其有簡明扼要的討論：Smith, K.A., *War and the Making of Medieval Monastic Culture* (Woodbridge: 2011) esp. 71–111。
15. Matthew 26:52.
16. Ephesians 6:14–17.
17. Sneddon, J., 'Warrior Bishops in the Middle Ages' *Medieval Warfare* 3 (2013) 7.
18. Dennis, G.T., 'Defenders of the Christian People: Holy War in Byzantium' in Laiou, A.E. (ed.), *The Crusades from the Perspective of Byzantium and the Muslim World* (Washington, DC: 2001) 31–3. See for example Sewter, E.R.A. (trans.) and Frankopan, P. (rev.), *Anna Komnene: The Alexiad* (London: 2009) 39, 279.
19. 沙特爾的主教伊沃是在一一一四年這麼描述香檳伯爵于格。Migne, J.P. (ed.), *Patrologia Latina: Patrologus Cursus Completus. Series Latina* (Paris: 1844–64) CLXII, 251–3。關於其脈絡，請參閱 Nicholson, *The Knights Templar* 22。
20. 關於某位當代耶路撒冷的阿拉伯穆斯林對納布盧斯的描述，請參見 Collins and Alta'I, *Al-Muqaddasi: The Best Divisions For the Knowledge of the Regions* (Reading: 2001) 146。
21. 這些法令的拉丁文形式出版於 Kedar, B.Z., 'On the Origins of the Earliest Laws of Frankish Jerusalem: The Canons of the Council of Nablus, 1120', *Speculum*, 74 (1999)。關於納布盧斯公會議的政治背景，請參見 Mayer, H.E., 'The Concordat of Nablus', *Journal of Ecclesiastical History* 33 (1982) 531–43。
22. 關於聖殿騎士團起源的四個主要記述，包括這段來自《敘利亞的邁克爾編年史》的摘錄，最方便取得的來源是

Barber, M. and Bate, K. (eds. and trans.), *The Templars: Selected Sources* (Manchester: 2002) 25–31。

23. According to Michael the Syrian. Barber and Bate, *The Templars: Selected Sources* 27.
24. According to Ernoul/Bernard the Treasurer in 1232. Barber and Bate, *The Templars: Selected Sources* 30.
25. Forey, A., 'The Emergence of the Military Order in the Twelfth Century' in *Journal of Ecclesiastical History* 36 (1985) 175–95.
26. 九人是泰爾的威廉所說的數字，三十人則是來自敘利亞的邁克爾的說法。
27. de Mas Latrie, L. (ed.), *Chronique d'Ernoul et de Bernard le Trésorier* (Paris: 1871) 7–9.
28. d'Albon, Marquis (ed.), *Cartulaire général de l'Ordre du Temple, 1119?–1150. Recueil des chartes et des bulles relatives à l'Ordre du Temple* (Paris: 1913) 99.
29. I Kings 6–8.
30. Collins and Alta'I, *Al-Muqaddasi: The Best Divisions For the Knowledge of the Regions* 143。圓頂清真寺是由倭馬亞王朝哈里發阿卜杜勒・馬利克（Abd al-Malik）建造的，完成於公元六九一年。它覆蓋了基石（The Foundation Stone），被認為是第一聖殿中至聖所（Holy of Holies）的所在地。
31. Le Strange, G. (ed. and trans.), *Diary of a Journey through Syria and Palestine. By Nâsir-i-K' husrau, in 1047 A.D.* (London: 1888) I, 30.
32. Richards, D.G., *Chronicle of Ibn al-Athir* I, 21.
33. Barber and Bate, *The Templars: Selected Sources* 31.
34. Ibid. 26.
35. Luttrel, 'The Earliest Templars' 198, 202.
36. James, M.R. (ed. and trans.), Brooke, C.N.L. and Mynors, R.A.B. (rev.), *Walter Map: De Nugis Curialium, Courtier's Trifles* (Oxford: 1983) 54–5.

37. Barber and Bate, *The Templars: Selected Sources* 26.
38. Ryan and Fink, *Fulcher of Chartres: A History of the Expedition to Jerusalem 1095–1127* 118.
39. The so-called 'Work on Geography', written between 1128 and 1137. Wilkinson et al, *Jerusalem Pilgrimage 1099–1185* 200.

第三章　新騎士團

1. 對伯納德生平的清晰概述，請參閱 Evans, G.R., *Bernard of Clairvaux* (Oxford/New York: 2000) 5–21。
2. Matarasso, P., *The Cistercian World: Monastic Writing of the Twelfth Century* (London: 1993) 287–92.
3. 這篇文章的作者尊者彼得（Peter the Venerable）是本篤會的修道院長，他和克萊爾沃的伯納德一樣，與國王和君王以朋友相稱，並對十二世紀修道主義性質的變化有深刻的思考。本譯文取自 Constable, G., *The Reformation of the Twelfth Century* (Cambridge: 1996) 45。
4. Ibid. 47.
5. 這封信收錄在 d'Albon, Marquis, *Cartulaire general de l'Ordre du Temple, 11191–1150* 1; I。關於這封信的年代與作者身分，這裡參考的著作為 Barber, *The New Knighthood* 337 n29。
6. d'Albon, Marquis, *Cartulaire général de l'Ordre du Temple, 1119?–1150* 1.
7. Ibid。鮑德溫說他要派的兩個人分別是安德魯和戈德瑪（Godemar）。
8. James, B.S. (trans.), *The Letters of St Bernard of Clairvaux* (London: 1953) 357.
9. Ibid. 175–6.
10. 關於年代的推定，請參見 Barber, *The New Knighthood* 12。
11. Chibnall, M., *The Ecclesiastical History of Orderic Vitalis VI* (Oxford: 1978) 310–11.
12. Phillips, J., *Defenders of the Holy Land: Relations between the Latin East and the West, 1119–1187* (Oxford: 1996) 2。

聖朱利安大教堂是富爾克著名的兒子若弗魯瓦・金雀花的墓地。

13. Ibid. 23.
14. Babcock, E.A. and Krey, A.C., *A History of Deeds Done Beyond the Sea: By William, archbishop of Tyre* II (New York: 1943) 27.
15. Ibid. I 524.
16. 這五個人在一一二九年的特魯瓦公會議上被稱為于格的同伴。請參見 Phillips, *Defenders of the Holy Land* 36。
17. Garmonsway, G.N. (trans. and ed.), *The Anglo-Saxon Chronicle* (London: new edn 1972) 259.
18. 泰爾的威廉表示同意：「用（他）那富有說服力的說法，帶領許多貴族部隊踏上了征途。」Babcock and Krey, *A History of Deeds Done Beyond the Sea* II 40。
19. 關於這個角度的看法，請參閱 Phillips, J., 'Hugh of Payns and the 1129 Damascus Crusade' in Barber, M. (ed.), *The Military Orders I: Fighting for the Faith and Caring for the Sick* (Aldershot: 1994) 141–47。
20. Gibb, H.A.R., *The Damascus Chronicle of the Crusades: Extracted and Translated from the Chronicle of Ibn Al-Qalanisi* (1st edn London: 1932; repr. New York: 2000) 195.
21. Peixoto, M.J., 'Templar Communities in Medieval Champagne: Local Perspectives on a Global Organization' (PhD thesis, New York University: 2013) 137.
22. James, *The Letters of St Bernard of Clairvaux* 65.
23. 少數與該地區沒有直接聯繫的神職人員包括了：教宗使節馬修，以及博韋（Beauvais）、奧爾良和拉昂（Laon）等三位主教。Peixoto, 'Templar Communities' 140。香檳伯爵布盧瓦的希奧博德就是前面提到的于格伯爵的姪子和繼承人。
24. Upton-Ward, J.M. (trans. and ed.), *The Rule of The Templars: The French Text of the Rule of the Order of the Knights Templar* (Woodbridge: 1992) 19.

25. Ibid. 19–38.
26. Ibid. 24。關於在這之前的服裝，請參見 Babcock and Krey, *A History of Deeds Done Beyond the Sea* I 524–7。
27. 翻譯文收錄於 Barber and Bate, *The Templars: Selected Sources* 54–9。
28. Greenia, M.C. (trans.) and Barber, M. W. (intro.), *Bernard of Clairvaux: In Praise of the New Knighthood* (Cistercian Publications, Collegeville MN: 2000) 31.
29. Ibid. 33.
30. Ibid. 37–8, 46.
31. Ibid. 40.
32. Evans, *Bernard of Clairvaux* 30.
33. Greenia and Barber, *Bernard of Clairvaux: In Praise of the New Knighthood* 53.
34. Ibid. 55.
35. Ibid. 31.

第四章　一切美好的賞賜

1. 在《阿方索編年史》（*Cronica Adefonsi*）中對威武的阿方索的聖髑有所描述，其英譯本可見 Lipskey, G.E. (ed. and trans.), *The Chronicle of Alfonso the Emperor: A Translation of the Chronica Adefonsi Imperatoris, with Study and Notes* (Evanston: 1972)，也可以在網路上查看：http://libro.uca.edu/ lipskey/chronicle.htm。阿方索的真十字架碎片是從薩阿貢（Sahagún）附近的聖法昆都斯和聖普米提烏斯修道院（the monastery of Saint Facundus and Saint Primitivus）偷來的。
2. 請參見 O'Banion, P.J., 'What has Iberia to do with Jerusalem? Crusade and the Spanish Route to the Holy Land in the Twelfth Century' in *Journal of Medieval History* 34 (2008) 383–4。

3. Ibid. 387.
4. Lipskey, *The Chronicle of Alfonso the Emperor* 81.
5. Richards, *Chronicle of Ibn al-Athir*, 323.
6. Chibnall, *The Ecclesiastical History of Orderic Vitalis VI* 411.
7. Lipskey, *The Chronicle of Alfonso the Emperor* 1, 81–2.
8. Richards, *Chronicle of Ibn al-Athir* I, 323.
9. Lipskey, *The Chronicle of Alfonso the Emperor* 82.
10. Richards, *Chronicle of Ibn al-Athir* I, 323.
11. 阿方索的遺囑收錄於d'Albon, Marquis, *Cartulaire general de l'Ordre du Temple, 1119?–1150* 30。其英文翻譯則收錄於Barber and Bate, *The Templars: Selected Sources* 161–3。
12. Babcock and Krey, *A History of Deeds Done Beyond the Sea* II, 40–1.
13. Garmonsway, *The Anglo-Saxon Chronicle* 259.
14. Babcock and Krey, *A History of Deeds Done Beyond the Sea* II, 103–5.
15. Ibid. 104.
16. 請參見Burgtorf, J., *The Central Convent of Hospitallers and Templars: History, Organization and Personnel (1099/1120–1310)* (Leiden/ Boston: 2008) 644–5。
17. 《各樣美善的恩賜詔書》的英文譯本收錄於Barber and Bate, *The Templars: Selected Sources* 59–64。
18. Elliott, J.K., *The Apocryphal New Testament: A Collection of Apocryphal Christian Literature in an English Translation* (Oxford: 1993) *passim*.
19. 《聖殿戰士詔書》與《神之戰士詔書》均被翻譯成英文，並收錄於Barber and Bate, *The Templars: Selected Sources* 64–6。

20. Gérard, P.G. and Magnou-Nortier, E. (eds.) 'Le cartulaire des Templiers de Douzens' in *Collection des documents inédits sur l'histoire de France* III (Paris, 1965), 50–1. Translation: Joserand, P., 'The Templars in France: Between History, Heritage and Memory' in *Mirabilia: Electronic Journal of Antiquity and Middle Ages*, 21 (2015), 452.
21. 翻譯文收錄於Barber and Bate, *The Templars: Selected Sources* 134–60。
22. Nicholson, H., *The Knights Templar: A New History* (Stroud: 2001) 132–4.
23. Barber, *The New Knighthood* 20.
24. Lees, B.A., *Records of the Templars in England in the Twelfth Century: The Inquest of 1185 with Illustrative Charters and Documents* (Oxford: 1935) xxxviii–xxxix.
25. Ibid. 1. Also see Brighton, S., *In Search of the Knights Templar: A Guide to the Sites of Britain* (London: 2006) 86–9.
26. See introduction to David, C.W. (trans.) and Phillips, J. (intro.) *The Conquest of Lisbon: De Expugnatione Lyxbonensi* (2nd edn, New York: 2001) xiv–xv.
27. 翻譯文收錄於Barber and Bate, *The Templars: Selected Sources* 132。
28. Lourie, E., 'The Confraternity of Belchite, the Ribat, and the Temple', *Viator. Medieval and Renaissance Studies* 13 (1982), 159–76.
29. Forey, A., *The Military Orders: From the Twelfth to the Fourteenth Centuries* (Basingstoke: 1992) 23–4; Forey A, *The Templars in the* Corona de Aragón (Oxford: 1973) 20–5.
30. 翻譯文收錄於Barber and Bate, *The Templars: Selected Sources* 95–7。

第二部　戰士

第五章　天堂與地獄之間的比武

1. Gibb, *The Damascus Chronicle of the Crusades* 267.
2. Ibid. 266; Babcock and Krey, *A History of Deeds Done Beyond the Sea* II, 142.
3. Richards, *Chronicle of Ibn al-Athir* I, 382–3; Cobb, P.M. (trans.), *Usama ibn Munqidh: The Book of Contemplation: Islam and the Crusades* (London: 2008) 202–3.
4. Hillenbrand, C., 'Abominable Acts: The Career of Zengi' in Phillips, J. and Hoch, M. (eds.) *The Second Crusade: Scope and Consequences* (Manchester: 2001) 120–5.
5. Babcock and Krey, *A History of Deeds Done Beyond the Sea* II, 85, 407.
6. Ibid. 141，關於埃德薩各式各樣的基督徒人口，請參見Segal, J.B., Edessa: 'The Blessed City' (Oxford: 1970) 238–42.
7. Hillenbrand, *The Crusades: Islamic Perspectives* 531–532.
8. Segal, *Edessa* 243–4.
9. Babcock and Krey, *A History of Deeds Done Beyond the Sea* II, 143.
10. Gibb, *The Damascus Chronicle of the Crusades* 268.
11. Segal, *Edessa* 246.
12. Joserand, 'The Templars in France' 452.
13. d'Albon, Marquis, *Cartulaire général de l'Ordre du Temple, 1119?–1150* 280.
14. 有關這個場合，請參見Phillips, J., The Second Crusade: Extending the Frontiers of Christendom (New Haven/London: 2007) 122–3。

15. 《十字軍詔書》的英文翻譯版本，請參見Riley-Smith, L. and J.S.C., *The Crusades: Idea and Reality 1095–1274* (London: 1981) 57–9。
16. 同時代人的估計數字從近一百萬人到更可信的五萬人不等，其中包括戰鬥人員和非戰鬥朝聖者。關於這些數字的討論，見Phillips, *The Second Crusade* 168–9。
17. Babcock and Krey, *A History of Deeds Done Beyond the Sea* II, 171.
18. Berry, V.G. (trans. and ed.), *Odo of Deuil: De Profectione Ludovici VII in Orientem* (New York: 1948) 58–9.
19. Ibid. 58–9; 87.
20. On this point, see France, J., 'Logistics and the Second Crusade' in Pryor, J.H. (ed.), *Logistics of Warfare in the Age of the Crusades: Proceedings of a Workshop Held at the Centre for Medieval Studies, University of Sydney* (Aldershot: 2006) 82.
21. 關於這一點，請參見France, J., Logistics and the Second Crusade' in Pryor, J.H. (ed.), *Logistics of Warfare in the Age of the Crusades: Proceedings of a Workshop Held at the Centre for Medieval Studies*, University of Sydney (Aldershot: 2006) 82。
22. 關於卡德莫斯山災禍詳盡且駭人的描述請見Berry, *Odo of Deuil* 102–23，另請參見Phillips, *The Second Crusade* 199–201。
23. Babcock and Krey, *A History of Deeds Done Beyond the Sea* II, 177.
24. Gibb, *The Damascus Chronicle of the Crusades* 281.
25. Berry, *Odo of Deuil* 124–5.
26. Upton-Ward, *The Rule of The Templars* 29.
27. 關於土耳其人的戰術，請參見Hillenbrand, *The Crusades: Islamic Perspectives* 512–15。泰爾的威廉對此有相同描述：Babcock and Krey, *A History of Deeds Done Beyond the Sea II*, 171。

28. 關於弓騎兵的訓練，鞍轡與馬術之概要，請參見Hyland, A., *The Medieval War Horse: From Byzantium to the Crusades* (London: 1994) 118–19。
29. Berry, *Odo of Deuil* 124–5.
30. Berry, *Odo of Deuil* 124 n6指出：「這些教導的基本性質清楚說明了軍隊先前的混亂情形。」
31. 法文翻譯收錄於Bedier, J. and Aubry, P., *Les Chansons de croisade avec leurs melodies* (Paris: 1909) 8–11。
32. Berry, *Odo of Deuil* 127.
33. Ibid.

第六章　戰爭的磨坊

1. 佛萊辛的奧托將聖西蒙贈予路易作為停靠點，它的現代名稱是位在土耳其的薩曼達厄（Samandag）。Mierow, C.C. (trans.) and Emery R, *The Deeds of Frederick Barbarossa by Otto of Freising and His Continuator, Rahewin* (New York: 2004) 101。
2. Barber, *The New Knighthood* 67–8.
3. Luchaire, A., Études sur les actes de Louis VII (Paris: 1885) 174.
4. de Mas Latrie, *Chronique d'Ernoul et de Bernard le Trésorier* 9.
5. 針對聖殿山的建築在聖殿騎士團占有時期的研究，請參見Boas, A.J., *Archaeology of the Military Orders: A Survey of the Urban Centres, Rural Settlements and Castles of the Military Orders in the Latin East (c. 1120–1291)* (Abingdon: 2006) 19–28。
6. Cobb, *Usama ibn Munqidh* 147。同一段落的略微擴寫版本，請參閱Gabrieli and Costello, *Arab Historians of the Crusades* 79–80。
7. Mierow and Emery, *The Deeds of Frederick Barbarossa* 102.

8. Ibid. 102.
9. Collins and Alta'I, *Al-Muqaddasi: The Best Divisions For the Knowledge of the Regions* 133–6; Broadhurst, R.J.C. (trans.), *The Travels of Ibn Jubayr* (London: 1952) 272.
10. 伊本・阿西爾描述自己的父親人在案發現場，贊吉懇求他能給個痛快。Richards, *Chronicle of Ibn al-Athir l*, 382。
11. Richards, *Chronicle of Ibn al-Athir* II, 222.
12. 關於十字軍進攻大馬士革的目標為何的全面以及表示同情的重新評估之作，請參見Hoch, M., 'The Choices of Damascus as the Objective of the Second Crusade: A Re-evaluation' in Balard, M. (ed.), *Autour de la premiere croisade* (Paris: 1996) 359–69。
13. Babcock and Krey, *A History of Deeds Done Beyond the Sea* II, 186.
14. Mierow and Emery, *The Deeds of Frederick Barbarossa* 102.
15. Broadhurst, *The Travels of Ibn Jubayr* 271–2.
16. Babcock and Krey, *A History of Deeds Done Beyond the Sea* II, 188.
17. Gibb, *The Damascus Chronicle of the Crusades* 284.
18. Ibid. 285.
19. 針對大馬士革圍城戰中法蘭克人戰略的辯論，請參見Phillips, *The Second Crusade* 221–7。
20. Babcock and Krey, *A History of Deeds Done Beyond the Sea* II, 192.
21. Ibid. 195.

第七章 被上帝遺棄的塔

1. 穆卡達西讚許地提到加薩是「通往埃及主要道路上的一個大城市……這裡有一座美麗的清真寺」。Collins and Alta'I, *Al-Muqaddasi: The Best Divisions For the Knowledge of the Regions* 146。

2. Babcock and Krey, *A History of Deeds Done Beyond the Sea* II, 202.
3. 加齊死於一一二九或三〇年，他的詩歌有一部分被編年史家伊本·阿西爾保存了下來。Richards, *Chronicle of Ibn al-Athir I*, 285。
4. Burgtorf, *The Central Convent of Hospitallers and Templars* 481–2.
5. 對於安德烈與螞蟻的比喻，請參見克萊爾沃的聖伯納德對他的回覆，收錄於James, *The Letters of St Bernard of Clairuaux* 479。
6. 這封信的英文版本收錄於Barber, M. and Bate, K., *Letters from the East: Crusaders, Pilgrims and Settlers in the 12th–13th Centuries* (Farnham: 2013) 47–8。法文原文版本則收錄於 M. Bouquet et al., eds., *Recueil des Historiens des Gaules et de la France*, vol. XV (Paris: 1878), 540–1。
7. Babcock and Krey, *A History of Deeds Done Beyond the Sea* II, 203.
8. Ibid. 219.
9. 關於貝斯基貝林城堡以及該區域的其他城堡，請參見 Kennedy, H., *Crusader Castles* (Cambridge: 1994) 30–2，以及Smail, R.C., 'Crusaders' Castles of the Twelfth Century' in *The Cambridge Historical Journal* 10 (1952), 140。
10. 泰爾的威廉的著作是關於阿什凱隆圍城戰的唯一詳細敘述。Babcock and Krey, *A History of Deeds Done Beyond the Sea II*, 217–34。
11. James, *The Letters of St Bernard of Clairvaux* 519, 521.
12. Babcock and Krey, *A History of Deeds Done Beyond the Sea* II, 221.
13. Gibb, *The Damascus Chronicle of the Crusades* 315.
14. 當阿什凱隆的城牆被攻破時，從他們的位置上可以很清楚看到塔也跟著倒塌。Gibb, *The Damascus Chronicle of the Crusades* 227。
15. Cobb, *Usama ibn Munqidh* 25.

16. Gibb, *The Damascus Chronicle of the Crusades* 227.
17. Babcock and Krey, *A History of Deeds Done Beyond the Sea* II, 227.
18. 關於他們在耶路撒冷世俗統治者眼中的戰略意義，請參見 Smail, R.C., *Crusading Warfare 1097–1193* (2nd edn, Cambridge: 1995) 103–4。

第八章　財富和權力

1. 關於納塞丁從開羅逃離詳細目擊者報告，以及促成這一事件的特殊環境，皆收錄於 Cobb, *Usama ibn Munqidh* 26–36。
2. 這是 Richards, D.S. 的判斷，*Chronicle of Ibn al-Athir II*, 67。
3. Babcock and Krey, *A History of Deeds Done Beyond the Sea* II, 251.
4. Cobb, *Usama ibn Munqidh* 37–8。奧薩瑪對這個馬鞍特別感興趣，因為它實際上歸他所有。
5. Richards, *Chronicle of Ibn al-Athir* II, 68.
6. James, Brooke and Mynors, *Walter Map: De Nugis Curialium, Courtier's Trifles* 62–7.
7. Babcock and Krey, *A History of Deeds Done Beyond the Sea* II, 253.
8. Upton-Ward, *The Rule of The Templars* 147–8.
9. Babcock and Krey, *A History of Deeds Done Beyond the Sea* II, 253.
10. Richards, *Chronicle of Ibn al-Athir* II, 69.
11. Babcock and Krey, *A History of Deeds Done Beyond the Sea* II, 253.
12. Delisle, L. (ed.), *Recueil des historiens des Gaules et de la France* XV (Paris: 1808), 681–2.
13. Wilkinson et al, *Jerusalem Pilgrimage 1099–1185* 293–4.
14. Ibid. 303.

15. Boas, *Archaeology of the Military Orders* 106, 111, 112; Kennedy, *Crusader Castles* 31, 55.
16. 這句話以及後面他對宮殿的描述，見Babcock and Krey, *A History of Deeds Done Beyond the Sea II*, 319–21。
17. Ibid. 188.
18. Wilkinson et al, *Jerusalem Pilgrimage 1099–1185* 310.
19. Ibid. 312.
20. Kennedy, *Crusader Castles* 56.
21. Ibid. 57.

第九章　兩地的紛紛擾擾

1. Babcock and Krey, *A History of Deeds Done Beyond the Sea* II, 300.
2. Richards, *Chronicle of Ibn al-Athir* II, 172.
3. 泰爾的威廉記錄道：「鮑德溫的死是這個國家的貴族之間不和的原因，他們不同程度地受到了君主更迭的影響。」事實上，它引發了一場嚴重到幾乎要造成王國分裂的爭吵。Babcock and Krey, *A History of Deeds Done Beyond the Sea II*, 295。
4. Barber and Bate, *Letters from the East* 53.
5. Babcock and Krey, *A History of Deeds Done Beyond the Sea* II, 300.
6. Gibb, *The Damascus Chronicle of the Crusades* 336–7.
7. Sewell, R.C. (ed. and trans.), *Gesta Stephani, Regis Anglorum et Ducis Normannorum* (London: 1846) 38.
8. Babcock and Krey, *A History of Deeds Done Beyond the Sea* II, 306.
9. Barber, M., *The Crusader States* (New Haven/London: 2012) 241.
10. Barber and Bate, *Letters from the East* 61.

11. Babcock and Krey, *A History of Deeds Done Beyond the Sea* II, 317.
12. Ibid. 312. 13. Ibid. 312.
14. Ibid. 330.
15. Nicholson, H.J., *The Chronicle of the Third Crusade:* The Itinerarium Peregrinorum et Gesta Regis Ricardi (Farnham: 1997) 28.
16. This quote and the description of the palace that follows, Babcock and Krey, *A History of Deeds Done Beyond the Sea* II, 319–21.
17. Babcock and Krey, *A History of Deeds Done Beyond the Sea* II, 351.
18. Richards, D.S. (trans.), *The Rare and Excellent History of Saladin* (Farnham: 2002) 26.
19. Nicholson, *Chronicle of the Third Crusade* 23.

第十章　火之淚

1. Gabrieli and Costello, *Arab Historians of the Crusades* 146–7.
2. Richards, *Rare and Excellent History of Saladin* 45.
3. Ibid. 28.
4. Babcock and Krey, *A History of Deeds Done Beyond the Sea* II, 391.
5. Bird, J., Peters, E. and Powell, J.M. (eds.), *Crusade and Christendom: Annotated Documents in Translation from Innocent III to the Fall of Acre, 1187–1291* (Philadelphia: 2013) 189.
6. Babcock and Krey, *A History of Deeds Done Beyond the Sea* II, 392.
7. Barber, *The New Knighthood* 103.
8. Babcock and Krey, *A History of Deeds Done Beyond the Sea* II, 392–3.

9. Ibid. 393.
10. Ibid. 394.
11. 有關醫院在耶路撒冷的實際位置，請參閱 Pringle, D., 'The Layout of the Jerusalem Hospital in the Twelfth Century: Further Thoughts and Suggestions' in Upton-Ward, *The Rule of The Templars* 91–110。
12. Barber and Bate, *Letters from the East* 72.
13. See Kedar, B.Z., 'The *Tractatus de locis et statu sancte terre ierosolimitane*' in France, K. and Zajac, W.G. (eds.), *The Crusades and their Sources: Essays Presented to Bernard Hamilton* (Aldershot: 1998).
14. Abu Shama, 'The Book of the Two Gardens' in *Recueil des historiens des croisades: Historiens orientaux Tome IV* (Paris: 1898), 185.
15. Ibid. 185.
16. Richards, *Rare and Excellent History of Saladin* 54.
17. Abu Shama, 'The Book of the Two Gardens' 185.
18. Babcock and Krey, *A History of Deeds Done Beyond the Sea* II, 431.
19. Ibid. 431.
20. Richards, *Rare and Excellent History of Saladin* 54.
21. Barber and Bate, *Letters from the East* 73.
22. Richards, *Chronicle of Ibn al-Athir* II, 253.
23. Babcock and Krey, *A History of Deeds Done Beyond the Sea* II, 437.
24. Genesis 32:10–32.
25. Ellenblum, R., *Crusader Castles and Modern Histories* (Cambridge: 2007) 264.
26. Ibid. 273; Abu Shama, 'The Book of the Two Gardens' 208.

27. Babcock and Krey, *A History of Deeds Done Beyond the Sea* II, 444.
28. Richards, *Chronicle of Ibn al-Athir* II, 264.
29. Ibid. 266.
30. Babcock and Krey, *A History of Deeds Done Beyond the Sea* II, 440.
31. Ibid. 443, quoting Job 27:3–4: 'All the while my breath is in me, and the spirit of God is in my nostrils; My lips shall not speak wickedness, nor my tongue utter deceit.'
32. Ibid. 443.
33. Imad al-Din, in *Recueil des historiens des croisades: Historiens orientaux Tome IV* (Paris: 1898), 200.
34. Ibid. 194.
35. Richards, *Chronicle of Ibn al-Athir* II, 265.
36. Ibid. 265.
37. Imad al-Din 205; Richards, *Chronicle of Ibn al-Athir* II, 266.
38. Imad al-Din 205.
39. Ibid. 206–7.
40. 歷史學家和考古學家羅尼・艾倫布魯姆（Ronnie Ellenblum）於二十一世紀初挖掘了這個遺址，發現了「至少一名守軍的屍體……就在其原來的位置，也就是牆上裂口的對面。」Ellenblum, R., *Crusader Castles and Modern Histories*, (Cambridge: 2007) 273。
41. Imad al-Din 203.
42. Richards, *Chronicle of Ibn al-Athir* II, 266.
43. Babcock and Krey, *A History of Deeds Done Beyond the Sea* II, 444.

第十一章 耶路撒冷啊，你有禍了！

1. 第三次拉特蘭公會議的教規之英文譯本，線上閱讀是最便利的方式 http://www.papalencycli-cals.net/Councils/ecum11.htm。
2. Phillips, *Defenders of the Holy Land* 246–7.
3. Burgtorf, *The Central Convent of Hospitallers and Templars* 279.
4. See for example Gargallo, Moya, A. et al (eds.), *Cartulario del Temple de Huesca* (Zaragoza: 1985) 44, 58.
5. Burgtorf, *The Central Convent of Hospitallers and Templars* 543.
6. Babcock and Krey, *A History of Deeds Done Beyond the Sea* II, 455–6.
7. 在他就任後直到一一八六年之前，蘇丹總共僅用了十一個月的時間積極與法蘭克軍隊作戰，相比之下，他投入了將近三年的時間來對抗穆斯林。Asbridge, *The Crusades* 335。
8. Babcock and Krey, *A History of Deeds Done Beyond the Sea* II, 502.
9. Burgtorf, *The Central Convent of Hospitallers and Templars* 539–40. See also Barber, M., 'The Reputation of Gerard of Ridefort' in Upton-Ward, J., *The Military Orders: Volume 4, On Land and by Sea* (Aldershot: 2008) 116–17.
10. Nicholson, *Chronicle of the Third Crusade* 79.
11. de Mas Latrie, *Chronique d'Ernoul et de Bernard le Trésorier* 161–2.
12. Jacoby, Z., 'The Tomb of Baldwin V, King of Jerusalem (1185–1186), and the Workshop of the Temple Area', *Gesta* 18 (1979) 3–14討論了該墓，如今除了一些石刻碎片外，它已經消失無蹤。
13. Richards, *Rare and Excellent History of Saladin* 68.
14. 針對傑拉德在克雷松泉戰役行為的這種詮釋，請參閱 Tyerman, C., *God's War: A New History of the Crusades* (London: 2006) 367。

15. Letter to Frederick I of Germany, printed in Barber and Bate, *Letters from the East* 76–7.
16. Hoogeweg, H., *Die Schriften des Kölner Domscholasters* (Stuttgart: 1894) 142.
17. Barber and Bate, *Letters from the East* 76.
18. 根據泰爾的威廉的續筆者。Edbury, P.W., *The Conquest of Jerusalem and the Third Crusade* (Farnham: 1998) 32。
19. Stevenson, J., *Ralph of Coggeshall: Chronicon Anglicanum* (London: 1875) 212.
20. Rules 659, 675, 676. Upton-Ward, *The Rule of The Templars* 170–1.
21. 參見給日耳曼的腓特烈一世的信，收錄於Barber and Bate, *Letters from the East 76*。這與雷夫描述的聖殿騎士團之回應大致一致：「無論我們是生是死，我們都將永遠以基督的名義得勝！」Stevenson, *Ralph of Coggeshall* 212。
22. 伯納德在這裡引用了《羅馬書》二十四章八節。Greenia and Barber, *Bernard of Clairvaux: In Praise of the New Knighthood* 34。關於聖殿騎士的殉道之道，請參閱 Rother, J., 'Embracing Death, Celebrating Life: Reflections on the Concept of Martyrdom in the Order of the Knights Templar', *Ordines Militares* 19 (2014)。
23. 烏爾斯在克雷松泉戰役後的下場未有定論，但他很可能被殺害了。有關群體傳記學（prosopographical）證據的摘要，請參見Burgtorf, *The Central Convent of Hospitallers and Templars* 666。關於穆蘭的羅傑的命運，泰爾的威廉著作的續作者認為他被斬首。Edbury, *The Conquest of Jerusalem* 32。
24. Richards, *Chronicle of Ibn al-Athir* II, 319.
25. Stevenson, *Ralph of Coggeshall* 212.
26. Nicholson, *Chronicle of the Third Crusade* 25–6.
27. Ibid. 26.
28. 教宗對傑拉德所寫之信的概述，其英文翻譯收錄於Edbury, *The Conquest of Jerusalem 33*。
29. Stevenson, *Ralph of Coggeshall* 218.
30. de Mas Latrie, *Chronique d'Ernoul et de Bernard le Trésorier* 457.

31. Abu Shama, 'The Book of the Two Gardens' 264.
32. Ibid. 263.
33. Nicholson, *Chronicle of the Third Crusade* 31.
34. Letter to Frederick I, Barber and Bate, *Letters from the East* 77; de Mas Latrie, *Chronique d'Ernoul et de Bernard le Trésorier* 460–1.
35. de Mas Latrie, *Chronique d'Ernoul et de Bernard le Trésorier* 461.
36. Melville, C.P. and Lyons, M.C., 'Saladin's Hattin Letter' in Kedar, B.Z. (ed.) *The Horns of Hattin* (Jerusalem: 1992) 210–11.
37. Richards, *Chronicle of Ibn al-Athir* II, 321.
38. Nicholson, *Chronicle of the Third Crusade* 32.
39. Melville and Lyons, 'Saladin's Hattin Letter' 211.
40. The 'Eracles', this translation is given in Edbury, *The Conquest of Jerusalem* 159.
41. Barber and Bate, *Letters from the East* 82.
42. Ibid. 78.
43. Richards, *Chronicle of Ibn al-Athir* II, 322.
44. Melville and Lyons, 'Saladin's Hattin Letter' 211.
45. Richards, *Rare and Excellent History of Saladin* 74.
46. Richards, *Chronicle of Ibn al-Athir* II, 323.
47. Ibid. 323.
48. Melville and Lyons, 'Saladin's Hattin Letter' 211, 212.
49. Richards, *Rare and Excellent History of Saladin* 74.

50. 致義大利醫院騎士團大團長的信，英文翻譯請見Edbury, *The Conquest of Jerusalem* 161。
51. Richards, *Rare and Excellent History of Saladin* 75.
52. Richards, *Chronicle of Ibn al-Athir* II, 324.
53. Quoted by Abu Shama, 'The Book of the Two Gardens' 277.
54. Ibid. 278.
55. 泰爾的威廉的續作者講述了這個故事：Edbury, *The Conquest of Jerusalem* 47。
56. Quoted by Abu Shama, 'The Book of the Two Gardens' 333.
57. Edbury, *The Conquest of Jerusalem* 64–5.

第三部　銀行家

1. Gabrieli and Costello, *Arab Historians of the Crusades* 288.

第十二章　追求財富

2. Burgtorf, *The Central Convent of Hospitallers and Templars* 81. Ailes (trans.), *The History of the Holy War: Ambroise's Estoire de la guerre sainte* (Woodbridge: 2003) 73.
3. Upton-Ward, *The Rule of The Templars* 169.
4. Broadhurst, *The Travels of Ibn Jubayr* 318. Ibn Jubayr is citing *Qur'an Ar-Rahman* 55:24.
5. Theoderic in Wilkinson et al, *Jerusalem Pilgrimage 1099–1185* 310。另請參閱Ladislaus Mayr在一七五二年為殘破聖殿騎士之家所繪的草圖，其被複印於Boas, *Archaeology of the Military Orders* 30。
6. Upton-Ward, *The Rule of The Templars* 49.

7. Broadhurst, *The Travels of Ibn Jubayr* 317.
8. Boas, *Archaeology of the Military Orders* 29.
9. Imad al-Din 296.
10. Edbury, *The Conquest of Jerusalem* 80.
11. Nicholson, *Chronicle of the Third Crusade* 78.
12. 根據自一首當代詩歌，其內容被轉錄於Prutz, H., 'Ein Zeitgenössisches Gedicht über die Belagerung Accons' in *Forschungen zur Deutschen Geschichte* 21 (1881) 478。
13. 有關若弗魯瓦的生平簡介，請參見Burgtorf, *The Central Convent of Hospitallers and Templars* 534–5。
14. Upton-Ward, *The Rule of The Templars* 59–60.
15. Richards, *Chronicle of Ibn al-Athir* II, 367; Richards, *Rare and Excellent History of Saladin* 102.
16. 這個詮釋似乎能將以下兩種記述協調在一塊：Nicholson, *Chronicle of the Third Crusade* 79，以及Richards, *Chronicle of lbn al-Athirll*, 367。
17. Nicholson, *Chronicle of the Third Crusade* 78–9.
18. Ibid. 79.
19. Richards, *Chronicle of Ibn al-Athir* II, 368.
20. Nicholson, *Chronicle of the Third Crusade* 79.
21. Ibid. 80.
22. 這似乎可以解釋，攻擊「大船」的日期（大多數資料是記載為六月七日）與薩拉丁收到了進攻細節報告的日期（伊本・夏達德與《聖地旅程》皆認為是在六月十一日）之間為何存在間隔。Richards, *Rare and Excellent History of Saladin* 151、Nicholson, *Chronicle of the Third Crusade* 199。伊本・夏達德認為海戰發生於六月十一日則一定是錯誤的。

23. Richards, *Rare and Excellent History of Saladin* 150.
24. Ibid. 145.
25. Ibid. 146.
26. Burgtorf, *The Central Convent of Hospitallers and Templars* 79–80.
27. Barber, *The New Knighthood* 119.
28. Burgtorf, *The Central Convent of Hospitallers and Templars* 523–7.
29. Richards, *Rare and Excellent History of Saladin* 158.
30. Nicholson, *Chronicle of the Third Crusade* 209.
31. Richards, *Rare and Excellent History of Saladin* 162.
32. Nicholson, *Chronicle of the Third Crusade* 237; cf. Asbridge, *The Crusades* 461.
33. Nicholson, *Chronicle of the Third Crusade* 245.
34. 伊本・夏達德本人親眼目擊並且參與了阿蘇夫戰役，他對事件的敘述明顯不像《聖地旅程》的作者那麼浮誇和制式化。
35. 這是根據茹安維爾的約翰的說法。Giles, J.A. (ed.), *Chronicles of the Crusades: Being Contemporary Narratives of the Crusade of Richard Coeur de Lion, by Richard of Devizes and Geoffrey de Vinsauf; and of the Crusade of Saint Louis, by Lord John de Joinville* (London/NewYork: 1892) 495。
36. Nicholson, *Chronicle of the Third Crusade* 258.
37. Richards, *Rare and Excellent History of Saladin* 178.
38. Ibid. 186–8.
39. Nicholson, *Chronicle of the Third Crusade* 278.
40. de Mas Latrie, *Chronique d'Ernoul et de Bernard le Trésorier* 296–7.

41. According to John of Joinville. Giles, J.A. (ed.), *Chronicles of the Crusades: Being Contemporary Narratives of the Crusade of Richard Coeur de Lion, by Richard of Devizes and Geoffrey de Vinsauf; and of the Crusade of Saint Louis, by Lord John de Joinville* (London/New York: 1892) 495.
42. For a succinct overview of the Templars' brief tenure in Cyprus, see Hill, G.F., *A History of Cyprus II: The Frankish Period, 1192–1432* (Cambridge: 1948) 34–8; a more in-depth and recent study is Edbury, P., 'The Templars in Cyprus' in Barber, *Fighting for the Faith* 189–95.

第十三章　毫不貧苦

1. 這本書今日收藏於英國國家檔案館E.164/16，而相當有幫助的是其拉丁原文已被轉錄下來，而且還有一篇內容豐富的英文導論，請見Lees, *Records of the Templars in England in the Twelfth Century* 139–41。
2. Holden, A.J., Gregory, S. and Crouch, D. (ed. and trans.), *History of William Marshal* (London, 3 vols: 2002–6) II, 419–21.
3. Gervers, M., '*Pro defensione Terre Sancte*: the Development and Exploitation of the Hospitallers' Landed Estate in Essex' in Barber, *Fighting for the Faith* 5.
4. Lees, *Records of the Templars in England in the Twelfth Century* 139–40.
5. 一二一五年《大憲章》的最新版本和翻譯為線上版本，請見http://magnacarta.cmp.uea.ac.uk/。
6. James, Brooke and Mynors, *Walter Map: De Nugis Curialium, Courtier's Trifles* 54–5.
7. Ibid. 60–1.
8. Borchardt, K., 'The Military–Religious Orders in the Crusader West' in Boas, A.J. (ed.), *The Crusader World* (London/New York: 2016) 111–128.
9. 有關理查一世在加威確認聖殿騎士團的權利，請參閱Lees, *Records of the Templars in England in the Twelfth Century* 142。

10. James, Brooke and Mynors, *Walter Map: De Nugis Curialium, Courtier's Trifles* 60–1.
11. 關於約翰對聖殿騎士團的態度之討論，還有這裡所引用的《論政府原理》（*Polycraticus*）的譯本，請見Barber, *The New Knighthood* 59–61。
12. Ibid. 61.
13. Bellomo, E., *The Templar Order in North-West Italy (1142–c.1330)* (Boston/Leiden: 2008) 34–5。教宗還利用了其他主要的軍事修會，諸如醫院騎士團和條頓騎士團。
14. De la Torre, I., 'The London and Paris Temples: A Comparative Analysis of their Financial Services for the Kings during the Thirteenth Century' in Upton-Ward, *The Military Orders: Volume 4* 122.
15. Barber, *The New Knighthood* 262–3.
16. Gargallo Moya, *Cartulario del Temple de Huesca* 85, 87, 94.
17. Smith, D.J. and Buffery, H. (eds.), *The Book of Deeds of James I of Aragón: A Translation of the Medieval Catalan* Llibre dels Fets (Farnham: 2003) 26–8.
18. Forey, *The Templars in the* Corona de Aragón 34–5.
19. Richards, *Rare and Excellent History of Saladin* 240–5.
20. 參見教宗詔書《苦難之後》（*Post miserabile*），英文譯本收錄於Bird, Peters and Powell, *Crusade and Christendom* 28–37。

第十四章　達米埃塔

1. 朝聖堡現在通常被稱為亞特利特。有關其遺蹟的現代研究的詳情，請參見 Kennedy, *Crusader Castles 124–7; Boas, Archaeology of the Military Orders* 32–8。
2. Upton-Ward, *The Rule of The Templars* 155–6, 153–4, 148.

3. 這封信傳統上被認為是阿卡主教維特里的詹姆斯所著（不過可能是錯的），其翻譯版本收錄於*Barber and Bate, Letters from the East* 110。
4. 維特里的詹姆斯認為這些船是柯克船。此信件的翻譯收錄於Barber and Bate, *Letters from the East* 112。
5. Conedera, S.Z., *Ecclesiastical Knights: The Military Orders in Castile, 1150–1330* (New York: 2015) 87.
6. O'Callaghan, J.F., *A History of Medieval Spain* (Ithaca/London: 1975) 243–9.
7. 關於薩爾堡圍城，請參閱O'Callaghan, J.F., *Reconquest and Crusade in Medieval Spain* (Philadelphia: 2002) 78–80。
8. 我所給的頁碼是來自帕特伯恩的奧利佛的編年史《征服達米埃塔》（*The Capture of Damietta*），而這裡用的英文譯本是J.J. Gavigan一九四八年的版本，同時是最易取得的版本，收錄於Bird, Peters and Powell, *Crusade and Christendom* 158–225。引文則是來自ibid. 165–6。
9. Ibid. 187.
10. Ibid. 194.
11. Murray, A.V., 'The place of Egypt in the Military Strategy of the Crusades, 1099–1221' in Mylod, E.J., Perry, G., Smith, T.W. and Vandeburie, J. (eds.), *The Fifth Crusade in Context: The Crusading Movement in the Early Thirteenth Century* (London/New York: 2017) 13–131.
12. 關於何諾三世在十字軍東征中所扮演的角色，尤其是他與英諾森三世的截然不同之處，請參閱Smith, T.W., 'The Role of Pope Honorius III in the Fifth Crusade' in Mylod, Perry, Smith and Vandeburie, *The Fifth Crusade in Context* 15–26。
13. 這封信引述自Claverie, P.V., '"Totius populi Christiani negotium" The crusading conception of Pope Honorius III, 1216–21' in Mylod, Perry, Smith and Vandeburie, *The Fifth Crusade in Context* 34。
14. Delisle, L (ed.), *Recueil des historiens des Gaules et de la France* XIX (Paris: 1880), 640.
15. 布里恩的約翰寫給腓特烈二世・霍亨斯陶芬的信，收錄於Mylod, *Perry, Smith and Vandeburie, The Fifth Crusade*

in Context 43–5。

16. 包括伊本・阿西爾在內的許多編年史家都這樣描述它：「如果沒有這座塔和這些鐵鍊，沒有人能夠將敵人的船隻趕出埃及，無論是遠是近。」Richards, *Chronicle of Ibn al-Athir III*, 176。
17. Bird, Peters and Powell, *Crusade and Christendom* 168–9.
18. Ibid. 168–9.
19. 有關聖髑的由來是源自維特里的詹姆斯的說法：Barber and Bate, *Letters from the East* 112。
20. Ibid. 114.
21. Bird, Peters and Powell, *Crusade and Christendom* 173.
22. Ibid. 173.
23. Ibid. 175.
24. 有關修會歷史的介紹，請參見Arnold, U., 'Eight Hundred Years of the Teutonic Order' in Barber, *Fighting for the Faith* 223–35。
25. Bird, Peters and Powell, *Crusade and Christendom* 182.
26. Matthew 10:8–11.
27. Upton-Ward, *The Rule of The Templars* 40–1.
28. 這封信被收錄並且翻譯於Barber and Bate, *Letters from the East* 123。方濟各和卡米爾的會面啟發了幾個世紀來的基督教藝術創作，關於此方面的描述請見Tolan, J.V., *Saint Francis and the Sultan: The Curious History of a Christian-Muslim Encounter* (Oxford: 2009)。
29. Bird, Peters and Powell, *Crusade and Christendom* 184.
30. Ibid. 185.
31. Ibid. 187.

32. Barber and Bate, *Letters from the East* 120.
33. Bird, Peters and Powell, *Crusade and Christendom* 200.
34. Powell, J.M., *Anatomy of a Crusade, 1213–1221* (Philadelphia: 1986) 92–3.
35. 這封信的抄錄版本被收入在Rodenburg, C. (ed.), *Monumenta Germaniae Historica, Epistolael* (Berlin: 1883), 89–91，而更容易取得的英文翻譯版本則收錄於Barber and Bate, *The Templars: Selected Sources* 203–7。
36. 何諾於十一月二十四日寫給西西里島主教的信，其翻譯版本收錄於 Barber and Bate, *The Templars: Selected Sources* 230–2。
37. Barber, *The New Knighthood* 129.
38. 這封信被英國編年史家文多弗的羅傑保存下來。Giles, J.A. (ed. and trans.), *Roger of Wendover's Flowers of History II* (London: 1844), 433–5。
39. Ibid. 433–5.
40. Ibid. 436–9。另一個翻譯版本請見Barber and Bate, *Letters from the East* 123–5。
41. Richards, *Chronicle of Ibn al-Athir* III, 180.
42. Barber and Bate, *Letters from the East* 124.

第十五章　敵意和仇恨

1. Giles, *Roger of Wendover's Flowers of History* II, 511; La Monte, J.R. and Hubert, M.J. (ed. and trans.), *The Wars of Frederick II Against The Ibelins in Syria and Cyprus by Philip De Novare* (New York: 1936) 88.
2. Baird, J.L., Baglivi, G. and Kane, J.R. (ed. and trans.), *The Chronicle of Salimbene de Adam* (Binghamton: 1986).
3. Franke, D.P., 'Crusade, Empire and the Process of War in Staufen Germany, 1180–1220' in Boas, *The Crusader World* 132.
4. de Mas Latrie, *Chronique d'Ernoul et de Bernard le Trésorier* 437.

5. Arnold, U., 'Eight Hundred Years of the Teutonic Order' in Barber, *Fighting for the Faith* 225.
6. Giles, *Roger of Wendover's Flowers of History* II, 502.
7. Richards, *Chronicle of Ibn al-Athir* III, 285.
8. 關於腓特烈對東方肉欲文化的偏愛，請看耶路撒冷宗主教洛桑的傑洛德寫給格列哥里九世的信，英文翻譯收錄於Barber and Bate, *Letters from the East* 127–33。
9. 關於其作為「聖殿之堡」（castiel del Temple）的地位以及此處所述情節的說明，請參見de Mas Latrie, *Chronique d'Ernoul et de Bernard le Tresorie*r 462。
10. de Mas Latrie, *Chronique d'Ernoul et de Bernard le Trésorier* 462.
11. Barber and Bate, *Letters from the East* 129.
12. Giles, *Roger of Wendover's Flowers of History* II, 522–4; more recently reprinted in Allen, S.J. and Amt, E., *The Crusades: A Reader* (Toronto: 2010) 287–90.
13. Quoted in Van Cleve, T.C., *The Emperor Frederick II of Hohenstaufen, Immutator Mundi* (Oxford: 1972) 220.
14. Richards, *Chronicle of Ibn al-Athir* III, 293.
15. Richards, *Chronicle of Ibn al-Athir* II, 334.
16. Barber and Bate, *Letters from the East* 129.
17. Huillard-Bréholles, J.L.A., *Historia diplomatica Friderici Secundi* III (Paris: 1852), 89.
18. Jackson, P., 'The Crusades of 1239–41 and Their Aftermath' in *Bulletin of the School of Oriental and African Studies, University of London* 50 (1987).
19. Barber and Bate, *Letters from the East* 126–7.
20. La Monte and Hubert, *The Wars of Frederick II* 89.
21. Huillard-Bréholles, J.L.A., *Historia diplomatica Friderici Secundi* III (Paris: 1852) 135–40, and in English translation

(quoted here) Peters, E. (ed.), *Christian Society and the Crusades 1198–1229: Sources in Translation including the Capture of Damietta by Oliver of Paderborn* (Philadelphia: 1948) 165–70.

22. La Monte and Hubert, *The Wars of Frederick II* 91.
23. Peters, *Christian Society and the Crusades 1198–1229* 168.
24. Ibid. 169.
25. La Monte and Hubert, *The Wars of Frederick II* 91.
26. 針對這些抵港者的最新研究是Lower, M., *The Barons' Crusade: A Call to Arms and its Consequences* (Philadelphia: 2005)。
27. 馬修・帕里斯保存下的信件，參見Luard, H.R., *Matthaei Parisiensis, Monachi Sancti Albani Chronica Majora* IV (London: 1876), 288–91，英文翻譯請見Barber and Bate, *Letters from the East* 140–2。
28. Luard, *Matthaei Parisiensis, Monachi Sancti Albani Chronica majora* III, 535, also available in English translation in Giles, J.A. (trans.), *Matthew Paris's English History: From the Year 1235 to 1273* I (London: 1852), 168–9.
29. 關於這一方面的詳細且有著豐富軼事的資料來源仍然是Delisle, L., *Memoire sur les operations financiers des Templiers* (Paris: 1889)，以下大部分的內容都是基於此書。另請參見Piquet, J., *Des banquiers au Moyen Age: les Templiers. Etude de leurs operations financiers* (Paris: 1939)。網路上方便取得的（法文）摘要請見http://www.templiers.net/leopold-delisle。
30. See Webster, P., 'The Military Orders at the Court of King John' in Edbury, P.W. (ed.), *The Military Orders: Volume 5, Politics and Power* (Farnham: 2012) 209–19.

第十六章　展開並舉起我們的旗幟！

1. Lyons, U., Lyons, M.C. (trans.), Riley-Smith, J.S.C. (intro.), *Ayyubids, Mamlukes and Crusaders: Selections from Tārīkh*

al-duwal wa'l-Mulūk II* (Cambridge: 1971) 1–2.

2. Giles, *Matthew Paris's English History* I, 497–500.
3. Patriarch of Jerusalem, Barber and Bate, *Letters from the East* 140–2.
4. 各種估計數字包括：三百一十二名陣亡者，見Morgan, M.R., *La continuation de Guillaume de Tyr (1184–1197)* (Paris: 1982) 564。根據腓特烈．霍亨斯陶芬的說法是兩百九十六名陣亡者，見Giles, *Matthew Paris's English History* I, 491–2。根據耶路撒冷宗主教的說法是兩百九十六名陣亡者，同樣是被馬修．帕里斯保存下來，晚近的重印版本請見Barber and Bate, *Letters from the East* 140–2。
5. Patriarch of Jerusalem, Barber and Bate, *Letters from the East* 140–2.
6. Ibid. 140–2.
7. 腓特烈二世寫給康沃爾伯爵理查的信，譯自Giles, *Matthew Paris's English History* I, 491–2。
8. 關於路易九世的十字軍東征最生動的記述（包括這件軼事）是茹安維爾的約翰所著的《聖路易生平》。目前有好幾種英文翻譯版本，而我使用的是Giles, *Chronicles of the Crusades: Contemporary Narratives*。
9. Le Goff, J., *Saint Louis* (Notre Dame: 2009) 94–101.
10. Barber, *The New Knighthood* 267.
11. Sayous, A., 'Les Mandats de Saint Louis sur son trésor et le mouvement international des capitaux pendant la Septième Croisade (1248–1254)' in *Revue Historique* 167 (1931), 255.
12. Burgtorf, *The Central Convent of Hospitallers and Templars* 126.
13. Giles, *Chronicles of the Crusades: Contemporary Narratives* 388.
14. Ibid. 389.
15. 法蘭西的教宗侍從約翰．薩雷辛（John Sarrasin）於六月二十三日從達米埃塔所發的信，收錄於Beer, J.M.A., 'The Letter of John Sarrasin, Crusader' in Sargent-Baur, B.N. (ed.), Journeys Towards God: Pilgrimage and Crusade

(Kalamazoo: 1992) 136–45。

16. Giles, *Chronicles of the Crusades: Contemporary Narratives* 400.
17. 這封信（拉丁文）收錄於Luard, *Matthaei Parisiensis, monachi Sancti Albani Chronica majora VI*, 162。
18. Giles, *Chronicles of the Crusades: Contemporary Narratives* 407.
19. Ibid. 410.
20. Giles, *Matthew Paris's English History* II, 367.
21. Ibid. 368.
22. Ibid. 369.
23. Ibid. 369.
24. Giles, *Chronicles of the Crusades: Contemporary Narratives* 423.
25. Ibid. 425–6.
26. 伊本・瓦希爾將其收錄於著作*The Dissipator of Anxieties Concerning the History of the Ayyuhids*中。簡短的摘錄，包括此處引用的詩句，可見Bird, Peters and Powell, *Crusade and Christendom* 361。
27. Giles, *Matthew Paris's English History* II, 374.
28. Giles, *Chronicles of the Crusades: Contemporary Narratives* 455.
29. 證實雷納德生涯事蹟的參考文獻，請參見Burgtorf, *The Central Convent of Hospitallers and Templars 636–40*。
30. Giles, *Chronicles of the Crusades: Contemporary Narratives* 455–6.
31. 據阿布・沙瑪說，他在大馬士革看過有人穿這件斗篷。其說法的翻譯，請見Holt, P.M., *The Age of the Crusades: The Near East from the Eleventh Century to 1517* (London/NewYork: 1986) 83。
32. Upton-Ward, *The Rule of The Templars* 36.

第四部　異端者

1. Chibnall, *The Ecclesiastical History of Orderic Vitalis* VI, 314–15. Cf *Gawain and the Green Knight*, line 499, 'The forme to the finishment foldez ful selden.'

第十七章　喉嚨裡的腫塊

2. Sadeque, S.F., *Baybars I of Egypt* (Karachi: 1956) 92–4.
3. 這段話引用自扎希爾的同儕學者希哈卜丁・努韋里的著作。Muhanna, E. (ed. and trans.), Shihab Al-Din Al-Nuwayri, *The Ultimate Ambition in the Arts of Erudition* (New York: 2016) 253–4。
4. Giles, *Matthew Paris's English History* I, 523.
5. 保存在伯頓修道院（Burton Abbey）的歷史紀錄中。Luard, H.R. (ed.), *Annales Monastici* (London: 1864) 491–5。
6. See Amitai-Preiss, R., 'Mamluk Perceptions of the Mongol–Frankish rapprochement' in *Mediterranean History Review* 7 (1992), 50–65.
7. Printed in Meyvaert, P., 'An Unknown Letter of Hulagu, Il-Khan of Persia, to King Louis IX of France', in *Viator* 11 (1980), 252–9.
8. 關於這場災難的規模，請參閱 Jackson, P., 'The Crisis in the Holy Land in 1260' in *English Historical Review* 95 (1980), 481–513。
9. Muhanna, *Shihab Al-Din Al-Nuwayri* 251.
10. 關於這一點，請參閱 Amitai, R., 'The Early Mamluks and the end of the crusader presence in Syria (1250–1291)' in Boas, A.J. (ed.), *The Crusader World* 337。
11. 請參閱 Thorau, P. and Holt, P.M. (trans.), *The Lion of Egypt: Sultan Baybars I and the Near East in the Thirteenth*

Century (London/New York: 1992) 144。

12. 記載薩法德城堡這棟建築物的著名拉丁文獻名為《薩法德城堡的興建》（*De Constructione Castri Saphet*），現在已有英文翻譯，收錄於Kennedy, *Crusader Castles* 190–8。
13. *De Constructione Castri Saphet*, in Kennedy, *Crusader Castles* 197.
14. Lyons, Lyons and Riley-Smith, *Ayyubids, Mamlukes and Crusaders* 89.
15. Crawford, P. F. (ed), *The 'Templar of Tyre', Part III of the Deeds of the Cypriots* (Aldershot: 2003) 50.
16. Ibid. 50.
17. Ibid. 50.
18. Ibid. 50，學者因為這說法沒有其他資料佐證所以提出異議，不過也很有可能里奧自己被騙了。參見Thorau and Holt, *The Lion of Egypt* 170。
19. Barber and Bate, *The Templars: Selected Sources* 232–4.
20. Hillenbrand, *The Crusades: Islamic Perspectives* 437. See for comparison Bennett, M., 'La Règle du Temple as a Military Manual, or How to Deliver a Cavalry Charge' in Upton-Ward, *The Rule of The Templars* 175–88.
21. 這封信收錄於Jordan, E. (ed.), *Les Registres de Clement IV (1265–1268)* (Paris: 1893) 326–7。此翻譯是引自Barber, M., *The Trial of the Templars* (2nd edn, Cambridge: 2006) 17。
22. Burgtorf, *The Central Convent of Hospitallers and Templars* 593–4.
23. Crawford, *The 'Templar of Tyre'* 59.
24. 此翻譯是引自Upton-Ward, J., 'The Surrender of Gaston and the Rule of the Templars', in Barber, *Fighting for the Faith* 181。
25. See Upton-Ward, J., *The Catalan Rule of the Templars* (Woodbridge: 2003) 81–7.
26. Bird, Peters and Powell, *Crusade and Christendom* 361.

27. Giles, *Matthew Paris's English History* II, 389–93.

第十八章　此城必將淪陷

1. 一幅關於阿卡與蒙特穆薩德的實用地圖收錄於Boas, *Archaeology of the Military Orders* 30。
2. 泰爾的聖殿騎士親自看過這封信，並把它從阿拉伯語翻譯成法語，以供紀堯姆使用。Crawford, The 'Templar of Tyre' 104.。「兩大洋」是地中海和紅海，「兩聖地」是麥加和麥地那。
3. 在阿卡的城牆體系中這些城門的確切位置很難重建，但是根據泰爾的聖殿騎士親眼看過後的描述，聖安東尼門似乎是連接阿卡的老城和蒙特穆薩德的內牆的一部分，而不是環繞整個城市的雙層城牆的一部分。
4. Crawford, *The 'Templar of Tyre'* 111.
5. Little, D.P., 'The Fall of Akka in 1291: the Muslim version' in Sharon, M. (ed.), *Studies in Islamic History and Civilisation in Honour of Professor David Ayalon* (Jerusalem: 1986) 175.
6. Ibid. 176.
7. 關於雅克・德・莫萊生涯梗概的精采概述，請見Barber, M., 'James of Molay, the last Grand Master of the Order of the Temple' in *Studia Monastica* 14 (1972), 91–124，同時收錄於Barber, M., *Crusaders and Heretics, Twelfth to Fourteenth Centuries* (Farnham: 1995)。
8. Crawford, *The 'Templar of Tyre'* 119.
9. 根據雅克・德・莫萊在一三〇七年秋天受審時的證詞。見Lizerand, G. (ed.), *Dossier del'affaire des Templiers* (Paris: 1923) 35。
10. 關於聖殿騎士在東方各個時代，請參見Forey, A., 'Towards a Profile of the Templars in the Early Fourteenth Century' in Barber, *Fighting for the Faith* 196–204 and esp. 198。
11. Lizerand, *Dossier de l'affaire des Templiers* 169–71.

12. Burgtorf, *The Central Convent of Hospitallers and Templars* 665. Forey, A., 'Letters of the Last Two Templar Masters' in *Nottingham Medieval Studies*, 45 (2001), 155.
13. Crawford, *The 'Templar of Tyre'* 179.
14. Barber and Bate, *Letters from the East* 165.
15. Langlois, E. (ed.), *Registres de Nicholas IV: recueil des bulles de ce pape* II (Paris: 1891), 903. See also Schein, S., *Fideles Crucis: The Papacy, The West and The Recovery of the Holy Land 1274–1314* (Oxford: 1991) 74–76.
16. Langlois, *Registres de Nicholas IV* 903.
17. Luard, H.R. (ed.), *Annales Monastici* III (London: 1866), 366.
18. 關於利馬索爾和尼科西亞，見Burgtorf, *The Central Convent of Hospitallers and Templars* 133–6。
19. Potthast, A. (ed.), *Regesta Pontificum Romanorum* II (Berlin: 1875), 1791。應該指出的是，發布這個不痛不癢的譴責的教宗馬丁四世是一位法蘭西人，而馬丁與于格相比更傾向於支持查理對耶路撒冷王位的聲索。
20. Nicholson, H., *Templars, Hospitallers and Teutonic Knights: Images of the Military Orders, 1128–1291* (Leicester: 1993) 126.
21. Housley, N., *Documents on the Later Crusades* (Basingstoke: 1996) 36.
22. Ibid. 37.
23. Lizerand, *Dossier de l'affaire des Templiers* 4–5.
24. Digard, G. et al (ed.), *Les registres de Boniface VIII: recueil des bulles de ce pape* (Paris: 1881) 169–70.
25. Barber, 'James of Molay, the last Grand Master' 94–5.
26. Schein, *Fideles Crucis* 135–8.
27. Forey, *The Templars in the* Corona de Aragón 137.

第十九章　在惡魔的驅使之下

1. Menache, S., *Clement V* (Cambridge: 1998) 32–3.
2. Ibid. 18, quoting Napoleone Orsini in a letter of 1314.
3. Ibid. 17.
4. Ibid. 19.
5. Crawford, *The 'Templar of Tyre'* 164
6. 關於克雷芒的加冕典禮，請參見Dollin Du Fresnel, M., *Clement V (1264–1314) Le Papegascon et les Templiers* (Bordeaux: 2009) 13–14。
7. Schein, *Fideles Crucis* 182, 197–8.
8. 現存的信件副本是寫給富爾克的，不過合理來說寫給雅克的信件內容應該不會有太大不同。*Regestum Clementis Papae* V (Rome: 1885) 190–1。
9. Forey, A., 'Towards a Profile of the Templars in the Early Fourteenth Century' in Barber, *Fighting for the Faith* 198.
10. Demurger, A., *The Last Templar: The Tragedy of Jacques de Molay, Last Grand Master of the Temple* (London: 2004) 117–18.
11. 原信被抄錄於Baluze, E., and Mollat, G. (eds.), *Vitae Paparum Avenionensium* III (Paris: Letouzey/Ané: 1921), 145–9。其中一種英文翻譯版本收錄於Barber and Bate, *The Templars: Selected Sources* 105–9。
12. In English translation in Housley, *Documents on the Later Crusades* 40–7.
13. 雅克反對修會合併的說法，收錄於Lizerand, *Dossier de l'affaire des Templiers* 2–15。英文翻譯收錄於Barber and Bate, *The Templars: Selected Sources* 234–8。
14. Brandt, W.I. (ed. and trans.), Pierre Dubois, *The Recovery of the Holy Land* (New York: 1956) 81.

15. Bettenson, H., *Documents of the Christian Church* 159–61
16. Woodacre, E., *Queens Regnant of Navarre: Succession, Politics and Partnership, 1274–1512* (New York: 2013) 37–8.
17. 用於鑄造新硬幣的白銀嚴重短缺，加劇了貶值格羅斯幣的政治動機。Mechoulan, S., 'The Expulsion of the Jews from France in 1306: A Modern Fiscal Analysis', *Journal of European Economic History* 33 (2006), 555–84; de la Torre, I., 'The Monetary Fluctuations in Philip IV's kingdom of France and Their Relevance to the Arrests of the Templars' in Burgtorf, J., Crawford, P.F. and Nicholson, H. (eds.), *The Debate on the Trial of the Templars (1307–1314)* (Farnham: 2010) 57–68。
18. 關於一三〇六年猶太人被驅逐的背景，請參閱 Jordan, W.C., *The French Monarchy and the Jews: From Philip Augustus to the Last Capetians* (Philadelphia: 1989) 178–99。
19. de la Torre, I., 'The Monetary Fluctuations' 66.
20. Translation in Demurger, *The Last Templar: The Tragedy of Jacques de Molay* 163.
21. Forey, 'Letters of the Last Two Templar Masters' 166–7.
22. Ibid. 170.
23. Upton-Ward, *The Rule of The Templars* 172.
24. Ibid. 172.
25. Ibid. 112, 148.
26. 普萊西昂的威廉的信中包含了這一指控，此信收錄於Finke, H., *Papsttum und Untergangdes Templerordensll* (Berlin 1907), 143。
27. Demurger, *The Last Templar: The Tragedy of Jacques de Molay* 171.
28. Original text transcribed in Lizerand, *Dossier de l'affaire des Templiers* 16–25; English translation in Barber and Bate, *The Templars: Selected Sources* 244–7.

第二十章 異端者般的墮落

1. Lizerand, *Dossier de L'affaire des Templiers* 16–25; English translation in Barber and Bate, *The Templars: Selected Sources* 244–7.
2. Lizerand, *Dossier de L'affaire des Templiers* 24–9; English translation in Barber and Bate, *The Templars: Selected Sources* 247–8.
3. Barber, *The Trial of the Templars* 69.
4. Schenk, J., 'Aspects of Non-Noble Family Involvement in the Order of the Temple' in Upton-Ward, J. (ed.), *The Military Orders: Volume 4, On Land and by Sea* (Aldershot: 2008) 157.
5. Forey, A., 'Towards a Profile of the Templars in the Early Fourteenth Century' in Barber, *Fighting for the Faith* 197–8.
6. 根據一三〇九年的證詞。Michelet, J., *Proces des Templiers* I (Paris: 1841), 36–9。英文翻譯收錄於Barber and Bate, *The Templars: Selected Sources* 289–92。
7. Moore, R.I., *The War on Heresy: Faith and Power in Medieval Europe* (London: 2012) 6.
8. 抄錄於Michelet, *Procès des Templiers II*，英文翻譯收錄於Barber and Bate, *The Templars: Selected Sources* 252–3。
9. Michelet, *Procès des Templiers II*, 295–6，英文翻譯收錄於Barber and Bate, *The Templars: Selected Sources* 251–2。
10. Michelet, *Procès des Templiers II,* 361–3，英文翻譯收錄於Barber and Bate, *The Templars: Selected Sources* 247–8。
11. 請見Lizerand, *Dossier de l'affaire des Templiers* 24–9，英文翻譯收錄於Barber and Bate, *The Templars: Selected Sources* 251–2.
12. 有關他傳記中的要點，請參見Burgtorf, *The Central Convent of Hospitallers and Templars* 625–8。
13. Michelet, *Procès des Templiers* II, 374–5.
14. 關於一三〇七至一三〇八年受審問者的年齡和職業，請參閱Barber, *The Trial of the Templars* 73。

15. Finke, *Papsttum und Untergang des Templerordens* II, 51; this translation Barber, *The Trial of the Templars* 85.
16. 英文翻譯收錄於Barber and Bate, *The Templars: Selected Sources* 249–50。
17. 寄給英格蘭國王愛德華二世的教宗詔書內容收錄在Rymer, T., *Foedera, conventiones, litterae et cujuscunque generis actapublica inter reges Angliae* 1 (The Hague: 1744), pt 4, 99–100。
18. Schottmüller, K., *Der Untergang des Templer-Ordens* (Berlin: 1887) 656.
19. Lizerand, *Dossier de l'affaire des Templiers* 62–71 and in English in Barber and Bate, *The Templars: Selected Sources* 260–3.
20. 致亞拉岡國王的信件中的逐字紀錄，見Finke, *Papsttum und Untergangdes Templerordensll*, 140–50，英文翻譯收錄於Barber and Bate, *The Templars: Selected Sources* 263–72。
21. Barber, *The Trial of the Templars, drawing on Finke Papsttum und Untergang des Templerordens* II, 334–7。Barber認為所謂的于格頭顱其實是一個將頭放在其中的聖髑盒，可是若將特魯瓦的史蒂芬供詞的混亂性質納入考量，要從中做出合乎常理的判斷都需要抱持相當寬鬆的標準。

第二十一章　上帝將為我們的死復仇

1. Barber, *The Trial of the Templars* 135.
2. 許多地區性調查的紀錄都已消失無蹤，不過奧弗涅的克雷芒的紀錄依然留存著，在一三〇九年的一週當中有六十九名聖殿騎士於此受到審訊。參見Seve, R. and Chagny-Seve, A.M. (eds.), *Le Proces des Templiers d'Auvergne (1309–1311): edition de l'interrogatoire de juin 1309* (Paris: 1987)。
3. Michelet, *Proces des Templiers* I, 32–5，英文翻譯收錄於Barber and Bate, *The Templars: Selected Sources* 286–9。
4. Michelet, *Proces des Templiers* I, 32–5，英文翻譯收錄於Barber and Bate, *The Templars: Selected Sources* 286–9。
5. Michelet, *Proces des Templiers* I,42–5，英文翻譯收錄於Barber and Bate, *The Templars: Selected Sources* 292–5。

6. Michelet, *Proces des Templiers* I,87–8，英文翻譯收錄於Barber and Bate, *The Templars: Selected Sources* 296–301。
7. Barber, *The Trial of the Templars* 172.
8. Hamilton, J.S., 'King Edward II of England and the Templars' in Burgtorf, Crawford and Nicholson, *The Debate on the Trial of the Templars* 217.
9. Ramos, L., 'The Extinction of the Order of the Temple in the Kingdom of Valencia and Early Montesa 1307–30: A Case of Transition from Universalist to Territorialized Military Orders' in Burgtorf, Crawford and Nicholson, *The Debate on the Trial of the Templars* 203–5.
10. Barber, *The Trial of the Templars* 229–37; also see Forey, *The Templars in the* Corona de Aragón 356–64.
11. Bellomo, E., 'The Templar Order in North-Western Italy: A General Picture' in Mallia-Milanes, V., *The Military Orders: Vol. 3*, History and Heritage (Aldershot: 2008) 105; Gilmour-Bryson A, 'A Look Through The Keyhole: Templars in Italy from the Trial Testimony' in ibid. 123–30.
12. Toomaspoeg, K., 'The Templars and their Trial in Sicily' Burgtorf, Crawford and Nicholson, *The Debate on the Trial of the Templars* 281.
13. Nicholson, H., *The Knights Templar* (Stroud: 2001) 130–1.
14. 關於確切時間點以及在賽普勒斯是否有過兩次審判這個懸而未決的問題，請參見Gilmour-Bryson A, *The Trial of the Templars in Cyprus: A Complete English Edition* (Leiden: 1998) 24–30。
15. Gilmour-Bryson, *The Trial of the Templars in Cyprus* 428.
16. Gilmour-Bryson, *The Trial of the Templars in Cyprus* 407.
17. 本詔書的英文翻譯收錄於Barber and Bate, *The Templars: Selected Sources* 309–18。
18. Barber, *The New Knighthood* 1.
19. 'adjudicati sunt muro et carceri perpetuo retrudendi'; Géraud, H. (ed.), *Chronique latine de Guillaume de Nangis de 1113*

à *1300* (Paris: 1843) 402.

20. Ibid. 403.
21. Crawford, *The 'Templar of Tyre'* 180.
22. Géraud, H., *Chronique latine de Guillaume de Nangis* 403.
23. Crawford, *The 'Templar of Tyre'* 180.
24. 'Seingnors, dit il, sachiez, sans tère, Que tous celz qui nous sont contrère, Por nous en aront à souffrir, En ceste foy veil-je mourir'; Buchon, J.A. (ed.), *Chronique métrique de Godefroy de Paris* (Paris: 1827) 220.
25. Dante *Inferno* XIX, 83–7.
26. Housley, *Documents on the Later Crusades* 51.
27. 完整的計畫現在收錄在翻譯本當中：Lock, P. (ed. and trans.), *Marino Sanudo Torsello: The Book of the Secrets of the Faithful of the Cross* (Farnham: 2011)。
28. Housley, *Documents on the Later Crusades* 55.
29. Ibid. 178.
30. Ibid. 180.

結語　聖杯

1. 原件在倫敦大英圖書館 *BL Royal 14 E V* f.492v。
2. Villegas, P., 'Mexico: Police Kill a Gang Leader' in *The New York Times* (2 April 2014).

參考書目

原始資料

Ailes, Marianne, trans. *The History of the Holy War. Ambroise's Estoire de la Guerre Sainte.* Woodbridge: Boydell Press, 2003.

Babcock, E. A. and Krey, A. C., trans. *A History of Deeds Done Beyond the Sea: By William, Archbishop of Tyre.* Vols. 1 and 2. New York: Columbia University Press, 1943.

Baird, J. L., Baglivi, G. and Kane, J. R., ed. and trans. *The Chronicle of Salimbene de Adam.* Binghamton: Medieval and Renaissance Texts and Studies, 1986.

Barber, Malcolm and Bate, Keith, trans. *Letters from the East: Crusaders, Pilgrims and Settlers in the 12th–13th Centuries.* Farnham: Ashgate, 2013.

Barber, Malcolm and Bate, Keith, ed. and trans. *The Templars: Selected Sources.* Manchester: Manchester University Press, 2002.

Bédier, Joseph and Aubry, Pierre, ed. *Les Chansons de Croisade avec leurs mélodies.* Paris: H. Champion, 1909.

Berry, V. G., ed. and trans. *Odo of Deuil: De Profectione Ludovici VII in Orientem.* New York: W. W. Norton, 1948.

Bettenson, Henry, ed. *Documents of the Christian Church.* 2nd ed. Oxford: Oxford University Press, 1963.

Bird J., Peters, E. and Powell, J. M., ed. *Crusade and Christendom: Annotated Documents in Translation from Innocent III to the Fall of Acre, 1187–1291.* Philadelphia: University of Pennsylvania Press, 2013.

Brandt, W. I., ed. and trans. Pierre Dubois *The Recovery of the Holy Land.* New York: Columbia University Press, 1956.

Broadhurst, R. J. C., trans. *The Travels of Ibn Jubayr: Being the Chronicles of a Mediaeval Spanish Moor Concerning His Journey to the Egypt of Saladin, the Holy Cities of Arabia, Baghdad the City of the Caliphs, The Latin Kingdom of Jerusalem, and the Norman Kingdom of Sicily*. London: Jonathan Cape, 1952.

Brownlow, M. A., Rev. Canon, ed. and trans. *Saewulf, 1102, 1103 a.d.* London: Palestine Pilgrims' Text Society, 1892.

Carrière, Victor, ed. *Histoire et Cartulaire des Templiers de Provins, avec une introduction sur les débuts du Temple en France.* Paris: E. Champion, 1919.

Chibnall, Marjorie, ed. and trans. *The Ecclesiastical History of Orderic Vitalis.* Vols. 1–6. Oxford Medieval Texts. Oxford: Oxford University Press, 1969–78.

——— *The* Historia Pontificalis *of John of Salisbury.* Oxford Medieval Texts. Oxford: Oxford University Press, 1986.

Cobb, Paul M., trans. *Usama ibn Munqidh: The Book of Contemplation: Islam and the Crusades*. London: Penguin, 2008.

Collection des dcuments inédits sur l'histoire de France. Book III. Paris: Imprimerie Royal, 1835.

Collins, Basil, ed. and Alta'I, M. H., rev. *Al-Muqaddasi: The Best Divisions for the Knowledge of the Regions* (Reading: 2001) 141. Reading: Garnet Publishing, 2001.

Crawford, Paul F., ed. *The 'Templar of Tyre'. Part III of the Deeds of the Cypriots.* Aldershot: Ashgate, 2003.

d'Albon, Marquis, ed. *Cartulaire général de l'Ordre du Temple, 1119?–1150. Recueil des chartes et des bulles relatives à l'Ordre du Temple.* Paris: H. Champion, 1913.

David, Charles Wendell, trans. and Phillips, Jonathan, ed. *The Conquest of Lisbon: De Expugnatione Lyxbonensi,* second edition, New York: Columbia University Press, 2001.

Delisle, Léopold, ed. *Recueils des historiens des Gaules et de la France.* Vol. 1–24. Paris: Imprimerie Nationale, 1878–1904.

Digard, Georges, Faucon, Maurice, Thomas, Antoine and Fawtier, Robert, ed. *Les Registres de Boniface VIII: recueil des bulles de ce pape.* Paris: E. Thorin, 1881.

Dostourian, A. E., trans. *Armenia and the Crusades: Tenth to Twelfth Centuries: The Chronicle of Matthew of Edessa.* Lanham, Maryland: National Association for Armenian Studies and Research, 1993.

Dubois, Pierre. *The Recovery of the Holy Land,* ed. and trans. W. I. Brandt. New York: Columbia University Press, 1956.

Edbury, Peter, ed. and trans. *The Conquest of Jerusalem and the Third Crusade: Sources in Translation.* Farnham: Ashgate, 1998.

Edgington, Susan B., ed. Albert of Aachen. *Historia Ierosolimitana: History of the Journey to Jerusalem.* Oxford: Clarendon Press, 2007.

Edgington, Susan B. and Asbridge, Thomas S., ed. and trans. *Walter the Chancellor's* The Antiochene Wars: *A Translation and Commentary.* Aldershot: Routledge, 2006.

Elliott, J. K., ed., and trans. *The Apocryphal New Testament: A Collection of Apocryphal Christian Literature in an English Translation.* Oxford: Oxford University Press, 1993.

Fink, Harold S., ed., Ryan, Frances R., trans. *Fulcher of Chartres: A History of the Expedition to Jerusalem 1095–1127.* Knoxville: University of Tennessee Press, 1969.

Finke, H., ed. *Papsttum und Untergang des Templerordens.* Vols. 1–2. Berlin: Munster, 1907.

Gabrieli, Francesco, ed. and Costello, E. J., trans. *Arab Historians of the Crusades.* London: Routledge, 1969.

Gargallo Moya, Antonio, Iranzo Muñío, Maria Teresa, and Sánchez Usón, Maria José, ed. *Cartulario del Temple de Huesca.* Zaragoza: Anubar, 1985.

Garmonsway, G. N., ed. and trans. *The Anglo-Saxon Chronicle.* London: J. M. Dent, 1972.

Gavigan, J. J., trans. *The Capture of Damietta by Oliver of Paderborn.* Philadelphia: University of Pennsylvania Press, 1948.

Géraud, H., ed. *Chronique latine de Guillaume de Nangis de 1113 à 1300.* Paris: Chez Jules Renouard, 1843.

Gibb, H. A. R. *The Damascus Chronicle of the Crusades: Extracted and Translated from the Chronicle of Ibn Al-Qalanisi.* London: Luzac, 1932; repr. New York: Dover, 2000.

Giles, J. A., ed. *Chronicles of the Crusades: Being Contemporary Narratives of the Crusade of Richard Coeur de Lion, by Richard of Devizes and Geoffrey de Vinsauf; and of the Crusade of Saint Louis, by Lord John de Joinville*. London/New York: Henry G. Bohn, 1892.

Giles, J. A. *Matthew Paris's English History: From the Year 1235 to 1273.* Vol. 1. London: H. G. Bohn, 1852.

Giles, J. A., ed. and trans. *Roger of Wendover's Flowers of History.* Vols. 1–2. London: H. G. Bohn, 1849.

Greenia, Conrad, trans. and Barber, Malcolm, introduction. *Bernard of Clairvaux: In Praise of the New Knighthood.* Revised edition. Collegeville, Minnesota: Cistercian Publications, 2000.

Hagenmeyer, Heinrich, ed. *Fulcher of Chartres: Historia Hierosolymitana 1095–1127*. Heidelberg: Carl Winters, 1913.

Hill, Rosalind, ed. *Gesta Francorum: The Deeds of the Franks and the Other Pilgrims to Jerusalem.* Oxford Medieval Texts. Oxford: Oxford University Press, 1979.

Holden, A. J., Gregory, S. and Crouch, D., ed. and trans. *History of William Marshal.* Vols. 1–3. Anglo-Norman Text Society, 2002–6.

Hoogeweg, H., ed. *Die Schriften des kölner Domscholasters, späteren Bischofs von Paderborn und Kardinal-Bischofs von S. Sabina Oliverus.* Tübingen: Bibliothek des Litterarischen Vereins in Stuttgart 202, 1894.

Housley, N., ed. *Documents on the Later Crusades.* Basingstoke: Macmillan, 1996.

Huillard-Bréholles, Jean-Louis-Alphonse. *Historia Diplomatica Friderici Secundi.* Vol 3. Paris: Plon Brothers, 1852.

James, B. S., trans. *The Letters of St Bernard of Clairvaux.* London: Burns Oates, 1953.

James, M. R., ed. Brooke, C. N. L., trans. and Mynors, R. A. B. rev. *Walter Map: De Nugis Curialium, Courtiers' Trifles.* Oxford Medieval Texts. Oxford: Oxford University Press, 1983.

Jordan, E., ed. *Les Registres de Clément IV (1265–1268): recueil des bulles de ce pape.* Paris: Thorin & Fils, 1893.

La Monte, John L. and Hubert, Merton Jerome, ed. and trans. *The Wars of Frederick II Against the Ibelins in Syria and Cyprus by Philip De Novare.* New York: Columbia University Press, 1936.

Langlois, Ernest, ed. *Registres de Nicholas IV: recueil des bulles de ce pape.* Paris: E. Thorin, 1886–91.

Le Strange, Guy, ed. and trans. *Diary of a Journey through Syria and Palestine. By Nâsir-i-Khusrau, in 1047 a.d.* London: Palestine Pilgrims' Text Society, 1893.

Lees, Beatrice A., ed. *Records of the Templars in England in the Twelfth Century: The Inquest of 1185 with Illustrative Charters and Documents.* Oxford: Published for the British Academy by Humphrey Milford, Oxford University Press, 1935.

Lipskey, Glenn Edward, trans. *The Chronicle of Alfonso the Emperor: A Translation of the Chronica Adefonsi Imperatoris, with Study and Notes.* Evanston: n.p., 1972.

Lizerand, G., ed. *Dossier de l'affaire des Templiers*. Paris: Champion, 1923.

Lock, Peter, ed. and trans. *Marino Sanudo Torsello: The Book of the Secrets of the Faithful of the Cross.* Farnham: Ashgate, 2011.

Luard, Henry Richards, ed. *Annales Monastici.* Vols. 1–5. London: Longman, Green, 1864–9.

——— *Matthaei Parisiensis: Monachi Santi Albani, Chronica Majora.* Vols. 1–6. London: Longman, 1872–1883.

Luchaire, Achille. Études sur les Actes de Louis VII. Paris: A. Picard, 1885.

Lyons, Ursula and Lyons, M. C., ed., Riley-Smith, J. S. C., introduction. *Ayyubids, Mamlukes and Crusaders: Selections from the* Tārīkh al-duwal wa'l-Mulūk. Vols. 1–2. Cambridge: Heffer, 1971.

Mardam Bek, H., ed. Ibn al-Khayyat, *Diwan*. Damascus: n.p., 1958.

Mas Latrie, Louis, comte de, ed. *Chronique d'Ernoul et de Bernard le Trésorier.* Paris: Renouard, 1871.

Matarasso, Pauline M., trans. *The Cistercian World: Monastic Writings of the Twelfth Century.* London: Penguin, 1993.

Mierow, Charles Christopher, trans., and Emery, Richard. *The Deeds of Frederick Barbarossa by Otto of Freising and His Continuator, Rahewin*. New York: Columbia University Press, 2004.

Migne, Jacques Paul, ed. *Patrologia Latina: Patrologiae Cursus Completus. Series Latina.* Vols. 1–221. Paris: n.p., 1844–64.

Morgan, M. R. *La Continuation de Guillaume de Tyr (1184–1197).* Paris: P. Geuthner, 1982.

Muhanna, E., ed. and trans. Shihab al-Din al-Nuwayri, *The Ultimate Ambition in the Arts of Erudition.* New York: Penguin, 2016.

Nicholson, Helen J. *The Chronicle of the Third Crusade: The* Itinerarium Peregrinorum et Gesta Regis Ricardi. Farnham: Ashgate, 1997.

O'Callaghan, Joseph F. *A History of Medieval Spain.* Ithaca, New York and London: Cornell University Press, 1975.

Peters, Edward, ed. *The First Crusade: The Chronicle of Fulcher of Chartres and Other Source Materials.* Philadelphia: University of Pennsylvania Press, 1971.

——— *Christian Society and the Crusades 1198–1229: Sources in Translation including the Capture of Damietta by Oliver of Paderborn.* Philadelphia: University of Pennsylvania Press, 1948.

Potthast, August, ed. *Regesta Pontificum Romanorum.* Vols. 1–2. Berlin: Rudolf de Decker, 1873–5.

Recueil des historiens des croisades. Paris: Imprimerie Nationale, 1841– 1906.

Regestum Clementis Papae V. Rome: Typographia Vaticana, 1885.

Richards, D. S., trans. *The Chronicle of Ibn al-Athir for the Crusading Period from al Kamil fi'l Ta'rikh.* Vols. 1–3. Aldershot: Routledge, 2006–8.

——— *The Rare and Excellent History of Saladin by Baha al-Din Ibn Shaddad.* Farnham: Ashgate, 2002.

Rodenburg, C., ed. *Monumenta Germaniae Historica, Epistolae I.* Berlin: Weidemanns, 1883.

Roehricht, Reinhold, ed. *Regesta Regni Hierosolymitani, 1097–1291.* Oeniponti: Libraria Academica Wagneriana, 1893.

Rymer, Thomas. *Foedera, Conventiones, Litterae et Cujuscunque Generis Acta Publica inter Reges Angliae.* Vol. 1. The Hague: Joannem Neaulme, 1744.

Schottmüller K. *Der Untergang des Templer-Ordens.* Berlin: n.p., 1887.

Sepet, Marius Cyrille Alphonse. *John of Joinville: The Life of St. Louis, King of France.* New York: P. J. Kennedy, 1902.

Sève, Roger and Chagny-Sève, Anne-Marie, ed. *Le Procès des Templiers d'Auvergne (1309–1311): Edition de l'Interrogatoire de Juin 1309.* Paris: Editions du Comité des Travaux Historique et Scientifiques, 1987.

Sewell, Richard Clarke. *Gesta Stephani, Regis Anglorum et Ducis Normannorum.* London: Sumptibus Societatis, 1846.

Sewter, E. R. A., trans., Peter Frankopan, rev., Anna Komnene. *The Alexiad.* London: Penguin, 2009.

Smith, Damian J. and Buffery, Helena, ed. *The Book of Deeds of James I of Aragón: A Translation of the Medieval Catalan Llibre dels Fets.* Farnham: Ashgate, 2003.

Stevenson, Joseph, ed. *Ralph of Coggeshall: Chronicon Anglicanum.* London: Longman, 1875.

Tanner. Norman P., ed. and trans. *Decrees of the Ecumenical Councils.* Vols. 1–2. London: 1990.

Tyerman, Christopher. *Chronicles of the First Crusade.* London: Penguin, 2012.

Upton-Ward, Judith M., trans. *The Catalan Rule of the Templars.* Woodbridge: Boydell Press, 2003.

——— *The Rule of the Templars: The French Text of the Rule of the Order of the Knights Templar.* Woodbridge: Boydell Press, 1992.

Wilkinson, John, with Hill, Joyce, and Ryan, W. F., ed. *Jerusalem Pilgrimage, 1099–1185.* London: Hakluyt Society, 1988.

二手資料

Abel, P. F. *Géographie de la Palestine.* Paris: Gabalda, 1938.

Addison, Charles G. *History of the Knights Templar.* New York: AMS Press, 1978.

Allen, S. J. and Amt, Emilie. *The Crusades: A Reader.* Toronto: University of Toronto Press, 2010.

Asbridge, Thomas. *The Crusades: The War for the Holy Land.* London: Simon & Schuster, 2010.

Balard, M., ed. *Autour de la première croisade: actes du colloque de la 'Society for the Study of the Crusades and the Latin East'.* ClermontFerrand, France, 22–25 June 1995. Paris: Publications de la Sorbonne, 1996.

Barber, Malcolm. *Crusaders and Heretics: Twelfth to Fourteenth Centuries.* Farnham: Ashgate, 1995.

——— *The Crusader States.* New Haven and London: Yale University Press, 2012.

——— *The New Knighthood: A History of the Order of the Temple.* Cambridge: Cambridge University Press, 1994.

——— *The Trial of the Templars.* Cambridge: Cambridge University Press, 2nd edition 2006.

Barber, Malcolm, ed. *The Military Orders I: Fighting for the Faith and Caring for the Sick.* Aldershot: Variorum, 1994.

Bartlett, Robert. *England Under the Norman and Angevin Kings: 1075– 1225.* Oxford: Oxford University Press, 2000.

Baudin, Arnaud, Brunel, Ghislain, and Dohrmann, Nicolas. *The Knights Templar: From the Days of Jerusalem to the Commanderies of Champagne.* Paris: n.p., 2012.

Bellomo, Elena. *The Templar Order in North-West Italy (1142–c. 1330).* Leiden and Boston: Brill, 2008.

Best, Nicholas. *The Knights Templar.* London: Weidenfeld & Nicolson, 1997.

Boas, Adrian J. *Archaeology of the Military Orders: A Survey of the Urban Centres, Rural Settlements and Castles of the Military Orders in the Latin East (c. 1120–1291).* Abingdon: Routledge, 2006.

Boas, Adrian J., ed. *The Crusader World.* Abingdon and New York: Routledge, 2016.

Bom, Myra Miranda. *Women in the Military Orders of the Crusades.* New York: Palgrave Macmillan, 2012.

Bouquet, M., et al., ed. *Recueil des historiens des Gaules et de la France.* Vol. XV. Paris: Victor Palme, 1878.

Brighton, Simon. *In Search of the Knights Templar: A Guide to the Sites of Britain.* London: Weidenfeld & Nicolson, 2006.

Buc, Philippe. *Holy War, Martyrdom, and Terror: Christianity, Violence and the West.* Philadelphia: University of Pennsylvania Press, 2015.

Bulst-Thiele, Marie Louise. *Sacrae Domus Militiae Templi Hierosolymitani Magistri: Untersuchungen zur Geschichte des Templerordens 1118/19– 1314.* Gottingen: Vandenhoeck & Ruprecht, 1974.

Burgtorf, Jochen. *The Central Convent of Hospitallers and Templars: History, Organization and Personnel (1099/1120–1310).* Leiden and Boston: Brill, 2008.

Burgtorf, Jochen, Crawford, Paul F. and Nicholson, Helen J., ed. *The Debate on the Trial of the Templars (1307–1314).* Farnham: Ashgate, 2010.

Buttigieg, Emanuel and Phillips, Simon, ed. *Islands and Military Orders, c. 1291–c. 1798.* Farnham: Ashgate, 2013.

Catlos, Brian A. *Muslims of Medieval Latin Christendom, c. 1050–1614.* Cambridge: Cambridge University Press, 2014.

Cobb, Paul M. *The Race for Paradise: An Islamic History of the Crusades.* Oxford: Oxford University Press, 2014.

Conedera, Sam Zeno. *Ecclesiastical Knights: The Military Orders in Castile, 1150–1330.* New York: Fordham University Press, 2015.

Constable, Giles. *The Reformation of the Twelfth Century.* Cambridge: Cambridge University Press, 1996.

Delisle, Léopold. *Mémoire sur les opérations financières des Templiers*. Paris: n.p., 1889.

Demurger, Alain. *The Last Templar: The Tragedy of Jacques de Molay, Last Grand Master of the Temple.* London: Profile Books, 2004.

Dollin du Fresnel, Monique. *Clément V (1264–1314): Le pape gascon et les Templiers.* Bordeaux: Editions Sud-Ouest, 2009.

Duby, Georges. *The Three Orders: Feudal Society Imagined.* Translated by Arthur Goldhammer. Chicago: University of Chicago Press, 1980.

Edbury, Peter W., ed. *The Military Orders, Volume 5: Politics and Power.* Farnham: Ashgate, 2012.

Ellenblum, Ronnie. *Crusader Castles and Modern Histories.* Cambridge: Cambridge University Press, 2007.

Evans, G. R. *Bernard of Clairvaux.* New York and Oxford: Oxford University Press, 2000.

Faith, Juliet. *The Knights Templar in Somerset.* Stroud: History Press, 2009.

Ferguson, Robert. *The Knights Templar and Scotland.* Stroud: History Press, 2010.

Forey, Alan. *Military Orders and Crusades.* Aldershot: Variorum, 1994.

——— *The Military Orders: From The Twelfth to the Fourteenth Centuries.* Basingstoke: Macmillan, 1992.

——— *The Templars in the* Corona de Aragón. Oxford: Oxford University Press, 1973.

France, John and Zajac, W. G. *The Crusades and Their Sources: Essays Presented to Bernard Hamilton.* Aldershot: Ashgate, 1998.

Frankopan, Peter. *The First Crusade: The Call from the East.* Cambridge: Belknap Press of Harvard University Press, 2012.

——— *The Silk Roads: A New History of the World.* London: Bloomsbury, 2015.

Gervers, Michael, ed. *The Second Crusade and the Cistercians.* New York: St. Martin's Press, 1992.

Gilmour-Bryson, Anne. *The Trial of the Templars in Cyprus: A Complete English Edition.* Leiden: Brill, 1998.

Glasse, Cyril. *The New Encyclopedia of Islam.* Fourth edition. London: Rowman & Littlefield, 2013.

Griffith-Jones, Robin. *The Knights Templar.* Stroud: History Press, 2014.

Grishin, A. A. *The Knights Templar Absolution: The Chinon Parchment and The History of the Poor Knights of Christ.* London: Knights Templar Vault, 2013.

Haag, Michael. *The Templars: History & Myth.* London: Profile Books, 2008.

Hill, George Francis. *A History of Cyprus, Volume II: The Frankish Period, 1192–1432.* Cambridge: Cambridge University Press, 1948.

Hillenbrand, Carole. *The Crusades: Islamic Perspectives.* Edinburgh: Edinburgh University Press, 1999.

Holloway, Diane. *The Knights Templar in Yorkshire.* Stroud: History Press, 2008.

Holt, P. M. *The Age of the Crusades: The Near East from the Eleventh Century to 1517.* London and New York: Longman, 1986.

Hopper, Vincent Foster. *Medieval Number Symbolism. Its Sources, Meaning and Influence on Thought and Expression.* New York: Columbia University Press, 1938.

Housley, N., ed. *Knighthoods of Christ: Essays on the History of the Crusades and the Knights Templar, Presented to Malcolm Barber.* Aldershot: Ashgate, 2007.

Howarth, Stephen. *Knights Templar.* New York: Marboro Books, 1982.

Hunyadi, Z. and Laszlovszky, J., ed. *The Crusades and the Military Orders: Expanding the Frontiers of Medieval Latin Christianity.* Budapest: Central European University Press, 2001.

Hyland, Ann. *The Medieval War Horse: From Byzantium to the Crusades.* London: Grange, 1994.

Irwin, R. *The Middle East in the Middle Ages: The Early Mamluk Sultanate, 1250–1382.* Carbondale: Southern Illinois University Press, 1986.

Jordan, William Chester. *The French Monarchy and the Jews: From Philip Augustus to the Last Capetians.* Philadelphia: University of Pennsylvania Press, 1989.

——— *Louis IX and the Challenge of the Crusade.* Princeton: Princeton University Press, 1979.

Kedar, Benjamin Z. *The Franks in the Levant, 11th to 14th Centuries.* Aldershot: Variorum, 1993.

——— *The Horns of Hattin.* Jerusalem and London: Yad Izhak Ben-Zvi/Israel Exploration Society & Variorum, 1992.

Kennedy, Hugh. *Crusader Castles.* Cambridge: Cambridge University Press, 1994.

Khowaiter, Abdul-Aziz. *Baibars the First: His Endeavours and Achievements*. London: Green Mountain Press, 1978.

Labarge, Margaret Wade. *Saint Louis: The Life of Louis IX of France*. London: Eyre & Spottiswoode, 1968.

Laiou, Angeliki E., ed. *The Crusades from the Perspective of Byzantium and the Muslim World*. Washington, DC: Dumbarton Oaks, 2001.

Le Goff, Jacques. *Saint Louis*. Notre Dame: University of Notre Dame Press, 2009.

Lord, Evelyn. *The Knights Templar in Britain*. Abingdon: Routledge, 2004.

Lower, Michael. *The Barons' Crusade: A Call to Arms and its Consequences*. Philadelphia: University of Pennsylvania Press, 2005.

Mallia-Milanes, Victor, ed. *The Military Orders, Volume 3: History and Heritage*. Aldershot: Ashgate, 2008.

Mayer, L. A. *Saracenic Heraldry*. Oxford: Oxford University Press, 1933.

Menache, Sophia. *Clement V*. Cambridge: Cambridge University Press, 1998.

Moore, R. I. *The War on Heresy: Faith and Power in Medieval Europe*. London: Profile, 2012.

Mylod, E. J., Perry, Guy, Smith, Thomas W. and Vandeburie, Jan. *The Fifth Crusade in Context: The Crusading Movement in the Early Thirteenth Century*. London and New York: Routledge, 2017.

Nicholson, Helen. *Templars, Hospitallers, and Teutonic Knights: Images of the Military Orders, 1128–1291*. Leicester University Press, 1993.

——— *The Knights Templar: A New History*. Stroud: History Press, 2001.

——— *The Knights Templar on Trial: The Trial of the Templars in the British Isles, 1308–1311*. Stroud: History Press, 2009.

Nicholson, Helen, ed. *The Military Orders: Welfare and Warfare*. Farnham: Ashgate, 1998.

——— *On the Margins of Crusading: The Military Orders, the Papacy and the Christian World*. Farnham: Ashgate, 2011.

O'Callaghan, Joseph F. *Reconquest and Crusade in Medieval Spain*. Philadelphia: University of Pennsylvania Press, 2002.

Perry, Guy. *John of Brienne: King of Jerusalem, Emperor of Constantinople, c. 1175–1237.* Cambridge: Cambridge University Press, 2013.

Phillips, Jonathan. *Defenders of the Holy Land: Relations between the Latin East and the West, 1119–1187.* Oxford: Oxford University Press, 1996.

——— *The Second Crusade: Extending the Frontiers of Christendom.* New Haven and London: Yale University Press, 2007.

Phillips, Jonathan and Hoch, Martin, ed. *The Second Crusade: Scope and Consequences.* Manchester: Manchester University Press, 2001.

Piquet, Jules. *Des Banquiers au moyen âge: les Templiers. Étude de leurs opérations financières.* Paris: Hachette, 1939.

Powell, James M. *Anatomy of a Crusade, 1213–1221.* Philadelphia: University of Pennsylvania Press, 1986.

Pryor, John H., ed. *Logistics of Warfare in the Age of the Crusades: Proceedings of a Workshop Held at the Centre for Medieval Studies, University of Sydney.* Aldershot: Ashgate, 2006.

Read, Piers Paul. *The Templars.* London: Weidenfeld & Nicolson, 1999.

Reilly, Bernard F. *The Contest of Christian and Muslim Spain, 1031– 1157.* Oxford: Blackwell, 1992.

Riley-Smith, Louise and Jonathan. *The Crusades: Idea and Reality, 1095–1274.* London: Edward Arnold, 1981.

Russell, Frederick H. *The Just War in the Middle Ages.* Cambridge: Cambridge University Press, 1975.

Sadeque, S. F. *Baybars I of Egypt.* Karachi: Oxford University Press, 1956.

Sargent-Baur, Barbara Nelson, ed. *Journeys Towards God: Pilgrimage and Crusade.* Kalamazoo: Medieval Institute Publications, Western Michigan University, 1992.

Schein, Sylvia. *Fideles Crucis: The Papacy, The West and the Recovery of the Holy Land, 1274–1314.* Oxford: Oxford University Press, 1991.

Schenk, Jochen. *Templar Families: Landowning Families and the Order of the Temple in France, c. 1120–1307.* Cambridge:

Cambridge University Press, 2012.

Segal, J. B. *Edessa: 'The Blessed City'*. Oxford: Oxford University Press, 1970.

Sharon, M., ed. *Studies in Islamic History and Civilization in Honour of Professor David Ayalon*. Jerusalem: Cana, 1986.

Smail, R. C. *Crusading Warfare, 1097–1193*. Second edition. Cambridge: Cambridge University Press, 1995.

Smith, Katherine Allen. *War and the Making of Medieval Monastic Culture*. Woodbridge: Boydell Press, 2011.

Stalls, Clay. *Possessing the Land: Aragón's Expansion into Islam's Ebro Frontier under Alfonso the Battler, 1104–1134*. Leiden: Brill, 1995.

Thorau, Peter and Holt, P. M., trans. *The Lion of Egypt: Sultan Baybars I and the Near East in the Thirteenth Century*. London and New York: Longman, 1992.

Tobin, Stephen. *The Cistercians: Monks and Monasteries of Europe*. London: Herbert Press, 1995.

Tolan, John V. *Saint Francis and the Sultan: The Curious History of a Christian–Muslim Encounter*. Oxford: Oxford University Press, 2009.

Tyerman, Christopher. *God's War: A New History of the Crusades*. London: Penguin, 2006.

Upton-Ward, Judith M., ed. *The Military Orders: Volume 4, On Land and by Sea*. Aldershot: Ashgate, 2008.

Van Cleve, Thomas Curtis. *The Emperor Frederick II of Hohenstaufen, Immutator Mundi*. Oxford: Clarendon Press, 1972.

Woodacre, Elena. *Queens Regnant of Navarre: Succession, Politics and Partnership, 1274–1512*. New York: Palgrave Macmillan, 2013.

文章

Amitai-Preiss, Reuven. 'Mamluk Perceptions of the Mongol–Frankish Rapprochement'. *Mediterranean History Review* 7

(1992).

Barber, Malcolm. 'The Origins of the Order of the Temple'. *Studia Monastica* 12 (1970).

——— 'The Social Context of the Templars'. *Transactions of the Royal Historical Society,* fifth series, 34 (1984).

Brown, Elizabeth A. R. 'The Prince Is Father of the King: The Character and Childhood of Philip the Fair of France'. *Medieval Studies* 49, no. 1 (1987).

Brundage, James A. 'The Crusader's Wife Revisited'. *Studia Gratiana* 14 (1967).

Cassidy-Welch, Megan. '"O Damietta!": War, Memory and Crusade in Thirteenth-Century Egypt'. *Journal of Medieval History* 40, no. 3 (2014).

Constable, Giles. 'The Second Crusade as Seen By Contemporaries'. *Traditio* 9 (1953).

Ferris, Eleanor. 'The Financial Relations of the Knights Templars to the English Crown'. *American Historical Review* 8 (1902).

Fletcher, R. A. 'Reconquest and Crusade in Spain *c.* 1050–1150'. *Transactions of the Royal Historical Society,* fifth series, 37 (1987).

Forey, Alan. 'The Emergence of the Military Order in the Twelfth Century'. *Journal of Ecclesiastical History* 36, no. 2 (1985).

——— 'The Failure of the Siege of Damascus in 1148'. *Journal of Medieval History* 10, no. 1 (1984).

——— 'Letters of the Last Two Templar Masters'. *Nottingham Medieval Studies* 45 (2001).

——— 'Were the Templars Guilty, Even if They Were Not Heretics or Apostates?' *Viator* 42, no. 2 (2011).

Frale, Barbara. 'The Chinon Chart: Papal Absolution to the Last Templar, Master Jacques de Molay'. *Journal of Medieval History* 30, no. 2 (2004).

Franceschi, Francesco, Bernabei, Robert, Malfertheiner, Peter, and Gasbarrini, Giovannia. 'The Diet of Templar Knights: Their Secret to Longevity?' *Digestive and Liver Disease* 46, no. 7 (2014).

Gilmour-Bryson, Anne. 'Sodomy and the Knights Templar'. *Journal of the History of Sexuality* 7, no. 2 (1996).

Hamilton, Bernard. 'Knowing the Enemy: Western Understanding of Islam at the Time of the Crusades'. *Journal of the Royal Asiatic Society of Great Britain and Ireland* 7, no. 3 (1997).

——— 'Our Lady of Saidnaiya: An Orthodox Shrine Revered by Muslims and Knights Templar at the Time of the Crusades'. *Studies in Church History* 36 (2000).

Harari, Yuval. 'The Military Role of the Frankish Turcopoles: A Reassessment'. *Mediterranean Historical Review* 12 (1997).

Jackson, Peter. 'The Crisis in the Holy Land in 1260'. *English Historical Review* 95 (1980).

——— 'The Crusades of 1239–41 and Their Aftermath'. *Bulletin of the School of Oriental and African Studies, University of London* 50, no. 1 (1987).

Jacoby, Zehava. 'The Tomb of Baldwin V, King of Jerusalem (1185– 1186), and the Workshop of the Temple Area'. *Gesta* 18, no. 2 (1979).

Joserand, Philippe. 'The Templars in France: Between History, Heritage, and Memory'. *Mirabilia: Electronic Journal of Antiquity and Middle Ages* 21 (2015).

Kedar, Benjamin Z. 'On the Origins of the Earliest Laws of Frankish Jerusalem: The Canons of the Council of Nablus, 1120'. *Speculum* 74 (1999).

Khamisy, Rabei G. 'The Templar Estates in the Territory of Acre'. *Ordines Militares* 18 (2013).

Lee, John S. 'Landowners and Landscapes: The Knights Templar and Their Successors at Temple Hirst, Yorkshire'. *Local Historian* 41 (2011).

Lotan, Shlomo. 'The Battle of La Forbie and Its Aftermath – Reexamination of the Military Orders' Involvement in the Latin Kingdom of Jerusalem in the Mid-Thirteenth Century'. *Ordines Militares* 12 (2012).

Lourie, Elena. 'The Confraternity of Belchite, the Ribat, and the Templars'. *Viator*. Mediaeval and Renaissance Studies 13 (1982).

——— 'The Will of Alfonso I, "El Batallador", King of Aragón and Navarre: A Reassessment'. *Speculum* 50, no. 3 (1975).

Mayer, Hans Eberhard. 'The Concordat of Nablus'. *Journal of Ecclesiastical History* 33, no. 4 (1982).

Mechoulan, Stéphane. 'The Expulsion of the Jews from France in 1306: A Modern Fiscal Analysis'. *Journal of European Economic History* 33, no. 3 (2006).

Meyvaert, Paul. 'An Unknown Letter of Hulagu, Il-Khan of Persia, to King Louis IX of France'. *Viator* 11 (1980).

Nicolle, David C. 'The Reality of Mamluk Warfare: Weapons, Armour and Tactics'. *Al-Masāq* 7 (1994).

O'Banion, Patrick J. 'What Has Iberia to Do with Jerusalem? Crusade and the Spanish Route to the Holy Land in the Twelfth Century'. *Journal of Medieval History* 34, no. 4 (2008).

Pringle, Denys. 'The Templars in Acre *c.* 1150–1291'. *Bulletin for the Council for British Research in the Levant* 2 (2007).

Prutz, Hans. *'Ein Zeitgenössisches Gedicht über die Belagerung Accons'*. *Forschungen zur Deutschen Geschichte* 21 (1881).

Pryor, John H. 'Two *Excitationes* for the Third Crusade: The Letters of Brother Thierry of the Temple'. *Mediterranean Historical Review* 25 (2010).

Rother, Joachim. 'Embracing Death, Celebrating Life: Reflections on the Concept of Martyrdom in the Order of the Knights Templar'. *Ordines Militares* 19 (2014).

Sayous, André-E. *'Les Mandats de Saint Louis sur son trésor et le mouvement international des capitaux pendant la Septième Croisade (1248–1254)'*. *Revue Historique* 167 (1931).

Sivan, Emmanuel. 'La Genèse de la contre-croisade: un traité damasquin du début du XIIe siècle'. *Journal asiatique* 254 (1966).

Slavin, Philip. 'Landed Estates of the Knights Templar in England and Wales and Their Management in the Early Fourteenth Century'. *Journal of Historical Geography* 42 (2013).

Smail, R. C. 'Crusaders' Castles of the Twelfth Century'. *The Cambridge Historical Journal* 10 (1952).

Smith, Thomas W. 'Between Two Kings: Pope Honorius III and the Seizure of the Kingdom of Jerusalem by Frederick II in 1225'. *Journal of Medieval History* 41 (2015).

Sneddon, Jonathan. 'Warrior Bishops in the Middle Ages'. *Medieval Warfare* 3, no. 2 (2013).

Telfer, Alison. 'Locating the First Knights Templar Church'. *London Archaeologist* 10, no. 1 (2002).

Tsurtsumia, Mamuka. 'Commemorations of Crusaders in Manuscripts of the Monastery of the Holy Cross in Jerusalem'. *Journal of Medieval History* 38 (2012).

Warren, F. M. 'The Battle of Fraga and Larchamp in Orderic Vitalis'. *Modern Philology* 11 (1914).

未發表論文

Crawford, Paul. 'An Institution in Crisis: The Military Orders, 1291– 1310'. PhD diss., University of Wisconsin–Madison, 1998.

Peixoto, M. J. 'Templar Communities in Medieval Champagne: Local Perspectives on a Global Organization'. PhD diss., New York University, 2013.

【Historia歷史學堂】MU0030X

聖殿騎士團：以上帝之名戰鬥的僧侶、戰士與銀行家

The Templars：The Rise and Spectacular Fall of God's Holy Warriors

作　　者❖丹・瓊斯 Dan Jones
譯　　者❖陳建元
封 面 設 計❖XUXGraphic
排　　版❖張彩梅
校　　對❖魏秋綢
總 編 輯❖郭寶秀
責 任 編 輯❖郭棤嘉
行　　銷❖力宏勳

事業群總經理❖謝至平
發 行 人❖何飛鵬

出　　版❖馬可孛羅文化
台北市南港區昆陽街16號4樓
電話：(886)-2-25000888
發　　行❖英屬蓋曼群島商家庭傳媒股份有限公司城邦分公司
台北市南港區昆陽街16號8樓
客服服務專線：(886)2-25007718；25007719
24小時傳真專線：(886)2-25001990；25001991
服務時間：週一至週五9:00～12:00；13:00～17:00
劃撥帳號：19863813 戶名：書虫股份有限公司
讀者服務信箱：service@readingclub.com.tw
香港發行所❖城邦（香港）出版集團有限公司
香港九龍九龍城土瓜灣道86號順聯工業大廈6樓A室
電話：(852)25086231　傳真：(852)25789337
E-mail：hkcite@biznetvigator.com
馬新發行所❖城邦（馬新）出版集團【Cite (M) Sdn. Bhd.(458372U)】
41, Jalan Radin Anum, Bandar Baru Seri Petaling,
57000 Kuala Lumpur, Malaysia
電話：(603)90563833　傳真：(603)90576622
Email：services@cite.my
輸 出 印 刷❖中原造像股份有限公司
二 版 一 刷❖2024年11月
定　　價❖600元

ISBN 978-626-7520-31-4
EISBN 9786267520406

城邦讀書花園
www.cite.com.tw

國家圖書館出版品預行編目（CIP）資料

聖殿騎士團：以上帝之名戰鬥的僧侶、戰士與銀行家／丹・瓊斯(Dan Jones)作；陳建元翻譯. -- 二版. -- 臺北市：馬可孛羅文化出版：英屬蓋曼群島商家庭傳媒股份有限公司城邦分公司發行, 2024.11
面；　公分
譯自：The Templars : the rise and spectacular fall of God's holy warriors
ISBN 978-626-7520-31-4(平裝)
1.CST：基督教史 2.CST：天主教組織 3.CST：戰爭史
248.14　　113014431